权威·前沿·原创

皮书系列为

“十二五”“十三五”“十四五”时期国家重点出版物出版专项规划项目

智库成果出版与传播平台

吉林省文化和旅游发展报告（2022）

ANNUAL REPORT ON CULTURE AND TOURISM OF JILIN (2022)

主　编／丁晓燕
副主编／纪明辉　敬　然　朱　勇　陈春生

社会科学文献出版社
SOCIAL SCIENCES ACADEMIC PRESS (CHINA)

图书在版编目(CIP)数据

吉林省文化和旅游发展报告.2022 / 丁晓燕主编;
纪明辉等副主编.--北京:社会科学文献出版社,
2022.12
(吉林文旅绿皮书)
ISBN 978-7-5228-1027-0

Ⅰ.①吉… Ⅱ.①丁… ②纪… Ⅲ.①文化发展-研
究报告-吉林-2022 ②旅游业发展-研究报告-吉林-
2022 Ⅳ.①G127.34 ②F592.734

中国版本图书馆 CIP 数据核字(2022)第 205548 号

吉林文旅绿皮书
吉林省文化和旅游发展报告(2022)

主　　编 / 丁晓燕
副 主 编 / 纪明辉　敬　然　朱　勇　陈春生

出 版 人 / 王利民
组稿编辑 / 任文武
责任编辑 / 张丽丽
文稿编辑 / 王雅琪
责任印制 / 王京美

出　　版 / 社会科学文献出版社 · 城市和绿色发展分社(010)59367143
　　　　　地址:北京市北三环中路甲 29 号院华龙大厦　邮编:100029
　　　　　网址:www.ssap.com.cn
发　　行 / 社会科学文献出版社(010)59367028
印　　装 / 三河市东方印刷有限公司

规　　格 / 开 本:787mm×1092mm　1/16
　　　　　印 张:27.5　字 数:456 千字
版　　次 / 2022 年 12 月第 1 版　2022 年 12 月第 1 次印刷
书　　号 / ISBN 978-7-5228-1027-0
定　　价 / 128.00 元

读者服务电话:4008918866

编　委　会

主要编撰者简介

丁晓燕 吉林省社会科学院（社科联）党组成员、副院长，研究员，吉林省委、省政府决策咨询委员，吉林省委宣传部、吉林省文旅厅专家智库成员。系享受国务院政府特殊津贴专家、吉林省有突出贡献的中青年专业技术人才、吉林省拔尖创新人才。长期从事产业经济、文旅经济研究，近年来，主持、承担各级各类课题50余项，发表论文和研究报告百余篇，主编出版《吉林省文化和旅游发展报告》《吉林省文化产业发展解析》等。作为课题负责人，主持国家社科基金项目“振兴东北老工业基地战略跟踪研究”、国家发展和改革委项目“寒地冰雪经济发展的政策研究”，相关研究成果得到中央政治局有关领导批示。先后完成了一批关于吉林省文化与旅游发展方面的课题，主要有省科技厅科技规划项目“吉林地域文化对经济发展的影响”、省“十三五”智库项目“东北地区文化软实力的比较研究”、省发改委委托项目“吉林省文化产业发展报告”、吉林省社会科学院重大项目“吉林省文化产业发展的制约因素研究”、省文旅厅委托项目“吉林省全域旅游发展研究”和“吉林省乡村旅游发展的思路与对策研究”等，多项成果得到省领导的肯定性批示。

纪明辉 吉林省社会科学院软科学开发研究所研究员，吉林大学数量经济学专业博士，主要研究领域为产业经济、文化与旅游发展。主持承担吉林省科技厅科技创新项目、吉林省哲学社会科学规划项目等省级各类项目10余项，主持完成“吉林省文化产业竞争力的评价研究”。共计出版专著8部，其中独立出版1部，作为主编出版1部，合著出版6部，参与《吉林省文化产业发展解析》《吉林省旅游支柱产业培育研究》撰写。在《社会科学战线》《中国社会科学报》等期刊发表《吉林省发展冰雪旅游的优势、机遇及对策》《文化产业高质量发展的对策建议——以吉林省为例》《吉林省提升旅游业发展水平的思考》《对吉林省文化产业发展问题的探析》等论文20余篇。多篇报告获国家和省领导批示，其中，1篇报告获得国家领导批示，5篇报告获得省领导肯定性批示。1项研究成果获得第十三届吉林省社会科学优秀成果奖研究报告类二等奖。

敬　然　长春财经学院教授，韩国嘉泉大学特聘教授，博士生导师，现任长春财经学院副校长。研究方向为数字经济、产业政策和农业经济，是“数字经济”吉林省黄大年式教师团队负责人、吉林省数字经济战略发展研究中心负责人、经济学省一流专业负责人、吉林省拔尖创新人才、吉林省有突出贡献专家，享受吉林省政府和长春市政府特殊津贴。担任国家社会科学基金项目评审专家、吉林省社会科学“十四五”规划学科专家、吉林省科技发展项目评审专家，兼任中国商业统计学会常务理事、吉林省数字经济学会副会长、中国现场统计研究会旅游大数据分会理事、全国工业统计教学研究会数字经济与区块链技术协会常务理事、中国科学与科技政策研究会企业创新专委会委员、吉林省农业经济学会常务理事、吉林省政治经济学学会理事等学术职务。主持完成各类省部级项目20项，发表SSCI、CSSCI论文20余篇，撰写的研究报告获省领导肯定性批示并采纳，曾荣获吉林省“五一劳动奖章”，吉林省教学成果二等奖、三等奖，吉林省第九届教育科学优秀成果奖，吉林省高等教育学会第十二届优秀高教科研成果二等奖等奖项。

朱　勇　曾任吉林省旅游局副局长、梅河口市副市长、《中国旅游景区景点大辞典》（吉林省卷）指导委员会副主任兼编辑委员会主任、吉林林学院兼职教授。现任省旅游标准化技术委员会委员、省旅游协会首席专家顾问专家委员会副主任委员兼秘书长。发表《多方筹措资金　加快旅游业发展》《对我省旅游业发展的前瞻及思考》《积极开发我省农业旅游资源及项目》《安全——旅游生命线》等多项研究成果。主持制定了长白山旅游总体规划和吉林省红色旅游整体规划。是《旅游滑雪场等级划分与评定》《旅游漂流经营场所等级划分与评定》《旅游购物店等级划分与评定》《乡村旅游经营单位服务质量等级划分与评定》四个等级划分与评定标准和《旅行社安全管理规范》《星级饭店安全管理规范》《旅游景区安全管理规范》《自驾游安全管理规范》四个安全管理规范及《特色旅游名镇评价规范》等九个吉林省地方标准的主要起草人。

陈春生　吉林省文化企业商会秘书长、吉林省外国人文化服务基地秘书长，高级政工师，吉林外国语大学国际文化旅游学院、辽宁大学国际教育学院客座教授，辽宁大学民建研究院高级顾问，辽宁省沈阳市浑南区文化产业学术顾问，吉林省委宣传部、吉林省文旅厅、吉林省体育局、长春市委宣传部、长春市文化广播电视和旅游局、吉林省残疾人联合会专家智库成员。兼任吉林省文旅厅“新时代文明实践中心”专家智库小组组长、吉林省文化发展研究会副会长、吉林省残疾人事业宣传文体促进会副会长、吉林省会展协会副秘书长、吉林省长白山御鹿书院副院长，吉林文旅绿皮书《吉林省文化和旅游发展报告》副主编，《中国房车露营文化旅游手册》编委，吉林教育电视台《新时代先锋者》栏目策划，吉林省教育厅多项全国大学生创业大赛评委。参与多项省市政策文件论证、重点课题研究、大型文旅项目调研，并发表多篇学术论文。

摘　要

2022年，吉林省文化、旅游和经济走过了不同寻常的一年。这一年，吉林省文化事业、文化产业和旅游业面临较大冲击。受新冠肺炎疫情的影响，全省经济稳定增长面临较大困难和挑战，文化和旅游领域更是表现出明显的"需求收缩、供给冲击、预期减弱"三重压力。吉林省文旅系统一手抓疫情防控、一手抓产业复苏，通过发放消费券、出台企业帮扶政策、推进文旅项目建设以及组织丰富多彩的文旅活动等多种方式，增加文化和旅游服务供给，推动文化产业和旅游业企稳复苏，满足人民群众的文化和旅游需求。

本报告在吉林省文化和旅游厅的支持下，由吉林省社会科学院组织，吉林省旅游协会、吉林省文化企业商会协助，聚合省内文化和旅游研究领域专家，开展了具有连续性和针对性的研究。本报告包含总报告、文化篇、旅游篇、企业篇、地区篇、专题篇六个部分，各篇章围绕相关主题开展研究，既有总体情况汇总分析，也有重点领域细致剖析；既有全局性的方向把握，也有局部性的特性研究。本报告重点突出、方法多样、内容翔实、结构完整，可以为相关部门和行业提供数据、资料以及决策参考。

本报告反映了吉林省文化和旅游发展呈现的多处亮点。冰雪旅游、红色旅游、乡村旅游、避暑休闲旅游等行业不断升级；文化遗产保护与利用持续深化，不断扩充全省文化和旅游资源库，让古老文化焕发新的时代活力；文旅新业态蓬勃发展，文化娱乐综合体、文旅夜经济和主题公园等业态形式不断创新；文旅数字化转型升级效果明显，智慧文旅发展提速。

站在当下，眺望未来，吉林省文化和旅游实现高质量发展仍有很长的路要走。本报告一方面深刻分析了现阶段吉林省文化和旅游发展的弱项和短板，另一方面总结了吉林省文化和旅游发展的环境以及未来趋势，结合高质量发展要

求，提出吉林省文化和旅游发展的思路和对策。

道阻且长，行则将至。吉林省文旅经济将在稳中求进中实现深耕细作、笃行致远，谱写文化和旅游高质量发展新篇章。

关键词： 文化产业　旅游业　高质量发展　吉林省

Abstract

In 2022, Jilin's culture and tourism economy has gone through an unusual year. This year, the cultural undertakings, cultural industries and tourism in Jilin Province faced great impact. Influenced by the outbreak in the first half of 2022, the steady economic growth of the province is facing great difficulties and challenges, and the cultural and tourism fields show obvious triple pressures of "demand contraction, supply shock, and expected weakening". Jilin Province's cultural and tourism system focuses on epidemic prevention and control and industrial recovery at the same time. It promotes the supply of cultural and tourism services, promotes the stability and recovery of cultural and tourism industries, and meets the cultural and tourism needs of the people by issuing consumer vouchers, issuing corporate assistance policies, promoting cultural and tourism project construction, and organizing colorful cultural and tourism activities.

With the support of Jilin Provincial Department of Culture and Tourism, organized by Jilin Academy of Social Sciences and assisted by Jilin Provincial Tourism Association and Jilin Provincial Chamber of Commerce for Cultural Enterprises, this book gathers experts in the field of culture and tourism research in the province to carry out continuous and targeted research. This book consists of six parts: general report, culture reports, tourism reports, enterprise reports, regional reports, and special topics. Each chapter focuses on relevant topics, including a summary analysis of the overall situation and a detailed analysis of key areas; There are both global orientation and local characteristics. The report has outstanding emphasis, diverse methods, detailed content and complete structure, which can provide data, information and decision-making reference for relevant departments and industries.

This book reflects many highlights of the development of culture and tourism in Jilin Province. Ice and snow tourism, red tourism, rural tourism, summer leisure tourism and other industries have been upgraded; The protection and utilization of cultural heritage has been continuously deepened, and the province's cultural and tourism resource pool has been continuously expanded, so that the ancient culture can radiate new vitality of the times; New business forms of culture and tourism are booming, and cultural and entertainment complexes, culture and tourism night economy, theme parks and other business forms are constantly innovating; The digital transformation and upgrading effect of cultural tourism is obvious, and the development of smart cultural tourism is accelerated.

Standing at the moment and looking into the future, Jilin Province still has a long way to go to achieve high-quality development of culture and tourism. On the one hand, this book deeply analyzes the weaknesses and weaknesses of the current development of culture and tourism in Jilin Province; on the other hand, it summarizes the development environment and future trends of culture and tourism, and puts forward ideas and countermeasures for the development of culture and tourism in combination with the requirements of high-quality development.

Jilin's culture and tourism economy will strive for progress while maintaining stability to achieve deep cultivation and dedication, and write a new chapter in the high-quality development of culture and tourism.

Keywords: Cultural Industry; Tourism Economy; High-quality Development; Jilin Province

目 录

Ⅰ 总报告

Ⅱ 文化篇

Ⅲ 旅游篇

Ⅳ　企业篇

Ⅴ　地区篇

Ⅵ 专题篇

CONTENTS

Ⅰ General Report

Ⅱ Cultural Reports

Ⅲ Tourism Reports

Ⅳ Enterprise Reports

V Regional Reports

VI Special Topics

总报告

General Report

G.1
吉林省文化和旅游发展报告

丁晓燕　纪明辉*

摘　要： 2022年，吉林省文化产业和旅游业遭受较大冲击，吉林省一手抓疫情防控、一手抓产业复苏，在挑战中寻求机遇，在困境中发现希望，积极推动文化产业和旅游业企稳复苏，推动文化和旅游服务恢复正常，满足人民群众的文化和旅游需求。在构建新发展格局过程中，文化和旅游将更加表现出发展定位本地化、产业融合化、业态多元化、消费个性化、市场细分化等特征。吉林省应坚持稳中求进工作总基调，坚持新发展理念，统筹发展和安全，全面提升文旅产业综合竞争力，努力推动文化和旅游发展满足新时代新要求。

关键词： 文化产业　旅游业　高质量发展　吉林省

* 丁晓燕，吉林省社会科学院副院长、研究员，主要研究方向为文化产业、旅游经济；纪明辉，吉林省社会科学院副研究员，主要研究方向为文化产业。

一　吉林省文化和旅游发展现状

（一）文旅市场平稳复苏

出台政策助企纾困。2022 年，为有效应对新冠肺炎疫情对文旅产业的影响，吉林省文旅厅出台了《支持文旅企业复工复业促进文旅市场疫后复苏的若干政策措施》，在扩大文旅消费方面提出：其一，要实施消费带动计划，提高消费券总体额度、扩大发放范围，覆盖省内文旅各行业，定向购买文旅消费项目，采取直接购买、消费满减、实足抵用等方式，有效提高消费券杠杆率；其二，鼓励文旅企业以假期为契机恢复营业，对首批恢复线上销售和首次开通线上销售的文旅企业给予文旅消费券优先支持；其三，联合各市州举办一系列文旅促消费活动。

推进旅游市场复苏。2022 年 5 月末，全省旅游企业复工复业率达 92%以上，吉林市、四平市等 7 个地市达到 100%；纳入重点监测的 3430 家文化场所中，复业 3103 家，复业率达 90.47%；文旅项目开复工率达 84.9%，已完成计划投资的 23.9%，开工率和投资率分别比上年同期高 32 个和 6 个百分点。2022 年端午假期，各地举办文旅促消费活动 40 余场，出台文旅促消费政策 28 项。全省接待国内游客 344.3 万人次，恢复至 2019 年同期的 94.98%；实现国内旅游收入 32.2 亿元，恢复至 2019 年同期的 77.65%；恢复水平分别高于全国 8.18 个和 12.05 个百分点。端午假期日均接待游客较“五一”假期增长 65.66 万人次，增幅达 134%，① 全省迎来了疫情防控期间首个文旅消费高潮。

（二）文旅产业发展势头较好

冰雪旅游不断升级。吉林省布局推动冰雪经济发展始终走在全国前列。2021 年 11 月，全国唯一省级冰雪经济高质量发展平台——吉林市冰雪经济高质量发展试验区正式挂牌成立。冰雪旅游作为冰雪产业的重中之重，也取得了骄人的成绩。2021～2022 雪季，全省雪场总接待能力达 500 万人次，接待规模

① 资料来源：吉林省文旅厅调研资料。

全国第一。①《中国冰雪旅游发展报告2021》显示，吉林市、长春市入榜“中国十佳冰雪旅游城市”，延吉市、抚松县入榜“2021年冰雪旅游十强县（区）”，松江赏雾凇、查干湖冬捕入榜“十大冰雪经典”项目名单。② 2022年，吉林省文旅厅牵头成立吉林省冰雪产业标准化技术委员会，引领行业标准化建设，提高冰雪资源开发、建设、保护和管理水平。积极推动滑雪旅游度假地建设，长白山滑雪旅游度假地、松花湖滑雪旅游度假地成功入选首批国家级滑雪旅游度假地。

红色旅游市场发展向好。吉林省深入贯彻落实习近平总书记“用好红色资源，传承好红色基因，把红色江山世世代代传下去”③ 系列重要论述精神，加快布局和发展红色旅游，多措并举，全力推动红色旅游发展。增设革命文物处，在全国率先公布革命文物名录，推动革命文物保护与红色旅游融合发展，涌现一批特色鲜明的红色旅游经典景区，打响东北抗联、抗美援朝、工业遗产等教育品牌。2021年6月，吉林省文旅厅正式发布吉林省“百家红色旅游地（旧址）”及“红色旅游30条精品线路”。吉林省文旅厅与文化和旅游部以及辽、黑、内蒙古三省区初步达成共识，共同策划推出区域红色旅游精品线路。2021年，长白山老黑河遗址和中车长客股份公司高速动车组制造中心入选全国爱国主义教育示范基地，至此，全省的全国爱国主义教育示范基地数量达12家。

乡村旅游逐步提质。近几年，吉林省积极寻求乡村旅游转型升级路径。乡村旅游的发展方式逐渐由简单粗放式转变为精细高效式，旅游服务也由“农家乐”模式逐步转变为休闲度假综合体模式。目前，许多乡村旅游龙头企业已涉及采摘体验、拓展训练、民俗文化、农业研学等内容，乡村旅游产品逐步丰富，旅游体验不断升级，文化内涵不断拓展。2021年8月，延边朝鲜族自治州敦化市雁鸣湖镇、通化市通化县西江镇、通化市东昌区金厂镇三地入选首批全国乡村旅游重点镇（乡）。吉林省文旅部门还将进一步推动乡村旅游精品

① 《“助力冬奥 乐享吉林”北京2022年冬奥会倒计时100天吉林省冰雪体验系列活动启动》，中国吉林网，2021年10月27日，http：//news. cnjiwang. com/jwyc/202110/3469250. html# 20898。

② 《〈中国冰雪旅游发展报告2021〉发布》，搜狐网，2021年1月5日，https：//www. sohu. com/a/442610412_ 120006290。

③ 《用好红色资源，传承好红色基因，把红色江山世世代代传下去》，“人民网”百家号，2021年5月16日，https：//baijiahao. baidu. com/s? id = 1699862984014385070&wfr = spider& for = pc。

村打造工程建设，提升全省乡村旅游品牌吸引力。

避暑休闲旅游渐成体系。吉林省持续推动避暑休闲旅游产业向纵深推进，在优化提升传统业态的同时，积极培育康养避暑、运动休闲避暑、亲子研学等融合型新兴业态，实现更广泛的要素集成，加速形成体系化的避暑休闲旅游产品，并已拥有了一定的知名度，如长白山的山地避暑产品，查干湖、莫莫格、雁鸣湖等的滨水避暑产品，以及具有少数民族特色的现代田园风光产品等。连续多年开展消夏避暑主题活动并形成品牌，“十三五”期间，长春市连续四年获得“中国最佳避暑旅游城市”称号。

（三）营销宣传形式多样

积极开展全方位互动宣传模式。消费者信息获取渠道的拓展推动文旅产业创新宣传推广方式，以获得更好的宣传效果。吉林省顺应文旅消费者多元化的信息获取方式，采取全媒体联动宣传模式，持续扩大吉林省文旅影响力，在充分利用好传统媒体的同时，积极利用新媒体进行宣传营销。吉林省推动建设以“两微一端”、抖音为核心的新媒体矩阵平台，实施新媒体“双百计划”，开展流量扶持、“云”直播等活动，并与马蜂窝、携程等 OTA（在线旅游代理）平台展开营销合作，充分利用新媒体平台进行文旅目的地宣传。“悠游吉林”抖音号入选全国省级文旅新媒体传播力指数十强。开展“醉美吉乡”吉林省乡村旅游精品村推广活动，针对白山锦江木屋村等乡村旅游精品村，拍摄《我和我的木屋村》等宣传视频并在全网发布。线上开展“吉”字号“网红打卡地”全民推选活动，发起首轮人文景观类、城市休闲类、冰雪体验类三大类“网红打卡地”全民投票。

促成文化和旅游统一宣传推广模式。吉林省旅游推介会上，增加了包含人参文化元素、吉林省历史故事的大型舞剧《人·参》，除旅游线路外，还增设了高铁模型、红旗轿车模型，满族传统美食、葡萄酒等农牧业、工业衍生产品以及非遗剪纸展区等，这些文化元素的加入，是吉林省文旅融合面向世界的创新表达。2022 年，以“吉地过年”为主题开展汽车冰雪民俗嘉年华、汽车电影节、北大湖春节活动、四平市首届迎新春登山活动等节事活动 100 余项，推出惠民措施 48 项，充分营造浓厚的节日氛围，满足省内游客节日需求。举行“粽”情吉“临”时吉林省疫后文旅市场启动仪式，吹响吉林省文旅产业全面恢复的冲锋号。

（四）文化遗产保护利用持续深化

文物保护与考古成果丰硕。2021 年，省会长春有 7 项文物保护工程被列入国家、省文物保护项目计划，建立全省首家“社区博物馆”，被列入国家文物局“我为群众办实事”典型案例。“考古中国——吉林省东部长白山地区古人类遗址考察与研究（2021～2025）”项目已获国家文物局批准。伪满皇宫博物院以“无界安保智慧指挥系统”的创新实践成为吉林省首家“文物安全示范基地”。

非物质文化遗产影响力逐步提升。吉林省 11 个项目入选第五批国家级非物质文化遗产代表性项目名录，包含传统音乐，传统舞蹈，传统戏剧，传统体育、游艺与杂技，民俗等类别。吉林省加入抖音非遗合伙人项目，打造非遗开放平台，助力非遗传播，提高变现能力，关东泥人张、朝鲜族打糕制作技艺、查干湖鱼皮制作技艺、满族民间传统衣履制作技艺等吉林省特色非遗代表性传承人和技艺入驻抖音。2022 年北京冬奥会上的吉林省文化展区非遗体验区展示了查干湖鱼皮制作技艺、徐氏中国结和东辽葫芦画作品。铁画作品《冰雨美人松》亮相 2022 北京新闻中心“多彩神州”主题展区。

文博资源活化利用取得较好效果。2021 年，伪满皇宫博物院拍摄的《博物馆说——百年蒸汽机车》入选中华文物全媒体传播精品推介项目。在中国文物交流中心发布的《2021 年度全国文物旅游景区影响力评估报告》中，伪满皇宫博物院在 118 处全国重点文物保护单位中获得景区创新发展力排名第七的好成绩。

（五）文旅新业态加速培育

文化娱乐综合体蓬勃发展。顺应一体化、融合化发展趋势，吉林省积极推动集文化、娱乐、旅游、商务等于一体的综合体建设，打造了以万科松花湖滑雪度假区为代表的冰雪文化娱乐综合体、以慢山里营地综合体为代表的现代农业文化综合体、以摩天活力城为代表的商贸文化娱乐综合体等。吉林市 OMG 海洋文旅综合体建设正在进行中，预计 2023 年开业运营。各综合体围绕相关主题，汇聚文化体验、旅游度假、休闲娱乐、体育健身等项目，逐渐成为地标性建筑。

文旅夜经济不断创新。经过几年的探索，吉林省不断总结文旅夜经济发展的经验，积极推动基础设施改造，推动“旧市”换新颜。梅河口市东北不夜城对街区进行升级改造和设备更新，形成了总长度为1386米的文旅夜经济消费集聚区。吉林省持续推动夜游、夜购、夜娱项目的升级，将艺术剧院、文创中心、艺术展览馆等文化产业与商业元素深度融合，推动文旅夜经济朝“食、游、购、娱、体、展、演”方向发展，不断打造文旅夜经济亮点，提升文旅夜经济的文化品位。长春新区栖乐荟综合体入选“第二批国家级夜间文化和旅游消费集聚区名单”。此外，全省注重完善文旅夜经济的服务保障，加强卫生治理和食品安全机制建设，营造良好的夜间文旅消费环境，满足人民群众的文旅消费需求。

主题公园活力彰显。吉林省打造了多个特色鲜明的主题公园，如电影主题公园长影世纪城、汽车主题公园国际汽车公园、冰雪主题公园长春冰雪新天地和民俗主题公园吉林乌拉公园等。主题公园在城市文旅产业发展中发挥着越来越重要的作用。全省主题公园不断增加新成员。延吉市依托世界级恐龙化石遗迹园，于2019年谋划建设了延吉恐龙王国主题游乐园，历时三年，该主题游乐园于2022年7月正式开园。该主题游乐园以恐龙文化为核心，是集旅游、娱乐、文化体验、表演艺术、创意产品于一体的大型主题休闲公园，填补了延边朝鲜族自治州全业态大型文旅产业的空白。

（六）智慧文旅建设提速

基础设施更加完备。吉林省为促进文旅产业数字化转型和智能升级，启动了“智慧文旅提升工程”，以“全域旅游大数据中心”建设为核心，全方位加速智慧文旅建设。加快推进通信信号、免费Wi-Fi和文旅场所视频全覆盖，大力推广文旅场所电子讲解、电子导游、实时信息推送，鼓励文旅消费场所增设移动支付、网上预售等功能，持续优化文旅数字服务平台功能，完善文旅产品推荐、导览导航、评价互动等模块。

数字文旅产品更加丰富。“云游吉林”系列产品丰富多彩，伪满皇宫博物院开辟了全景VR展厅，将瓷器、服饰、书画等藏品进行网络展览；长白山游览直播带领网友身临其境饱览雪域风情；还有吉林文旅云沙龙、非遗线上展、一图游吉林、雪博会数字产品等；吉旅行、如美生活等数字文旅服务平台纷纷上线。

景区管理更加智慧。长白山、净月潭、伪满皇宫博物馆、六鼎山等诸多景点实现了网络预约、客流监控、人脸识别、AI 非接触式人体热成像测温等管理方式，伪满皇宫博物馆还可提供语音导览，根据游客驻足时间分析游客偏好，精准推送游览路线。

（七）文化活动精彩纷呈

线上线下协同联动。2022 年，吉林省以“文化和自然遗产日”为契机，举办了多项线上线下活动。伪满皇宫博物馆举办了“活化文化遗产资源、聚焦城市当下”主题展览与直播活动；长春市博物馆在西安博物院举办了“丝路遐想——戈沙丝绸之路艺术作品展”，邀请游客免费体验拓印版画，以展示丝路文明和“一带一路”的魅力；长春市群众艺术馆举办了线上非遗项目演出，内容包括琵琶艺术、古琴、评剧、花棒秧歌、于氏刀刻画等。

民俗文化活动热闹举办。各地持续开展特色民俗文化节庆活动，宣传地方特色文化。中国·和龙金达莱国际文化艺术节以朝鲜族民俗文化为主题，举办传统美食制作、民俗文化展览、特产展销、朝鲜族摔跤比赛等活动，该艺术节是推动和龙市文旅发展的重要活动之一。延吉市每年举办中国（延吉）朝鲜族端午民俗文化旅游节，宣传民俗传统文化，传承民俗文化遗产，打造了具有地域特色、民族代表性的文旅品牌。中国图们江文化旅游节将图们江文化融入边境游、跨境游路线，有力推动了图们市文旅事业的发展。

文化惠民活动丰富多彩。吉林省城乡积极开展各类文化惠民活动，提升城乡公共文化服务水平和质量。吉林省吉林市昌邑区文化馆加大软硬件投入力度，组织承办一系列惠民流动文艺演出活动，打造“冰天雪地贺新春”“精品文化乡村行”“梨园欢唱歌盛世”等文化品牌，丰富了群众的文化生活。2022 年，该文化馆被评为“国家一级文化馆”。

二　文化和旅游发展中存在的问题

（一）企业经营面临较大困境

对吉林省文旅产业来说，2022 年疫情反复的形势更加严峻，线下娱乐业、会展业、旅游业等文旅各细分行业消费活动仍然受到限制，消费环境依然严峻，消费信心提振周期被再次拉长。旅行社、景区以及文化传播渠道业、文化娱乐休闲服务业、文化消费终端生产业等受到较大的冲击，营业收入和利润同比减少较多，复苏压力较大。全省各类电影放映、文艺演出、博物展览、休闲娱乐等场馆经营活动受限，经营收入受到较大影响。2022 年 3 月，长春市、吉林市采取防控措施控制疫情，5 月才逐步恢复，全省景区、景点和文化场馆基本处于关闭状态；5 月底虽允许经营，但也受到人们谨慎消费的影响，旅游收入、参观人数均大幅减少。调研发现，长春和平大戏院在 2020 年就受到疫情影响，2022 年受到的冲击较为剧烈，剧场上座率不足 1/3，企业经营面临很大困难。吉林省文旅企业存在运营模式单一、网络运营能力不足、现代化程度不高、创意元素产品欠缺等问题，文旅企业的抗风险能力较弱。

（二）产业规模化发展较弱

就文化产业来讲，企业规模普遍不大，全省规模以上文化企业只有 241 家，仅占全国总数的 0.4%，没有一家企业符合全国文化企业 30 强“双百亿”参评标准。文化产业园区、重大文化产业项目、广播电视节目制作单位等的数量、规模和发展情况也都与广东、浙江等先进省份存在较大的差距。旅游业存在资源整合度不高，景区间联动性不强，产品丰富度不足，满足不同类型、不同规模游客需求的接待能力较差等问题。全省文旅经济份额集中体现在中东部地区，如长春市、吉林市、延边市和长白山 4 个地区，不论是游客接待量还是旅游收入，都占到全省的 80% 以上；西部地区特色旅游资源利用处于低效状态。

（三）文旅供需存在结构性矛盾

与不断变化的文化和旅游需求结构相比，文旅产品还存在结构性不足。部分旅游景区项目内容过于单调，停留在观光层次，文化含量明显不足，不能满足游客的深度体验需求。随着疫情防控常态化工作的推进，户外露营作为减少聚集、增加感情、亲近自然的重要方式，成为当前居民假日休闲旅游的热门选择。研学游和银发旅游产品尚未形成体系，产品类型单一，缺少有深度的、趣味性强且有品牌效应的产品。

（四）技术应用效能不足

数字技术在文化和旅游领域发挥了一定的效能，如对服务过程进行数据分析，为消费者画像，以明确消费趋势，从而开展精准营销、智能推荐等，但是这种技术应用仍处于数据的感知阶段，技术应用场景非常有限，尤其缺乏基于大数据的预测性与决策性应用。文旅产业仍处于数字化转型的初级阶段，在文化创新、设计、生产制造等核心环节的数字技术渗透率低，传统文化与现代科技融合的新业态尚未形成突破性发展的局面，数字技术赋能内容创新型发展的程度还不够。线上文旅消费作为最初的“应急之举”，与线下体验融合的实效仍有待深化。

（五）文化旅游专业人才队伍亟待壮大

当前，文化和旅游专业人才存在流失现象。吉林省文旅人才收入偏低，南方发达省份通过制定和落实人才引进政策，以安家补贴、高工资收入、解决住房、解决爱人就业、解决落户等为条件吸引高水平人才，导致文化和旅游专业高端人才流失严重。调研中，很多企业反映人才留不住，现有员工素质参差不齐，且引进人才渠道较少，难以保障企业的长远发展。人才结构不尽合理，从事传统文化产业的人员较多，从事高新技术文化产业的人员偏少；从事生产和销售的人员较多，从事创作和管理的人员较少；各个文化领域都缺少领军人物，无法起到带头作用，不能发挥辐射效应；从业人员整体文化水平与专业水平较低，人才结构对产业的支撑能力较弱。

三　文化和旅游发展的环境与趋势分析

（一）文化和旅游发展的环境分析

1. 文旅产业发展具有较强韧性

文化和旅游发展总体态势稳中有进，行业韧性不断凸显。文化市场主体数量不断增加，文化产业基本盘稳固。2021 年全国规模以上文化及相关产业企业数量达到 6.5 万家，比 2019 年增加 0.7 万家。国内文旅市场有序恢复，不论是文化及相关产业企业营业收入还是国内游客人数和旅游收入均实现增长，2021 年全国规模以上文化及相关产业企业营业收入比上年增长 16.0%，两年平均增长 8.9%，比 2019 年增速加快 1.9 个百分点；2021 年全年国内游客人数和旅游收入分别比上年增长 12.8% 和 31.0%，体现我国文旅产业发展基础扎实、恢复周期较快的特征。①

2. 文化和旅游事业发展受到重视

文化和旅游事业发展事关民生，也是全面建设社会主义现代化国家新征程的重要内容，国家始终予以高度重视，即使在国内经济形势承压前行的状态下，仍不断加大对文化和旅游事业发展的支持力度。2021 年，全国文化和旅游事业费达到 1132.88 亿元，比上年增加 44.62 亿元，增长 4.1%；全国人均文化和旅游事业费达到 80.20 元，比上年增加 3.12 元，增长 4.0%（见图 1）。2021 年，全国文化和旅游事业费占财政总支出的比重为 0.46%，比上年提高 0.02 个百分点

图 1　2011～2021 年全国人均文化和旅游事业费及增速情况

资料来源：文化和旅游部网站。

① 《中华人民共和国文化和旅游部 2021 年文化和旅游发展统计公报》，文化和旅游部网站，2022 年 6 月 29 日，https://zwgk.mct.gov.cn/zfxxgkml/tjxx/202206/t20220629_934328.html。

(见图2)。[①] 从2011~2021年的变化趋势看，全国文化和旅游事业费占财政总支出的比重呈逐年上升的趋势，文化和旅游事业发展的受重视程度可见一斑。

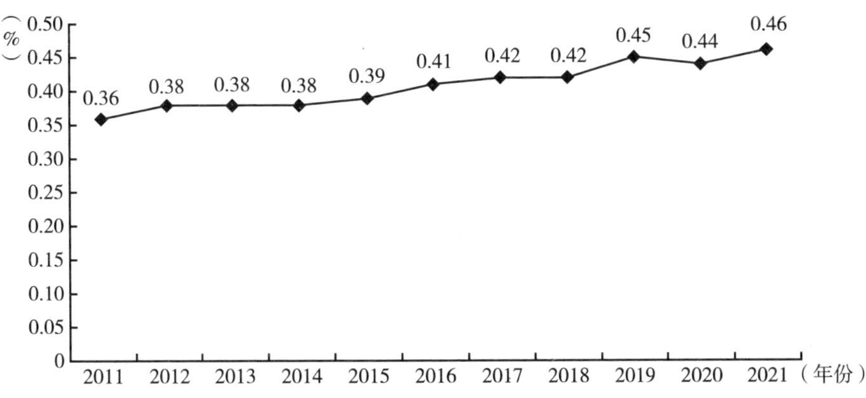

图2　2011~2021年全国文化和旅游事业费占财政总支出的比重

资料来源：文化和旅游部网站。

3. 系列化的政策为文旅产业发展提供保障

文旅产业一直在顶层设计和规划的引导下健康发展，进入“十四五”时期以来，国家制定了多项政策和规划，明确文旅产业的发展方向和目标。产业发展方面，制定出台《“十四五”文化产业发展规划》《关于推动国家级文化产业园区高质量发展的意见》《“十四五”旅游业发展规划》《国民旅游休闲发展纲要(2022—2030年)》等政策性文件。公共文化服务方面，出台了《关于推动公共文化服务高质量发展的意见》《“十四五”公共文化服务体系建设规划》，推动公共文化服务高质量发展。文化市场管理方面，印发《文化市场综合行政执法事项指导目录》，推动综合执法体制机制进一步完善。文化旅游科技创新方面，印发实施《“十四五”文化和旅游科技创新规划》《“十四五”文化和旅游部高校共建工作方案》，部署指导文化和旅游领域的科技创新工作。各省份也积极对标国家政策，印发出台地方“十四五”文化和旅游发展规划、文化和旅游融合发展“十四五”规划以及“十四五”旅游业发展专项规划等。

① 《中华人民共和国文化和旅游部2021年文化和旅游发展统计公报》，文化和旅游部网站，2022年6月29日，https://zwgk.mct.gov.cn/zfxxgkml/tjxx/202206/t20220629_934328.html。

4. 文旅发展转向“大文旅”宏观视野

进入“十四五”时期，文旅产业发展不论从政策引导还是实践推进上，都跳脱出原来的单点思维和单线思维，注重以系统思维为抓手，全局谋划、重点布局、整体推进、统筹推动，文旅发展更紧密地与经济社会发展、人民美好生活需要以及生态安全保障相结合，表现出“大文旅”发展格局。系统思维在“十四五”规划文件中尤其突出，《“十四五”文化和旅游发展规划》以“一个工程，七大体系”为文化产业和旅游业未来发展指明方向；《“十四五”文化产业发展规划》在基本原则中首次提出要坚持系统观念。《黄河流域生态保护和高质量发展规划纲要》《长城国家文化公园建设保护规划》《大运河国家文化公园建设保护规划》《长征国家文化公园建设保护规划》等规划强调整合沿线文旅资源，构建总体空间格局，同样体现了系统思维。以此看来，文旅产业的宏观指导将更加注重统筹城市与乡村、发展与安全、政府与市场、事业与产业、供给与需求、国内与国际等重要关系，以全国“一盘棋”的思路谋划战略、整体推进，从而形成文旅产业发展的新格局。

（二）文化和旅游发展的趋势分析

1. 文旅产业更深地融入经济社会发展全局

“十四五”时期，我国文化产业和旅游业将深度融入经济社会发展全局，对国民经济增长的支撑和带动作用将进一步凸显。文旅消费作为居民满足精神需求的重要载体，也在居民消费中占到越来越大的比重。2021 年，国际旅游节发布的《“海上丝绸之路”文旅产业大数据报告》显示，我国文旅消费市场迅速回暖，消费潜力正在持续释放，在八大消费类别中，文旅消费增速最快。对于很多地区而言，文旅产业正在成为各种产业发展的重要驱动力。文旅产业具有带动性强的特点，因此各地文旅产业正在逐步成为龙头型产业。国内一些省份的文旅产业现象级的项目、事件不断，如北京环球影城盛大开园、文化和旅游部联合浙江省发布了关于共同富裕示范区建设中文化和旅游领域发展的路线图、河南以《唐宫夜宴》开启了优秀传统文化“破圈”创新等。这些文旅热点持续带动文旅产业的发展，为其他省份提供了启示和借鉴，同时调动了群众的文旅消费积极性。

2. 文旅发展定位更加倾向于国内和本地化

疫情影响着文旅市场发展定位，出入境旅游仍受限。在2021年总体形势缓和的情况下，出入境旅游以零散个人游为主，旅行社有组织的、规模化的出入境旅游业务仍处于停滞状态。从长期来看，疫情持续带来的影响，使得整体出入境旅游市场的恢复仍具有较大的不确定性。新发展格局推动“新文旅”时代的到来，文旅产业发展定位也由全球布局转换为在地化发展。这种转换一方面是为解决原来各地文旅产业在消费场景、商业内容、运营模式等方面存在的同质化发展的问题，另一方面是为满足“微度假”时代人民群众的文旅需求。受疫情、城市居民碎片化休闲时间和出游成本等因素影响，城市周边游、城市“微度假”已经成为大众休闲旅游的热点，而且短距离的“微旅行”产业越来越成熟，并且逐渐适应疫情防控常态化形势。携程《2022年元旦假期出行数据报告》显示，2022年元旦周边游出行订单增长显著，较2020年元旦增长238%。

3. 传统文化与现代科技更加紧密融合

2021年，国家出台多项政策，包括《“十四五”文物保护和科技创新规划》和细分文物类型的专项规划，明确指出要促进文博文物与科技创新的深度融合，强调要增加关键技术供给，促进文物保护、修复、传播的转移和转化。非物质文化遗产与电商和自媒体等新型传播方式相结合，形成了“非遗+电商”“非遗+自媒体”新模式，非遗的传承和内容展示受到更多人的关注。

4. 文旅产业数字化转型更加深入

在统筹推进文化强国建设和积极应对疫情防控常态化的大背景下，文旅市场主体对数字化转型的态度从被动适应逐渐过渡到积极主动寻求转型，文旅数字化进入快速发展阶段。根据国家统计局数据，2021年，数字文旅文化新业态特征较为明显的16个行业小类实现营业收入39623亿元，比上年增长18.9%；两年平均增长20.5%，高于文化企业平均水平11.6个百分点；占文化企业营业收入的比重为33.3%。[①] 近几年，消费者对数字内容的需求逐渐增加，也更有意愿进行在线消费。旅游领域，景区景点、文化机构等预约服务对于保障疫情防控和优化游客体验起到了良好的支撑作用。伴随数字技术在文旅领域的渗

① 资料来源：国家统计局网站。

透，一些智能化元素、科技化元素不断渗透文旅设备领域，推动文化旅游装备制造业不断向智能化方向发展。可见，文旅产业数字化转型必将拓展至产业全要素、全流程和全业态范围。

5. 文旅业态的多元化发展更加彰显

文旅产品在多个维度上实现升级，多元化产品体系快速构建，特别是联动商业、教育、文娱等高频消费业态，新业态不断涌现，包括夜间经济、沉浸式经济、国潮经济和跨界经济等，逐渐形成长尾经济效益。文旅夜经济正日趋成为拉动城市消费的新增长点，根据中国商务部数据，夜间消费额占全天消费额的60%，而且本地夜生活逐渐成为重要旅游吸引点，夜晚演出、文化市集、剧场、夜市等是最有吸引力的夜间文旅消费场景。伴随刺激消费政策的实施，全国夜间经济规模持续扩张。沉浸式文旅业态蓬勃发展。主题巡展，情境式演艺，VR、AR 主题乐园，剧本杀，密室逃脱等沉浸式文旅产品广受欢迎，满足消费者的体验需求。文旅与国潮联动频繁。传统文化精品演艺节目叫好又叫座，文博创意产品不断开发，国风景区、国风旅游线路接连出现。文旅跨界，融合多元业态一体化发展，休闲度假业态、文娱教育业态等与乡村旅游融合，打造出集农事体验、农事研学、民宿等于一体的目的地产品。

6. 文旅消费个性化更加突出

Z 世代群体和老年群体是文旅消费的主力军。Z 世代群体是互联网的原住民，对互联网科技接受度高，且有一定的依赖性，追求小众、有深度且主题鲜明的文旅消费项目，他们是未来中国新经济、新消费、新文化的主导力量。老年群体也是极具个性化的消费群体，他们兼具“有钱”和“有闲”，旅游逐渐成为他们的第一消费需求。老年旅游者对新生事物有了解的渴望，也有学习使用移动支付、网络预约、线路规划等技术手段的热情。第 49 次《中国互联网络发展状况统计报告》显示，截至 2021 年 12 月，我国 60 岁及以上老年网民规模达 1.19 亿人，互联网普及率达 43.2%。[①] 老年群体的互联网普及与消费在一定程度上有效地促进了他们的文旅消费。这两类消费群体进行文旅消费规划时，更多以自身需求为出发点，注重预算合理化，追求旅游过程的深度体

---

① 《第 49 次〈中国互联网络发展状况统计报告〉（全文）》，中华人民共和国国家互联网络信息办公室网站，2021 年 2 月 3 日，http://www.cac.gov.cn/2021-02/03/c_1613923423079314.htm。

验，关注推陈出新的新业态项目，使得文旅消费群体的个性化特征更加明显。

7. 文旅市场细分化更加显现

在市场推动以及国家产业发展规划和重要政策的引领下，文旅市场逐步向细分化与品质化发展。《“十四五”文旅市场发展规划》提出，要加强对体验式演艺等新业态、新模式的引导、管理和服务。在该规划指引下，康养旅游、红色旅游、冰雪旅游等细分行业市场将迎来快速发展。随着“二孩”“多孩”家庭比重的增长，亲子游、研学游市场将逐步拓展，不断增长的适龄青少年人口将为研学游带来较大的市场需求。疫情对人们健康养生认知以及我国老龄人口增长趋势产生影响，以中医药健康旅游、温泉旅游、森林生态游、康养运动游等为特色的健康养生旅游需求正在被激发，康养旅游细分门类将不断拓展与完善，康养旅居市场也将迎来新的发展。

四　促进吉林省文化和旅游高质量发展的政策建议

立足发展新格局，吉林省文旅产业发展应深入贯彻“绿水青山就是金山银山，冰天雪地也是金山银山”理念，坚定文化自信，增强文化自觉，聚焦国际形势，紧扣国家战略，对接市场消费环境，以满足人民日益增长的美好生活需要为根本目的，坚持稳中求进工作总基调，统筹发展和安全，全面提升文旅产业综合竞争力，努力推动文化和旅游发展满足新时代新要求。

（一）积极扶持文旅企业恢复活力

制定科学系统的帮扶政策。鼓励各市州文旅系统针对本地文旅市场恢复情况、文旅企业经营困难问题，紧扣国家相关文件精神，拿出非常之策、使出非常之力、推出非常之举，加快推进文化产业和旅游业恢复发展。政策既要从市场主体发展需求出发，注重普惠性，也要突出针对性，真正解决文旅企业的“急难愁盼”问题，以最快时间稳住市场主体、稳住行业信心、稳住社会就业。同时，政策要兼顾短期和中长期，短期推进解燃眉之急的举措，中长期以实现文旅产业的高质量发展为目标，以激励政策为主，将促复苏与增后劲结合起来，引导和支持艺术创作、模式创新以及新动能培育等，鼓励文旅企业转型发展，激发内生活力。

提升帮扶政策的落地效果。深入落实文旅产业助企纾困政策，全面梳理各项普惠性助企纾困政策的适用范围、申请条件、办理流程等，通过行业培训、走访调研、咨询服务、信息宣传等方式向文旅企业传达和解读，在政府网站或者政务大厅设立专门窗口进行解答，并为文旅企业对接有关部门、申请政策帮扶提供必要帮助。推动助企纾困政策直达快享、应享尽享。

提高文旅消费券惠企实效。提高文旅消费券的总体额度，扩大发放范围，提升居民进行文旅消费的意愿，营造良好的消费氛围，帮助景区、旅行社、星级饭店以及文化娱乐等领域商家恢复经营，尽快走出困境，进而盘活经济。优化和完善文旅消费券的发放和使用流程，以定向购买文旅消费项目方式为主，辅以消费满减和十足抵用方式，加强文旅消费群体分析，促进文旅消费券的精准投放，有效提高文旅消费券核销率，真正起到促进文旅消费、提振文旅经济的作用。

（二）加快启动和扩大省内游市场

打造系列化的本地旅游产品。推动文旅市场进行市场策略的主动调整，深度挖掘和启动本地、本省市场，加快打造以本地、本省文旅消费为主导的产品体系，以时间节点及其文化内涵、季节特征等要素为依据，进行主题活动产品策划，形成一日游、二日游、三日游等的主题游、线路游、“微度假”等主题化产品，大力实施“吉林人游吉林”活动，促进文旅市场快速恢复、合理增长。鼓励相邻区域推出跨区域的旅游年票或景点联票，支持开展消费节、赏花节、文创夜市、温泉节等活动。支持发展乡村休闲旅游、乡村康养旅游、乡村研学旅游等文旅业态，鼓励各地积极推出包含“吃住行游购娱”全程线路的消费套餐，方便居民出游。

推动露营地旅游规范发展。面对民众高涨的露营热情，相关部门要积极规范引导露营地建设与发展。一是积极协调公共资源，合理规划用地，充分盘活绿地、水域等自然资源，鼓励和引导景区、公园、风景道开辟露营地，在符合疫情防控、森林草原防火等各项要求的前提下，增加露营地供给。二是应尽快制定相关标准，让露营行业发展有章可循。完善配套设施和基本公共服务，做好野外防护知识普及、气象预警等服务。只有对露营经济加以规范和引导，才能使其真正成为新的消费增长点和乡村旅游的有力补充。三是优化专业露营地的运营模式，做到服务内容明码标价、服务项目单列收费，鼓励基础露营地降低收费，引导露营地通过高性价比的服务以及衍生产品获取经济收益。

（三）持续做大产业规模

推动现代旅游体系建设。聚焦旅游全域化、全要素、全业态发展，锚定《吉林省文化和旅游发展“十四五”规划》中提出的“实现全省旅游业总收入万亿级规模”的目标，乘势而上，扎实推进现代旅游体系建设。加快培育旅游产业成为经济发展新动能、绿色发展新引擎。加快构建冰雪旅游新目的地体系。探索开发四季运营业态产品，依托“四季滑雪”“天池雪”“林海雪原穿越廊道”“查干湖冬捕”等品牌扩大吉林省冰雪旅游知名度，加快形成具有国际竞争力的冰雪产品。发展避暑旅游。坚持生态保护优先，开发多元的、以娱乐休闲为主体的避暑产业项目，积极推动城市避暑旅游、滨湖避暑旅游、森林避暑旅游等产品的升级和完善，实现避暑产业的延伸升级。推动避暑旅游与康养和运动相结合，支持开发一批低温康养样板基地和运动休闲基地。

拓展文化创意产业边界。顺应数字经济、线上经济发展大势，深入实施文化创意产业数字化战略，促进文化创意产业“上云用数赋智”。加快文化创意产业的数字化新业态和新模式发展，培育云演播、云展览等新业态，发展数字艺术、沉浸式体验等新模式；抓住网络直播、短视频和电子竞技等行业的发展机遇，推动本土文化创意产业的借势借力发展，形成“内容生产—渠道扩展—衍生品开发”全链条的产业链发展模式。积极运用信息革命成果，推动以数字化生产、网络化传播为特征的动漫产业发展；支持会展业进行数字化转型，引导举办线上文化会展，拓展文博会展产业新载体、新模式、新空间，强化会展经济带动作用，促进吉林省文化创意产业及产品创新发展。塑造影视文创产业链。充分发挥长春电影制片厂作为“中国电影摇篮”的品牌优势，挖掘利用省内丰富的生态资源、民俗资源和历史文化资源优势，推进文化传承，打造以长春国际影都为龙头的国际化电影全产业链基地。

（四）推进文旅市场向细分领域拓展

以科技赋能，不断创新游玩新体验。密切关注文旅消费人群需求发展

的趋势，在细分领域持续提供高品质的文旅产品，才是避免文旅产品同质化、激发文旅活力的“法宝”。突出“奇幻”“梦幻”“神秘”“童话”主题，升级旅游景区和主题公园，结合光影技术，打造唯美、逼真的旅游场景，将科技、艺术与感受充分融合，体现新潮理念，不断创新沉浸式游玩体验。

抓住“幸福”主旋律，延长产业链价值链。幸福产业主要包含6个方面的内容，分别是文化、旅游、健康、养生、体育和教育培训，将幸福产业与文旅产品开发结合起来，构建特色文旅产品新体系，在实现全民幸福感提升的进程中促进文旅经济效益的增长，将吉林省建设成为主客共享的、体现美好生活的文旅目的地和生活居住地。

聚焦细分市场，深度耕耘。将市场战略重心从大众市场转移到细分市场，针对高端、中端、低端消费需求，建立高端、中端、低端常规产品体系，通过不断提升各板块产品的附加值来扩大利润空间。针对中老年消费群体对养生和健康的需求意愿和更喜欢跟团游的消费倾向，研发设计更加舒适的冰雪旅游线路，鼓励旅行社、旅游景区提供更加丰富的温泉养生、联谊联欢等老年冰雪旅游产品；针对青少年可以推出以运动训练为基础的研学类主题产品；针对亲子游客户群可以推出以主题酒店和露营地为主的产品；等等。在做好城市冰雪文旅产品开发的同时，推动乡村文旅加快发展，推动村庄、乡镇文旅项目的开发，组织喜闻乐见的民俗冰雪活动，开发主题乡村民宿，助力全面推进乡村振兴。

（五）加快旅游景区提档升级

打造世界级旅游景区和度假区。党的十九届五中全会首次提出“建设一批文化底蕴深厚的世界级旅游景区和度假区”，《中华人民共和国国民经济和社会发展第十四个五年规划和2035年远景目标纲要》《“十四五”文化和旅游发展规划》等政策文件均对这一目标进行了明确并细化了任务。世界级旅游景区和度假区是文旅新事物，是文旅产业落实文化和旅游高质量发展主题的新抓手、新引领、新示范。吉林省应加大力度支持长白山、北大湖、松花湖等标志性景区、度假区率先打造形成富有文化底蕴和特色的世界级生态旅游景区和滑雪度假区。按照建设国际知名文化旅游目的地的要求，对照《世界级旅游景区建设指引（征求意见稿）》的标准，制定提升规划，着力从补短板、强弱项、增后劲方面确定提升思路，着力开发世界级的旅游产品组合，开发精致产品，积极邀请联合国专门机构合作落地产品，开展重大节庆会展活动，使景区 IP 具有国际辨识度；加强与国际著名旅游目的地的合作，引入国际资源、国际资本、国际企业服务区域旅游发展，建设精品设施，提供精细服务，开展精细管理，带动旅游全产业链的延伸和突破。

推动旅游景区的升级改造。加大旅游资源整合力度，注重对文化内涵和文化价值的深度挖掘，围绕构建异地生活方式发力，在客源获取、消费需求引导、旅游新基建、旅游吸引物升级等方面下力气、做亮点，增强开放性和包容性，推动传统景区焕发新活力。鼓励景区从景观打造向场景营造升级，围绕核心文化元素，塑造特色文化 IP，积极应用现代体验技术，增强沉浸式体验。积极推动查干湖、嫩江湾加快获批 5A 级旅游景区，加快吉林松花湖、辉南龙湾群、珲春防川景区创建 5A 级旅游景区的步伐。支持向海、莫莫格等重点景区科学划定旅游功能区，重新定位产品，拓展发展空间，增加服务功能。进一步推动各类自然文化景区、旅游综合体、主题乐园、博物馆等硬件的改造，扩大景区容量，完善基础设施，提升配套服务，创建 A 级旅游景区。

深化旅游景区的经济转型变革。推动景区收入从门票经济向旅游综合消费经济拓展。疫情的反复对景区影响较大，为了促进旅游消费，景区门票减免活动成为常态。景区探索门票经济外的二次消费空间是必然也是必需，提升景区体验产品增量，植入更多内容，增加多元化的收入渠道，持续推出满足游客需求的个性化产品，推出索道、攀岩、演艺、文创产品等多种二次消费产品，促进二次消费项目获得利润，有利于景区的可持续发展。全面引导景区适应竞争方式的变革，以服务多样化和便捷的“一站式”服务为目标，推进景区服务体系升级，积极将旅游服务与本地生活服务进行串联，加速推动景区从旅游服务向生活服务延伸。

（六）逐步提升文化软实力

推动新时代的艺术创作繁荣发展。推动艺术创作提质升级。积极开展吉剧振兴、京剧高派基地建设、吉林歌舞品牌建设等重点工作，打造精品艺术 IP，推进文艺精品化。坚持对优秀传统文化的创造性转化和创新性发展，将传承文化与满足现代消费需求相结合，创作生产既具有传统魅力又体现潮流元素的文化产品。不断推出思想精深、艺术精湛、制作精良的优质文化产品和基于移动终端便于浏览传播的数字文化产品；推动各大院团将吉剧、二人转等地方传统戏剧开发为原生云演艺产品。针对不同年龄阶层消费特点，提供相适应的文化产品，根据吉林省人口结构特点，应大力研究并开发满足老年人文化需求的文化产品和消费模式。

全面激发博物馆创新发展活力。构建功能完备的博物馆公共文化服务体系。从数量、类型、布局、质量和性质等方面综合考量存量博物馆与增量博物馆，做好各类专题博物馆、行业博物馆、乡村博物馆等场馆的规划和建设，统筹城区和乡村，整合高水平博物馆建设与社区、企业中的小微型特色博物馆建设，构建布局合理、内容丰富、特色明显的博物馆体系。坚持特色与品牌发展之路，充分发挥博物馆的收藏、展览、教育、休闲等公共服务职能，持续推进“吉林印记”历史文化传承与保护工程。不断释放文物的历史文化价值，注重对文物的历史价值与当代意义的挖掘，推出展现吉林省文物资源特色的精品展览；加强现代创意设计的运用，推动文化创意产品开发投资和设计制作，推出兼具艺术性和实用性的文化创意产品。积极塑造博物馆特色品牌，以场景化构造、新素质教育探索等途径倒逼博物馆“内容化”研究。加速博物馆的数字化发展。紧跟国家政策，利用先进科技赋能博物馆的数字化建设，实现文物的永久保护，创新展陈模式，打造虚拟展厅，依托特色馆藏资源推出“云博览”“微展览”，实现数字传播、网络营销，突破时空限制，促进博物馆公共服务效能最大化发挥。

加强非物质文化遗产的宣传、展示与传播。创新非遗展示传播方式。在经典的旅游线路中巧妙地融合非遗元素，推出一批非遗主题旅游线路。打造非遗品牌传播项目。结合文化和自然遗产日、重要传统节日，组织开展非遗博览会等多种形式的非遗旅游活动和非遗主题传播活动。鼓励非遗传承基地、传习所开展非遗展览展示展演活动，推动汪清象帽舞、珲春洞箫、安图牙拍舞、图们长鼓舞、通化市满族剪纸、长白山满族枕头顶刺绣、大泉源酒酿造技艺、东丰农民画、东辽剪纸、东北大鼓、琵琶、根雕等非物质文化遗产和传统工艺的保护和传承。加强吉林非遗项目的省际、国际传播和交流，充分运用非遗资源，讲好吉林故事。

（七）加快推进数字技术的应用

加快数字科技的推广和转化。加快实现5G、千兆光网、新型城域物联专网等在重点文旅服务场景和区域的深度覆盖，加快数字化文旅场景的构建和改造，在旅游景区加快布局建设智慧型的商店、餐厅等，积极推广无接触服务。着重对新媒体行业、数字印刷等新兴领域进行投入，助推传统媒体与新兴媒体融合互促，实现数字出版制品的创新与发展。

积极通过数字网络整合升级文旅资源和服务。运用5G、大数据、AI等技术对面向老年人和残障人士的文旅公共服务进行适应性改造，推进公共服务“数字无障碍”，提升文旅公共服务的均等性和普惠性。以数字技术提升文旅产业的精细化运营水平，健全应急数字化精准管理机制，提升服务韧性与治理能力。

加强对数据的科学化运用。将文化数据作为新的生产要素进行创意开发和利用，丰富个性化、定制化、品质化的数字文化产品供给，打造一批具有审美价值和文化价值的“吉”字号高质量数字文化IP精品。加强文旅消费大数据处理，采集、存储、加工、分析和运用文旅数据，打造文旅数据产品和服务体系，促进企业的供需调配和精准对接。建设数据汇聚平台，支持上下游企业开放数据，推动全流程数据采集，提升数据流通商用共享水平。构建数据安全责任体系，加强数据安全服务，提高文旅企业网络数据使用的规范性和安全性。

（八）加强文旅人才队伍建设

加大人才引进力度。出台一些特殊优惠政策，对文化和旅游领域的“高精尖缺”人才给予政策、资金和待遇保障。以优厚待遇鼓励和吸引外地创意设计、旅游管理、数字技术等领域的高端人才加入吉林省文旅产业队伍。建立健全符合吉林省实际的文旅产业人才评价标准体系，探索新形势下吸引人才、留住人才、用好人才的有效途径，开展高端人才智力柔性引进、产学研合作、重大课题联合攻关等行动，营造域外人才来吉林省创业干事的良好氛围。

加强人才培养与培训。畅通吉林省文旅产业人才培养路径，通过联合办学、委托培养、培训进修等方式全方位、多渠道培养高层次专业人才，形成规范有效的人才培养工作机制，培养一批文旅产业高精尖人才和复合型人才。支持高等院校、培训机构与文旅企业合作建设文旅产业人才教育培训基地、大学生就业实践基地，建立产业发展与人才培养之间的有机连接，培养满足市场需求和推动产业发展实践的“实用型人才”。围绕乡村、红色、康养、民俗文化、历史遗址遗迹等重点文化和旅游发展方向培养产业领军人才和青年拔尖人才。创新人才激励奖励机制，做到灵活用人，建立以文旅成果为核心的专业考核体系。

参考文献

范建华、秦会朵：《“十四五”我国文化产业高质量发展的战略定位与路径选择》，《云南师范大学学报》（哲学社会科学版）2021 年第 5 期。

李攀：《省文旅厅：多措并举全面激活文旅市场》，《吉林日报》2022 年 6 月 6 日，第 2 版。

李攀：《数字转型　智能升级　融合创新》，《吉林日报》2021 年 3 月 24 日。

李杰：《文化产业高质量发展的应变与求变》，《北京联合大学学报》（人文社会科学版）2021 年第 4 期。

厉新建、宋昌耀、殷婷婷：《高质量文旅融合发展的学术再思考：难点和路径》，《旅游学刊》2022 年第 2 期。

牛角：《疫去夏至，吉林旅游迎来一场“及时雨”》，《中国旅游报》2022 年 6 月 28 日，第 8 版。

宋瑞：《经济新发展格局下促进旅游消费的思路与方向》，《旅游学刊》2021 年第 1 期。

宋瑞：《数字经济下的旅游治理：挑战与重点》，《旅游学刊》2022 年第 4 期。

徐慕旗：《我省红色旅游高质量发展》，《吉林农村报》2021 年 6 月 19 日，第 1 版。

赵凯强、范周：《中国文化产业“十四五”时期的几个转型》，《出版广角》2022 年第 3 期。

文化篇

Cultural Reports

G.2 吉林省红色文化与冰雪旅游融合发展路径探析

李秋雨　赵 月*

摘　要： 充分发掘和利用吉林省丰富的红色文化资源，与冰雪旅游进行优势互补，融合具有吉林省地方特色的红色冰雪旅游形态，打造兼具教育功能和旅游休闲功能的、更具吸引力的“红色冰雪旅游+”产品，推动吉林省红色冰雪旅游产品发展。本报告对吉林省红色文化与冰雪旅游融合发展的资源基础进行分析，从市场、企业、产品和技术层面对吉林省红色文化与冰雪旅游融合发展过程展开分析，并在现状分析的基础上，得出吉林省红色文化与冰雪旅游融合发展中存在的问题，提出了吉林省红色文化与冰雪旅游融合的发展思路、发展对策和发展建议。通过研究发现，吉林省红色文化与冰雪旅游融合发展中存在红色文化内涵挖掘和重视程度不够、融合产品形式单一、融合深度不足、基础设施建设滞

* 李秋雨，长春师范大学历史文化学院讲师，主要研究方向为旅游地理；赵月，长春世界雕塑园，主要研究方向为雕塑文化。

后和融合人才缺乏等问题。对此提出如下对策建议：重视红色文化资源保护，集约化开发与利用；挖掘灵魂性，弘扬红色精神；形成市场机制，丰富产品类型；培育经典产品；加强市场营销；资源整合，优化配置，重视人才培养。

关键词： 红色文化　冰雪旅游　融合发展　吉林省

2022年北京冬奥会使全国参与冰雪活动的热情高涨，冰雪旅游进入了爆发式增长的黄金阶段。近年来，吉林省冰雪旅游产业强势崛起，冰雪旅游综合收入占全省全年旅游综合收入的1/3，冰雪旅游迈上新高度。深入实施“冬奥在北京、体验在吉林”行动，建成以“冰雪旅游、冰雪体育、冰雪文化”为核心的“3+X”冰雪全产业链，打造“三亿人参与冰雪运动”的主要承载区，建成世界级冰雪旅游目的地，成为吉林省冰雪旅游产业发展的主要目标。“十四五”时期是实现冰雪旅游关联产业融合发展、助力冰雪旅游与文化快速发展的关键时期。吉林省的红色文化与冰雪旅游具有天然的契合性，吉林省的红色文化是在雪深没腰、爬冰卧雪，衣服单薄，肚子里又缺乏食物等极端严酷环境下产生的军旅文化和抗战文化。冰天雪地中的抗日活动使吉林省红色文化具有独特的冰雪特色、丰富的革命精神和深刻的教育意义。因此，充分挖掘和利用吉林省丰富的红色旅游资源，与冰雪旅游进行优势互补，融合出具有体验性、教育性和休闲性的红色冰雪旅游产品，不仅能传承红色文化，也能提高吉林省冰雪旅游产业竞争力、打开红色冰雪旅游市场和实现红色冰雪旅游发展。

一　吉林省红色文化与冰雪旅游融合发展的资源基础分析

冰天雪地的自然条件下形成的红色文化，具有典型的地域特色。红色文化与冰雪旅游融合形成的红色冰雪旅游，具有独特的冰雪特色、丰富的革命精神和深刻的教育意义。

（一）红色文化资源

红色文化资源是中国共产党领导中国人民进行艰苦革命斗争的经历及在此期间形成的成果，既包含了有形的物质资源，也包含了无形的精神资源。吉林省的红色文化资源丰富、种类众多，根据红色文化资源的内涵、属性及特征，并借鉴其他学者的研究，将吉林省红色文化资源分为以下五类。

一是遗址遗迹类。遗址遗迹类红色文化资源是指革命历史活动时期的遗存和建筑，以实物形态存在，具有不可移动的特征。吉林省遗址遗迹类红色文化资源主要分布在东部的山林区，延边朝鲜族自治州、白山市、通化市和吉林市等地也存在大量的遗址遗迹类红色文化资源，以抗日战争时期东北抗日联军与日伪军作战的战斗遗址、抗联密营和抗日根据地为代表。吉林省的遗址遗迹类红色文化资源主要分布在山林区，加之开发不及时和保护不当等原因，当前留存下来的较少。目前，大部分遗址遗迹类红色文化资源已经被标识和保护，有些经过开发和修葺，已经成为爱国主义教育基地或者红色旅游景区。

二是建筑与设施类。建筑与设施类红色文化资源是指中国共产党领导广大人民群众为反抗压迫、反抗外来侵略、争取民主胜利而展开活动的建筑及设施，包括为纪念重大事件和缅怀革命战争中的英雄而建的各类建筑和设施。吉林省建筑与设施类红色文化资源丰富、分布广泛，以革命烈士归葬地、革命纪念馆居多。吉林省拥有一批全国知名的建筑与设施类红色文化资源，一部分被评为国家级文化单位或省级文物保护单位，如四平战役馆、杨靖宇烈士陵园、苏军烈士纪念馆等。这些建筑与设施类红色文化资源在吉林省的爱国主义教育、党史教育和红色旅游发展中发挥了重要作用。

三是革命历史文物类。革命历史文物类红色文化资源是中国共产党领导广大人民群众在反抗压迫、反抗外来侵略、争取民主胜利中遗留下来的相关器物。革命历史文物类红色文化资源多收藏于博物馆、档案馆和纪念馆，为实物展品，具有可移动的特征。1931~1945 年，吉林省留下了众多的革命历史文物。各级博物馆、档案馆和纪念馆通过整理、征集和接受捐赠的形式，收集了部分革命历史文物。目前，吉林省的革命历史文物类红色文化资源仍有一部分分布在民间，有待收集和整理。

四是文艺作品类。文艺作品类红色文化资源是中国共产党领导广大人民群众在反抗压迫、反抗外来侵略、争取民主胜利中所创造的文学艺术作品，包括诗词、歌曲、小说、绘画、音乐、舞蹈、顺口溜、快板书和民谣等形式，主要通过语言和表演等形式呈现。抗日战争时期，以杨靖宇、李兆麟为代表的抗联领导人创作了大量的诗词歌曲，激励军民在艰苦的条件下坚持作战。这些文艺作品类红色文化资源是抗战时期吉林省军民宝贵的精神食粮，是中国共产党留下的重要精神财富。

五是文献与研究类。文献与研究类红色文化资源是指以红色文化资源作为研究对象，记录和探究革命历史进程和人物活动的书面文字材料，主要目的是记录革命历史和揭示革命历史进程的规律，内容包括纲领规章、决议决定、电报、科研论文、专著、研究报告等。吉林省的文献与研究类红色文化资源以记录性内容为主，以文献史料、回忆录、老战士谈话、相关著作和论文等形式呈现。

（二）冰雪旅游资源

冰雪旅游资源是将冰雪资源进行产品化而开发的旅游吸引物，包括冰雪自然景观、冰雪人文景观、冰雪娱乐活动等。吉林省地处北纬 40°50′~46°19′，属于温带大陆性气候，冬季降雪量较大，拥有世界级的粉雪资源，冰雪旅游资源丰富、类型多样。从内涵上来看，冰雪旅游资源可分为自然冰雪旅游资源和人文冰雪旅游资源两大类。以冰雪资源为依托，根据开展的冰雪旅游经济活动形式，可将冰雪旅游资源划分为如下几种类型。

一是观赏型。观赏型冰雪旅游资源包括自然生态景观资源，典型特征是自然形成，如积雪、冰挂及具有代表性的冰雪旅游资源吉林雾凇，也包括在自然资源基础上经过加工、开发形成的具有观赏性的冰雪旅游吸引物，如冰雕、冰灯、冰瀑、雪雕等。

二是节日赛事型。通常是将具有地方代表性的节日赛事，如重要体育赛事、节庆活动等融入冰雪旅游资源中，形成对游客具有吸引力的节日赛事型冰雪旅游产品，如吉林的雾凇冰雪节、长春净月潭的瓦萨滑雪节、长白山的林海雪地马拉松节和冰雪汽车拉力锦标赛等。

三是运动娱乐型。通过开发，将运动娱乐型冰雪旅游资源转化为运动娱乐型冰雪旅游产品。随着游客在旅游活动中参与性需求的提升，运动娱乐型冰雪旅游产品备受市场欢迎。运动娱乐型冰雪旅游产品可以满足旅游者的冰雪旅游运动娱乐需求，如冰上龙舟、冰帆、雪地冰球、雪合战等，不仅能够强身健体，而且可以让游客在冰雪旅游中享受美景并得以放松。

四是民俗型。将地域民俗、地方特色和风俗融入冰雪旅游资源，形成民俗型冰雪旅游产品。民俗型冰雪旅游产品更具有风情和地方特色，是体现冰雪旅游特色文化的宝贵精神财富。吉林省具有代表性的民俗型冰雪旅游产品是查干湖冬捕。

五是表演型。以冰雪旅游资源为依托开发的表演型冰雪旅游产品包括冰上舞蹈、冰上体操、冰上模特表演等。表演型冰雪旅游产品往往出现在冰雪节庆活动中，通过冰雪表演将冰雪节庆活动推向热潮。

二　吉林省红色文化与冰雪旅游融合发展的现状分析

（一）融合发展过程分析

红色文化与冰雪旅游的融合发展势在必行。目前，吉林省冰雪旅游产业正处于发展的快车道，与红色文化进行融合，是提升冰雪旅游竞争力、推动冰雪旅游经济发展和实现冰上文化传承的重要战略选择。冰雪旅游产业与文化产业的融合是一个动态的发展过程。随着旅游市场消费升级、竞争加剧、技术进步和创新型企业的崛起以及国家和政府政策的支持，冰雪旅游与红色文化之间的融合发展将会朝更加合理的方向发展。

1. 市场层面的融合

市场需求的改变和市场竞争的加剧推动产业的融合发展，是产业融合发展的动力。游客对冰雪旅游产品的需求不仅停留在观光、娱乐等层面，越来越多游客的冰雪旅游文化需求提升，促使冰雪旅游产业必须融合文化因素，市场需求的改变形成了红色文化与冰雪旅游融合发展的内在动力。冰雪旅游市场竞争日趋激烈，如何打造具有地方特色和竞争力的冰雪旅游产品，是冰雪旅游产业必须面对的经营课题，促使冰雪旅游与红色文化相互融合，开发满足游客需求、有地域特色和竞争力的红色冰雪旅游产品。

2. 企业层面的融合

企业作为营利性组织，是冰雪旅游和红色文化融合发展的践行者。随着企业市场环境的变化，冰雪旅游企业与文化企业的合作边界也被打破，出现了许多通过开发利用当地文化资源提供特色冰雪旅游服务的企业。吉林省一些旅游企业重点打造的以“重走抗联林海雪原”为核心的全域旅游产品，是企业层面融合的例证。

3. 产品层面的融合

产品既是满足旅游者需求的载体，也是检验和衡量产业融合水平的标尺。冰雪旅游的发展促进了红色文化的开发和保护，红色文化也融入了冰雪旅游，提升了冰雪旅游的文化价值。冰雪旅游与红色文化融合形成的红色冰雪旅游产品是冰雪旅游产品的创新，游客通过购买红色冰雪旅游产品，有利于传承红色精神，最终实现冰雪旅游与红色文化产业的共同发展。

4. 技术层面的融合

技术是产业融合的关键。科学技术的发展为冰雪旅游与红色文化的融合发展提供了技术支撑，起到推波助澜的作用，如通过充分利用 AR 和 VR 等现代科技可打造精致、高效、专业和个性化的红色冰雪旅游场景，给游客带来沉浸式的体验，让游客感受舒适、便捷、时尚和充满科技感的服务。高新技术的发展为打破产业界限、实现深度融合提供技术基础。

（二）融合发展的需求分析

充分发掘和利用吉林省丰富的红色资源，与冰雪旅游进行优势互补，融合吉林省具有地方特色的红色冰雪旅游形态，打造兼具教育功能和旅游休闲功能的、更具吸引力的“红色冰雪旅游+”产品，不仅能提供市场“想要”的产品、满足市场需求，也能提供市场“需要”的产品、引领市场消费；既吸引已经存在的“有文化的游客”，也能通过供给端吸引更多“有文化的游客”，实现红色文化的传承。本报告主要了解消费者对红色文化与冰雪旅游融合发展的需求，以提供满足他们需求的红色冰雪旅游产品。通过归纳，游客的旅游动机有如下几个类型。

一是身体和心理上的动机，包括舒缓身心和强身健体。近年来，越来越多游客的体验性需求提升，他们认为旅游不只是观光、游览，更是参与其中，冰雪旅游正是因为具有较强的参与性和体验性，受到越来越多游客的欢迎，游客通过冰雪旅游可以愉悦身心、强身健体；许多游客将具有红色文化的革命老区作为旅游目的地，渴望在旅游的同时得到红色教育。红色文化与冰雪旅游融合发展形成的红色冰雪旅游产品可以满足游客舒缓身心和强身健体的需求。

二是文化方面的动机。随着游客文化水平的提升，其对旅游中文化的需求也日益提升。红色文化具有丰富的历史内涵、文化内涵、精神内涵和思想内涵，包含了中共党史和革命战争史，红色文化与冰雪旅游融合发展可以满足游客感受红色文化的需求，这种红色文化是革命先烈和伟人在冰天雪地里为取得革命胜利而奋斗形成的。

三是社会交往和受尊重的动机。冰雪活动已经成为一种时尚的生活方式，越来越多的游客通过这种方式展开社交，通过包含红色文化的旅游形式，获取积极、健康、向上的工作和生活态度，红色文化与冰雪旅游融合发展形成的红色冰雪旅游可满足游客获得社会交往和受尊重的需求。

四是精神激励和受教育的动机。在冰天雪地的环境里唱一首红军歌、走一段红军路、读一本红军书，是青少年和有红色文化素养的游客较为感兴趣的项目，通过这些项目，游客可以享受到亲自探索的乐趣，获取丰富的精神食粮，进而实现了在旅游中学习、在学习中旅游、创新教育和寓教于乐的目标，这也是这类游客所追求的目标。

（三）融合发展现状分析

随着红色文化市场和冰雪旅游市场持续升温，吉林省形成了一批主题鲜明、内容丰富的红色旅游和冰雪旅游目的地。近年来，吉林省基于本省冰雪资源的独特红色记忆，大力支持冰雪旅游与红色文化的融合发展，构建融合发展的多彩旅游产业格局，打好红色冰雪旅游牌，建成我国知名的红色冰雪旅游目的地、红色文化与冰雪旅游融合发展示范区，推出了一系列红色文化与冰雪旅游融合发展的线路和产品。

一是以抗联英雄、林海雪原为红色主题，开发了东北林海雪原风景道，该风景道的路线为“吉林市—敦化—牡丹江—鸡西”，该风景道同样是东北抗联的主要烽火道。二是形成了以长春和吉林为中心城市的“抗联英雄，林海雪原”红色旅游黄金线，长春和吉林也是这条红色旅游黄金线的中心区。三是充分利用长白山、松花江和松花湖冬季气候严寒的冷资源优势，建设了一条“林海雪原——重走抗联路”的红色文化带。此外，吉林省东北抗联战斗沿线主要城市也在拟建一些“抗联英雄，林海雪原”文化广场以及“抗联英雄，林海雪原”的个体或群体雕塑等。

近年来，吉林省积极探索通过红色文化激活冰雪资源的路径，在红色文化与冰雪旅游的融合发展中取得了一定的成就。吉林省各地区以本地红色文化为根基，与冰雪旅游进行融合，开发出一些红色冰雪旅游项目，如柴河局整合威虎山红色旅游资源，围绕“智趣威虎山”的主题，针对不同游客群体打造了威虎山展馆红色基地科普之旅；各地区推出重走英雄路寻迹之旅，体验在雪深没腰、爬冰卧雪、寒风刺骨等极端严酷环境下的英雄之路。红色冰雪旅游项目的成功开发，使全国各地的游客探访红色遗迹、聆听红色故事、体验红色冰雪之旅、缅怀革命前辈，在冰雪旅游中补足精神之“钙”。

2022 年雪季，率先实现红色文化与冰雪旅游融合发展的磐石市官马新村“火了”，这表明红色文化与冰雪旅游融合发展大有可为。磐石市官马新村毗邻莲花山滑雪场，该滑雪场现有初级道、中级道、高级道、雪圈道等 9 条滑雪道，可满足专业竞技和不同水平滑雪爱好者的滑雪需求；官马新村还有丰富的红色文化资源，这里曾经是抗日战争时期中共磐石中心县委、东北人民革命军第一独立师一团和少年营驻地的所在地，也是抗联英雄杨靖宇战斗、学习和生活过的地方。磐石市官马新村依托红色文化资源和冰雪资源优势，将区域内红色文化资源与冰雪资源进行融合，主打红色冰雪之旅，建设集红色旅游、冰雪体验、民俗文化于一体的乡村旅游产业区，2022 年雪季与 2021 年雪季相比游客人数增加两倍。近几年来，围绕红色文化与冰雪旅游融合发展形成的研学旅游也备受关注，中小学生在冰雪中体验“红色之旅”，通过走抗联路、吃抗联饭等一系列活动，深入了解抗联文化，接受红色教育。

三　吉林省红色文化与冰雪旅游融合发展的困境分析

当前，吉林省红色文化与冰雪旅游融合发展正处于起步阶段，态势良好，已展现较大的市场空间，具有显著的经济价值和社会价值，但也存在一些问题。

（一）红色文化内涵挖掘和重视程度不够

红色文化与冰雪旅游融合发展的核心在于以红色文化为魂，以冰雪旅游为载体，但当前对红色文化内涵的挖掘不够，对红色文化内涵的重视程度不高。当前的红色冰雪旅游具有单一化、碎片化、表面化的特征，缺少红色文化内涵。由于红色文化资源分布较为广泛，且比较零散，许多红色文化遗产地处深山，开发、保护和修复难度都比较大，目前吉林省仍有不少红色文化资源面临自然风雨侵蚀和人为破坏。一些个体或群体以个人利益为中心，随意破坏红色文化资源，在红色文物原址上进行施工；还有一部分人对可移动文物进行收集、售卖，导致一些红色文化资源流失。从当前的情况来看，重视红色文化内涵挖掘和加强对红色文化资源的保护刻不容缓。

（二）融合产品形式单一

目前，红色文化与冰雪旅游融合发展形成的产品具有单一性，如冰天雪地重走抗联路、参观革命战争时期遗留的文物和旧址、战地重游、英雄城市游等，绝大多数为观光型旅游产品。这种观光型旅游产品对游客吸引力不足，游客停留时间较短，且重游率较低。从融合产品类型来看，红色文化与冰雪旅游融合发展形成的产品以研学旅游为主，主要面向青少年学生群体，这个群体的消费能力有限，且涵盖的市场范围不大。融合后产品形式的单一化会导致二者融合产生的经济效益相对较低。

（三）融合深度不足

红色文化与冰雪旅游融合发展中，由于对红色文化资源开发不够、对红色文化资源的深层魅力和现实价值重视程度不足，各地相互模仿，二者融合发展形成的产品具有雷同性。红色文化与冰雪旅游整合不够，融合形成的产品表现方式陈旧，形式单一，缺乏震撼力和感染力，未能形成综合型、复合型、多样式的红色冰雪旅游产品。整体来说，由于融合深度不足，当前红色文化与冰雪旅游融合发展形成的产品内容比较单薄，吸引力相对不足。

（四）基础设施建设滞后

红色文化资源丰富的地区多为贫困区，经济相对落后，政府对发展旅游的基础配套设施导向性投入较少，融资渠道不多，外商投资、民间投资和其他的社会投资参与旅游开发的积极性不高，导致旅游地基础设施建设滞后。红色文化资源多分布在偏远山区，基础设施建设滞后、游客可进入性差、旅游功能匹配不足等问题也严重阻碍着红色文化与冰雪旅游融合发展的进程。

（五）融合人才缺乏

红色文化与冰雪旅游融合发展的创意、生产、销售和管理等都需要高素质的人才来完成。冰雪旅游具有较强的季节性，冰雪运动类旅游产品更具专业性，对从业者有更高的要求。然而，当前从事红色冰雪旅游工作的人很少，大多数从业者都是从传统旅游业转型过来的，在冰雪旅游和红色文化方面的专业能力和素养有待提升，尚不能满足红色冰雪旅游发展的需求。红色冰雪旅游季节性较强，加之新冠肺炎疫情的影响，红色冰雪旅游就业得不到保障，人们从事相关工作的意愿更低。吉林省文旅产业也面临人才外流的问题，人才本就较少，还有部分外流，导致人才匮乏问题更为严重。红色文化与冰雪旅游融合发展的水平和程度取决于人才，因此人才储备和职业培训是二者融合发展中亟待解决的问题。

四　吉林省红色文化与冰雪旅游融合发展的路径分析

（一）发展思路

红色文化与冰雪旅游融合发展的理念是以冰雪旅游为载体传播红色文化、弘扬红色精神，运用红色文化提升冰雪旅游价值品位，二者相互促进、共同发展。红色文化与冰雪旅游的融合要以红色文化为主干，把历史文化与现代文明融入冰雪旅游发展，打造体现红色文化内涵、人文精神的冰雪旅游产品。提高红色冰雪旅游产品的市场竞争力，按照发展大旅游、开拓大市场、形成大产业的要求，进一步完善设施、整合资源、加强管理、精心包装、加强宣传、打造精品、扩大开放、创新机制，推动红色文化与冰雪旅游高水平、高质量地融合发展。

继续做好“林海雪原——重走抗联路”红色培训接待工作，大力发展红色冰雪研学旅游，拓展红色冰雪旅游产品类型。做好“抗联英雄，林海雪原”沿线革命遗址保护、场馆建设方案咨询把关等工作。加大宣传推广力度，将与吉林省对口合作的浙江省作为红色冰雪旅游的宣传重点，通过增强红色冰雪旅游产品吸引力和加强市场营销，使“林海雪原——重走抗联路”成为全国红色旅游精品线，最终形成“东南井冈山革命摇篮”“西北延安革命圣地”“抗联英雄，林海雪原”全国红色旅游“三足鼎立”局面和全国“南走长征路，北走抗联路”红色旅游精品线路。大力发展红色冰雪研学旅游，使吉林省成为全国知名的红色冰雪研学旅游目的地。此外，要丰富红色冰雪旅游产品内容，设计多种类型、寓教于乐和极具体验感的红色冰雪旅游项目，如抗联故事的实景演出，抗联战士爬冰卧雪、艰苦战斗的互动项目，运用现代科技手段打造冬季冰雪旅游驿站，运用冰秀、VR 技术等再现抗联战士可歌可泣的英雄事迹。

红色文化与冰雪旅游的融合发展需要深度融入本地传统文化，促进乡村振兴。要挖掘红色冰雪旅游的精神文化属性，把红色文化、冰雪旅游与本地传统文化有机结合，如长白山区狩猎文化、捕鱼文化、人参文化、采摘文化等，将这些文化深度融入红色冰雪旅游体验，形成一条以红色冰雪文化为核心、一年四季都可吸引游客、与乡村振兴深度融合的全域旅游发展之路，促进吉林省乡村振兴。

（二）发展方向

重视对红色文化资源的修复与保护，在开发和修护中要保持原生性和完整性。由于自然和人为因素，一些红色文化资源已被破坏，亟须保护。红色文化与冰雪旅游融合发展中，不能仅将红色文化资源作为能创造经济价值的资源，更应该将其作为重要的文化遗产去保护，当代人有义务去保护红色文化资源。

注重红色文化价值挖掘，突出红色教育作用。红色文化与冰雪旅游融合发展形成的产品和项目要贴近实际、贴近生活、贴近群众，通过红色冰雪旅游，游客能够了解历史事件、英雄人物及红色精神，在旅游过程中获取精神财富，达到红色教育的目的。如果仅是在冰天雪地的环境中去讲历史事件、英雄人物，这只是“红色文化”和“冰雪旅游”，并不是二者的融合发展，不能发挥融合价值；如果开发的产品和项目远离生活，这就缺少了发展根基，不能实现红色教育的目的。因此，需要以贴近实际、贴近生活、贴近群众为原则，深层次挖掘红色文化价值，开发满足游客需求的旅游产品和项目。

红色文化与冰雪旅游融合发展形成的红色冰雪旅游要具备思想性、科学性、指导性、观赏性和趣味性。思想性是指二者融合发展中要体现国家的思想政治方针；科学性是指二者融合发展中要立足历史的本来面目去还原革命先烈艰苦卓绝的革命历程，体现历史的真实性，科学合理地进行开发；指导性是指要明确二者融合发展如何展开，如何布局，如何吸引人、引导人和教育人；观赏性是指二者融合开发的产品和项目能满足游客审美需求；趣味性是指二者融合开发的产品和项目要能在形式、内容、表现手段上吸引游客。

注重红色冰雪旅游的经济性，促进实现产业化。吉林省许多红色文化资源地处经济欠发达地区，在一定时期内红色冰雪旅游将承担提高地区经济发展、改善人民生活水平的重任。因此，红色冰雪旅游产品和项目的设计与开发要以市场为导向，遵循市场发展规律，通过合理规划与开发，运用宣传促销、直播营销等方式，提高知名度，创造更多的经济价值。通过红色文化与冰雪旅游的融合发展，充分利用当地资源，将资源进行有效整合，以红色冰雪旅游为轴心，结合本地资源的开发和环境的改善，使之呈现多样化发展态势，满足不同层次游客的旅游需求，通过产业化拉动地方经济发展。

（三）发展建议

在当前的大融合时代，红色文化与冰雪旅游融合发展形成的产品吸引力有限，客源市场相对狭小，一般只有对红色文化或者冰雪旅游感兴趣的游客才会选择红色冰雪旅游，要想使红色冰雪旅游具有更大的市场空间，并且使游客在目的地停留更久，就要充分考虑客源市场需求的多样性，利用本地特色资源实现多产业融合。因此，在红色文化与冰雪旅游融合发展中，要借助本地特色资源，并将其积极融入红色冰雪旅游，形成“红色冰雪旅游+”的发展模式。

重视红色文化资源保护，集约化开发与利用。加大对红色文化资源开发、保护和修复的力度，大力发展冰雪旅游，并不意味着片面地追求红色文化与冰雪旅游的融合发展规模。过分追求规模，就会出现盲目开发、重复建设，甚至不可再生红色文化资源被破坏等问题。要避免资源浪费、破坏和低水平的重复建设，需要进行集约化开发与利用，通过深度挖掘红色文化价值，创建红色冰雪旅游品牌，提升红色冰雪旅游的发展水平。

挖掘灵魂性，弘扬红色精神。红色文化具有显著的精神性，红色文化与冰雪旅游融合发展形成的红色冰雪旅游具有经济性。把具有精神性的东西转换到经济上，不仅可以达到发展经济的目的，也可以发挥传播红色精神文化的作用。二者的融合发展中，要深入挖掘革命战争的精神，紧贴现实，让红色精神“活”起来。把这种精神提炼出来，使其具有普遍性的价值，通过“看过去”来“看现在”和“想未来”。

加强政府引导，形成市场机制。当前，红色文化与冰雪旅游的融合发展基本以政府为主导，基本都是政府层面上的操作。要使红色文化与冰雪旅游的融合发展更具生命力，需要培育市场机制，用市场这只“无形的手”来调控。以政府为主导力量，运用宏观经济政策和行政手段，通过市场调控、招商引资、完善基础配套设施，引导投资商和当地居民实现红色冰雪旅游的市场化运营。

丰富产品类型，培育经典产品。游客对旅游的需求是不断变化的，单纯的观光型产品已经不能满足游客的需求，游客追求的是差异化、新鲜感和刺激感。这就要求红色冰雪旅游产品要具有多样性，研究好产品内容、形式和表达方式，形成震撼力和吸引力。例如，运用现代科技手段打造冬季冰雪旅游驿站，运用冰秀、VR 技术等再现抗联战士可歌可泣的英雄事迹，有条件的冰雪景点可以举办抗联故事的驻场演出。在红色文化与冰雪旅游融合产品的开发上，要按照经典的概念把红色冰雪旅游产品开发出来，要有长远意识，不能急功近利。只有打造经典，游客才会重游甚至百去不厌。经典的才更具生命力，也更有意义，使游客每次去都有收获。这就需要在深入挖掘红色文化资源上下更多的功夫，同时需要研究如何利用现有的资源把硬件建设和软件开发结合起来。

加强市场营销，促进推介推广。尽管当前红色旅游和冰雪旅游正处于蓬勃发展期，但也面临市场竞争较为激烈的问题。在做好自身产品的前提下，需要通过市场营销的方式，提高产品的知名度，提升品牌效应。当今的市场营销方式种类多样，除了传统的 4P 营销策略外，也需要进行数字化营销，如运用直播、微信公众号、微信小程序、抖音、快手等进行宣传推广。

资源整合，优化配置。红色文化与冰雪旅游的融合发展不能只融合红色文化资源和冰雪旅游资源，融合发展形成的是“红色冰雪旅游+”，这里的“+”

是与本地资源的全面结合和配置优化。吉林省各地区在红色文化与冰雪旅游融合发展中，应充分利用好本地特色资源，开发具有地域特色的“红色冰雪旅游+”产品，如延边朝鲜族自治州可以利用本地的民俗风情，着力发展“红色冰雪旅游+少数民族风情游”；通化市可以利用高句丽文化，着力发展“红色冰雪旅游+历史文化游”；四平市可以充分利用农业资源优势，着力发展“红色冰雪旅游+现代休闲农业”；白山市可以充分利用生态环境优势，着力发展“红色冰雪旅游+生态文明产业”。

重视人才培养，加强队伍建设。红色文化与冰雪旅游的融合发展处于“摸着石头过河”的阶段，这时期需要人才引领融合发展的走向，高素质、高水平的经营管理人员和导游团队建设势在必行。因此，必须重视人才培养，建立不同层次的人才梯队，形成完善的人力资源保障团队。首先，可以通过举办培训班、研讨会和外出学习，拓宽人才培养途径；其次，经营管理人员需要更新观念，树立现代服务意识，掌握现代化的运营管理知识，站在更高的层面认识红色文化与冰雪旅游的融合发展，抓住机遇，实现二者融合与地方经济的共同发展；再次，提升一线服务人员的文化素质和业务素质，红色冰雪旅游对一线服务人员尤其是导游的素质要求较高，应在遵守服务规范的基础上，通过对文化内涵的表达，增强旅游吸引力和感染力；最后，与科研院所合作，定期组织历史、党建、生态、环境、文学等多学科的专家到旅游地进行专题调研、考察和讲学，在红色文化与冰雪旅游高水平的融合发展上发挥智囊团作用。

参考文献

迟海波：《红色文化资源》，吉林人民出版社，2011。

张凌云、朱莉蓉：《红色旅游概论》，旅游教育出版社，2014。

贾维：《互联网时代背景下吉林红色文化融入冰雪旅游发展策略》，《办公自动化》2022 年第 3 期。

高科、刘海洋：《吉林省红色旅游共生发展模式研究》，《资源开发与市场》2012 年第 9 期。

陶美庆、杨光强：《推动革命文化与旅游产业融合发展的延边实践》，《延边党校学报》2020 年第 5 期。

史储瑞：《产业融合视阈下吉林省冰雪旅游产业发展模式研究》，《当代体育科技》2018 年第 20 期。

于秋时、李煜：《文化产业视角下吉林省冰雪旅游创新发展研究》，《知识经济》2018 年第 21 期。

吴必虎、余青主编《红色旅游开发管理与营销》，中国建筑工业出版社，2006。

周振国等：《红色旅游基本理论研究》，社会科学文献出版社，2008。

宋大为：《吉林省冰雪旅游的深度开发战略研究》，《白城师范学院学报》2009 年第 4 期。

刘春萍：《冰雪文化及其相关产业发展趋势研究——以吉林省为例》，《中国学校体育（高等教育）》2017 年第 1 期。

贺子轩、王庆生：《基于文旅融合视角的我国东北三省冰雪旅游开发策略》，《渤海大学学报》（哲学社会科学版）2020 年第 3 期。

G.3
吉林省革命文物保护利用和革命文化传承弘扬研究

曲芳艾　曲芳沅*

摘　要： 革命文物是党和国家的宝贵财富，它承载着党和人民英勇奋斗的光荣历史，是激发爱国热情、振奋民族精神、加强社会主义精神文明建设、弘扬革命传统和革命文化的生动教材。革命文物的保护利用及革命文化的传承弘扬具有重要的现实意义。吉林省革命文物工作起步较早，多年来取得了长足的进步，但仍面临以下问题：革命遗址遗迹亟待进一步修缮，保护方法有待加强；革命文物保护级别较低，缺乏相应的政策和资金保障；革命文物管理水平和能力较低；等等。本报告通过对目前困境的分析，发掘、梳理吉林省革命历史文化特点，提出加强革命文化的基础建构、积极推进红色文化旅游、借鉴其他发展模式、鼓励社会力量参与的路径选择，并提出具体对策建议：加强顶层设计和统筹规划，充分保护利用革命文物资源；夯实革命文物保护利用基础，增强革命文化传承意识；充分发挥革命文物历史价值，夯实革命文化发展基础；等等。

关键词： 革命文物　革命文化　吉林省

党的十八大以来，习近平总书记对加强文物保护利用、传承优秀传统文化作出一系列重要指示和批示。2021 年，习近平在考察福建革命文物工作时作

* 曲芳艾，吉林省社会科学院马克思主义研究所、吉林省中国特色社会主义理论体系研究中心研究员，主要研究方向为马克思主义中国化；曲芳沅，集安市教师进修学校教研室主任、高级教师，主要研究方向为小学教育。

出重要指示：加强革命文物保护利用，弘扬革命文化，传承红色基因，是全党全社会的共同责任。[①] 要把革命文物保护利用工作列入重要议事日程，切实把革命文物保护好、管理好、运用好。文物保护是对一种国家记忆的保护，但再好的记忆也抵不过现实的存在，最好的方式就是用心保护、活化利用与科学弘扬。

一　革命文物保护利用与革命文化传承弘扬的基本内涵和现实意义

（一）革命文物与革命文化的基本内涵

受我国保护的“文物”在《辞海》中的其中一条定义是“与重大历史事件、革命运动和著名人物有关的，具有纪念意义、教育意义和重要历史价值的建筑物、遗址、纪念物”。革命文物是革命文化的载体和主要体现，对其基本内涵的探讨众口不一。比较一致的看法是，革命文物主要指自 1840 年以来，中华民族为争取民族独立，在中国共产党领导下开展新民主主义革命和社会主义革命与建设伟大历程的重要见证物，包括与各种革命运动和重大历史事件或者英烈人物有关的，具有重要史料价值的建筑物、遗址、遗迹、文献资料、图书资料、影音资料等。学界还将其称为“红色文物”，认为其“是红色文化的物质载体，是革命先烈们用智慧和生命凝聚而成的宝贵财富”[②]。笔者认为，革命文物是中国共产党领导人民在中国革命斗争进程中留下的具有重要纪念意义、教育意义或者史料价值的遗址、遗迹、纪念物、文献资料、文艺作品等。这些革命文物所承载的历史记忆和历史事迹便形成了所谓的革命文化。

革命文化是中国革命实践的光辉产物，是红色文化的重要组成部分。中国革命不仅体现了复杂的社会进程，也体现了深刻的文化意义。中国革命在一定程度上改变了人们的思想观念，改变了人们的行为方式，改变了人们的风俗习

---

① 林绪武：《让革命文物活起来 让红色基因代代传》，“光明网”百家号，2022 年 7 月 27 日，https：//m. gmw. cn/baijia/2022-07/27/35911310. html。

② 刘根发：《红色文物文化保存现状及加强保护传承的方式和对策若干问题探讨》，《福建党史月刊》2017 年第 6 期。

惯。从本质上说，革命文化是解放文化，是反剥削、反压迫的文化，是追求自由、平等、进步的文化，因而具有天然的进步性。虽然20世纪中叶以来，革命已不再是社会变迁的主导因素，但革命文化作为革命的重要成果，为社会主义文化的建构奠定了基础、指出了基本方向，为当今先进文化建设提供了有益参照和深刻启示。革命文化反映了国家解放、民族独立等宏大历史叙事。人们可以从“革命”一词解读出激情、英勇、光明等文化意象，革命文化帮助民众认同社会主义文化的地位。革命文化已成为社会主义现代化国家先进文化的重要组成部分。

（二）革命文物保护利用与革命文化传承弘扬的现实意义

首先，加强革命文物保护利用与革命文化传承弘扬有利于增强文化自信，对实现中华民族伟大复兴的中国梦具有重要意义。文化作为一个国家的软实力，它的兴衰直接关系到这个国家和民族的强盛与衰败。中国梦的实现，不仅需要中国共产党强有力的领导和社会经济的繁荣发展，还需要不竭的精神动力支撑和强大的文化保障，正如习近平总书记所说：“实现中国梦，是物质文明和精神文明均衡发展、相互促进的结果。”[①] 在庆祝中国共产党成立100周年大会上的重要讲话中，习近平总书记强调，全党要坚定道路自信、理论自信、制度自信、文化自信。文化自信，是更基础、更广泛、更深厚的自信。[②] 在革命斗争中保留的大量物质和非物质文化遗产，是见证革命历程的最直接、最真实的形象，是革命文化的主要物质载体和语境表达，是中国共产党最重要、最珍贵的“家产”。由此，要研究革命文化，革命文物不可或缺，革命文物特别具有原真性、可信度，也具有科学的实证意义。正如习近平总书记所说：“每一个历史事件、每一位革命英雄、每一种革命精神、每一件革命文物，都代表着我们党走过的光辉历程、取得的重大成就，展现了我们党的梦想和追求、情怀和担当、牺牲和奉献，汇聚成我们党的红色血脉。红色血脉是中国共产党政治本

---

① 《习近平：实现中国梦 物质文明精神文明要比翼双飞》，中国文明网，2014年3月28日，http：//sh. wenming. cn/YW/201403/t20140328_ 1833849. htm。

② 习近平：《坚定文化自信，建设社会主义文化强国》，求是网，2019年6月16日，http：//www. qstheory. cn/dukan/qs/2019-06/16/c_ 1124628547. htm。

色的集中体现，是新时代中国共产党人的精神力量源泉。”①

其次，加强革命文物保护利用与革命文化传承弘扬是凝聚党心民心、反对历史虚无主义的有效手段。历史虚无主义成为当下中国在新时期全面建设社会主义现代化国家的严峻挑战，其“去革命化”的话语导致“革命”消失或出现历史认识和历史观念的错误引导。从国家层面而论，塑造具有共识的历史记忆并固化为国家记忆是国家建构的重要环节，而在历史虚无主义的冲击之下，以塑造国家记忆为目标的历史教育尤为重要，必须做出相对回应，否则国家意识形态将丧失控制风险的能力。② 习近平总书记深刻指出：“一个政权的瓦解往往是从思想领域开始的，政治动荡、政权更迭可能在一夜之间发生，但思想演化是个长期过程。思想防线被攻破了，其他防线就很难守住。我们必须把意识形态工作的领导权、管理权、话语权牢牢掌握在手中，任何时候都不能旁落，否则就要犯无可挽回的历史性错误。”③ 因此，可以通过对革命文物的保护利用和对革命文化的传承弘扬，构建与革命文化相通的情感结构，通过大众实践，使来自革命战争的意义体系成为中华民族现代文明主体性意识的基础。

二　吉林省革命文化活动特点

（一）党组织创立初期吉林省革命文化的主要活动

1. 马列主义在吉林的早期传播

吉林地处边界、交通便利，因此吉林民众较早地受到了马列主义的影响。1917 年 11 月 7 日，俄国十月革命胜利，马列主义传播到中国，其传播途径主要有三种。一是华工回国和苏俄派人来吉林地区传播马列主义。十月革命爆发后，在俄的 2 万多名吉林华工陆续回国，他们带回了许多苏俄的革命书籍和报

---

① 《习近平主持中共中央政治局第三十一次集体学习并发表重要讲话》，“国家发展改革委”百家号，2021 年 6 月 28 日，https：//baijiahao. baidu. com/s？ id = 1703750501525512852&wfr = spider&for = pc。

② 汪晖：《现代中国思想的兴起》，生活·读书·新知三联书店，2008。

③ 《有效防范化解各类风险挑战！总书记这样强调》，求是网，2020 年 11 月 24 日，http：//www. qstheory. cn/zhuanqu/2020-11/24/c_ 1126777854. htm。

刊。二是通过《大东日报》《盛京时报》《吉林二师周刊》等介绍和传播马列主义。三是先进知识分子和中共早期党员来吉林传播马列主义。他们当中有恽代贤（恽代英的弟弟）、葛季英、刘旷达等。1924 年 8 月，中共哈尔滨组派共产党员张锦春到长春从事地下工作。张锦春常常深入工人群众，宣传马列主义和中国共产党的主张，组建了“吉长铁路工会”，发展了邮局工人和进步学生参加中国共产党并开展革命活动。

2. 五四爱国运动在吉林

1919 年，反帝反军阀的五四爱国运动迅速遍及全中国。吉林许多学校成立救国会，分发传单、各处演说。1920 年，日本侵略者派兵自朝鲜越界侵入吉林珲春，引发“珲春事件”，激起全国人民的愤怒。吉林各校师生宣布罢课、罢考，举行了大规模游行，抗议日本帝国主义侵占珲春。此外，在五四爱国运动的影响下，长春日清火柴公司 200 多名中国工人罢工，抗议日本资本家的欺压和剥削，取得了胜利。工人的罢工规模由单厂发展到几厂联合，罢工斗争逐渐由经济斗争发展为政治斗争，这为吉林早期党组织的建立奠定了阶级基础。

3. 中共吉林地方党组织的建立

1921 年中国共产党成立后，十分重视东北地区的革命运动。当时，共产党人在长春以及东北的工作是在中共北满地委（哈尔滨特支）的领导下开展的。1922 年 2 月，吉林宁安的马骏从天津返回东北，来到吉林毓文中学教书，他积极参与学生运动，使该中学很快成为当时吉林学生革命活动的中心，马骏也成为最早在东北活动的共产党人之一。1924 年，共产党员张锦春由上级派遣来长春从事党的地下活动。他以长春二道沟邮局邮务生（后任局长）的身份作掩护，负责党中央与北满党组织之间的联络、收发传递情报，并培养和发展了一批进步学生、先进工人，为地方党组织的建立做了充分准备。

4. 中共吉林地方党组织的主要活动

五四爱国运动后，中共北满地委在东北大力开展了党组织的组建工作。1926 年，建立了中共长春支部，韩守本任书记，张锦春任宣传和组织委员，党员有 5 人。之后，成立了“学生联合会”“吉长铁路工会”等革命群众组织。1927 年，中央决定建立“中共吉长区委员会”（后改为“中共吉长临时县委”），陈宜仁任书记，刘立名任组织委员，肖丹峰任宣传委员，下设5个支部，其中长春3个、吉林2个。随着城市革命斗争的发展，党在吉林农村地区的活动也逐渐开展起来。1929年，中共中央派由苏联回国的共产党员、朝鲜族干部朴风等同志来到磐石，建立了磐石县委，管辖双阳、磐石、伊通、桦甸等县党的工作。无论在城市还是在农村，在当时帝国主义和封建军阀制造的“白色恐怖”之下，中共吉林地方党组织进行了艰苦卓绝的斗争，使吉林地方党组织有了发展，也使马列主义的宣传更加深入人心。

（二）抗日战争时期吉林省革命文化的主要活动

1. 东北义勇军的抗日救亡工作

1931年，“九一八事变”爆发后，吉林省各地方党组织开展了抗日救亡工作。他们在各阶层人民群众中发展抗日组织、壮大抗日力量，深入工厂、铁路、学校等地广泛宣传党的抗日主张和救国的道理，促使民众认清当前形势与任务，组织领导罢工、罢课、罢市活动。随着城乡各阶层人民抗日救亡活动的开展，各地武装抗日斗争也迅速兴起。当时的抗日武装力量主要有：冯占海任总指挥的“吉林抗日义勇军”；罗明星领导的“抗日义勇救国军”；王辅臣领导的“东北抗日义勇军第三路军”；宋国荣领导的“抗日救国义勇军第四战区第八路军”；等等。还有“红枪会”“大刀会”等抗日武装组织。这些活跃在吉林一带的抗日义勇军浴血奋战，到1937年“七七事变”前后虽已不复存在了，但其精神永存，对中华民族取得抗战胜利起到了重要作用。

2. 东北青年救亡会的抗日活动

1936年8月于日本东京成立的“东北青年救亡会”（东北光复后更名为“东北人民解放同盟”），发起人是张为先（辽宁沈阳人）和丁宜（吉林怀德人）。1943年秋，东北救亡总会党支部在沈阳成立，以情报工作为主，时有党员15人，支部书记李振远，组织委员张为先，宣传委员丁宜、周梅影。当时的长春，是伪满洲国“国都”，在这里更便于了解和掌握相关行动情况，这期间东北救亡总会为党提供了较多有价值的情报。

3. 东北抗日联军配合苏军解放长春

1945年5月，德国无条件投降；同年8月，苏联政府对日宣战。为配合苏联红军的作战行动，东北抗日联军在苏联远东地区成立了新的党委——中共东北工作委员会，选举周保中、冯仲云、李兆麟等 11 名同志为党委成员，周保中为书记。此后，东北抗日联军将总指挥部设在长春。在东北抗日联军和关内八路军、新四军的有力配合下，苏联红军很快击溃日本关东军的主力。1945 年 8 月，日本关东军被迫签订无条件投降书，驻扎在长春的日伪军被解除武装。至此，吉林人民终于摆脱了日本帝国主义的奴役和压榨。

（三）解放战争时期吉林省革命文化的主要活动

1. 抗战胜利后中共加强对东北的领导

抗战胜利后，东北的行政权力仍在国民党政府手中，中国共产党的公开活动受到较大的限制。此时，中共中央为加强对东北的领导，成立了中共中央东北局，彭真为书记，陈云为副书记，程子华、伍修权、林枫为委员。1945 年 9 月，根据中共中央东北局的指示，在中共长春地区委员会书记周保中的主持下，组建了中共长春特别市委员会，并确定今后的主要工作：出版《长春新报》，占领宣传阵地；组建人民武装，开辟新的解放区；组建各区区委，开展建党工作。1945 年 10 月，陈云由沈阳来到长春，组建“吉长武装部队”①，主要任务是消灭伪满残余势力和地主土匪武装，保卫吉长地区人民的生命财产。在陈云、周保中的关心和支持下，吉长武装部队迅速发展壮大，为党在吉林地区开展武装斗争奠定基础。

2. 敌占城市地下组织活动

吉林中共地下组织和地下党员同国民党反动势力展开了顽强的斗争。著名艺术家金山、张瑞芳利用电影进行革命宣传；肖向春、刘志诚等人打入长春国民党军事系统，从事兵运活动；② 李天成打入长春大学，从事学运活动；等等。1947 年 11 月，为加强对这些城市工作的指导，长春工委成立，负责开展以长春为中心的吉林敌占城市工作。主要任务有：发展更

① 中共长春市委党史研究室、中共长春市委党校编《中国共产党在长春七十年》，长春出版社，1991，第 95 页。

② 中共长春市委党史研究室、中共长春市委党校编《中国共产党在长春七十年》，长春出版社，1991，第 107 页。

多的地下工作者，加强同长春等城市地下党员的联系，收集重要情报；发动群众，组织工作队和武工队，开展建政、组织生产救灾以及进行剿匪反霸的斗争；等等。

3. 东北战局扭转，吉林获得解放

1946 年 5 月，国民党以优势兵力攻占四平以后，相继占领公主岭、长春、吉林等地。为粉碎敌人“南攻北守”的计划，配合南满作战，1947 年 1 月 4 日至 3 月 16 日，第三次南渡松花江作战发起并取得重大胜利。三下江南战役共歼敌 1.5 万余人，东北战局开始进入新的“敌弱我强、敌守我攻”的发展阶段。东北民主联军在完成“四战四平”“三下江南”“四保临江”作战任务以后，发动了夏季、秋季、冬季攻势作战，歼敌 22 万余人。1948 年 10 月，吉林人民获得新生。

（四）抗美援朝时期吉林省革命文化的主要活动

1. 抗美援朝中的爱国主义教育

1950 年 6 月，朝鲜战争爆发后，中共中央号召全国人民参军参战，组成中国人民志愿军赴朝鲜作战。吉林各界群众组成了反对美国侵略台湾朝鲜运动委员会。文艺界创作了 287 种文艺曲目声援，通过报纸、广播、电影、板报等宣传工具，开展“抗美援朝，保家卫国”宣传，极大地增强了吉林人民的爱国主义和国际主义意识。

2. 抗美援朝中的爱国主义生产竞赛

为取得抗美援朝的胜利，在省委、省政府的领导和部署下，吉林开展了轰轰烈烈的爱国主义生产竞赛。在爱国主义生产竞赛中，全省各县（市、区）创造出一个又一个生产纪录，超额完成了各项生产任务，产品质量提高了，成本均有所降低。尤其是在农村开展的爱国主义劳动竞赛，促进了丰产运动，为抗美援朝提供了坚实的物质保障。

3. 抗美援朝中的支前工作

随着抗美援朝的持续，吉林各地支前工作如火如荼地进行。吉林人民除了踊跃报名参加志愿军外，各种支前群众组织纷纷成立，有输血队、女工洗衣队、担架队等。长春私营、联营企业职工献出多天的工资支援前线志愿军；长春市民捐献 8 架战斗机，1 门高射炮。[①] 1950~1953 年，广大吉林人民有力出力、有钱出钱，争先恐后地参加支前工作，体现了高度的奉献精神，他们努力生产、提供军需、积极建设，甚至奔赴前线血洒战场，直至赢得胜利。抗美援朝的胜利，极大地提高了吉林人民的政治思想觉悟，增强了吉林人民的凝聚力和战斗力，为吉林省的社会稳定和经济发展奠定了基础。

三　吉林省革命文物保护利用现状

（一）逐步夯实革命文物保护利用基础

吉林省委、省政府高度重视革命文物保护利用工作，从 2011 年开始就组织省博物院开展抗战遗迹踏查，为之后编写全省革命文物名录奠定了基础。2015 年，为纪念抗战胜利 70 周年，省文旅厅成立了东北抗战遗迹保护联盟，这是我国首家保护、研究、展示抗战遗迹的区域性组织。2016 年，吉林省承办了全国革命文物工作座谈会。2017 年，省文物局与省财政厅共同开展了“革命文物保护三年计划”，在文化遗产专项资金中增加革命文物保护专项资金 300 万元。2018 年，中共中央办公厅、国务院办公厅印发《关于实施革命文物保护利用工程（2018—2022 年）的意见》，省委宣传部立即组织省文物局编写了《关于吉林省革命文物保护利用工程（2018—2022 年）的实施意见》，并由省委办公厅、省政府办公厅印发，为吉林省革命文物保护利用工作提供了基本遵循。多年来，吉林省革命文物保护利用工作积累了一定的经验，实现了良好开局。

（二）积极开展系统梳理革命文物工作

从 2018 年开始，吉林省开始组织编写全省革命文物名录，历时 1 年多，2019 年 11 月，省委宣传部、省委党史研究室、省文旅厅在全国率先联

① 中共长春市委党史研究室、中共长春市委党校编《中国共产党在长春七十年》，长春出版社，1991，第 161 页。

合公布了《吉林省革命旧址名录（第一批）》、《吉林省东北抗联旧址名录（第一批）》和《吉林省馆藏珍贵革命文物名录》。共登记269处革命旧址，其中全国重点文物保护单位9处，省级文物保护单位42处，市级文物保护单位54处，县级文物保护单位64处，未定级文物保护单位100处；共登记东北抗联旧址133处；共登记馆藏珍贵革命文物724件/套，其中一级文物61件/套，二级文物142件/套，三级文物521件/套。在此之前，全国只有甘肃省文物局公布了革命文物名录，吉林是第一个由省委宣传部牵头并联合多家单位公布革命文物名录的省份。2020年，吉林省组织完成了馆藏革命文物普查工作，据初步统计，全省共有49家收藏单位收藏有革命文物，全省共有馆藏革命文物44123件/套、抗联文物2569件/套。在公布革命文物名录的基础上，吉林省首次编制完成革命文物保护利用方面的专项规划，即《吉林省革命文物保护利用规划纲要》和《吉林省东北抗联文物保护专项规划》，第一次全面系统地梳理吉林省革命文物资源，凝练革命文物核心价值，构建保护利用格局，明确未来一段时期的革命文物保护利用方向。

（三）努力打造革命文物保护利用示范工程

近年来，吉林省积极打造革命文物保护利用示范工程，先后组织实施了红石砬子抗日根据地遗址、七道江会议会址、七道沟死难同胞纪念地、马村抗日游击根据地等革命遗址遗迹的保护利用工程。桦甸市、磐石市、通化县、浑江区等地通过争取国家和省里资金、利用政府债券等方式，持续加大对革命旧址基础配套设施的投入力度，如汪清县打造的东北抗联红色文化园区工程、浑江区打造的以“七道江会议会址”为核心的红色历史文化街区项目、通化县谋划的河里根据地项目等。

（四）积极推进革命文物保护利用工作多方面发展

目前，吉林省革命文物保护利用工作在许多方面取得了长足进步。一是吉林省革命文物保护利用工作影响力正逐步扩大。以习近平总书记考察四平战役纪念馆为契机，为扩大革命文物保护利用工作影响力，吉林省在《中国文化报》《中国旅游报》《中国文物报》集中开展革命文物保护利用工作专版宣传，推动吉林省革命文物保护利用工作持续开展。二是吉林省红色旅游逐步升温。近年来，长春市伪满皇宫博物院、桦甸市蒿子湖东北抗联营地、敦化市东北抗联寒葱岭密营遗址等重点革命遗址遗迹已成为吉林省红色旅游的重要目的地。2019 年，蒿子湖东北抗联营地接待游客 28.76 万人次；2020 年，东北抗联寒葱岭密营遗址接待游客近 10 万人次。三是吉林省革命文物保护利用工作与党史教育、爱国主义教育密切结合。吉林杨靖宇干部学院、长白山干部学院将通化县七道沟死难同胞纪念地、通化市东昌区抗美援朝烈士陵园、靖宇县杨靖宇将军殉国地等地作为重要现场教学地点纳入教学体系。

四　吉林省革命文物保护利用工作面临的困境

（一）革命遗址遗迹有待进一步修缮，保护方法有待加强

吉林省革命遗址遗迹分散在 9 市州，受自然环境条件的限制，当地经济基础薄弱、人口稀少，周边相应配套的基础设施建设薄弱，革命文化的传承弘扬存在一定困难。例如，东北抗联所处的环境特殊，多在深山密林中，决定了东北抗联生活和斗争场所具有隐蔽、形态简陋、易损等特点。因此，现存的东北抗联旧址基本没有留下地上建筑，整体观赏性较差。如果按照一般文物建筑规律进行保护与展示，无法全面呈现东北抗联旧址的价值和内涵，其保护与展示的理念、方法需进一步深化和拓展。

（二）革命文物保护级别较低，缺乏相应的政策和资金保障

近年来，吉林省革命文物保护利用工作取得了重要进展，名录、规划等工作走在了全国前列。但总体上，吉林省可参观的革命类博物馆、纪念馆数量不多，革命旧址绝大部分为战迹地和纪念地，本体可辨识性较差，给后续保护与展示带来一定困难。吉林省已公布的 269 处革命旧址中，全国重点文物保护单位仅有 9 处，未定级文物 100 处，保护级别与蕴含的历史文化价值不匹配，亟待全面提升。另外，革命旧址特别是东北抗联旧址因为环境特殊，基本没有文物本体，而文物专项资金主要针对文物本体的保护、修缮和展示，因此，革命文物得到专项资金支持的范围有限。

（三）革命文物管理水平和能力较低

吉林省东北抗联旧址的管理单位众多、体制复杂，缺少专门机构和专业人员管理。例如，靖宇县杨靖宇将军殉国地归民政部门管理，桦甸市蒿子湖东北抗联营地、魏拯民墓等 20 余处东北抗联旧址均归林业局管理。各管理单位没有统一的文物管理标准，导致其对东北抗联旧址的监管、保护力度不同、方式各异。

五　加强革命文物保护利用和革命文化传承弘扬的路径选择

（一）加强革命文化的基础建构

在政策上持续支持革命文化的传承弘扬工作。将革命文化传承弘扬纳入经济社会发展中，制定详细的保护开发方案，加大支持与指导力度，统筹推进革命文化传承弘扬。吉林省 9 市州革命文化资源相对丰富，如何有效整合、利用这些革命文化资源，需要多部门合作，突出工作重点，强化责任主体，推进工作落实。此外，要加大资金支持力度，重点对一些具有重要价值的革命遗址遗迹进行修缮保护，提高重要革命纪念设施的保护等级，加大对革命纪念设施建设的投入力度，提升展陈管理水平。

（二）积极推进红色文化旅游

革命文物是红色文化旅游的重要资源之一，应有重点地培育一批红色文化旅游精品线路与精品景区，借助旅游这种形式让革命文物更好地发挥其自身价值，把红色文化旅游培养成为当地新的经济增长点。首先，要深入发掘革命文化的内涵。由于革命文化的性质特殊，建议通过有形的、具体的产品或活动发掘革命文化的内涵。利用设计与革命文化相关的旅游产品、开发革命文化体验项目等方式，丰富革命文化的内涵，提高其核心吸引力。其次，要将革命文化与旅游资源相结合。吉林省在发展旅游产业的过程中，在突出特色资源的同时，要将红色元素整合融入，包括与绿色生态资源、特色农业资源、冬季冰雪资源、民俗风情资源、历史文化资源的融合，打造综合性旅游产品，实现红色文化旅游的可持续发展。

（三）借鉴其他发展模式

吉林省红色文化的发展可以合理借鉴延安宝塔山、江西井冈山、重庆歌乐山的开发模式。这些地区的红色文化发展始终以红色为主打基调，将当地自然风景与革命文化完美结合，通过其厚重的历史文化内涵，吸引国内外游客前来参观旅游。同时，通过旅游将革命文化不断地进行保护与发展，革命文化也得以传承弘扬。吉林省拥有秀丽的自然风光及独特的冰雪资源，将革命文化融入生态资源、冰雪资源，既可以使游客受到革命文化的熏陶，又可以让游客感受秀美山水的魅力，从而推动吉林省绿色经济、乡村旅游业、冰雪旅游业的发展。

（四）鼓励社会力量参与

吉林省革命文物保护利用和革命文化弘扬传承不仅要靠政府的支持，还要靠社会力量的参与。由于吉林省各级财政用于革命文物保护利用和革命文化传承弘扬的资金十分有限，多地缺乏保护和修缮当地革命文物的财力和人力。因此，要不断拓宽革命文物保护利用的融资渠道。一是成立吉林省革命文物保护基金，进行专业化的运行管理。二是政府应制定优惠政策，借助市场的力量，吸引多样化的资本进入。给予参与红色文化保护的社会资本相应的财税等优惠政策。三是要大力扶持、重点培养一批吉林省红色文化企业。

六　提高革命文物保护利用水平更好地传承弘扬革命文化的对策建议

（一）加强顶层设计和统筹规划，充分保护利用革命文物资源

1. 进一步完善吉林省革命文物保护利用的统筹规划

革命文物保护利用工作涉及部门较多，应多方协作，经过专业人士评估，对吉林省革命文物保护利用工作进行总体规划。根据革命文物等级及其利用价

值，对其保护利用工作进行科学规划，要因地制宜，不可“大水漫灌”。由相关权威部门参与前期资料准备和规划编制，并定期做好革命文物保护利用工作人员的教育培训等工作。

2. 推进革命文物保护利用工作与乡村振兴深度融合

由于吉林省革命遗址遗迹大多分布在山区，当地人口稀少，生活水平相对较低，在对这些地区革命遗址遗迹的保护利用过程中，当地政府应严把政治关、史实关，做到资料准确、翔实，展示内容正确、权威，坚决避免只讲“旅游”不讲“红色”、不注重挖掘革命文化内涵的错误做法，真正实现通过红色文化旅游带动乡村振兴。

3. 将其融入学校思政教育实践活动

革命文物是认知革命文化的最直观、最具体的载体。应将参观革命文物、感受革命文化作为学校思想政治教育的重要实践活动之一，使其成为吉林省学校思想教育体系建设的一个重要环节。通过参观革命文物、观看革命历史影像资料，增强体验感，提高学生对革命文化的认同感。特别要注意规范教育内容，做好解说词的撰写和审查工作，严格把关，做到解说词生动、规范，坚决反对“戏说”英雄、歪曲历史的行为。

（二）夯实革命文物保护利用基础，增强革命文化传承意识

1. 创建革命文化信息资源库

分布在全省各地的革命遗址、遗迹、遗物承载着重要的、丰富的革命史实、文化、精神，既是先进思想文化宣传的重要阵地，也是吉林省发展红色文化旅游的重要资源，还是开展党史研究的重要史料依据，属于一种不可再生的文化资源。因此，搞好革命文物抢救、收集、整理、挖掘、保护工作，建立革命文化资源库是吉林省发展红色文化旅游的坚实基础。

2. 提升价值突出、意义重要文物保护单位的保护等级

在搞好革命文物普查工作的基础上，深入调研本地革命文化资源特点，得出合乎历史事实的结论。针对一些保存完好、历史故事相对完整、具有一定教育意义的革命文物，可以根据实际情况提升其保护等级，向国家申请相应资金给予保护和扶持。

3. 积极做好革命文化宣传与推介工作

把文化旅游宣传和革命历史结合起来，通过新闻、多媒体、公众号等方式让大众更多地了解革命文化，尤其是让孩子们从小接触革命文化，到革命历史博物馆参观，使其从对革命文物产生兴趣到主动探究革命历史文化，形成全民对革命文化的认同以及全社会对革命文物保护利用的重视。充分利用各种媒体立足实际，宣传吉林省革命文化资源，促进红色文化旅游和革命老区的发展。

（三）充分发挥革命文物历史价值，夯实革命文化发展基础

1. 突出品牌定位

吉林省的革命文化既有与兄弟省份共有的元素（如东北抗联），又有自己独有的元素（如三下江南、四保临江等），对此应组织力量认真梳理。譬如，东北抗联时期吉林人民支持中国共产党的抗日活动，以及抗美援朝期间吉林广大民众倾力支持祖国抗击帝国主义，都值得大力宣扬。把吉林省的革命历史故事讲好讲透，吉林红色品牌才能凸显。此外，需要创作更多能够在全国范围内产生影响的、优秀的红色题材文艺作品。

2. 坚持创新发展

习近平总书记多次指出："革命传统和爱国主义教育基地建设一定不要追求高大全，搞得很洋气、很现代化，花很多钱，那就不是革命传统了，革命传统就变味了。"① 在不影响群众生产生活的前提下，尽量保持原有风貌，对一些革命遗址遗迹进行修复。可将革命文物分为不同等级，鼓励社会组织通过捐赠或技术支持等方式参与红色文化建设。在管理办法、思维理念以及革命文化的表现形式上都要大胆创新，逐步扩大吉林省革命文化的影响力。

3. 加强全领域融合发展

革命文化是吉林省建设"文化强省"的重要组成部分，实现融合发展是必然要求，包括革命文化与吉林省地域特色文化（冰雪文化、少数民族文化等）的融合发展，革命文化与地方经济社会建设的融合发展，以及各部门各单位相互协调与合作的融合发展。一些相对贫困的地区也是革命文化资源较丰富的地区，吉林省加大革命文化与精准扶贫的融合发展力度是大有可为的。

---

① 资料来源于2012年12月习近平同志在河北省阜平县考察扶贫开发工作时的讲话。

参考文献

赵欣主编《“九·一九”长春抗战史料辑录》，长春市政协文史资料委员会、长春市档案馆，2015。

迟海波主编《红色文化资源》，吉林人民出版社，2011。

冯潮华主编《中国革命历史与红色文化传承》，福建人民出版社，2017。

G.4
基于地域文化的吉林省研学旅行资源评价及产品开发策略

周丽君　刘蕴桐*

摘　要： 研学旅行既是旅游发展的新形势，也是开展学生校外实践教育的重要途径。结合地域文化进行研学旅行产品开发既可以彰显地方文化，又可以凸显研学旅行产品的特色和文化内涵，延长产品生命周期。本报告总结了吉林省地域文化、历史文化、民俗文化、红色文化、产业文化特色，并将其作为研学旅行资源进行评价；在总结吉林省研学旅行发展现状、存在问题的基础上，提出以下策略：一是合理开发利用资源，挖掘地域文化，开发特色研学旅行产品；二是注重研学课程设计，融合乡土乡情；三是加快研学旅行基地建设；四是重视安全，提高管理水平；五是强化研学旅行人才培养；六是加强媒体宣传报道；七是发挥政府的统筹协调作用。

关键词： 地域文化　研学旅行　吉林省

一　研究背景

（一）研学旅行是国民素质提升的重要途径

著名教育家陶行知先生积极倡导“知行合一”，认为“行是知之始，知是行之成”，特别注重从实践、体验中获取知识、感受文化、增进感情。20 世纪

* 周丽君，东北师范大学副教授，主要研究方向为区域旅游开发；刘蕴桐，北京师范大学硕士研究生，主要研究方向为地理信息系统与遥感应用。

中后期以来，研学旅行成为解决“学不出书，足不出校”教育问题、提高核心素养的行动路径之一，并逐步被列为中小学课程体系中的一部分。这种通过实践活动开展的教学方式，可以增强学生对区域的了解和对环境的认知，改变了传统课堂多是间接经验传授的状况。研学旅行很好地弥补了抽象知识难以理解的不足，化抽象为具体，可以促进学生对事物进行全面深刻的直接认识，增强学生运用理论知识解决实际问题的能力，使其在头脑中正确地架构知识体系、进行知识拓展、形成综合思维。可见，研学旅行有利于学生综合思维的形成，是国民素质提升的重要途径。

（二）国家大力推行研学旅行活动

我国中小学生研学旅行工作于 2012 年在上海、江苏、山东等地开展小范围试点；2013 年国务院发布的《国民旅游休闲纲要（2013—2020 年）》明确提出了要逐步推动中小学生研学旅行，开展寓教于游的课外实践活动；2014 年颁布的《关于促进旅游业改革发展的若干意见》提出了将研学旅行纳入中小学生日常教育范畴，鼓励各部门加大对研学旅行的支持力度；2016 年 12 月，教育部等 11 个部门联合发布了《关于推进中小学生研学旅行的意见》，正式提出了研学旅行的概念，并从工作目标、组织保障、主要任务等不同方面对推进中小学校开展研学旅行提出了意见；2017~2018 年，教育部先后公布了两批全国中小学生研学实践教育基地（营地）名单；2021 年 4 月，文化和旅游部发布的《“十四五”文化和旅游发展规划》提出了要开展国家级研学旅行示范基地建设，推出一批主题鲜明、课程精良、运行规范的国家级研学旅行示范基地。可以看出，教育改革正朝多元化、素质化和综合化方向发展，而研学旅行是教育改革人背景下创新型的教育方式，国家对研学旅行越来越重视。

（三）地域文化是研学旅行的重要资源和根基

地域文化，是一个特定区域在特定时间内经过孕育和萌芽、形成和发展、磨砺和转型而最终形成的具有鲜明特色的文化结晶，为社会发展、文明进步提供强大的精神支撑。特定地方的人类活动与地理环境长期作用，形成了特定的生产方式、风情民俗、环境特征，是一个区域区别于其他区域的显著特征。结合地域文化与自然资源特色，根据不同研学需求，可以系统性制定研学旅行的

路线与课程。地域文化研学旅行开发是在一个区域的资源文化基础上，开发特定主题的研学旅行产品，通过组织学生或民众参与研学旅行，体验和探究地域文化，达到提高国民素质和传播及传承地域文化的目的。

（四）吉林省研学旅游产品开发亟须文化挖掘

吉林省从2017年已经开展相关研学旅行工作，但总体上看，市场较为混乱，研学旅行产品参差不齐，地域文化挖掘比较肤浅、不成体系。为此，本报告选择以吉林省研学旅行资源评价及产品开发为题，通过对地域文化的挖掘，为研学旅行资源评价及产品开发提供借鉴和参考；促进学生全面人格的培养和对吉林省地域文化的了解，促进学生培育和践行社会主义核心价值观，激发学生对党、对国家、对人民的热爱之情；推动全面实施素质教育，引导学生主动适应社会，促进书本知识和生活经验的深度融合。

二　吉林省地域文化研学旅行资源及评价

地域文化是人类在特定区域里所产生的一种持续存在的文化系统，包括地理风貌、建筑古迹、饮食习惯、民风民俗、宗教信仰等，它们共同构成了一个地域多元的文化系统。因此，地域文化可以分为历史文化、民俗文化、产业文化、红色文化等。吉林省地处我国温带的最北部，从东南向西北由湿润气候过渡到半湿润气候再到半干旱气候，冬季历时长、风速小、雪质好、温度适宜。多年来，吉林省形成了农耕、游牧、渔猎三种类型的文化，并在独特的地理环境和经济开发过程中磨炼出了特有的品格和精神风貌。

（一）吉林省主要地域文化旅游资源

1. 吉林省自然生态旅游资源及特征

根据吉林省地形分布的特点，山岳旅游地集中分布在东部山区，其特点是数量众多，但相对高度较小；除长白山外，其他山地知名度较低；山体的成因多与火山活动有关，著名的山体多为火山。吉林省最为著名的山岳旅游地是长白群峰，包括白云峰、芝盘峰、锦屏峰、观日峰、龙门峰、天豁峰、铁壁峰、天文峰、紫霞峰、冠冕峰、卧虎峰、梯云峰、玉柱峰等主要山峰。此外，吉林省的主要山岳旅游地还有蛟河的拉法山、延吉的帽儿山、通化的玉皇山、集安的五女峰、柳河的罗通山等。

吉林省树木类旅游资源的特点有以下几点。一是林木种类丰富，面积广阔，森林覆盖率达43.7%。东部地区的森林旅游资源以原始林木为主，是东北原始森林的重要组成部分。西北部为中国“三北”防护林的重要组成部分。二是珍稀植物种类比较多，如生长在森林中的野生人参、红松、美人松等，具有较高的生态价值。吉林省的主要观赏树木包括长白美人松、通榆蒙古黄榆、通榆包拉温都杏树林和各地古榆。西部则拥有多处草原、湿地旅游资源，向海、莫莫格、查干湖都是具有独特魅力的自然生态景观。

吉林省冬季寒冷漫长，冰雪旅游资源丰富。同时，吉林省冬季风速小、气温适中，冰雪季平均最高气温在-10~5℃，平均风速在1.5~3.5m/s，日照时间相对较长，加之风速较小，形成了独特的冬日暖阳天气。在全国政协十三届三次会议上，吉林省文化和旅游厅厅长杨安娣表示，吉林的雪飘在空中是美景，挂在枝头是雾凇，落在手里可以从指缝间滑落呈粉末状，也就是传说中的粉雪，而粉雪是滑雪爱好者们的挚爱。吉林省地处世界冰雪黄金纬度带，是世界三大粉雪基地之一，适合开发冰雪运动和冰雪旅游。同时，吉林省拥有独特的雾凇景观，尤其是吉林雾凇，在吉林市独特的地理环境中自然形成，以其独特的魅力，同桂林山水、云南石林、长江三峡一起被誉为中国四大自然奇观。

2. 吉林省自然环境孕育的地域文化特征

（1）寒冷的气候条件孕育了特色鲜明的冰雪文化

冰雪文化就是指在冰雪自然环境中从事日常生活的人们，以冰雪生态环境为基础所采取的或所创造的具有冰雪符号的生活方式。自冰雪积存区域有人类活动开始，就有冰雪文化存在。面对寒冷的冬季，我国北方各民族逐渐展现了巧借冰雪的智慧。“冰灯”最早就源于古人日常照明的需求。古诗咏叹的“以矾入冰冰不化，以烛照冰光四射”，就描绘了中国古人制冰照明的情形。为加强防御，古人还浇水成冰，再将冰与泥土混合，一夜之间就能筑起城墙。再比如，古人冬季狩猎时，为提高追捕速度发明了冰爬犁；人们利用冰雪储存食物，以解决冬季食物供给问题，冬储的习惯一直沿袭至今。据《宋史·礼志》记载，“冰嬉”是有史料考证的古代冰雪休闲活动。清朝乾隆年间，冰雪运动已经很盛行。这一时期的冰雪文化还包括冰滑子、冰车、跑冰鞋、转龙射球、轱辘冰等。承载着渔民祖先辛勤劳动、聪明智慧的“查干湖冬捕”，也是在创造与传承中形成的内涵丰富的冰雪文化。

（2）地理环境影响了吉林人的性格品质

冰天雪地的艰苦环境、辽远开阔的空间特征塑造了吉林人乃至东北人乐观开朗、粗犷豪放的性格，以及不畏困难、坚强拼搏的人格魅力。

（二）吉林省历史文化旅游资源及其特征

1. 吉林省历史文化旅游资源

吉林省历史文化包括夫余国、辽金文化、明清文化、伪满文化等几个部分。

夫余国活动地域主要在吉林省中部，渤海国时期曾是吉林省历史上最辉煌的时期之一，它留下的文化既有遗址、遗迹等物质文化，也有诗歌、艺术、音乐、舞蹈等非物质文化，还有军事、商业、农业、手工业等内容。

辽金时期，吉林省中西部的今松原市、白城市和长春市农安、四平市梨树、公主岭市等是经济较为发达、人口较多、城镇林立的地区。辽代著名的黄龙府、长春州、泰州、韩州，辽皇帝春“捺钵”吃“头鱼宴”“头鹅宴”，金开国皇帝完颜阿骨打狩猎、誓师反辽并取得宁江洲大捷的地方都在这里。现今有“大金得胜陀颂碑”，上述的各府州古城遗址，新泰州、宾州、祥州、咸州古城遗址以及完颜希尹墓、完颜娄室墓等。

明在东北设置了80余处卫所。吉林大部属奴儿干都司，其中泰宁卫治所为城四家子古城。明代中叶以后，吉林省的中、东部为海西女真的乌拉部（今吉林市乌拉街）、辉发部（今辉南县朝阳镇东北35千米的辉发山城）、叶赫部（今四平市的叶赫古城）。

2. 吉林省历史文化特征

（1）特色鲜明，地位独特，垄断性强

渤海国遗址仅分布于东北地区，吉林省是主要分布区；而辽金文化遗址具有重要历史地位。辽、金两个王朝是中国历史上的重要王朝，统治我国北方几百年。作为旅游资源具有独特性，古今中外绝无仅有。

（2）品位高，影响大，开发价值大

吉林省的辽金文化包括辽金历史上著名帝王的行为文化，有的留有遗址遗迹，有的遗址遗迹已遭破坏、无法确认。但它的文化品位高，而且影响力大，因此开发价值也大，如辽金时代的黄龙府等。

（3）文化交叉整合，呈多元特点

吉林省的辽金文化在地域上呈二元结构特点，西部为契丹辽文化，东部为女真金文化。在时间上形成先后交叉、重叠整合的特征。这里不但有辽、金两种文化，还有汉文化。

（三）吉林省民俗文化旅游资源及其特征

1. 吉林省民俗文化旅游资源

吉林省境内有汉族、朝鲜族、满族、蒙古族、回族等多个少数民族，少数民族人口约占全省总人口的 10%，有延边朝鲜族自治州以及长白朝鲜族自治县、前郭尔罗斯蒙古族自治县和伊通满族自治县 3 个少数民族自治县。

满族源于肃慎族系的后裔女真人，明末建州女真建立后金政权，后改称为“清”，而皇太极将女真改为满族。吉林省有众多满族（包括女真人）历史遗存，如乌拉古城、辉发古城、叶赫古城以及萨满文化、松花江渔猎习俗等。蒙古族主要集中在吉林省西部白城、松原地区，且以前郭尔罗斯蒙古族自治县、通榆县、镇赉县居多。吉林省最大的朝鲜族聚居区是延边朝鲜族自治州，其民俗文化众多，有修筑在山坡下的草房或瓦房，有多彩的朝鲜族服饰，有独具特色的糕饼和冷面等。除了有形的物质文化遗存，还有很多非物质文化遗存。

2. 吉林省民俗文化旅游资源特征

（1）满族、朝鲜族特色突出

吉林省主要少数民族为满族、朝鲜族、蒙古族、回族、锡伯族等，在全国范围内，朝鲜族和满族这两个少数民族在吉林省较为集中，特色突出，在民居、饮食等方面形成了自己的特点。

（2）已经形成了众多非遗旅游资源

吉林省在 2007 年、2009 年、2012 年和 2016 年前后公布了四批省级非物质文化遗产代表性项目名录，非遗项目十分丰富，类别齐全。截至 2020 年底，吉林省已有 343 个项目入选省级非物质文化遗产代表性项目名录。其中，满族说部、二人转、黄龙戏等 44 个项目入选国家级非物质文化遗产代表性项目名录；延边“中国朝鲜族农乐舞”和通化“长白山满族剪纸”2 个项目入选联合国教科文组织人类非物质文化遗产代表作名录。

吉林省的非遗项目以传统技艺为主，传统美术、民俗次之，传统舞蹈、传统体育、游艺与杂技、传统音乐、传统医药、民间文学较少，曲艺和传统戏剧较为稀缺。

（四）吉林省红色文化旅游资源及特征

1. 吉林省红色文化旅游资源

红色文化旅游是主要以中国人民反对外来侵略、奋勇抗争、自强不息、艰苦奋斗，充分显示伟大民族精神的重大事件、重大活动和重要人物事迹的历史文化遗存为载体，以其所承载的革命历史、革命事迹和革命精神为内涵，组织接待旅游者参观游览、开展缅怀学习的主题性活动。吉林省红色文化旅游资源主题鲜明，无论是抗日战争、解放战争还是抗美援朝，红色文化旅游资源不仅具有观赏价值，同时蕴含了革命史、党史等知识，具有一定的教育意义，是新时期开展青少年爱国主义教育的重要载体。

吉林省内拥有众多如四平战役纪念馆、杨靖宇将军殉国地、陈云旧居、抗美援朝纪念馆等的高知名度红色文化旅游资源，然而现有的展馆面积、规模等无法满足对外的接待需求，致使缺乏有效的载体，从而制约了红色文化旅游的发展。

2. 吉林省红色文化旅游资源特征

（1）具有特殊的价值和意义

东北抗日战争是中国抗日战争的起点。1931 年“九一八事变”发生后，东北沦陷。1932 年，溥仪来到长春，成为日本统治东北的傀儡。东北军民奋战在白山黑水之间，开始了长达 14 年的抗日斗争。吉林省有多个“第一”：创建了党领导的东北第一支抗日武装队伍，并打响了“抗日战争第一枪”，建立了第一个抗日根据地。这里也是中国抗日战争的起点，是世界反法西斯东方主战场的重要组成部分。

吉林解放战争是东北解放战争胜利的重要转折点。解放战争时期，吉林地区经过 4 年艰苦斗争，建立了吉林省政府，确立中国共产党的指挥权，吉林省解放战争中的重大战役有四战四平、四保临江等。解放战争在吉林省的胜利是东北解放战争胜利的重要转折点。

吉林省是抗美援朝的重要通道及后勤保障基地。中国人民志愿军从集安进入朝鲜支援；而在中朝两国军队休整和伤病员救治、大量军用物资储存和转运以及朝鲜难民避难上，吉林省都发挥了重要作用。

（2）已经形成一系列红色文化旅游景区

在2016年开展的红色文化旅游资源普查中，吉林省共有红色文化旅游资源587处，其中有“八点三线一区”入选全国红色文化旅游项目，包括四平市红色旅游系列景区、白山市红色旅游系列景区、通化市杨靖宇烈士陵园、长春市东北沦陷史陈列馆、长春市长春电影制片厂、辽源市日军辽源高级战俘营旧址、白城市中共辽吉省委旧址、珲春大荒沟抗日根据地遗址8个红色旅游点，“哈尔滨—长春—沈阳线”“长春—靖宇—白山—通化线”“白城—长春—梨树—辽源线”3条红色旅游精品线路以及吉林省重点红色旅游区。

（五）吉林省产业文化旅游资源及特征

1. 吉林省产业文化旅游资源

吉林省是重要的商品粮生产基地，农业资源丰富，粮食人均占有量、粮食商品率、粮食调出量、玉米出口量连续多年居全国首位，盛产玉米、大豆、水稻等。吉林省既是中国六大林区之一，也是重要的林业基地。林地由东部山地、中部丘陵和西部平原三大区系构成，主要树种有云杉、红松、臭松、水曲柳、胡桃楸、柞树、椴树、榆树和枫桦等，形成了吉林省的生态屏障。

吉林省是东北老工业基地的重要组成部分，工业基础雄厚，是新中国汽车工业、石油化学工业的摇篮。改革开放后，经过多年的努力，吉林省形成了有特色、有优势、有潜力的工业体系。“十四五”时期，吉林省将围绕万亿级汽车产业，千亿级食品、石化、医药、装备、冶金建材、光电信息产业，500亿级轻工纺织产业以及能源产业构建现代化工业体系。汽车产业将以一汽集团为龙头、长春国际汽车城为平台，建设世界一流企业和世界一流国际汽车城。吉林省医药工业已形成以中成药为主、生物制药为辅、化学制药和医疗器械等为补充的产业格局，发展潜力巨大。吉林省是我国光学事业的发源地，素有中国“光学基地”的美誉，拥有长光卫星等国内知名企业。

2. 工农业旅游资源

（1）乡村旅游成为全省旅游发展热点

吉林省乡村旅游资源较为丰富，总体上乡村旅游资源分布呈大分散、小集中格局，区域特色明显。在范围上涵盖了吉林省的各个市州，呈现大分散格局；在数量上各市州分布不均，部分地区密集程度较高，呈现小集中格局。

吉林省乡村旅游发展类型多样，根据不同资源，可划分成农家乐型、特色村庄型、农业科普型、农业产业集聚型、民俗风情型、休闲度假型、生态体验型等。截至2021年，乡村旅游经营单位共有509家，已经具备了一定的接待能力。2019年，吉林省乡村旅游接待游客近5000万人次，实现旅游收入287.63亿元，成为吉林省经济发展的有力增长点。

（2）已经形成了一批工业旅游示范点

借助吉林省众多的工业企业，挖掘其资源点，形成了一批工业旅游示范点，包括8个国家级工业旅游示范点及5批33家省级工业旅游示范点单位，构成了吉林省工业旅游的资源体系（见表1）。总体看来，这些工业旅游示范点（单位）都是省内较为知名的工业企业，具有独特的吸引力。例如，大发实业有限责任公司最具特色的资源是储藏了百余个大酒缸的酒窖，以及辽代斫冰烧酒技艺、古法酿酒技艺等古老技艺。

表1　吉林省各级工业旅游示范点名录

级别及评定批次	名称
国家级工业旅游示范点	1. 长春第一汽车集团;2. 吉林丰满发电厂;3. 吉林化纤集团;4. 通化钢铁集团;5. 通化东宝实业集团;6. 通化振国药业;7. 通化葡萄酒有限公司;8. 靖宇矿泉城
吉林省第一批工业旅游示范点单位名单(2015)	1. 长春长影旧址博物馆;2. 长春一汽红旗文化展馆及奔腾生产线;3. 通化大泉源酒业历史文化景区;4. 长白山(靖宇、抚松)矿泉城;5. 吉林市东福米业;6. 白城大安北蒸汽机车陈列馆
吉林省第二批工业旅游示范点单位名单(2017)	1. 吉林长白山酒业;2. 白山发电厂;3. 辽源袜业纺织工业园;4. 通化通天酒业;5. 通化振国药业;6. 延边敦化敖东工业园
吉林省第三批工业旅游示范点单位名单(2019)	1. 吉林省孚能聚科技有限公司;2. 延边金刚山食品有限公司;3. 延边农心矿泉水饮料有限公司;4. 四平君乐宝乳业有限公司;5. 长白山就业集团有限公司;6. 敦化市长有煎饼有限公司

续表

级别及评定批次	名称
吉林省第四批工业旅游示范点单位名单(2020)	1. 中粮可口可乐饮料(吉林)有限公司;2. 吉林出彩农业产品开发有限公司;3. 通化葡萄酒股份有限公司;4. 东方红西洋参药业(通化)股份有限公司;5. 长白朝鲜族自治县圣山阿里郎酒业有限公司;6. 吉林森工集团泉阳泉饮品有限公司;7. 延边州汪清县好记食品酿造股份有限公司
吉林省第五批工业旅游示范点单位名单(2021)	1. 一汽大众汽车有限公司;2. 吉林省东鳌鹿业科技开发有限公司;3. 吉林省博大农林生物科技有限公司;4. 吉林睿康生物科技有限公司;5. 通化万通葡萄酒股份有限公司;6. 吉林省大安市大发实业有限责任公司;7. 吉林省长白山百草园健康科技有限公司;8. 敦化市小万庄食品有限公司

资料来源：根据相关资料整理。

（六）吉林省研学旅行资源分类

国家旅游局在 2016 年 12 月发布了《研学旅行服务规范》，将研学旅行产品按照资源类型分为知识科普型、自然观赏型、体验考察型、励志拓展型、文化康乐型（见表 2）。

表 2　研学旅行产品分类

类型	内容
知识科普型	主要包括各种类型的博物馆、科技馆、主题展览、动物园、植物园、历史文化遗产、工业项目、科研场所等资源
自然观赏型	主要包括山川、江、湖、海、草原、沙漠等资源
体验考察型	主要包括农庄、实践基地、夏令营营地或团队拓展基地等资源
励志拓展型	主要包括红色教育基地、大学校园、国防教育基地、军营等资源
文化康乐型	主要包括各类主题公园、演艺影视城等资源

资料来源：根据相关资料整理。

搜集整理吉林省各市州研学实践教育基地（营地）、爱国主义教育基地、科普教育基地、文化旅游点、滑雪场、景区等，从中选取可作为研学旅行目的地的地点，共 1159 处（景区内滑雪场或文化旅游点按景区记），研学旅行资源分类见表 3。

表 3　研学旅行资源分类

单位：处

类型	研学旅行资源	数量
自然环境型	长影世纪城、长春电影制片厂、长春国际汽车公园、道路交通安全体验公园、长岭龙凤山旅游风景区、乾安泥林国家地质公园、图们江公园、阿里郎广场、图们市国门生态园、图们江源国家森林公园、一江山岛军事主题公园、四平市西湖水上公园、双辽白鹤自然保护区等	454
红色文化型	吉林大学、东北师范大学、东北沦陷史陈列馆、关东军补兵营房旧址、珲春防川土字碑、敦化市革命烈士陵园、吉林市烈士陵园、吉林市劳工纪念馆、桦甸市革命烈士陵园、中国政法大学吉林省教学基地、魏拯民墓、老黑沟惨案遗址、小荒沟战斗遗址、日伪统治时期死难同胞纪念碑等	183
历史文化型	地质宫博物馆、吉林省博物院、伪满皇宫博物院、长春伪满国务院、中国朝鲜族民俗园、“安图人”洞穴遗址、长白山历史文化园、灵宝禅寺、延边博物馆、江东“二十四块石”、农民画馆等	353
民俗文化型	东丰扎兰芬围民俗文化园、长白山和平滑雪场、朝鲜族民俗园、临江市富民冰雪乐园等	169
产业文化型	吉林长白山酒业、辽源袜业纺织工业园、通化通天酒业、荣发生态园、永欣欢乐谷等	—

资料来源：根据调研情况整理。

吉林省研学旅行资源众多，各类型遍布全省 9 市州。除此之外，吉林省历史文化底蕴深厚、源远流长，农耕文化、森林渔猎文化、稻作文化、草原游牧文化丰富，具有较强的地缘特色，共有非物质文化遗产 448 项，这些资源将为吉林省优化研学旅行的线路与课程设计提供强大的后备力量。

（七）地域文化研学旅行资源评价

1. 研学旅行资源类型多，有深厚的地域特色

万物皆可研学，吉林省研学旅行资源种类丰富，有基于自然地理环境的山地资源、森林资源、草原资源、花卉资源等；有源于独特历史文化的夫余文化、渤海国文化等；有彰显民俗风情的朝鲜族、满族、蒙古族建筑、美食等；

有反映现代产业风貌的乡村文化、工业旅游示范点、文旅小镇等。

2. 地域组合好，可整合开发

吉林省研学旅行资源丰富，且空间上联系紧密、交通顺畅，几乎所有的资源点都有道路连接，空间可达性强，资源互补性强。既可以组合同类型资源，也可以组合不同类型资源。以冰雪旅游资源为例，有长春天定山滑雪场、吉林松花湖滑雪场、北大湖滑雪场、长白山滑雪旅游度假区等以冰雪旅游资源为主的各种研学旅行基地，也可以和其他研学旅行资源进行组合，以吉林、长春为主要城市，将研学旅行、城市历史风貌、社会经济发展等联系起来。

3. 研学旅行资源的价值挖掘不足

因为研学旅行市场迅速发展，很多景区和旅游点仓促上阵，课程开发设计不充分，地域文化特色和价值挖掘不够。例如，冰雪研学活动以冰雪体验为主，虽然有一定的冰雪技能培训，但对冰雪文化的挖掘不足。

4. 研学旅行资源分布空间差异大

从市域空间来看，吉林省的资源分布空间差异大。降雪与积雪表现为从“通化—白山—吉林”向两侧递减，研学活动场所分布表现为中部与东南部多、西北部少。

三　吉林省研学旅行产品开发现状及问题

研学旅行产品是在自然环境、人文条件共同作用形成的地域文化的基础上，结合市场需求和研学资源而开发策划的具有体验性、探究性的产品。研学旅行产品生成机制如图 1 所示。

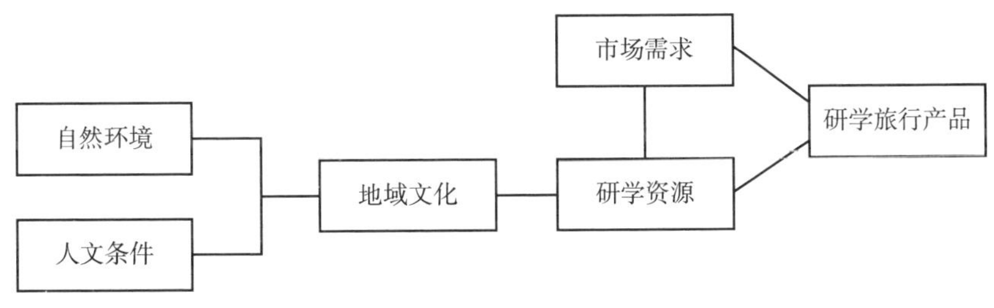

图 1　研学旅行产品生成机制

（一）研学旅行产品开发现状

1. 已经建成一批研学实践教育基地

因为研学旅行的广泛性和灵活性，很多景区景点、机构企业都可以开发研学旅行产品、开展研学旅行，因此，研学旅行几乎成为景区景点、机构企业产品开发的重点方向之一，经过认定的研学旅行基地越来越多。2017～2018 年，教育部先后认定过两批全国中小学生研学实践教育基地（营地），吉林省共有 18 家基地获批。此外，中国旅行社协会组建了全国研学旅行基地认定委员会，吉林省内有 8 家经认定的全国研学旅行基地。无论是研学实践教育基地（营地）还是研学旅行基地，都构成了吉林省研学旅行的主体，而开展研学旅行的景区景点和机构企业则遍布全省。

表 4　吉林省已获批的研学实践教育基地

序号	名称	所属地	年份	评定机构
1	全国青少年长白山革命传统教育基地	共青团中央	2017	教育部
2	吉林省妇女儿童活动中心	全国妇联	2017	教育部
3	沈阳铁路局大安北蒸汽机车陈列馆	铁路总公司	2017	教育部
4	长春中医药大学	吉林省	2017	教育部
5	靖宇县杨靖宇将军殉国地	吉林省	2017	教育部
6	吉林省自然博物馆	吉林省	2017	教育部
7	吉林省长白山保护开发区管理委员会地震局	中国地震局	2018	教育部
8	吉林省博物院	吉林省	2018	教育部
9	伪满皇宫博物院	吉林省	2018	教育部
10	吉林省科技馆	吉林省	2018	教育部
11	吉林省同人分享慢山里农业休闲度假有限公司	吉林省	2018	教育部
12	吉林省智成农业科技有限公司	吉林省	2018	教育部
13	吉林省临江市四保临江战役纪念馆	吉林省	2018	教育部
14	吉林大学博物馆	吉林省	2018	教育部
15	吉林省红石国家森林公园	吉林省	2018	教育部
16	图们市石岘镇水南村村民委员会	吉林省	2018	教育部
17	四平市中小学社会实践教育中心	吉林省	2018	教育部

续表

序号	名称	所属地	年份	评定机构
18	白城市示范性综合实践基地	吉林省	2018	教育部
19	吉林长春世界雕塑公园	吉林省	2020	全国研学旅行基地认定委员会
20	长白山景区	吉林省	2021	全国研学旅行基地认定委员会
21	长白山大关东文化园	吉林省	2021	全国研学旅行基地认定委员会
22	吉林省野生动物救护繁育中心研学旅行基地	吉林省	2021	全国研学旅行基地认定委员会
23	长影旧址博物馆	吉林省	2021	全国研学旅行基地认定委员会
24	长春莲花岛研学基地	吉林省	2021	全国研学旅行基地认定委员会
25	六鼎山文化旅游区	吉林省	2021	全国研学旅行基地认定委员会
26	通化市永欣欢乐谷	吉林省	2021	全国研学旅行基地认定委员会

资料来源：根据相关资料整理。

2. 规模不断扩大，发展空间大

根据世界旅游组织的统计数据，未来研学的发展主要集中于年轻人，他们在研学市场上的地位是不可替代的。每年，青少年游客约占世界游客总数的20%，我国家庭普遍重视教育投资，可以预期，在政府政策的大力支持下，父母将越来越重视子女的教育。

吉林省具有丰富的冰雪资源、红色资源、文化资源、自然资源、体育资源、科技资源等，为研学旅行的开展奠定了基础，研学旅行有较大的发展空间。近年来，各中小学校在开展研学旅行时，已经挖掘了各地方有特色的资源和研学目的地，各类景区、工业旅游点等都开始接待研学团队，自发地挖掘地域文化特色资源。除已经评定的研学旅行基地外，一些并不是很知名的单位或景区也已经开始接待研学团队。比如，通化葡萄酒股份有限公司接待当地和周边地区游客开展葡萄酒制作流程研学；吉林市映月小院依托革命时留下的探矿隧道、采石场、炸药存放点等遗迹以及653战略储备库资源开展红色研学及安全教育研学等。

（二）吉林省研学旅行产品开发现存的问题

1. 产品参差不齐，研学旅行产品品牌不明显

研学旅行市场竞争激烈，要想在竞争中获得发展，就必须注重专业和优质的产品。目前，很多研学旅行产品只是基于通常的旅行产品并通过添加一些含量较低的研学元素而获得，“研”和“学”的意义都比较粗浅。吉林省与东北其他两省之间的研学旅行资源存在相似性，这就造成了争夺客源的情况，这种情况在研学旅行中最为明显：以冰雪研学旅行为例，东北三省在研学旅行方面的开发方式相差无几，相似的冰雪项目、相似的服务互补性小，这就使得吉林省研学旅行资源的优势难以充分发挥。

面对这一局面，打造吉林省研学旅行资源品牌化形象已经迫在眉睫，因为品牌意味着市场定位，很多消费者都认同品牌，确立鲜明的品牌定位、创造品牌信仰，最终会形成强大的品牌忠诚。在冰雪资源方面，吉林省应不断创新冰雪资源发展模式，致力塑造冰雪资源品牌，从“流量”向“留客”转换，实现“白雪换白银”。

2. 缺乏统一规划，主题形象不清晰

目前，研学旅行市场监管薄弱，缺乏规律性，难以组织协调，有关部门还没有制定出一套强有力的行业标准，再加上定义模糊，导致进入门槛较低。

吉林省尚未制定专业计划来发展研学旅行，其中大多数研学旅行产品是孤立的，这不利于主题的突出，产品同质化风险较大，同时不利于市场推广及促销。目前的研学旅行产品多为研学旅行机构或基地自发设计，没有整体的规划，难以形成品牌，吸引力不强。

3. 研学旅行课程缺乏设计

研学旅行课程针对特定年龄段研学者设计，具有特定的教学目标，目的是引导学生主动了解地域文化、了解社会经济发展状况，促进校内校外课程的有机融合。但目前，由于研学实践活动的开展没有专业教师的引导，也没有一定的规范和标准，实际操作中课程目标不明确、主题不清晰，讲授中吸引力不强等问题普遍存在，学生学习的主动性和积极性较差，“游而不学”“学而不

研”，效果不佳，有违初衷。

4. 旅游安全仍是重要问题

旅游业建立在安全的基础上，影响旅游业质量和可持续发展的因素之一就是安全，这可能是旅行中的自然因素，包括可抗力因素和不可抗力因素，也可能是人为干扰因素，又或者是学生自身的不合理行为等，研学旅行产品的主要消费者是学生，他们的自我保护和生存意识相对较低，安全风险较高。由于中小学生的年龄特征和个性特点处于形成和发展的特殊时期，安全意识淡漠，好动、情绪不稳定，自我防护意识较差，容易出现擦伤、摔伤、磕碰等现象。在调研中发现，部分接待研学团队的景区或基地湖岸很高，没有防护设施，也没有安全提醒，很容易发生安全事故。

5. 专业研学人员数量少、缺口大

研学旅行有“三缺”，即缺基地、缺老师、缺课程。对研学旅行而言，没有研究就无法深入；没有好的研学基地，就无法推出高质量的研学旅行产品；而研学导师的水平高低，更是决定研学旅行成功与否的重要因素。研学旅行普遍缺乏专业从事研学教育实践的人才，只是靠培训机构简单培训以及基地自己开发，难以满足研学旅行的需求。

以冰雪研学旅行为例，从整个冰雪研学旅行的大背景来看，尽管吉林省近年来在市场监督管理方面逐渐加强，但与经济发展水平更高的日本、韩国相比还存在很大的差距。而冰雪研学旅行作为新兴的冰雪旅游教育行业，由于各类标准的缺乏，市场更是混乱。在实地调研延边朝鲜族自治州某景区时，笔者向负责人询问是否有相关的冰雪研学活动，负责人介绍说“现在还没有，不过马上就要办了，毕竟别人都有，我们没有的话那不就落后了。”笔者再次向其询问是否有相关的研学课程安排和研学导师后，负责人则表示目前还没有计划。冰雪研学旅行内外部竞争激烈，目的地本身又建设混乱、无规划性和前瞻性、不了解冰雪研学旅行的真正内涵，在这样的条件下所开发出的冰雪研学旅行产品只是包装着“教育”外壳的“旅游产品”。长此以往，会极大地消耗研学者对于吉林省冰雪研学旅行的热情，影响吉林省冰雪研学旅行的口碑，对吉林省冰雪研学旅行的未来发展造成打击。

6. 相关的制度体系不够完善

2021 年，吉林省地方标准《研学旅行基地管理规范》出台，对研学旅行

基地的服务管理提出了要求。但是，更进一步的规范制度还没有制定，也使得研学旅行市场比较混乱。目前，研学旅行市场较为火爆，景区、培训机构蜂拥而上，但如何进行规范还没有明确。同时，研学旅行市场管理权限不清晰，教育部门和文旅部门都有涉及，但在实际管理中存在空白和交叉，势必造成无人监管的局面。可见，出台规范性文件十分必要。

四　吉林省研学旅行产品开发策略

（一）合理开发利用资源，挖掘地域文化，开发特色研学旅行产品

1. 研学旅行产品开发原则

进行研学旅行产品开发，要遵循独特性、典型性、知识性和系统性。首先，要考虑旅游资源的独特性，“人无我有，人有我独”。吉林省地域文化孕育了独特的旅游资源，研学旅行产品的开发要依托特殊的地域文化资源。其次，要选择典型性资源进行开发。比如，产业类资源可以围绕一汽、长光卫星等进行开发。最后，知识性就是要挖掘旅游资源的知识性内涵，系统性就是要围绕一个或若干个主题进行有机衔接和整合，将旅游资源整合为一个可高效利用的系统。

2. 设计开发主题突出的研学旅行产品

目前，吉林省研学旅行发展前景良好，但是产品主题缺乏特色。原因之一就是研学旅行机构参差不齐，虽然市面上的研学旅行产品琳琅满目，但都缺乏主题性，不够突出、没有特色。因此，应将吉林省特色融入研学旅行产品，有效整合吉林省旅游资源，提取主题进行开发。

吉林省拥有丰富的研学旅行资源，除了冰雪资源，吉林省的红色旅游资源、民俗风情资源、历史文化资源同样丰富。因此，在进行研学旅行产品设计时，可以充分考虑不同主题的研学旅行线路，选择具有特色的景区作为研学目的地，并充分融入当地文化资源，拓展主题知识。比如，以“冰雪体育”为主题的研学旅行，不应仅考虑以传统的滑雪、滑冰作为研学课程，同样可以选择以具有满族特色的雪地珍珠球、雪地格格走、雪地鲤鱼跳龙门作为研学课程；以“冰川时代”为主题的研学旅行，不应仅考虑“冰川时代”的进程，

还可以增加传统冰屋的建造等实践环节，将知识延伸至冰屋取暖的原理、不同地区房屋建造形式的原理等。在设计线路时不仅要根据自身资源特点选定主题，也应根据不同研学者的需求设计不同的研学旅行产品与研学旅行线路，如针对以放松为主要需求的研学者，在研学旅行线路的设计上可以偏向休闲类目的地，课程内容体量相对减少。

3. 挖掘地域文化，设计品牌研学旅行线路

设计品牌研学旅行线路的第一步应确定本区域的研学旅行资源，并对各项资源进行分类。整理资源时不应局限于景区景点，还应对其中涉及的文化、技能、知识进行整理，形成当地的研学旅行资源数据库，再由各市州根据自身情况，推出代表性研学课程或研学目的地，设计研学旅行主题与线路。比如，长春的知识文化型、娱雪体验型旅游资源都非常密集，可以以“历史+娱雪”“励志+娱雪”为线路主题；延边朝鲜族自治州不仅有丰富的娱雪体验型旅游资源，还是朝鲜族聚集地区，可以以“朝鲜族文化+娱雪”为线路主题，选择符合主题的研学目的地形成研学旅行线路。研学旅行资源不够丰富或主题不够突出的，可以联合临近市州进行线路打造，如白山市娱雪体验型旅游资源丰富，通化市可以作为研学目的地的知识文化型和励志拓展型的景点较多，因此白山市可以联合通化市，双方选取自己较为突出的资源进行主题确定与线路打造。吉林省也可以挑选各市州所提供的有代表性的研学课程或研学目的地，规划设计吉林省研学旅行精品线路，并面向全省乃至全国进行宣传。

吉林省地域文化研学元素丰富，可开发多个研学旅行产品类型，打造研学旅行产品品牌。依托长白山、拉法山等山地以及向海、莫莫格等湿地旅游资源开发自然生态型研学旅行产品；依托渤海国文化、东夏历史、夫余遗存、辽金文化等历史文化旅游资源，开发历史文化型研学旅行产品；依托东北抗联文化等开发红色文化研学旅行产品；依托吉林省农耕文化、种植文化、特色村落文化开发乡村文化型研学旅行产品；依托朝鲜族、蒙古族、满族民俗资源，进行民俗建筑观赏、非遗体验、民俗文化挖掘与传承，开发民俗文化型研学旅行产品。

以长春汽车产业文化为例，尝试策划一个面向高中学生的研学旅行线路。主题为“长春与一汽——长春主题研学五日游”。带领学生掌握高中人文地理

部分"工业"与"区位"等相关问题，以实地研学的形式深入学习并掌握工业地域的形成、工业的区位因素选择与变换、工业集聚效应、旧工业区与新工业区等工业相关知识。能够引领学生回答"一汽为什么选择在长春建厂（长春给了一汽什么）"以及"长春在一汽建厂后发生了什么变化（一汽给了长春什么）"，最终回答"汽车工业能否带动家乡的发展"。在研学旅行过程中设计模拟汽车零件不同地点选购、模拟拼装、模拟水源采集、模拟城市规划等与工业区位有关的趣味游戏，以及历史影片观看、3D 城市展览、沙盘模拟、多维模型展示等多元内容展示形式，并安排高校讲座、展览馆讲解等多维度模拟课堂，让学生在研学旅行过程中系统地学习相关知识与前沿理论。

（二）注重研学课程设计，融合乡土乡情

研学课程设计要紧密结合地域文化，将课程的开发与增强民族自信心、自豪感结合起来，传递爱祖国、爱家乡的正能量，帮助中小学生从小树立积极的人生观、世界观和价值观。了解吉林省的冰雪文化，在冰天雪地中磨炼意志；通过历史文化研学，可以感受地域历史文化的魅力。课程建设需要注重实践性、体验性、趣味性，兼顾知识性、学术性。

课程开发设计要有主体性，同时要考虑受众的年龄和知识积累，开发有针对性的课程，深入挖掘地域文化内容。以冰雪课程为例，面向不同年级学生，可以设置冰雪形成、冰雪作用、冰雪认知、冰雪产业发展等不同内容的课程，将冰雪文化和地域认知、地域发展结合，培养学生的区域认知能力。

（三）加快研学旅行基地建设

吉林省拥有丰富的研学旅行资源，如北大湖滑雪场、长春净月潭滑雪场、天定山滑雪场、万科松花湖滑雪场等，可以优先考虑把冰雪旅游行业现有的、适合学生进行研学旅行的优质单位或场地开发成研学旅行基地，使现有资源合理整合和升级改造，提升吉林省研学旅行的吸引力，增强吉林省研学旅行的正规性。

目前，教育部认定的全国中小学生研学实践教育基地（营地）和中国旅行社协会认定的研学旅行基地有 20 多家，能够接待一定数量的学生，但总体上说，全国中小学生研学实践教育基地（营地）和研学旅行基地的数量还不

能满足研学市场需求，虽然很多景区已经开始打造研学旅行基地，但因为没有规范，市场十分混乱，接待流程、课程设置等都不成体系。

政府应通过推出切实可行的标准，维护研学旅行市场发展的秩序，维护研学者的切身利益，这些标准应包括但不限于企业（景区）开展研学活动准入标准、研学课程标准、研学导师执业标准等。

（四）重视安全，提高管理水平

研学旅行安全要贯穿全程。研学旅行的安全内容涉及交通安全、食品安全、身体安全、住宿安全、心理安全、活动安全等多方面，又因为对象主要是中小学生，所以预防和安全控制更加困难，对于安全服务的要求更加详细，安全管理的责任更大。

基地要加强安全管理。中小学生的研学旅行安全需要学生、家庭、学校和基地四方共同保障，而由于学生在基地停留时间较长，更要加强安全防范。要做好防火、防盗、饮食卫生工作，研学机构须在四者之间建立无障碍的研学交流渠道，保证信息交流沟通及时。

组建专业的安全管理队伍。建立健全安全管理体系，对相关人员进行安全操作规程、安全岗位责任等法律法规的定期和系统的培训，并雇用交通、住宿、心理等方面的相关专业人员开设专业课堂，对从业人员进行不定期的安全培训。要选拔和指派经验丰富的团队负责人组成安全小团队，事先对每次研学行程的关键环节和风险要点进行全面调查，制定有效的安全预防措施和预警措施，并进行实际的模拟练习，以确保行程心中有数，采取适当的防护措施，并将安全责任分配到个人。

（五）强化研学旅行人才培养

在研学旅行过程中，研学导师负责制定和实施研学旅行教育方案，指导学生开展各类体验活动。研学导师是一个综合、全能的职业，必须具备应变能力、控场能力、授课能力，以及将产品设计课程化的能力，这就要求研学导师必须有较强的硬件能力。

人才是制约研学旅行发展的因素。针对现阶段研学导师专业性不强、研学课程体系不完整等问题，应分析吉林省对研学旅行人才在数量、层次、结构等方面的需求，摸清人才供求缺口，尽快开展对研学旅行人才的培养培训。

研学旅行发展需要如下几个类型的人才。一是通才型人才，主要是熟悉和了解整个研学活动流程、设计和谋划研学产品（线路）的人才。这种人才可以从传统的旅行社及现在开设的大量研学旅行机构进行选拔。二是专才型人才，是指针对某一个方面的专家学者型导师，可以由专业导师及在企事业单位工作的人才来担任，鼓励省内相关院校开设相关专业，并进行专业人才的培养。三是基地型人才，是指对某一基地的研学产品和课程非常熟悉、能够开展研学课程的人才，这些人才需要基地进行培养。当然，人才之间的交流和培训也应积极开展，鼓励各景区、基地之间成立研学发展联盟，加强内部人才交流学习，提升眼见和学识。

（六）加强媒体宣传报道

在媒体宣传的方式选择上，不仅要充分利用传统媒体（如电视、报纸），还要把握青少年学生获取信息的渠道，注重通过自媒体（如抖音、快手、B站、微博、微信公众号、移动客户端等平台）宣传研学旅行产品，及时将研学旅行线路及产品信息传递给大众。在宣传体系上，可以构建“政府—媒体—学校—学生”四位一体的宣传体系，利用由政府牵线搭桥、学校等非营利机构进行活动组织与安排、配合媒体的专版报道、鼓励学生进行分享与转发的立体宣传模式，营造学生积极参与研学旅行的氛围，并让被宣传者了解吉林省研学旅行产品的现状。在宣传内容的侧重上，由于不同的媒体或软件受众不同，所以应注重宣传方式与内容的结合，如电视、报纸、快手的用户年龄偏大，那么在宣传内容的选择上应注重研学旅行的教育性；而抖音、微博、B站等平台的用户年龄偏小，在宣传内容的选择上应注重研学旅行的体验性，这样就可以增强宣传的有效性。

（七）发挥政府的统筹协调作用

在吉林省研学旅行的发展过程中，政府作为主导者发挥着至关重要的作用。学校、研学旅行基地、景区在相关政策的号召下开展研学旅行活动，但政府缺乏相应标准，造成了现在市场上各类研学旅行产品参差不齐的局面。为此，政府需要在以下方面进一步加强统筹协调。

第一，政府要发挥资源整合作用，主导编制《吉林省研学旅游发展规划》。联合教育厅、文旅厅等相关部门，结合中小学教学要求、青少年市场需求，挖掘地域文化，让青少年感受吉林省在地理、历史、科技、经济等各方面的成就，了解省情区情，达到热爱家乡、发展吉林的目的。同时可以统筹区域资源，进行有重点、有层次的研学旅行产品开发，推出品牌研学旅行产品，延伸吉林省旅游的品牌化发展之路。

第二，出台政策和标准。吉林省已经出台了《研学旅行基地管理规范》，对研学旅行基地的管理提出了要求，但其只是一个比较粗略的规范要求，可以进一步进行研学旅行基地评定标准的制定。

第三，设立研学教育基金。目前，研学旅行的费用主要源于家长，少量源于政府补贴及企业公益价格。从全球的实践来看，我国应探索建立“政府—学校—社会—家庭”共同承担的多元化经费保障机制。吉林省应设立一定的研学教育基金，用以扶持学校及基地开展研学实践活动。

G.5
吉林省工业文化遗产资源旅游开发存在的问题及对策研究

王荣成　吕晗雪*

摘　要： 本报告在对吉林省工业发展史回溯和深入实地调研的基础上，构建了吉林省工业文化遗产价值评价指标体系，确定其评分标准及各指标权重，对吉林省工业物质文化遗产资源、工业非物质文化遗产资源和区域工业文化遗产资源进行价值评价，进而梳理了吉林省工业文化遗产旅游开发存在的问题，并从旅游开发空间格局、旅游主题路线、旅游产品体系、旅游品牌等方面提出了旅游开发对策。

关键词： 工业文化遗产　旅游开发　吉林省

随着我国工业化进程的推进，工业结构较改革开放之前已发生很大变化，传统产业逐渐被新兴产业取代，工业城市正进入产业结构调整和转型优化升级期，传统制造业基地逐步演变为备受瞩目的工业遗产地，工业文化遗产旅游方兴未艾。近年来，我国发布了一系列政策文件推动工业文化遗产保护和旅游开发，吉林省作为重要的老工业基地，工业文化遗产资源丰富，发展工业文化遗产旅游得天独厚，更应关注和重视工业文化遗产资源价值评价、遗产保护和旅游开发的课题。

---

* 王荣成，东北师范大学地理科学学院教授，主要研究方向为旅游开发与规划管理；吕晗雪，东北师范大学地理科学学院硕士研究生，主要研究方向为旅游开发与规划管理。

一　吉林省工业文化遗产资源旅游开发存在的主要问题

（一）高等级遗产资源开发利用不到位

吉林省高等级工业文化遗产有61处，然而得到妥善开发利用的只有十几处，即使是零星的旅游利用尝试，也大都没能建成有影响力的高等级旅游景区。如今仅有长影制片厂、长春第一净水厂、大泉源酒业宝泉涌酒坊等工业文化遗产成为影响深远的大型旅游景区，其余大部分高等级工业文化遗产，如一汽、吉化、通钢、中东铁路等，在遗产开发方面远远没有创造出应有的价值。中东铁路吉林段已被列入中国工业遗产保护名录（第一批），沿线保留了大量俄式建筑，具有很高的历史文化价值和审美价值，但关注度低，与之相关的研究也很少，导致资源闲置，没有得到良好利用。在国企方面，吉林省作为“共和国长子”，国企及大型企业数目众多，国家政策环境也十分有利，却没有形成较有影响力的企业文化品牌，远有北京首钢、上海宝钢、青岛海尔，近有大庆油田、鞍钢，吉林省作为工业强省，在这一方面却始终默默无闻、没有建树。吉林省高等级工业文化遗产资源旅游开发状况如表1所示。

表1　吉林省高等级工业文化遗产资源旅游开发状况

遗产名称	开发状况	景区等级
长春电影制片厂	长影旧址博物馆、长影世纪城	5A
第一汽车制造厂	国际汽车公园、红旗大厦、红旗文化展馆	—
长春第一净水厂	长春水文化生态园	—
长春拖拉机厂生产区旧址	长拖1958文创园(在建)	—
吉林柴油机厂老家属区	万科蓝山社区街头公园	—
长春酿酒总厂	积德泉酒文化度假山庄	—
丰满电站	丰满水电博物馆	—
通化葡萄酒厂地下贮酒窖	通葡股份地下酒窖	3A
大安港	大安港内河港口风景区	—
大泉源酒业宝泉涌酒坊	大泉源酒业历史文化景区	4A

续表

遗产名称	开发状况	景区等级
奶子山煤矿	奶子山接续产业园区	—
镇西日军侵华机场遗址	查干浩特旅游度假区	4A
白山发电厂	白山发电厂旅游区	—

资料来源：根据相关调研整理。

以一汽为例，作为吉林省最具知名度的企业，一汽的产品质量和口碑有目共睹，在获得成就的同时，企业应承担一定的社会责任。近年来，一汽在企业文化建设方面进行了一定探索，2007 年开放的红旗文化展馆位于一汽奔腾公司办公楼内，然而作为向大众展示企业文化的窗口，该展馆却大门紧闭，网络上的游记也寥寥无几。2010 年开园的长春国际汽车公园，是全国最大的以汽车为主题的公园，笔者在实地调研中发现，该公园内的雕塑已出现脱落损坏，地砖多有破碎，整体环境卫生状况也较差，可见管理维护不力，种种表现严重影响公园形象和游客体验。2021 年落成的红旗大厦，位于长春国际汽车公园内，造型优美、气势恢宏，大厦内展示了红旗品牌的历史沿革、车型和最新技术，展厅设计前卫，颇具现代感和未来感，然而现今未对大众开放，很多慕名而来的游客都只能止步门外。

（二）遗产类型开发利用不全面，政府重视不够

在现有的开发利用格局中，吉林省对供水业、港口及水利工程类，铁路运输业和铁路类以及森林类工业文化遗产的利用已逐渐形成体系，但对于其他类型，如机械制造类、采矿类、石油化学类等，并没有进行有效、系统的开发利用，遗产类型开发利用不全面，且利用方式较为单一。以吉林市哈达湾为例，哈达湾区域的工业文化遗产改造项目已在 2010 年启动，而现在对其中的吉林造纸厂区域的改造仅为改建商场和住宅区，吉林造纸厂被全面拆除，没有凸显工业文化，也没有对工业文化遗产进行保护利用和价值挖掘。

吉林省作为我国最早发展工业的省份和建国初期重点建设的工业区域，工业底蕴深厚，工业文化遗产数量较多、质量较高。然而在工信部公布的国家工

业遗产名单和科协发布的中国工业遗产保护名录中，吉林省工业文化遗产寥寥无几，与邻近的黑龙江省和辽宁省相比差距悬殊。东北地区工业企业情况也是如此，出现这种状况的原因无非是政府对工业文化遗产的重视程度不够，保护、开发及申报工作不到位、不及时。相关部门对省内工业文化遗产也缺乏统一的管理，在这一领域存在政府缺位。

（三）区域间发展不平衡，整体质量较低

吉林省工业文化遗产虽数量众多，但地区分布很不平衡，仅长春市和吉林市的工业文化遗产数目就占总数的一半还多。在长春市内，宽城区工业文化遗产数量也达到双阳区工业文化遗产数量的十几倍之多，有些区域甚至没有工业文化遗产。大约 3/5 的区域工业文化遗产综合价值低于全省平均水平，这些区域遗产数量少、遗产类型单一、遗产质量较差，总体竞争力比较低，不能作为重点工业文化遗产区域来发展，即使区域内存在本身价值较高的工业文化遗产，如通化县的大泉源酒业、桦甸市的夹皮沟金矿等，但受整体环境影响，其开发价值也远低于区域工业文化遗产开发价值较高地区的同级别遗产。

此外，吉林省工业文化遗产整体低质化明显，在单个工业文化遗产的价值评价中，有的遗产条件突出、评价极高，如长春电影制片厂；而有的遗产各方面条件都比较差，评价较低，如一些“三线厂”。这些评价较低的工业文化遗产，大多远离城市，缺少相应的维护和管理，其中不乏一些本身价值很高的工业文化遗产，若任其继续衰败下去，相信其不久就会被彻底遗忘，其中蕴藏的珍贵价值和记忆，也将消散于荒草乱石之中。

二　吉林省工业文化遗产资源旅游开发模式

对于吉林省众多尚未妥善开发利用的高等级工业文化遗产，可根据其特点按照不同的开发模式进行旅游开发。综合已有的对工业文化遗产旅游开发模式的研究，本报告认为主题博物馆、公共游憩空间、购物旅游综合体、创意文化产业园区以及工业遗址公园五种模式较适用于吉林省工业文化遗产资源的旅游开发。

1. 主题博物馆模式

对于吉林省在国内享有极高的知名度的重点企业，如一汽、吉化、长春机车厂、长春客车厂等，可参照青岛啤酒博物馆的旅游开发形式，利用自身品牌效应，推进产业多元化发展，整合企业现存工业文化遗产资源，规划出专门区域建立主题博物馆，进行企业历史和产品的展示，并对大众开放，宣传企业文化，吸引国内外游客前来参观学习；对于伪满交通部旧址、伪满洲电信电话株式会社旧址等这类在历史上具有重要地位并且建筑保存完好的工业文化遗产，宜深入挖掘其中的文化内涵，通过博物馆、爱国主义教育基地和青少年成长教育基地等形式将其中独有的家国情怀和普遍价值开发出来，用以警醒和教育世人。以一汽为例，产业庞大、子公司众多的一汽可建设群落型主题博物馆，全方位展示企业的先进技术和管理理念，还原部分生产过程，进而形成一汽红旗小镇，重现一汽建厂初期的历史场景和工作场面，不仅可以展现我国先辈的艰辛创业历程，还暗含企业不忘初心的历史情怀。同时，加入研学教育的内容，建设汽车研学基地、夏令营，与学校达成合作，吸引儿童和家长前来参观体验。

2. 公共游憩空间模式

该模式较适用于吉林省中东铁路沿线的工业文化遗产。中东铁路沿线的工业文化遗产位置分散、涉及区域较多，宜打造风格主题统一的公共游憩空间。以中东铁路的高知名度和广泛的民众基础为优势，挖掘中东铁路沿线工业文化遗产潜在的文化及休闲娱乐价值，突出中东铁路沿线工业文化遗产特色。以多样化休闲空间和娱乐设施等为补充，对接不同层级市场客群的休闲游憩需求，与地方相关单位携手建立统一管理平台，实现功能互补、空间互补和层次互补，打造高品质景区。以京杭大运河为线状遗产旅游开发利用样板，形成以中东铁路工业文化遗产为核心、以休憩娱乐为配套的跨地区、连续的公共游憩空间。开发中东铁路历史展览、工业文化遗产宣传保护展览、中东铁路旅游节等文化旅游产品，将其建设为集遗产保护、休闲商业、公共游憩、教育科普等功能于一体的工业文化线性体验旅游目的地，成为吉林省工业文化遗产旅游的有力支撑。

3. 购物旅游综合体模式

该模式较适用于商品性较强的工业文化遗产，或是地理位置较好的独栋工业文化遗产建筑，如鼎丰真、伪满康德会馆旧址等。鼎丰真是吉林省著名的食品品牌和吉林省工业非物质文化遗产，面对目前产业类型单一、产业链短、品牌活力不足的状况，建议拓宽产业链，可在长春市鼎丰真老店即大马路及四马路交界处，集中附近现存的大量闲置历史建筑，打造以传统美食为主题的大型购物中心。该购物中心以吉林传统食品制作加工文化为主题，集合综合商场、美食城、博物馆、游乐场、影视娱乐中心等多种功能，配套相应的休闲设施，凭借其位于长春市老城区的独特地理位置和便利的交通条件，吸引长春市及周边地区购物、休闲、观光及度假的游客。

4. 创意文化产业园区模式

该模式适用于工业遗存建筑外观颇具特色、内部活动空间较大，并且有相当分布范围的工业文化遗产，如现已成为年代剧取景地的铁合金厂等，可参照北京 798 艺术区的改造方式进行开发利用。长春市的裕昌源株式会社、福顺厚火磨、天兴福面粉有限公司和色织布总厂等工业文化遗产均分布在东八条食品调料大市场附近，该区域目前仍存有大量特色鲜明的历史建筑，多作为仓储物流空间使用。实际上，这一区域毗邻国家 5A 级景区伪满皇宫博物院，建设旅游景区可直接与伪满皇宫博物馆进行市场联合，且能够解决伪满皇宫博物院周边建筑杂乱、环境差、景点单一的问题。可将此处遗存的历史建筑重新包装，将几个工业文化遗产建筑改造成小型博物馆展厅，吸引画室、艺术工坊、创意书店、特色市集等进驻这一区域空置的建筑内，配套以休闲和娱乐设施，对区域整体风貌进行统一主题性改造，彰显创意文化气息，打造长春市潮流、时尚、文艺的前沿。

5. 工业遗址公园模式

对于占地面积大、建筑保存良好的厂区和矿区，如一汽、夹皮沟金矿等，可采用工业遗址公园模式进行旅游开发利用。夹皮沟金矿作为中国采矿历史最长的有色金属矿区，几经浮沉，已形成庞大的工业体系，对中国有色金属业影响深远。夹皮沟金矿的矿区位于吉林市桦甸市的山林中，由于位置偏远，再加上资源逐渐枯竭，许多矿坑已经关闭，但也保留下许多可供开发利用的工业文化遗产以及原汁原味的生活和工作场景。夹皮沟镇要坐实“中国黄金第一镇”的名号，应依托现有的废弃矿坑、厂房、加工设备等，进行场景还原，重现当年热火朝天的淘金场面，以游客体验为主，配套民国时期的茶馆、旅店、马车等历史元素，使游客身临其境，参与生活和工作场景，同时设计游客互动性、体验性强的趣味活动，如一日矿工、矿坑探奇、慧眼识金、寻找偷金贼等，不仅可吸引游客前来观光探险，对于青少年也具有很好的教育和科普意义。吉林省高等级工业文化遗产资源旅游开发模式分类汇总如表2所示。

表2　吉林省高等级工业文化遗产资源旅游开发模式分类汇总

开发模式	遗产名称
主题博物馆	长春机车工厂、伪满交通部旧址、长春客车厂、中国石油吉林石化公司、伪满洲电信电话株式会社旧址、长春火车站、伪满中央通邮便局旧址、长春工人文化宫、吉化化肥厂、吉林机器局、宽城子火车站俱乐部、通化钢铁集团、长春卷烟厂、吉化染料厂、吉化油脂厂
公共游憩空间	中东铁路一间堡站、中东铁路宽城子车站沙俄将校营旧址、宽城子沙俄火车站俱乐部旧址、中东铁路宽城子车站沙俄兵营旧址、吉林市自来水公司、新立城水库
购物旅游综合体	鼎丰真、日本毛织品株式会社新京支店、伪满康德会馆旧址、满洲矿山株式会社
创意文化产业园区	四平站满铁机车司机公寓、裕昌源株式会社、四洮铁路附属建筑群、天兴福面粉有限公司、长春市色织布总厂、福顺厚火磨、吉林铁合金厂、满铁四平站北货场仓库、四平火车站、长春商埠电灯厂、老爷岭葡萄酒厂
工业遗址公园	中国第一汽车制造厂、夹皮沟金矿、长春电车厂、长春市早期有轨电车线路

资料来源：根据相关调研整理。

三　吉林省工业文化遗产资源旅游开发对策

（一）打造“一核两廊三区”的工业文化遗产资源旅游开发空间格局

以长春市为核心区，以哈大铁路线、长白—长珲高铁线为两条工业文化遗产旅游开发廊道，以中部片区、东部片区、西部片区为三个工业文化遗产旅游发展区，推动形成吉林省“一核两廊三区”的工业文化遗产资源旅游开发空间格局。

一核。长春市是吉林省政治经济中心，同时是工业文化遗产资源最丰富的地区，区位优势明显，社会经济基础好，交通便捷，市场广阔，是吉林省工业文化遗产旅游开发利用的核心区域。长春市应整合省内及本市工业文化遗产资源，提升市区文化功能，将工业文化融入城市文化，发展工业文化遗产旅游。长春市城区要承担文化中心、消费中心、集散枢纽和旅游服务门户的职能，建设工业文化遗产旅游示范区，引领其他区域工业文化遗产旅游的发展。

两廊。遗产廊道是条带类遗产开发利用的有效形式。中东铁路吉林段是中东铁路的重要组成部分，长春市作为历史上北满支线和南满支线的分界点，地位更是不言自明，且该段铁路与东北地区主要经济干线哈大线相重合，区域位置优越，交通优势明显，潜在市场广阔，开发潜力很高。长白—长珲高铁线连通吉林东西两端，与哈大线共同构成吉林省的交通骨架，沿线区域工业文化遗产资源十分丰富。构建中东铁路吉林段和长白—长珲高铁线遗产廊道，可有效盘活这些闲置的工业文化遗产资源。构建工业文化遗产廊道，要集中力量整合资源，深入调研，对沿线工业文化遗产状况进行登记；聘请国内知名规划公司进行以遗产保护和文化传承为主要指导思想的规划设计，定好项目格调；确定规划方案后，由政府出面协调地方各利益相关体，合力打造中东铁路吉林段和长白—长珲高铁线遗产廊道。在项目实施过程中还应注意区域联动，协调黑龙江省和辽宁省相关区域联动开发，提升遗产廊道的知名度和影响力。

三区。中部片区包括长春市、吉林市、四平市、辽源市，旅游定位为红色工业与都市文化发展区。工业文化遗产资源丰富，分布有大量高等级工业文化遗产，区域工业文化遗产综合价值较高，要重点突出该区现有的工业文化遗产旅游基础和资源优势，建设数个旅游集散中心，提升道路与基础设施质量，打造吉林特色旅游品牌，将中部片区建设成为吉林省工业文化遗产旅游发展先导区。东部片区包括通化市、白山市、延边朝鲜族自治州，旅游定位为工业体验与康养度假发展区。该区主要是丘陵地貌，森林覆盖率高，生态条件优异，适宜开发森林康养类旅游资源，同时工业文化遗产资源数量和种类较多，可进行旅游开发，该区可建设成为吉林省工业文化遗产旅游发展支撑区。西部片区包括白城市、松原市，旅游定位为工业非遗与生态观光发展区。工业文化遗产资源数量和种类较少，区域工业文化遗产综合价值不高，该区可建设成为吉林省工业文化遗产旅游发展培育区。

（二）设计工业文化遗产旅游主题路线

聘请国内知名设计公司，在省会长春市建造工业文化博物馆，对吉林省工业文化进行展示，并对吉林省工业历史、工业文化、工业遗存进行集中梳理并建立数据库，统一管理、保护、开发和利用。为提升工业文化博物馆知名度，可承接和举办工业设计赛事，邀请业界知名人士前来举办相关讲座，并定期举办学术沙龙和工业论坛，塑造专业口碑。

省内工业文化遗产数量众多，可对其按照不同主题分别进行综合开发。对于吉林省内散布的30多个水文类工业文化遗产，设计“洄游吉林”工业文化旅游线路；对于采矿类工业文化遗产，设计“民国印象”工业文化旅游线路；对于“一五”时期的代表性工业文化遗产，设计“创业年代”工业文化旅游线路；对于东部长白山林区的森林类工业文化遗产，设计“长白秘境”工业文化旅游线路。

“洄游吉林”。串联大安港、长春水文化生态园、丰满水电站、松花湖、红石水电站、云峰水库等供水业、港口及水利工程类工业文化遗产，整合周边优质旅游资源，以研学教育、生态观光为主题，在沿线布局A级旅游景区、特色乡村、松花江航行等多样化旅游项目，以旅游综合服务中心、营地及码头等公共服务设施支撑线性服务体系，实现多区域联动发展。

“民国印象”。串联营城煤矿、奶子山煤矿、西安煤矿、夹皮沟金矿等大型矿场，整治矿区环境，改善矿坑面貌，保留一些早期采矿作业的生活区和工作区建筑设施，还原矿区繁荣时的生产生活场景，加入动态体验方式。以文化体验、休闲度假为主题，辅助以美食购物、民族节庆、户外拓展、新奇体验等旅游产品，构建工业文化遗产旅游特色小镇体系。

“创业年代”。串联吉林油田、一汽、吉化、四平联化等建国初期建设的一批大型国有工业企业，通过博物馆、剧场等形式展示其当年艰难的建厂历程、取得的辉煌成就、为国家的生产建设做出的突出贡献。以红色旅游、研学教育为主题，挖掘永不言弃的创业精神和百折不挠的奋斗精神，建设一批红色教育基地、党员学习基地、青少年研学基地。

“长白秘境”。串联露水河林业局、敦化林业局、和龙林业局、汪清林业局等吉林森工和长白山森工的重要下属部门，依托长白山优质旅游资源和广阔旅游市场，选择生态等各方面条件较好的林区村镇，修复并连通森林铁路，以片区形式统筹开发。根据资源分布特色，结合森林康养、温泉度假等现有旅游资源，差异化打造以森林工业文化遗产旅游为主题的长白山旅游新产品。

（三）构建工业文化遗产多样化全类型旅游产品体系

依托吉林省丰富的工业文化遗产资源和历史文化、企业文化、都市风情、产业活动等特色旅游资源，坚持市场导向、品牌化、多元化、创新性、季节调节导向，优化组合旅游产品。通过对区域旅游资源的整合和对地域工业文化的挖掘，打造遗产文化体验、红色旅游、研学教育、生态度假四大品牌旅游产品，引领吉林省工业文化遗产旅游产品开发，塑造旅游市场品牌，强化吉林省在东北地区乃至全国工业文化遗产旅游中的重要地位。以城市休闲、特色小镇、文化创意、商贸购物为重点辅助旅游产品，形成层次合理、结构优化、四季可游、品牌突出的吉林省工业文化遗产旅游产品体系（见图 2）。

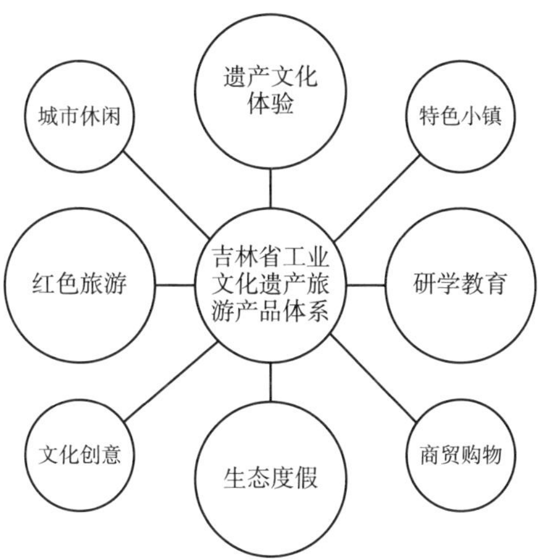

图 2　吉林省工业文化遗产旅游产品体系

遗产文化体验。深入挖掘吉林省工业文化遗产内涵，打造工业文化旅游独特品牌，争做国家工业文化遗产旅游第一省份。注重体验式旅游产品开发，把枯燥的工业文化遗迹、抽象难懂的工业原理和工艺流程转变成为体验者与历史、文化、建筑的过程接触、细节接触、环境复原接触和奇巧游戏接触，令游客通过沟通、互动、浏览和消费等获得深层次的体验。例如，那些在历史上曾繁荣一时而后衰落的村镇，有些工厂、矿坑以及生活设施保存良好的，如延边朝鲜族自治州龙井市开山屯镇，可修复车站、工厂、广场、宿舍等，重开铁路线，建设露天生

活博物馆，还原当时的生活场景，主打体验性、趣味性、科普性旅游，重现当年工业小镇的盛况，打造以工业文化遗产为主题的休闲度假旅游产品。

红色旅游。全面挖掘吉林省在中国特色工业发展时期形成的以“独立自主、自力更生”为标志，包括“两弹一星”精神、劳模精神、企业家精神、工匠精神、创新精神、诚信精神等在内的中国工业精神。以大型国有企业为主要开发对象，梳理红色资源，传承企业工业精神和工业文化，利用文、旅、游融合，创意发展，集聚发展的综合旅游运营模式推进红色工业旅游发展。注重体验式红色工业旅游产品开发，静态、动态相结合，历史、现实相结合，传统、现代相结合，教育、研学相结合，以开放式的红色教育、工业精神和工业文化传承为旅游开发重点。

研学教育。依托资源分布特点，打造不同类型的科普研学活动，主要包括工业文化遗产旅游、知名企业旅游、历史文化旅游、自然和野外活动体验等，深度开发研学旅游产品。除一汽、吉化等大型工业企业和工程类文化遗产，一些工业设施尚存且区位较好的村镇，如营城煤矿遗址所在地长春市九台区营城镇，可整合现存资源，建设研学基地，吸引周边城市游客前来参观学习，发展亲子游和周末游。

生态度假。以工业文化遗产为主题，细分为避暑休闲、温泉养生、茶禅养生以及会议度假等几方面。依靠省内的生态旅游产品品牌，带动相应地区工业文化遗产相关旅游产品的开发。例如，深居山林中的“三线厂”，区位和交通条件均较差，但生态环境良好，且厂区和生活区保存完整，由于承载着人民的历史情感和国家记忆，价值很高，可借鉴宜昌 809 军工厂的成功经验，将其重新设计改造成深山酒店和青年旅社等，增设温泉疗养、避暑养生等旅游项目，吸引当年在此生活过的人以及喜好新奇体验的年轻人等群体。

（四）打造工业文化遗产旅游品牌

打造“红色工业·记忆吉林”形象品牌，发展成为具有工业基因、工业遗产文化底蕴的国际休闲度假旅游目的地。“红色工业”是对吉林省工业文化、红色文化底蕴的传承，是对其丰富灿烂的工业文化遗产、独立自主的工业精神和积极昂扬的发展气势的高度概括。“记忆吉林”是要向游客展示吉林省旅游的核心特色与发展定位，通过打造遗产文化体验、红色旅游、研学教育、生态度假等特色旅游产品，使游客感受工业精神、体验工业文化，唤醒其工业记忆；通过宣传推广使“红色工业·记忆吉林”形象品牌成为吉林省的重要名片之一，在国内和国际打响品牌。同时，注重工业文化唯一性，创建国家工业旅游示范区；着力打造品牌旅游产品，重点培育辅助旅游产品；以省外旅游市场、入境旅游市场为重点对接目标市场，稳步扩大吉林省工业文化遗产旅游的目标市场份额。

积极开展工业文化旅游商品的研发、评价、认定和管理工作。加强与设计类高校、文创企业的合作，积极参与并定期举办各级工业文化旅游商品创意大赛，邀请专业文化旅游商品设计团队、文化旅游商品开发公司、创意机构和个人参与，并进行工业文化旅游商品等级评定与相关奖励发放，推动工业文化旅游商品文创化、市场化。

构建全方位智慧旅游服务平台。与互联网企业、通信运营商展开战略合作，搭建实时游客大数据共享平台，获取吉林省工业文化遗产旅游运行数据。与大型通信运营商合作，建设以呼叫中心、文化旅游咨询触摸屏为主的智慧旅游信息库线下终端，共建智慧旅游城区。建设吉林省工业文化遗产旅游官方网站并将其作为吉林省工业文化旅游权威门户，整合工业文化遗产旅游资源和“吃、住、行、游、购、娱”旅游六要素及旅游公共服务动态内容，实时发布信息。从体验升级、服务升级、安全升级三方面入手，出台相应标准，引导重点景区提供无线网络全覆盖、5G 通信、视频监控网络、物联设施、自动设施、机器人咨询、数字导游、AR 导览、电子支付、人脸识别、信息推送及客流预测、实时防控网等服务，实现景区智慧体验全覆盖。

（五）加强工业文化遗产宣传营销

首先，要提升吉林省工业文化遗产旅游的投资水平。通过线上及线下渠道，大力宣传吉林省优越的投资环境，顺应消费趋势，巧妙设计新闻热点事件，将景区景点开发与新闻热点密切结合，同时举办各种旅游投资洽谈活动，提升工业文化遗产旅游投资热度。通过不同的营销措施，精准对接工业文化遗产旅游、红色旅游、研学旅游、生态旅游等专项市场，重点对工业文化遗产、红色文化等资源加以营销，通过差异化营销树立差异化形象。

其次，在全国范围内加大宣传力度。宣传吉林省旅游产品、服务品质和文化，持续举办并参与各类招商会、展览会等商贸会展活动，吸引各地旅游人群了解并走近吉林省工业文化遗产；加强智慧营销，用心经营微信公众号、微博等网络平台，与线上线下旅行社合作，组织四季不断的旅游活动，保持区域旅游热度；不间断地推广地方旅游话题，进一步加深全国市场对于吉林省工业文化遗产旅游目的地、红色旅游目的地、历史文化旅游目的地、教育研学旅游目的地的印象。

最后，还需进一步延伸营销触角，走向世界。借助大型国际活动、目的地推介会等进行宣传营销，积极加入国内及国外相关旅游组织，如中国旅游协会各分会、全国工业旅游联盟、中国非物质文化遗产保护协会、国际旅游协会等，提升吉林省的知名度，吸引国际游客到访，以将吉林省打造成世界知名的工业文化遗产旅游目的地为最终目标。

（六）完善工业文化遗产旅游设施

第一，要完善旅游公共服务设施，设三级共六个旅游集散中心，共同构建吉林省工业文化遗产旅游公共服务体系。一级旅游集散中心选址长春市。长春市是全省交通、经济、社会、文化中心，交通畅达、服务齐全，将其打造为吉林省工业文化遗产旅游集散核心。长春站、长春西站和龙嘉国际机场是全省旅游集散服务体系的门户，集游客集散、商品集散、服务集散等功能于一体。配套设施包括中心大厅、售票区、停车场、公共厕所等主要功能区。二级旅游集散中心选址吉林市、通化市，这两地工业文化遗产资源丰富，旅游基础好，将发挥吉林省工业文化遗产旅游的游客集散与中转功能。三级旅游集散中心选址松原市、辽源市、延边朝鲜族自治州。

第二，提升城市景观风貌。以积极昂扬的现代工业精神和悠久丰厚的历史文化为发展核心，设计、提炼工业文化元素符号，充分挖掘地方工业文化资源优势，以“突出地方工业特色”为原则打造特色景观。首先要进行城市文化符号的设计。塑造城市地标，重点打造体现地区工业特色的历史街区、商业地段，形成地域代表性街区，制作地域新名片。其次要拓展旅游休闲空间。高标准建设市区绿地，改善城市生态环境，为市民和游客提供公共活动场所；适当增加城市广场数量，供市民和游客休闲娱乐；以生态水文化和工业文化为基础，辅以现代技术，打造滨江、滨水景观带；贴合时代风貌，打造时尚潮流文化休闲街区，规划建设涂鸦墙、社交酒吧、药膳餐厅、文创科技园等。最后要提升城市夜景效果。利用现代光电技术设置滨水灯景，规划设计滨水步道，选用具备工业文化特色的灯具加以装饰。

参考文献

吉林省工业普查办公室编著《吉林工业》，吉林人民出版社，1988。

米凤君主编《吉林工业四十年》第一卷（综合册），吉林文史出版社，1989。

吉林省政府研究室编《吉林省老工业基地调整改造研究报告》，吉林人民出版社，2003。

吉林省工业普查领导小组办公室编《吉林省第二次全国工业普查资料汇编Ⅱ基础资料篇—5》，1987。

吉林省政协文史资料委员会编《吉林工业奠基石》，吉林人民出版社，2010。

孙乃民主编《吉林通史：第三卷》，吉林人民出版社，2008。

翟志伟主编《吉林旧影》，吉林人民出版社，2005。

高严、刘继生、李德增主编《吉林工业发展史》，中国经济出版社，1992。

闫秋梦：《文创产业导向下长春市工业遗产保护利用研究》，硕士学位论文，吉林建筑大学，2020。

张剑桥：《旅游视角下的长春市工业遗产保护与利用研究》，硕士学位论文，吉林建筑大学，2018。

郑静娜：《吉林市近代工业遗产保护与利用研究（1881-1948）》，硕士学位论文，吉林建筑大学，2014。

郑士涛：《吉林市工业遗产保护与再利用研究（1949-1976）》，硕士学位论文，吉林建筑大学，2014。

何茜：《吉林省工业遗产的普查及保护与再利用研究》，硕士学位论文，吉林建筑大学，2016。

侯雪茹：《基于非遗传承的吉林省旅游文创产品设计研究》，硕士学位论文，吉林建筑大学，2020。

卢业南：《长春地区近代工业遗产保护再利用研究（1800—1949）》，硕士学位论文，吉林建筑大学，2014。

刘伯英、李匡：《北京工业遗产评价办法初探》，《建筑学报》2008年第12期。

吴传文等：《成渝地区军工遗产群的形成历史、物质文化与非物质文化——以近代兵器工业为案例研究》，《西南科技大学学报》（哲学社会科学版）2021年第2期。

张希月等：《非物质文化遗产资源旅游开发价值评价体系与应用——以苏州市为例》，《地理科学进展》2016 年第 8 期。

高飞、邵龙：《遗产线路视野下的中东铁路工业遗产价值评价与分级——以成高子—横道河子段为例》，《中国园林》2018 年第 2 期。

高飞：《遗产廊道视野下的中东铁路工业遗产价值评价研究》，博士学位论文，哈尔滨工业大学，2018。

王荣成、周丽君、马延吉编著《吉林省旅游资源分析与评价》，中国旅游出版社，2011。

王华华：《中国工业精神之本源、本质及表现》，《南京理工大学学报》（社会科学版）2020 年第 3 期。

G.6

乡村振兴战略下吉林省非物质文化遗产旅游开发研究*

杨絮飞**

摘　要： 乡村振兴战略的目的在于推动乡村的发展，旅游业是乡村经济的重要组成部分，实现乡村振兴必须要发展乡村旅游业，而乡村旅游业的发展也是国家提出的乡村振兴战略的重要内容，它为农产品提供了广阔的销售渠道，同时为乡村农民创造了更多的就业机会。非物质文化遗产旅游是乡村旅游业的一大特色，是乡村地区经济发展的重要资源，可以为乡村旅游目的地提供市场需求并创造一定的经济价值。本报告对吉林省非物质文化遗产旅游的发展现状进行了分析，探讨了吉林省在开发非物质文化遗产旅游中存在的问题和面对的挑战，并针对问题和挑战提出了吉林省非物质文化遗产旅游开发的路径和未来建设的重点方向。吉林省首先应当明确非物质文化遗产旅游发展的主题定位，促进非物质文化遗产与乡村旅游有机融合，发展“非遗+休闲观光”“非遗+参与体验”“非遗+健康疗养”等项目，开发具有乡村特色的非遗产品，同时培育适合“非遗+旅游”的人才。

关键词： 乡村振兴战略　非物质文化遗产　旅游开发　吉林省

---

* 本报告为国家社科基金项目“市场视角下东北地区少数民族非物质文化遗产保护机制创新研究”（项目编号：19BMZ115）的阶段性成果。

** 杨絮飞，吉林大学商学与管理学院教授，主要研究方向为旅游经济、乡村旅游、研学旅游。

一　吉林省非物质文化遗产资源的分类及评价

（一）吉林省非物质文化遗产资源分类

在国家级非物质文化遗产代表性项目名录中，有曲艺、民俗、传统医药等10个主类。吉林省非物质文化遗产项目数量较多、种类丰富，是吉林省旅游资源开发中的重要组成部分。在联合国教科文组织公布的人类非物质文化遗产代表作名录中，吉林省有391处省级非物质文化遗产保护单位被列入，中国朝鲜族农乐舞入选非物质文化遗产。众所周知，我国最大的朝鲜族聚居地位于吉林省东部的延边朝鲜族自治州，那里有特色鲜明的民俗风情及优势突出的非物质文化遗产旅游资源。现根据吉林省内非物质文化遗产的现状进行统计，按照我国非物质文化遗产申报名录将吉林省非物质文化遗产旅游资源的分类与分布区域进行整理（见表1）。

表1　吉林省非物质文化遗产旅游资源的分类与分布区域

单位：个

分类	国家级非物质文化遗产数量	非物质文化遗产旅游资源代表项目	分布区域
民间文学	2	满族说部、陶克陶胡	吉林市、松原市前郭县
传统舞蹈	6	乌拉满族秧歌、朝鲜族长鼓舞、博舞、鹤舞、鼓舞、农乐舞	松原市前郭县、延边朝鲜族自治州图们市
传统音乐	10	蒙古族马头琴音乐、蒙古族四胡音乐、朝鲜族洞箫音乐等	松原市前郭县、延边朝鲜族自治州
传统戏剧	3	黄龙戏、吉剧、满族新城戏	农安县、延边朝鲜族自治州
曲艺	6	东北大鼓、盘索里、东北二人转	长春市、磐石市
传统体育、游艺与杂技	4	朝鲜族跳板和秋千、朝鲜族摔跤、满族珍珠球、朝鲜族尤茨	吉林市、延边朝鲜族自治州、松原市前郭县
传统技艺	6	朝鲜族泡菜制作技艺等	长春市、吉林市、通化市、松原市前郭县、延边朝鲜族自治州图们市
传统美术	2	剪纸（长白山满族剪纸）、刺绣（长白山满族枕头顶刺绣）	白城市通榆县、吉林市
民俗	12	蒙古族春节（查干萨日）、庙会（北山庙会）等	松原市前郭县、吉林市、延边朝鲜族自治州
传统医药	3	人参炮制技艺、平氏浸膏制作技艺	吉林市、九台区

资料来源：根据网上资料整理。

（二）吉林省非物质文化遗产旅游资源综合评价

第一，在国家级非物质文化遗产中，数量排名前三的分别为民俗，传统音乐，传统舞蹈、曲艺和传统技艺（均为6个）；在所有省级及以上非物质文化遗产中，排名前三的分别为传统技艺、传统美术和民俗。综合来看，吉林省在民俗类非物质文化遗产和传统技艺方面，具备丰富且高品质的旅游资源，应当在全国范围内重点宣传这些资源，并开发类型丰富的旅游产品。同时，在传统戏剧、民间文学等方面，吉林省的非物质文化遗产较少，而这些非物质文化遗产主要分布在乡村，所以需要对非物质文化遗产进行探索与开发，并且应当在乡村中探寻其他资源，从而补齐短板。

第二，非物质文化遗产旅游资源空间分布的范围较大，以“西北—东南”为分界线，上方城市（松原、长春、吉林、延边朝鲜族自治州）的省级及以上非物质文化遗产旅游资源较多，而下方城市（白城、四平、辽源、白山）的省级及以上非物质文化遗产旅游资源较少。单靠本地的非物质文化遗产旅游资源和财政支持，难以实现下方城市非物质文化遗产旅游的发展，所以下方城市与临近区域非物质文化遗产旅游资源丰富的城市进行了非物质文化遗产旅游项目的整合，形成了三大非物质文化遗产旅游圈，即“延边朝鲜族自治州—通化—白山”“长春—吉林—四平—辽源”“松原—白城”，增加不同特色的景点，拓展消费空间，有利于延伸旅游产业经济链。

二　吉林省非物质文化遗产旅游开发现状

（一）吉林省非物质文化遗产旅游资源的发展

吉林省是满族文化的发祥地和传承地，在非物质文化遗产方面具有悠久的历史和清晰的传承脉络，非物质文化遗产是在人类历史的长河中自然生成又不断发展而留存到现代的文化财富，是对吉林省不同历史时期的社会生产生活及民俗民风的映射。

吉林省内可供深度挖掘的、具有民族特色的非物质文化遗产旅游资源丰富、地域特色鲜明、种类齐全。独特的地理位置使得吉林省的非物质文化遗产带有鲜明的以朝鲜族、满族、蒙古族、回族为主的民族特色，其中拥有世界级非物质文化遗产 1 项——朝鲜族农乐舞（象帽舞），还拥有朝鲜族洞萧音乐、满族说部、蒙古族马头琴音乐，以及契丹（辽）、女真（金）等民族的黄龙戏等国家级非物质文化遗产，这些非物质文化遗产都有着鲜明的民族特色及地域特征，是吉林省旅游资源独特的优势所在，为吉林省其他非物质文化遗产旅游项目的开发奠定了一定的基础，而且这些非物质文化遗产旅游项目已经成为传承中华民族优秀传统文化的重要载体。吉林省在非物质文化遗产旅游资源的传承和保护方面也取得了显著的成果，现已建立非物质文化遗产旅游代表性项目名录和代表性传承人体系。截至 2021 年 6 月，吉林省拥有国家级非物质文化遗产旅游代表性传承人 22 位、省级非物质文化遗产旅游代表性传承人 330 位。吉林省非物质文化遗产旅游资源的地域和民族特色鲜明、观赏性强、休闲娱乐特质显著，并且众多非物质文化遗产旅游项目所在地区自然资源丰富、风景秀丽，游客不仅能够在体验欣赏的过程中获得美妙的视觉享受和心理满足，还能够通过游玩当地的自然风光获得身体和精神的放松。

（二）吉林省非物质文化遗产旅游市场的发展

吉林省政府高度重视旅游业的发展，依托得天独厚的自然资源、悠久的历史文化、丰富的民俗文化，全力推进生态旅游、乡村旅游与文化旅游进行融合。吉林省文化和旅游厅举办的“非遗过大年”云展播将 35 个具有民族和地域特色的、与日常生活联系紧密的、主要使用手工制作的传统工艺、传统美术项目在线上集中展示，全省举办线下线上非遗民俗活动接近 350 场次，参与人数 1000 余万人次。吉林省还举办了一系列非遗文化节日和活动，如在全国文化和自然遗产日期间开展非遗宣传展示系列活动、鼎丰真糕点制作技艺传承体验活动，吉林省公主岭市举办非物质文化遗产项目展。2021 年，吉林市举办了全国文化和自然遗产日非物质文化遗产专场文艺晚会。吉林省多地开展“非遗过大年　文化进万家”系列活动。2021 中国（延吉）朝鲜族端午民俗文化旅游节于 2021 年 6 月 12~14 日在中国朝鲜族民俗园举行，活动期间举办了丰富多彩的民俗文化旅游节庆活动，其中包括延吉大众舞、朝鲜族洞箫、朝鲜族摔跤等比赛类活动，朝鲜族传统服饰、朝鲜族民族乐器、跳板、秋千等体验类活动，朝鲜族民俗文艺演出、朝鲜族美食展等活动，吸引了大批游客前来欣赏和体验经典的朝鲜族民俗文化风情。非物质文化遗产旅游市场的发展与壮大，有利于中华优秀传统文化的传承和发展；有利于文化资源的丰富、文化生态的涵养、文化自信的增强；有利于激发村落和传统街区的活力，增加城乡居民就业机会，从而提高其收入水平；有利于手工劳动创造力的发挥，为手工劳动创造更多的价值，在全社会范围内培育出更多精益求精的、具有工匠精神的手工劳动者。

三　吉林省非物质文化遗产旅游开发中面对的挑战

吉林省非物质文化遗产旅游在快速发展，但也存在一些问题，需要引起重视并尽快解决。

首先，吉林省非物质文化遗产旅游项目以观赏类的节目为主，游客仅对非遗文化的活态展示进行参观，缺乏能带给游客沉浸式体验的参与性项目，难以满足游客的需求。吉林省可以在非物质文化遗产旅游资源的开发中，运用 AR/VR、4D 等高新技术来增强游客对于传统舞蹈、传统戏剧、传统技艺的视觉、听觉、触觉等多重体验，游客可以身临其境地感受非物质文化遗产的魅力，增强游玩的趣味性。

其次，由于非物质文化遗产“无形化”的独特性质，需要将其通过商品的形式表现出来。作为农业强省，吉林省在非遗类农业产品上占有优势，然而在手工业方面，产品虽多但是形式单一，产品开发的深度和广度不够，缺少创新，需要深入挖掘非物质文化遗产价值，开发多元化的新奇产品。非物质文化遗产旅游产品附加值低，现阶段吉林省非物质文化遗产必须与文化创意产业进一步融合，如将传统舞蹈、传统戏剧、雕刻装饰、彩绘等非遗文化与动漫影视等文化创意产业相结合，制作一系列动漫影视衍生品，从中提取具有吉林特色的文化符号，打造具有吉林特色的文化旅游品牌，提升吉林省对外的文化形象，加强吉林省非遗文化的传承及繁荣发展，扩大非物质文化遗产旅游项目的规模，提高经济效益。把手工艺类非物质文化遗产商业化、非物质文化遗产舞台化对非物质文化遗产的保护非常不利。

最后，吉林省乡村旅游经济的发展离不开省内非物质文化遗产旅游资源的开发和利用，在非物质文化遗产与乡村旅游融合的过程中，吉林省一些乡村道路、网络及采暖等基础设施的不完善仍然制约着非物质文化遗产旅游经济的发展。同时，游客对吉林省非物质文化遗产的认知不足，只听说过名称而不了解其内涵，未来仍需进一步完善非物质文化遗产旅游项目的宣传推广体系，拓宽非遗文化的传播渠道，尤其要加强对线上信息的传播，否则会造成旅游项目和游客间的信息不对称，许多在乡镇的非物质文化遗产旅游项目会由于缺少宣传而难以形成广泛的客源市场。

四　乡村振兴战略下吉林省非物质文化遗产旅游开发策略

在非物质文化遗产助力乡村振兴的过程中，一方面应重视乡村的传统文化，通过宣传、教育的方式形成本地群众对当地传统文化的认知；另一方面要将非物质文化遗产作为一种媒介，传递本地区的精神文化。文化建设和产业发展应同步进行，首先明确非物质文化遗产的文化属性，在与不同产业的结合中，各有侧重地进行打造，在发展产业、产生经济价值的同时，将非物质文化遗产加以利用，充分发挥其文化价值、历史价值。有学者指出，非物质文化遗产旅游资源的开发对促进非遗文化的活态传承和非物质文化遗产旅游的可持续发展具有重要意义。在国家提出乡村振兴战略的背景下，应该充分调动农民的积极性，因为农民才是乡村经济发展的主力军，那些只从片面考虑乡村旅游发展的想法是行不通的，要充分提高农民的幸福指数，让农民心里有期待。应当全面规划好乡村的文化建设、设施建设、经济建设等，要注重城市与乡村之间的协同和配合，从而推进乡村整体规划的完善。

吉林省应当充分利用国家乡村振兴战略的政策优势，开发非物质文化遗产旅游资源，提高旅游项目开发的效能，保证旅游经济的不断繁荣，实现非物质文化遗产旅游的可持续发展，提高吉林省乡村农民的经济收入水平，使他们能够长期受益，赋能乡村振兴。乡村振兴战略下吉林省非物质文化遗产旅游开发策略如图 1 所示。

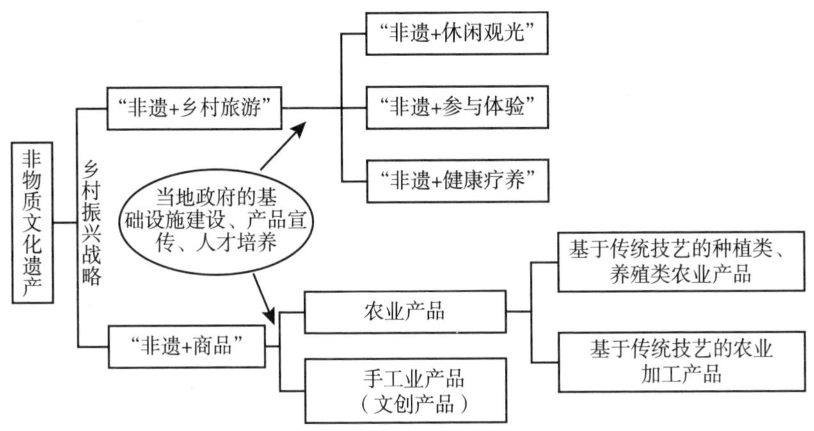

图1　乡村振兴战略下吉林省非物质文化遗产旅游开发策略

（一）明确非物质文化遗产旅游发展的主题定位

通过对吉林省非物质文化遗产旅游资源的分析，可以发现朝鲜族、蒙古族以及满族等少数民族文化在吉林省非物质文化遗产旅游项目中占有绝对的优势，其中朝鲜族和蒙古族有较多的国家级非物质文化遗产，是诸多旅游资源中最具地方特色的优质资源，所以在乡村振兴的背景下，把非物质文化遗产与乡村旅游资源有效融合，打造少数民族特色品牌，有效开发和利用朝鲜族、蒙古族和满族等少数民族具有民族特色的非物质文化遗产旅游资源应该始终成为乡村经济发展的主基调。致力打造精品乡村旅游目的地，构建以农业为主、其他行业为辅的产业框架，集聚休闲观光、参与体验、健康疗养等功能，实现协同效应，以确保当地村民旅游收入的不断增加，从而使乡村旅游经济可持续发展得以实现。

首先，乡村需要依托和整合当地资源，秉持静态保护、活态传承、产业开发、可持续发展的理念，打造互动体验式非物质文化遗产特色旅游项目，开展文化活动，营造文化氛围，提升游客的感官体验。具有“活”的非物质文化遗产内涵是传统乡村最大的魅力所在，它体现了人与自然和谐相处的文化本质。传统乡村要选择适合自己的文化传承模式来建设和发展。传统乡村的保护与更新应立足“文化振兴”，深入挖掘不同的乡村文化，如以农耕文化为基础的家庭规章制度、村规民约等优秀的思想观念、人文精神、道德规范等。村民应积极参与传统文化的挖掘和传承，既要保护传统乡村的内在魅力，又要将传统乡村特色文化发展为区域文化产业，充分带动传统乡村经济的增长，这不仅促进了传统文化的推广，也提高了村民的收入，还使传统乡村更加繁荣。传统乡村的公共空间不仅是村民日常活动和交流的主要场所，也是传承和展示地域文化的重要载体。

其次，整合自然景观资源和非物质文化遗产旅游资源，利用各地区的地缘优势精心设计旅游线路，因势利导，加强自然旅游景区和周边乡村非遗类商品的联合营销。例如，可以在游客前往长白山旅游景区观光的同时，加强对周边非物质文化遗产旅游项目的推介，使游客参与长白山采参等活动，以自然风景观光带动周边地区非物质文化遗产旅游项目的体验，实现游客导流，推动旅游经济发展。

最后，非物质文化遗产与旅游相结合的目的不仅在于增强游客的旅游体验，更重要的是要开发和生产与非物质文化遗产相关的文创产品、农业产品、保健产品等。这些产品的商业化与非物质文化遗产的传承与发展密切相关。实现这些产品的开发与生产，需要把传统技艺、传统美术、传统医药等类型的非物质文化遗产（元素）与工业产业融合发展，推动“非遗产业化”，以扩大生产规模，促进非物质文化遗产的生产性保护，并在省内建立一些非物质文化遗产生产性保护示范基地。在现代生活中，仍然可以通过工业生产对传统工艺、传统美术等物质载体的经营，使物质载体商品化，供游客观赏、体验，让游客亲身参与制作、学习遗产的传承历史及文化，能够有效起到旅游和工业产业互相扶持的良性互动作用。

（二）促进非物质文化遗产和乡村旅游有机融合

开发旅游产品要挖掘深厚的生态文化内涵中蕴藏的重要资源并使其得到有效运用。吉林省东部拥有众多天然山地和森林资源，中部有松花江、查干湖等水资源，西部有沙漠景观，自然资源开发优势明显。随着人们消费水平的不断提高和视野的不断开阔，乡村旅游项目已不再局限于传统的以乡村自然景观为主的观光旅游，更多游客选择依托乡村的独特人文、历史资源而形成的民俗文化游。目前，很多乡村旅游项目千篇一律，这让游客失去了兴趣，他们常常把具有文化内涵的乡村旅游项目作为旅游攻略。吉林省应当充分发挥乡村的优势，将非物质文化遗产旅游资源和自然旅游资源进行协调配套，将非遗文化与自然观光、休闲娱乐、康养度假等一系列乡村旅游种类相结合，两者的融合将使游客真正体验非物质文化遗产旅游资源的文化价值。应根据非物质文化遗产的文化主题及物质载体形态，走产业融合发展的道路。将乡村特色文化发展为地域文化产业。吉林省有独特的民间艺术和传统艺人，这是吉林省打造乡村文化创意旅游的重要切入点，可以作为乡村旅游的特色。应建立适合互联网背景的乡村旅游发展新模式，如农产品采摘、工艺加工、产品体验等，对吉林省农业旅游、休闲、体验、度假等功能进行深度挖掘。

1. “非遗+休闲观光”

在众多非物质文化遗产中，许多民间文学都发生于特定地点，如黄龟渊故事里的传说等。其建设与发展应依托本土化的自然环境和建筑景观，在保护与修复的过程中，尽量以其基本的自然特征和人文特征为背景，同时注重自然肌理的保护，使历史文化、地方特色与自然环境融为一体。拥有非遗文化的乡村旅游目的地可以在建设自然景区风光的同时，设立民俗文化村、农业文化区、村落民居等，向游客展示当地非遗民俗文化、民族文化及民族风情。自然景区是传承非遗文化的重要载体，游客既能欣赏当地的自然风光，也能够欣赏民间音乐、民间戏曲等文化演出，两者的融合更具特色，民间音乐、民间文学、民间美术、传统戏剧、曲艺与杂技等观赏类项目适合这类旅游开发。

2. “非遗+参与体验”

参与体验游是以体验乡村生活、观摩农业生产过程和学习农产品制作等为主要形式的旅游活动，它不同于观光旅游。对于乡村的参体验游来说，游客在体验过程、参观过程中，可以根据自身的喜好，同当地村民一起参与和非物质文化遗产相关的乡村游戏和乡村娱乐活动、参与当地乡村生活等，借以体验乡村生活或农业产品制作的过程与乐趣，这类非物质文化遗产旅游资源主要包括民俗、传统手工技艺、民间舞蹈、传统竞技等，如“雕刻剪纸”“蒸馏酒传统酿造”“朝鲜族泡菜制作技艺”“朝鲜族石锅制作和稻草编织”等。

3.“非遗+健康疗养”

城镇居民由于工作压力和快节奏生活，存在亚健康状况，乡村已经成为这类群体定期进行身心放松、调理身体的首选之地。在长白山旁边有无数风景优美的自然保护区，从郁郁葱葱的树木到晶莹剔透的水潭，这些保护区是逃离城市、拥抱自然之美的理想之地。游客在选择旅游目的地时，关注的焦点除了林海叠翠、空气清新的森林生态系统外，还比较关注旅游目的地在健康疗养方面的特色内容。乡村不仅要利用好当地的森林、湖泊等生态资源建设一批康养旅游基地，同时要利用好当地一些特色的健康疗养类非物质文化遗产，有针对性地强化其产品的功能，开发包括森林浴、登山游、徒步运动、按摩理疗等在内的综合性健康疗养类乡村旅游项目。与这类旅游项目相关的非物质文化遗产以传统医药、传统体育为主，如“中医传统制剂”“中药炮制技艺”“传统武术”等，这些非物质文化遗产可以和旅游目的地展开合作。深度挖掘旅游资源和中医药特色养生保健资源，并将二者进行整合，打造一批以中医药健康和养生宜居为主题的特色乡村，并在乡村中开展医药、养老和康养旅游等多样化健康服务，以致力于吉林省旅游产业和中医药事业融合发展。以深化产业融合为主线，大力激发市场活力，充分发挥吉林省文旅产业和中医药资源优势，逐步形成有吉林特色的中医药健康旅游发展新理念、新模式，构建吉林省中医药健康旅游产业体系，推动“文旅康养”与中医药、旅居养老等项目融合发展，开发中医药健康旅游精品线路，打造吉林省中医药健康旅游品牌，继续加强与中医药部门的沟通和配合，共同做好传统医药类非物质文化遗产的保护传承工作，使中华优秀传统文化得以发扬光大，不断提高广大人民群众的健康水平。通过国家和省级非物质文化遗产专项资金，使传统医药项目在研究、培训及数据库建设等方面的水平得到有效提升。

（三）开发具有乡村特色的非遗产品，促进非物质文化遗产有形传播

非遗产品的设计与开发对于提升旅游品牌形象、促进非物质文化遗产有形传播具有重要作用。乡村振兴战略强调了乡村是经济发展的根本，作为农业大省，吉林必须重点发挥农业优势，基于多种非物质文化遗产旅游项目开发和生产有特色和产品力的非遗产品（乡村特产）。在乡村振兴战略背景下，吉林省应重点关注传统手工技艺类的非物质文化遗产，主要包括以农业种植产物为原

料的加工产品。直接种植的产物主要包括新开河人参、火山岩水稻等。以农业种植产物为原料的加工产品包括朝鲜族冷面、白肉血肠、蒙古族荞面食品、朝鲜族大酱等。与非物质文化遗产相关的产品开发离不开农业基础，吉林省需要构建现代化的农业产业体系以及生产经营体系，扩大非物质文化遗产相关产品的生产规模。比如，可以在非遗目的地建设农业科技生态园、农业观光园、农产品展览馆、农业产品科技示范基地等，使游客通过参观来了解相关的农业历史、非遗历史，学习农作物的培育种植技术和知识，让游客更加直观地感受通过传统手法技艺制作的产品的魅力，进一步促进产品购买，提升村民收入，为乡村的发展提供源源不断的内生动力。乡村旅游项目产品的竞争价格是基本手段，即价格是竞争的第一层次；质量是竞争的第二层次，是乡村旅游项目产品脱颖而出的重点；文化是竞争的第三层次，特别是在互联网时代，产品同质化严重，优秀的文化可以直接决定乡村旅游项目产品的优势，所以文化也是产品竞争的最高层次。要想在竞争中获得优势地位，就必须在产品中融入当地的特色文化元素并深度提取传统文化元素中的精华，用传统文化引领时尚，充分展示乡村独特的文化魅力和悠久的历史文化底蕴。

传统的连接游客的方式是通过旅行社中介和个体农户与游客进行沟通和交流，这种传统的方式使游客的需求得不到及时满足，也难以保证旅游服务质量，且传统的营销模式是通过旅行社中介和个体农户来寻找潜在的游客，耗费了大量的人力、物力和财力。利用互联网技术对游客数据进行处理，可以建立审核机制和服务质量监控体系。这样可以让游客直观地感受旅游产品和服务的质量，给顾客更好的旅游体验感。“互联网+”为各个行业提供了新的发展机遇，同样为乡村旅游带来了生机。“互联网+乡村旅游”是一种全新的营销模式，它促进了乡村旅游业的发展。在新模式下，通过数据收集和传播，可以有效、及时地反馈游客的需求和建议，提高服务质量，赢得顾客的青睐。

（四）政府加强对乡村非物质文化资源的建设与宣传

在国家提出的乡村振兴战略背景下，为了补齐乡村发展“非遗+旅游”的短板、促进乡村振兴、更好实现吉林省非物质文化遗产旅游经济的发展，政府需要在以下几方面提供有效的支撑和保障。

首先，在发展“非遗+旅游”项目时，政府对基础设施和主要设备的投资应当优先满足乡村建设的需要，鼓励乡村建设旅游基础设施、公共服务设施、核心旅游设施。提升乡村旅游区道路通行能力可以更合理地规划路线，加强旅游服务设施的建设能够改善电力、卫生、网络通信等条件，充分串联区域内的乡村旅游资源，同时解决与“非遗+旅游”配套的餐饮、休闲、娱乐等基础设施的问题，完善住宿条件，丰富休闲、餐饮、娱乐、购物等项目，使游客多样化的需求得以满足，提高游客满意度，进而推动吉林省“非遗+旅游”的可持续发展。政府积极引进企业参与传统乡村的保护和开发，制定实施相关政策为省内非物质文化遗产旅游的发展提供便利，给予“非遗+旅游”的乡村企业税收优惠，积极引入各级财政资金，加大乡村旅游公共服务投入力度，乡村能够通过申请旅游发展基金、助农基金等进行“非遗+旅游”创业。各类机构包括商业机构都应当参与协作、共同努力，为非遗文化的传承发展搭建有效的社会化平台，使得非遗文化拥有生根发芽、茁壮长大的土壤，这也是非遗文化在当代需要承载及转化的重要命脉。

其次，旅游业的发展会给旅游目的地带来交通拥堵、噪声和自然环境污染等一系列影响，随着游客数量的增加，旅游目的地的空间也会受到挤压，尤其对于乡村来说，这些问题会降低村民的生活质量。在对非物质文化遗产旅游的开发过程中，应当注重非物质文化遗产的真实性、完整性和可继承性，有学者认为“保护”的本质是强调和强化遗产固有的生命价值，提升遗产的可持续发展能力。管理者应在体现文化真实性的基础上，寻求开发与保护的平衡，强化非物质文化遗产与居民生活的共生关系，推动传统文化向现代生活的转化，促进非物质文化遗产的可持续发展。在空间尺度上，要对乡村空间、街道空间、自然环境空间的布局进行整体规划、重点保护、合理修复和特征控制。避免在发展过程中造成空间肌理的缺失和对乡村的破坏，应让原有的生态与人文进行完美融合。文化元素和自然元素会影响传统乡村的建设与保护，根据历史文化元素丰富程度、农村经济发展程度、农村产业发展程度等因素，可以将传统乡村划分为不同类型。保护原生态遗产就是保持乡村的原生态、自然风貌以及建筑的乡土气息，传统乡村的自然环境、整体建筑格局、各种历史文化元素都应当得到合理的继承和保护，还应修复传统风格建筑，还原地块整体生态面貌，充分展示原有的生态生活生产方式。乡村振兴应聚焦“文化”之美，保护乡村固有的文化精神，改善乡村外部环境，这也是传统村落保护与更新的重要途径，文化产业与旅游业的融合应该坚持绿色环保的可持续发展道路。

最后，宣传是信息传递的桥梁。众所周知，任何产品的推出都离不开宣传。非物质文化遗产旅游资源的开发同样与宣传密切相关。笔者认为，在这方面政府的力度至关重要。政府应对省内的非物质文化遗产进行专业的收集整理和后期的宣传制作，聘请专业团队对非物质文化遗产（特别是国家级非物质文化遗产）制作专题纪录片、宣传片以及具有明显特征的文案等宣传资料，尤其需要在明确客源市场的前提下进行有针对性的展示，提高非物质文化遗产的吸引力，宣传渠道的畅通能够有效推动“非遗+旅游”的后续发展。乡村旅游经营者对信息的态度不同，获取信息的渠道也不同，难以统一地建立共享的信息平台，政府需要帮助乡村搭建信息平台，这样有利于乡村非物质文化遗产和旅游景点的宣传。结合政府官方旅游网站，利用互联网创建乡村旅游主题，提供品牌体验，传播服务，吸引游客，通过互联网发布旅游信息，策划旅游节庆和主题活动，整合旅游资源，传播旅游文化，加大宣传力度。通过政府引导行业应用，乡村旅游企业可以开发自己的平台，通过旅游信息、线路、特色服务等相关介绍吸引游客，方便游客出行。微信、微博等自媒体在社会上的普及拉近了城乡关系，让更多的城市人了解乡村。利用大数据、云计算、自媒体等互联网技术与吉林省乡村地方服务站点、咨询中心等内容相结合，实现吉林省乡村“互联网旅游”，为消费者提供更便捷的旅游信息服务，丰富乡村旅游方面的内容，让消费者及时获取旅游信息、救援、商务等方面的服务，根据自身需要及时安排和调整计划。

大多数旅游网站都是介绍知名景点且介绍的内容比较简单，对乡村旅游景点没有统一的介绍，不能为游客提供全面的服务信息，不能满足顾客日益增长的需求。微信、微博等自媒体在社会上的流行，使每个人都可以成为宣传者，乡村旅游企业通过对自身产品质量的保证，将质量好、满足市场需求的产品推向网络。这些产品在游客中积累了一定的口碑，然后通过互联网在人群中进行宣传，形成良性的互动推广效果，积累了忠实的客户群体。乡村旅游新模式利用互联网、云计算和大数据分析消费者浏览网页产生的流量，精准发现潜在的旅游群体。这种方法快速准确，节省了大量资源。吉林省非物质文化遗产旅游的开发需要与时俱进，坚持以朝鲜族、满族、蒙古族的民俗文化为优势项目整合旅游资源，以文化活动展演为亮点，采用多种形式推广宣传。

从宣传的渠道来说，分为线下渠道和线上渠道，线下渠道主要包括：举办以民族节事为核心的大型节事活动，整合省内民俗、传统歌舞、传统音乐和传统体育竞技等不同类别的非物质文化遗产旅游资源，精心策划如“吉林非遗节”等具有吉林地区文化特色的大型节事活动和展演，通过节会庆典和实景演出将民族歌舞、口弦技艺、少数民族的生活习俗和礼仪等非遗元素全方位、多样化地呈现；在各地的文化博览会进行展示交流；在车站、市区主干道、国道等客流密集区域设置传统的平面媒体广告、宣传图片及荧幕。线上渠道主要包括：利用“互联网+”进行非物质文化遗产旅游的有效宣传与传播推广，制作非物质文化遗产旅游公众号，吸引更广泛的年轻游客群体；推出非物质文化遗产旅游品牌形象代言人；与携程网、去哪儿网等国内大型旅游网站进行合作，介绍旅游目的地的信息，给予优惠价格，推广本省非物质文化遗产旅游资源和项目；利用微博、小红书以及抖音短视频等平台，通过视频直播来分享非物质文化遗产旅游过程，通过营销推文发布旅游活动的相关信息，利用短视频平台进行“直播带货”，将非物质文化遗产旅游产品进行展示与销售，实现经济和文化的共同发展。

（五）乡村振兴战略下“非遗+旅游”的人力资源保障

在乡村振兴战略背景下，非物质文化遗产旅游的开发需要以农业资源和民俗特色为依托，所以非物质文化遗产旅游的发展需要依靠了解乡村、了解非物质文化遗产、具备综合能力和职业素养的管理人员和从业人员。然而，吉林省大部分乡村旅游景点的经营人员以当地的村民为主，缺乏商业经营和商业运作的相关专业知识和经验，而且经营方式多为非企业性质，无论是在运营的规范化还是经营理念方面都存在不足，导致项目执行力较低。在乡村振兴过程中，应画定乡村建设历史文化保护线，重塑乡村文化生态；在非物质文化遗产方面，应积极培育传承人，吸引文化人才，保障传统乡村文化的生存和发展。

为提高吉林省非物质文化遗产旅游产品及服务的质量，需要创新旅游人才的培养制度，将旅游政策法规、职业道德、礼仪知识、卫生安全、环保与质量标准等纳入培训范畴，制定与非遗知识相关的旅游教育和培训计划，如参加非遗传承人的讲座、指导和实践实习，并将当地的村民纳入培训体系。增强与旅游类、农学类高校的合作，补齐旅游人才短板，充分利用省内高校的资源优势，鼓励旅游专业及其他与旅游专业相关的毕业生或者有意愿的毕业生进驻“非遗+旅游”目的地进行帮扶，使其毕业后能够直接参与“非遗+旅游”的项目开发，为“非遗+旅游”的发展助力。乡村旅游行业对高校毕业生和相关行业人才的吸引力较低，政府应当对此制定合理有效的政策，如发放乡村旅游从业补助、提供更加丰厚的待遇和机会，吸引省外有经验的专业人才加入，根据当地旅游发展阶段柔性储备人力资源。一些村民对本地的资源优势和民俗特色比较熟悉，有的还以此为生，在很多方面能够为专业管理者的决策提供宝贵的指导建议，因此未来吉林省“非遗+旅游”的发展需要专业的经营管理人才与当地村民的协作，应利用好当地村民的生产技能，以互帮互助的形式切实提高“非遗+旅游”产品及服务的质量。

参考文献

欧阳红等：《国内非物质文化遗产旅游研究进展述评》，《地理与地理信息科学》2021 年第 5 期。

庞亚婷：《基于 SWOT 分析的国际合作对乡村非物质文化遗产旅游的影响研究》，《农业经济》2020 年第 12 期。

戴俊骋、李露：《非物质文化遗产旅游和地方建构》，《旅游学刊》2019 年第 5 期。

郝金连等：《辽宁省非物质文化遗产旅游资源分布特征及利用》，《世界地理研究》2018 年第 1 期。

宋莉、黄志斌：《我国非物质文化遗产旅游研究回顾与展望（2011～2015）》，《北方民族大学学报》（哲学社会科学版）2016 年第 5 期。

旅 游 篇

Tourism Reports

G.7

数字经济背景下吉林省旅游业创新发展研究

姜春源　田　虹*

摘　要： 将数字技术应用于旅游业、发展数字旅游不仅能够加强吉林省基础设施的建设，改善旅游目的地民众的生活质量，还可以通过旅游产品的生产和销售带来大量收入，对经济发展具有显著的促进作用。本报告着重阐述了数字经济的基础及其在旅游业中的主要特点，讨论了在数字经济背景下引入数字和通信技术给旅游业带来的变化和机遇，包括旅游产品和服务的数字化、旅游信息传递的方式以及旅游目的地的数字化营销，同时游客对旅游产品和服务的需求越来越偏向定制化和个性化。数字经济时代的吉林省旅游业面临诸多挑战，主要包括数字技术与旅游业的融合应用、旅游服务的智能化以及软硬件配套建设等方面。吉林省旅游业数字化转型的发展路径主要是加强智慧旅游建设，创建旅游集约化管理平台，推动信息资源的共

* 姜春源，吉林大学商学与管理学院企业管理专业博士研究生，主要研究方向为旅游管理、战略管理；田虹，吉林大学商学与管理学院教授，主要研究方向为战略管理。

享，同时辅以政策支持、网络安全监管以及高校旅游从业人员的培养，实现吉林省数字旅游的健康及可持续发展。

关键词： 数字经济 旅游业 创新发展 吉林省

一 数字经济给旅游业带来的变化和机遇

（一）数字技术在商业领域的广泛应用

经济和社会的“数字化”通常被理解为通过大量引入数字技术来搜索、创造、处理、交换和传输信息，从而在社会经济领域实现转型。数字经济是发生在互联网上的所有经济交易的统称，是一个描述数字技术对生产和消费模式影响的术语，也被称为网络经济或互联网经济，这包括商品和服务如何营销、交易和支付。数字经济以数字和计算技术为基础，人与人、企业、设备、数据和流程之间通过每天数亿次的在线连接产生经济活动，数字经济的技术支柱是超链接，这意味着通过互联网、移动技术和物联网形成的人、组织和机器之间日益互联。数字经济的一个重要特征就是第三次工业革命向第四次工业革命的转型，随着第四次工业革命中人工智能、大数据、机器人、互联网、3D 打印、物联网、增强现实和虚拟现实、云计算、区块链等创新技术的广泛应用，数字技术得到了发展。数字经济在商业领域的应用会给市场带来许多变化，首先是数字技术允许企业以更高效、更经济的方式开展业务，并在之前商业模式的基础上开启了新的可能性，这意味着产品和服务可以提供给更多的消费者；其次是数字技术的产生消除了传统市场的交易成本，建立了全新的市场结构，促进了数字平台的崛起和发展，数字平台使市场参与者在网络中联系在一起，并以新的方式使陌生人之间产生信任；最后是在数字经济下会产生海量数据来推动消费的产生，当顾客在实体店用现金购物时，其个人消费或金融交易不会被大规模地记录，而在网上订购和电子支付意味着消费或金融交易产生了电子数据，这些电子数据会被记录和持有。在数字经济时代，人民的生活水平和教育文化程度在提高，经济社会生活的各个领域都在发生深刻的变化，我国也正在

采取措施发展数字经济，如远程通信、电子支付、电子贸易、区块链、人工智能和超级计算机，通过这些技术可以创建虚拟的平台系统，将数字技术与各个行业和消费者连接起来，带动了在线产品和服务、共享平台等商业模式的发展。

旅游业是经济发展中的重要组成部分，也是最具前途的产业，现阶段旅游业的发展与计算机技术和信息通信技术（ICT）的发展有着密不可分的联系，数字经济正在深度渗透和推动旅游业高质量发展。随着数字技术的发展以及生产结构的复杂性提高，社会需求和社会条件的变化是旅游业需要进行产业转型的重要因素，在数字时代提供必要程度的个性化能力将取决于移动技术、定位技术、大数据技术和人工智能的使用水平，这些技术使得旅游业也必须经历重大转型以适应当前经济环境中的数字化进程，创造新的商业模式，改变分销渠道的结构，重新设计并创造业务流程。与此同时，旅游目的地的数字化资源整合、产品和服务升级、目的地与游客的信息互动方式、目的地形象的构建以及目的地的管理将发生根本性变革，数字经济也将成为旅游目的地未来发展和转型升级的新引擎，成为旅游目的地经济提质增效的新动能。

这些转变无论是对旅行服务供应商、旅游目的地，还是对游客和其他利益相关者都产生了影响。因此，需要迫切厘清旅游业在数字经济背景下发展的主要路径，确保在数字经济背景下吉林省旅游业在面对新市场和新产业时仍然能够促进游客在旅行过程中的消费，提高旅游目的地和企业的效率和生产率，确保提升吉林省旅游业的竞争力。

（二）数字经济下旅游信息传递的方式

数字化旅游已经开始朝三个主要方向发展：预订网络的创建、电子营销和管理以及虚拟导游的设计。预订网络的创建使游客能够轻松地在互联网上搜索有吸引力和舒适的景区、酒店和交通工具等，如中国民航信息集团能够及时地从航空公司、旅馆、租车公司、旅游企业获取大量的与旅游相关的信息，从而为游客提供快捷、便利、可靠的服务。信息通信技术在旅游企业和游客互动中的广泛应用产生了大量的信息搜索、交易和空间移动数据。当下，游客在旅行的过程中会携带许多科技设备，并利用这些科技设备进行信息通信技术资源互动，生成和提供大量的数据信息，包括酒店 App 的日志数据，呼叫中心日志，在目的地的交通、旅游服务的销售记录，搜索引擎查询数据，GPS位置数据等，这些数据都是游客的好恶、动机、计划行为和实际逗留体验的潜在指标。

在数字经济下，旅游目的地的信息来源多种多样，包括视频在线评论、社交网络、论坛的观点等，游客越来越多地利用当地居民的信息和经验，因为当地居民知道更多有趣的地方、当地的习俗和传统，他们可以在网络上与当地居民交流并且将内容分享给其他旅行者，其他旅行者能从中获得有价值的信息，产生旅游的社会价值。所以，互联网上的信息能够增强旅游目的地的吸引力，创造游玩动机，体验共创正日益取代传统的旅游方式，游客倾向于使用智能手机和社交媒体与其他游客互动，分享自己的旅行经历而不受时间和空间的限制。例如，通过抖音等短视频平台，游客可以在旅行过程中即时分享旅游视频、分享旅游体验、对旅游服务进行评价，这些实时活动不仅提升了分享者的满意度和幸福感，也为观看者提供了有价值的旅游信息，为他人提升自身的旅游体验提供有益的参考，激发了他们的旅游兴趣。与此同时，客户的需求也越来越多样化，同时受到数字技术的影响，游客已经习惯使用在线资源和移动平台而非线下资源获取信息，通过互联网进行信息搜索，网络已经取代口碑成为旅游信息的首要来源，在游客评价中的消极态度会导致游客拒绝购买其他消费者不认可的产品或服务。

（三）旅游产品和服务的数字化

数字经济逐渐加入人们的社会经济生活，应用人工智能技术已成为传统行业的一种趋势，这其中自然包括了旅游业。人工智能技术在旅游业中的应用以通信和信息技术的深度融合为基础，围绕游客的自主参与和互动体验开发旅游产品和服务。在新兴的数字化社会环境中，旅游业的任务是对数据积极使用，通过与游客互动的过程及时提供个性化的高质量产品和高效服务，这将会在提供产品和服务时节省大量的时间、劳动力和效率。所以，在数字经济时代的产品和服务结构中，体力劳动所占的比重下降，而脑力劳动所占的比重上升。

数字经济现在被认为包括利用技术变革来改变市场、商业模式和日常运营的经济的所有部分，在过去几年，数字经济推动了电子商务的高速发展，采用互联网并接受在线业务的旅游企业也因此得到了发展。不少研究认为，数字经济颠覆了旅游目的地和旅游企业的服务方式，数字创意、数字技术、沉浸式体验等旅游新业态能够融合旅游目的地的场景，使得游客不断追求个性化、定制化的数字旅游产品与服务。通过与游客进行沟通，根据每个游客的单独需求进行服务内容的设置，并且对旅游产品进行个性化的开发和设计，实现游客价值的创造与传递。在向游客提供旅游服务时，能够较好地实施定制化过程的旅游目的地将在竞争中获得优势，旅游目的地与游客的互动正以数字技术和移动设备为依托，在人机数字化交互下共同创造服务体验和价值，使他们从潜在顾客变成忠诚的永久性顾客，游客与数字应用间的互动形成了开放的数字化旅游生态系统。

旅游企业与大数据企业的合作已经成为普遍的做法，这使得旅游企业能够更准确地进行游客细分，提高其在不同阶段与游客互动的服务水平，并在需要做好的关键领域进行直接投资。例如，游客可借助数字化服务平台来判断是否选择参观某景点，参观过某景点的游客还可以留下对景点的评价，写下旅游的感受，加强体验感，也为其他准备参观的游客提供准确的体验；数字化服务平台需要完善对旅游目的地景区的介绍、线上购票功能的开发、周边住宿情况与景区线路图的编制，使游客可以通过各项数据更容易地了解景区，在提高旅游目的地服务工作效率的同时，最大限度地缓解游客的出行压力，为游客提供更为便捷的旅游服务；此外，使用区块链技术可以使行李记录、旅客登记、旅行机票等信息安全存储，这一技术的使用有效保障了游客信息的安全；通过平台的预订系统，旅游目的地可以根据消费者设定的参数和期望（如考虑旅客人数、旅行时间、行程等）来提供不同的产品、价格和服务。

综上，推动旅游服务的数字化发展需要建立完善优质的服务平台，只有这样才能保证吉林省旅游景区和旅游企业经济效益的提升。数字化服务平台以个性化、便捷性和安全性等为原则进行工作流程的设计并提供服务。吉林省在构建数字化服务平台时，需要对旅游目的地的服务功能做出完善的调研与分析，充分听取游客对旅游过程的需求和建议，并根据收集的信息进行功能的创建与设定，构建科学完善的数字化服务平台框架。借助数字化服务平台进行旅游产品和服务的宣传，通过宣传活动使游客能够更加了解本省的旅游产品和服务。

（四）旅游目的地的数字化营销

当前，作为数字经济基础的信息通信技术将继续快速发展，电子商务将广泛传播，数字信息将渗透人们生活的各个方面，使用互联网的人口比例越来越大，这导致了游客获取信息、预订不同类型旅行的方式发生了变化，旅游目的地市场战略从大众营销迈向数据驱动营销。在旅游组织中，信息通信技术的发展使旅游市场的行动方式、顾客与旅行社的互动方式发生了重大变化，这意味着旅游目的地营销逐渐由线下走向线上，游客的用户数据成为当前旅游企业重要的营销资产，这就需要旅游企业重视客户关系管理，与游客之间拥有良好的信息互动。客户关系管理是指利用相应的信息通信技术以及互联网技术协调企业与顾客在销售、营销和服务上的交互，从而提升其管理效能，向客户提供创新式的、个性化的客户交互和服务，如酒店的客房管理系统或餐厅管理系统专注于管理客户互动，以提高满意度；收益管理系统帮助管理者进行市场细分，预测客户行为，制定价格策略，以实现收益和利润最大化；等等。当前，信息通信技术能够在营销的过程中允许旅游组织和客户之间建立直接的互动关系，销售不需要任何中介就能够成功完成，如游客可以在没有旅行社干预的情况下进行在线预订，或者在销售过程的某些阶段使用智能代理人，从而通过释放人力资源提高旅游组织的整体生产力。

由于数字经济时代的到来，互联网作为一种广泛被使用的营销工具，已经成为中国传统旅游营销的有力补充。与线下直接销售的营销方式相比，网络营销能够帮助旅游企业与客户持续地保持联系。通过互联网，旅游企业可以比传统时代更有效地接触客户，线上的购买、分销、营销都变得更为容易，旅客可以通过数字化渠道获得旅游产品和服务，降低营销成本，提高总收入。旅游产品和目的地通过互联网进行广告宣传，而不是通过宣传册、广告目录等传统方式，如旅游目的地可以通过全景照片和虚拟现实技术向游客展示旅游目的地景点的服务设施，酒店可以通过平台等社交渠道使用数字营销以获得更高的知名度。与此同时，信息通信技术和数字技术应用可以在营销过程中建立游客的客户档案，通过服务平台或手机应用为游客提供个性化服务，并利用从运营过程中获得的数据，协助其制定营销策略，同时在收益管理过程中存储过去的数据，从不同方面分析数据。目前，运用移动互联网的电子商务、电子支付、票务购买已成为游客在旅行中最常见的购物方式，满足游客对于旅游服务便捷化的需求，非常契合当前的数字经济发展态势。旅游目的地可以通过数字化服务平台推出一定的折扣宣传信息，在刺激游客消费的同时提高数字化服务平台的使用率，更好地做好旅游景点的宣传。

（五）数字经济下游客旅游方式的转变

从游客的角度来说，旅游方式由有组织旅游向无组织旅游转变。有组织旅游包括预先设计好的旅游项目和由公司根据游客的意愿和预算组织的旅游。旅游公司预订并支付沿途所有的旅游服务，准备所有必要的旅行证件。研究者的工作大多集中在有组织旅游的特征和发展路径上。然而，数字服务和旅游应用的出现极大地改变了旅游业的生态系统。无组织旅游指旅游者自行组织旅游，没有旅行社的参与。他们独立制定旅行路线、确定出游对象、计划过夜、制作旅行证件等。游客放弃了航空公司、旅行社提供的传统服务，转而利用互联网提供的服务。技术的发展也有助于无组织旅游的动态分配。

在数字时代，线下旅行社作为旅游产品的主要供应商，提供与旅游产品相关的销售服务和配套服务，游客和供应商都得到了财政保障，在线公司将占据市场的多数。信息通信技术的革命影响了旅游组织的变化，使其在旅游市场中的行动方式以及客户与旅行社的互动方式发生了重大变化。旅游组织在互联网上的竞争更加激烈，许多非旅游组织正在进入该行业，并开始提供在线旅游服务。旅游与信息通信技术的相互作用从根本上改变了旅游业，它让游客既可以获得可靠和准确的信息，也可以实时预订，从而提高了服务质量和客户满意度。电子旅游的准入门槛已经被降至最低，因为与传统旅游业务相比，启动在线业务的技术和资源（资金、人员等）障碍都非常少。随着越来越多的传统企业转向在线渠道，越来越多的在线企业进入市场，旅游组织将面临越来越多的竞争。

二　数字经济背景下吉林省旅游业的发展现状

吉林省内拥有较为丰富的农业资源、林业资源和冰雪资源等自然旅游资源，四季都能为游客提供服务。随着高速互联网服务、智能设备的普及，吉林省陆续出台了许多政策来实现旅游业的数字化转型。吉林省政府在《吉林省文化和旅游发展“十四五”规划》中提出把握数字化、智慧化发展趋势，推进智慧文旅建设，研发推广云旅游、云展览、云演艺等虚拟现实体验项目，推进一站式、全流程线上旅游服务信息平台建设，大力开发综合度高、互动性好的文旅产品，不断增强以产品体验为核心的市场竞争力，同时完善数字政府先导机制，横向打通数据共享链条，大力发展数字经济，赋能经济社会发展。

吉林省旅游业的数字化进程取得了显著进展。“数字吉林”建设取得重大突破，经济社会运行数字化、网络化、智能化水平大幅提升，大数据、云计算、“互联网+”、人工智能成为产业转型的重要支撑，信息化带动力持续增强，数字社会、数字政府建设深入推进，数字红利进一步释放。计划组建工业互联网研究院，建设 50 个以上重点工业互联网项目，到 2025 年吉林省数字经济核心产业增加值占地区生产总值比重达 10%。长春市加快发展影视文创、文化旅游、数字经济等产业，支撑全市旅游业总收入达到 3000 亿元，打响休闲消夏、冰雪体验等品牌，长影集团打造享誉全球的影视文化高地、引领未来的数字产业基地、聚力美好生活的文化创意中心。长春市宽城区委和区政府紧紧围绕加快传统产业转型升级目标，推出云上年货节，结合吉林省冰雪旅游、民俗文化进行多场专场直播，充分利用“线上+线下”模式，已成功推出“百味 43”“吉地莲乡”“伊鹿高鸽”等多个品牌，将上千款长春宽城老字号产品、优质农产品和省内多个知名品牌商品安全配送。随着大众消费习惯的改变，“直播带货”已经成为增长迅速的新经济业态，线上购买比重提升，吉林省在电商直播行业拥有许多知名企业，在直播产业线上商品销售上有着得天独厚的优势，势必会在带动吉林省数字经济发展的同时赋能传统产业。长春市着手建造“5G+旅游”大数据实验室，拥有两个大型数据中心、12 个中型数据中心，多个超算平台投入运营，为本市提供了较高的计算能力；基础设施初步完善，基础网络满足现有数字化应用和产业发展的基本需求；58 个部门完成数据共享工作，对接数据 14 亿条，归集数据能力位居全国前列，国内龙头企业、本地企业、高校院所“抱团”发展态势初步形成。

吉林市推动文物的数字化保护工作，实现“文物+数字化+互联网”多领域融合，挖掘文物资源价值，加强文物资源利用，促进文物资源信息开放共享，推动信息化时代文物数字化保护和数字化传播。通化市创建了智慧文旅管理平台，能够精准掌握旅游数据、科学分析旅游动态，开发核酸检测登记、电子通行码、核酸检测查询等系统，为常态化疫情防控提供高效的数字化支撑。松原市发布了直播电商发展行动计划，力争到2022年底建设1个直播电商总部基地、1批直播电商产业集聚区，培育10家具有影响力的MCN机构，孵化100个“网红”品牌，培训10000名乡村主播，打造全国“网红吉地”新坐标，助力松原数字经济新发展，松原高家窝堡村通过开展电商等举措，成为吉林省第一个实现5G信号全覆盖的村。集安市创建了数字集安旅游云平台，数字集安旅游云平台是“数字集安”战略落地的突破口，标志着集安市旅游业步入了数字旅游信息化时代，进一步提升集安市全域旅游发展质量，加快“数字集安”建设步伐。此外，有关部门也指出了建设乡村信息公共服务平台和网络工程的重要性，吉林省的乡村地区也已逐步启动区域性的乡村旅游信息化基础设施建设，推出“农业与互联网+”的旅游发展模式，如在乡村景区增设自助售票机、身份证入园等信息化管理手段，有效控制了人力资源投入，降低运营管理成本，提高了乡村旅游信息化的发展水平，形成了独具特色的生态农业产业链，为乡村旅游的信息化建设奠定了基础。

三　数字经济背景下吉林省旅游业发展的挑战

（一）数字技术与旅游业的融合应用深度不足

旅游业作为跨地区、跨行业、依赖性强、竞争激烈的综合性产业，需要有关部门、景区、企业的共同发展，数字技术的出现提供了独特的研究视角。在数字经济时代下，数字经济已经成为旅游业未来的发展趋势和规律，大数据等技术的应用将给旅游业的发展带来新的想象空间，需要将数字经济方面的研究扩展到旅游业和消费者需求，其中广泛的对话焦点在于如何使用数字技术来实现旅游服务质量的提高、旅游业的繁荣和可持续发展，重新确立旅游业发展的长期观念。随着计算机和互联网技术的普及，数字技术不仅融入了日常出行生活，同时是电子旅游发展的对象和工具，开放的数据和旅游专业知识为构建游客的旅游体验创新机制提供了基础。可以说，信息是现代旅游结构的一部分，现代旅游离不开信息领域的发展，旅游管理离不开信息技术。数字化转型的成功与否在于能否通过数字营销的方式提高现有客户满意度和吸引新客户。数字转型为中小旅游企业提供了前所未有的机会，中小旅游企业开始完善其基础设施，因为数字技术可以帮助管理客户关系，数字技术的应用对旅游景区和企业都产生了积极的影响，尤其是对于省内的一些旅游景区和企业来说，数字经济的产生有助于扩大产品的宣传范围，在不改变核心产品的情况下，可以降低营销成本，增加旅游景区和旅游业务的曝光量，这些都会对财务业绩产生积极影响。

数字经济能够为旅游企业提供大数据信息，利用游客留下的数据进行分析和运营，捕捉游客的个人特征或消费欲望，有助于增进客户关系，提高游客满意度和运营效率。在数字经济时代下，旅游业创新的主要方向在于利用数字技术和设备推出个性化的旅游线路，发布个性化的产品，提供个性化的服务，以及开发新的旅游资源、重新建设现有的旅游设施、探索新方向和新销售市场、更新组织业务流程等。

目前，吉林省旅游业以数字旅游为主导的创新仍在起步阶段，在旅游产品创新方面，需要提高以新技术为支撑的旅游产品创新的数量和质量，在旅游业务创新方面，虽然出现了一些新的旅游业务类型，但创新的深度和广度都很有限。在旅游产业创新空间方面，尽管近年来吉林省建设了一些智慧旅游园区、产业小镇以及旅游创意空间，但以创新为特色的旅游产业空间尚未形成。计算机和互联网技术的应用促进了数字旅游业的形成，这将长期提高整个旅游业的创新能力。

（二）旅游服务的智能化和游客匹配度不足

在旅游服务的智能化方面，吉林省取得了显著的成果，但在实现旅游服务智能化发展目标的同时，吉林省面临一些挑战，主要面临的挑战是旅游服务的智能化和游客匹配度不足，软件应用层面不高。数字经济拥有三层架构，最底层是以数字技术为核心的基础设施，中间层是以数字技术构成的平台和生态，最上层为数字产业（包括产业数字化和数据产业化）。

吉林省过去几年在旅游服务的智能化方面投入了大量资源进行基础和技术设施建设，这可以为今后吉林省旅游服务智能化的良好运转打下坚实的基础，但是旅游服务智能化的实现不仅需要坚实的硬件基础，同时需要拥有软件应用和数据支持，其中软件层面主要是指能够在数字经济发展的框架下进行旅游资源的统一协调，而数据支持在于游客的积极参与，从游客的参与中能够提取更多的数据以进行分析与处理，更好地为个性化服务和旅游业的发展提供帮助。

在数字经济助推旅游业高质量发展的中间阶段，需要设计和运营一个真正以游客为中心的智能化旅游服务平台，充分考虑游客的需求，避免资源的浪费和运营阶段的低效利用。目前，尽管大数据技术在吉林省内的旅游管理、旅游服务和旅游营销等方面得到了应用，但旅游数据资源在吉林省的利用效率不高。一是行政区划的限制导致省内各地区旅游部门之间、旅游企业之间、旅游景区之间、游客和景区之间的数据共享程度不足，省内各地区间的数据联系不密切，无法实现数据资源的有效整合，不利于专门的数据信息共享系统的建设。二是由于省内旅游大数据的标准体系尚未统一，在实际的旅游信息管理和数字化建设的过程中，往往存在数据信息的缺失和重叠，影响了数据的准确性，无法对现有的旅游数据和游客需求进行客观准确的评价，阻碍了旅游大数据的实际应用。三是许多旅游数据存在更新不及时的现象，不能满足旅游服务智能化的需求，这种现象在乡村更为明显。随着信息技术研究和应用水平的逐步提高，数字经济的时代已经来临，利用旅游信息化的管理手段可以有效实现资源的优化配置，满足游客的实际需求，提高旅游服务智能化的效率和质量。

（三）数字技术应用中软硬件配套建设不全面

安全可信是当今世界社会和商业的核心基础，随着身份管理日益数字化，加强网络安全和保护旅行者数据隐私，对于维护客户信任和公共安全至关重要。数字技术（如面部识别、物联网、人群分析和通过人工智能的视频监控等生物识别技术）将被用于创建一个无处不在的安全环境。乡村的数字基础设施还不能满足数字转型的需求。数据和传输速度还处于初级阶段，要想进行数字转换需要大量的投资。随着旅游业整体的信息化发展和升级，乡村旅游业也应加强专项基础设施建设，为旅游信息化发展提供硬件基础。然而，目前乡村旅游信息基础设施的建设缺乏全面性。虽然一些乡村旅游景点引进了电脑设备，可以正常联网使用，但只有小部分乡村地区建立了自己的网站，而这些网站往往存在操作不良、许多功能没有充分开发等问题，所以在开展景区信息宣传时效果并不理想。为此，必须进一步加强乡村旅游信息基础设施建设，确保基础设施建设的全面性，确保信息技术的应用效果。

（四）高素质数字化旅游人才缺乏

在数字经济时代下发展旅游业，需要具备同时拥有旅游管理知识和计算机技术知识的人才，为了应对旅游和酒店业的各种业务，从业人员和管理人员必须兼具就业硬技能和软技能，硬技能包括操作技能（如使用 Opera 云服务、预订或系统），战略技能（如数据分析、社交媒体分析、用户体验设计、社会科学统计等），基本的工作技能（如旅游管理知识和计算机专业技能等），分析更复杂的建模和决策应用程序等；软技能包括解决问题、团队合作、批判性思维和人际关系等（见图 1）。

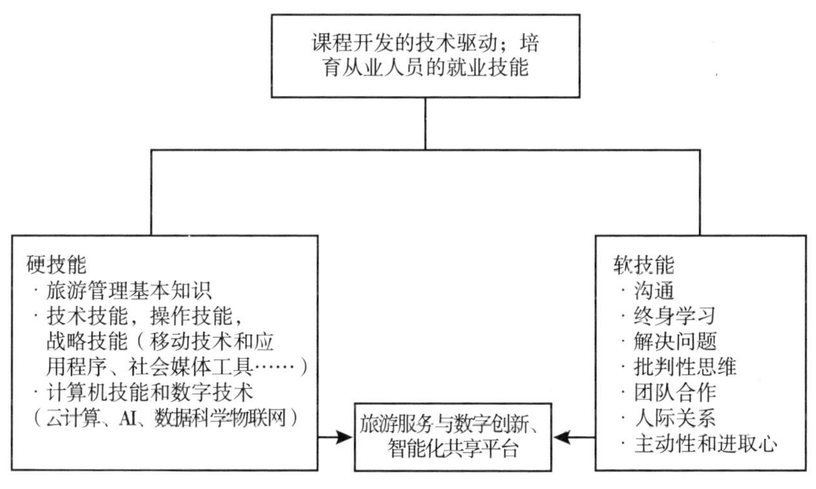

图 1　数字化旅游人才素质要求

资料来源：作者自行整理。

未来，旅游企业的管理者和从业人员必须接受良好的培训，并具备所需的旅游管理知识和计算机技能，以更好地理解旅游服务质量观念，支持吉林省旅游业的发展。

四　数字经济背景下吉林省旅游业发展路径

（一）创建旅游集约化管理平台

在数字经济的发展模式下，建设旅游集约化管理平台最重要的一点就是信息与资源的统一与共享，统一模式和标准，促进集约化发展。旅游集约化管理平台是符合数字经济下旅游产业发展要求、融合各项新技术成果的产物。旅游集约化管理平台利用云计算、大数据等相关技术，实现网上信息与旅游服务的集约，兼顾游客服务的个性化拓展，整合服务资源，形成统一的信息资源库，以用户为中心，促进用户、企业和政府部门间的共享，提供“无缝式”的统一在线服务。一是更加强调顶层规划设计。旅游集约化管理平台强调技术、服务、管理和设施的高度统一利用，面向多用户、整合多层级多部门、支持多渠道、汇聚多来源、支撑大数据，规范和引导政府网站发展建设。二是更加强调标准规范建设。旅游集约化管理平台要求标准先行，通过编制全面、实用的政府网站建设规范和技术指南，为开展政府网站集约化建设提供技术指导和支持。通过明确旅游集约化管理平台技术架构规范、功能规范、性能规范、对接规范、接口规范和安全规范，实现平台建设的标准统一和互联互通；制定平台基础设施运维、网站运维、政务新媒体运维、统一信息资源库安全运维以及其他运维的具体要求，打造统一高效的整体运维保障体系。三是更加强调开放创新拓展。旅游集约化管理平台依托云平台自有架构体系和高可用、高可靠、高性能的云计算平台，利用大数据、人工智能等技术，构建可灵活扩展的开放式政府网站系统框架，融合新技术、加载新应用、扩展新功能。在原有系统应用的基础上，融合信息资源库、全省统一互动交流平台、绩效考核等，构建服务中心、运营中心和运维中心，为用户行为分析、个性化推送、内容聚合、智能搜索、政务新媒体管理等智慧应用场景提供了良好的数据基础、支撑平台和应用环境。四是更加强调整体安全防护。旅游集约化管理平台改变了传统政府网站体系下的网站安全防护格局。统一标准规范、统一清单管理、统一身份认证、统一数据共享、统一应用管理，推动全国一体化平台移动端标准化、规范化建设和协同化、一体化服务。数字集安旅游云平台主要建设数字旅游云数据中心、数字旅游行业管理平台、数字公共服务平台、数字旅游营销管理平台四大项目。旅游集约化管理平台具体内容如图 2 所示。

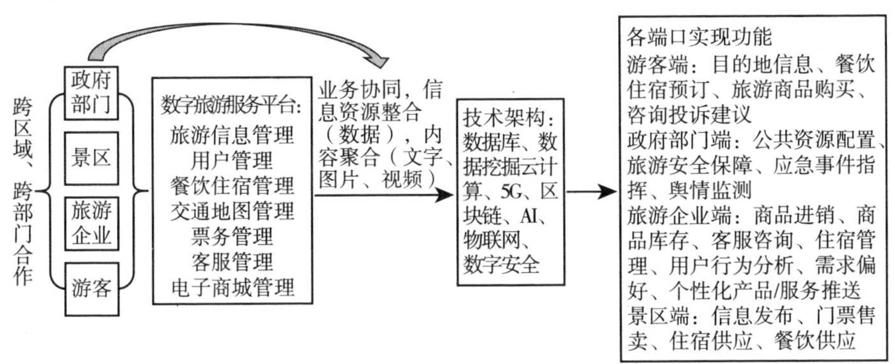

图 2 旅游集约化管理平台具体内容

资料来源：作者自行整理。

数字平台是一种具有新的商业模式和替代发展中心的系统，它与市场经济兼容并且在数字经济的发展中发挥着重要作用，基于数字平台的主要功能分类和旅游企业的运营需要，旅游信息服务平台应当包括用户信息管理、旅游信息管理、酒店信息管理、公交线路管理、预订信息管理和留言信息管理等主要功能。每个模块分为两个部分，分别为前端和后端，前端主要是为用户提供信息和服务，这样用户可以快速获取旅游信息、酒店信息、公交线路和其他相关信息，并提供相关的预订服务，根据自己的需求提前计划行程，并实现从旅游观光到住宿的一站式服务。后端主要是更新和维护差旅信息、处理相关订单。数字服务允许游客通过定制各种过滤器和排序选项来个性化选择以满足自身偏好，也可以设置选项通知，并保存收藏夹和搜索历史。旅游集约化管理平台为无组织旅行者寻找数字化解决方案提供方法，旅游集约化管理平台可以将所有的旅游数据和应用功能整合，致力于界面的便利性。提供在线预订和支付功能。游客可以对旅游目的地进行实时评论，留下反馈并与其他人分享图片、视频和旅游经验。具体功能模块内容如表 1 所示。

表 1　具体功能模块内容

主要功能	目标:运用数字化技术满足个性化需求,提高服务质量
票务预订	博物馆、剧院、体育场等门票,票务价格预测、过滤器、价格跟踪器等
住宿预定	星级酒店、快捷酒店、民宿等在线预订、中转预订,网上出租住房,预留住宿,折扣
旅游活动	语音导游,附近景点和娱乐,付费内容,餐厅用餐,个性化选择,网上购物,一般信息,照片库,旅行智能规划,在线旅游指南
交通出行	联运路线,交通工具推荐(飞机、高铁、地铁、公共汽车、有轨电车、自行车租赁、出租车),线上地图、GPS 导航和交通路线规划,交通数据实时信息
产品服务	需求预测,旅行者体验规划,VR 和 AR 技术,网络商店
安全监测	商业登记,网上银行,扫描仪,行李跟踪

(二)更新数字经济时代的旅游营销方式

信息化时代，越来越多的游客喜欢在出行前通过互联网对旅游目的地进行信息搜寻，或者进入各种论坛、社交网络和旅游网站去咨询其他客户来比较旅游目的地、酒店或航班，所以这些潜在的游客更容易受到其他游客意见的影响。旅游供应商已经意识到社交平台和媒体有助于提高知名度，所以在网络推广吉林省的旅游业、促进旅游业的发展已经势在必行，互联网作为相对容易的推广媒介，在吸引游客方面具有较高的相关性和有效性，因为它在固定的地理覆盖范围内提供了非常丰富的旅行信息。景区和旅游企业必须在互联网平台上创造良好的形象，提供友好的界面和访问者需要了解的全部内容，包括提供的旅游服务和航班、汽车租赁和附近酒店等信息。为了使其易于使用并吸引更多的访问者，平台需要通过算法对感兴趣的领域进行项目推荐，并且不断调整自己的活动，对产品和服务内容进行定期的修改和更新。通过平台的推广服务与平台上的互动来提高游客对旅游目的地娱乐价值的认识，形成对客体的兴趣和游览欲望，在吸引新客户的同时可以降低景区、旅行社和酒店宣传的成本。

为了在网络环境中促进旅游业发展，景区和旅游企业需要进行一系列明确的策略和行动，如创建旅游门户网站、利用神经网络优化搜索引擎、提前收集潜在游客的信息、公布促销活动等。为了满足客户的需求，平台需要不断地进行开发并添加新的功能，从产品购买的角度来说，平台可以提供旅游优惠来引导游客在线购买，使用在线支付作为主流的支付方式。从服务的角度来说，在移动、住宿、餐饮等服务中使用数字技术，景区和旅游企业通过数字技术在平台上开通订票和购票功能，允许在线旅行社与潜在客户在线就旅游的选择、支付和支持进行互动，通过在线服务消费者扩大销售范围。通过互联网和信息通信技术可以将旅游供应商联系起来，将多个景区和旅游企业的服务项目进行整合，提供整合式的旅游服务。

（三）推广具有吉林特色的智慧旅游业态

智慧旅游是一种信息密集型的现代旅游产业，以游客需求为核心，以信息通信技术等智能技术为手段，结合新一代信息通信技术和传统智能信息技术构建感知层、网络层和应用层，以智能终端为工具，以智能服务、商业、管理、行政为形式的新型旅游运营模式，通过旅游信息服务和游客新运营模式，提供高质量、高满意度的服务，满足游客个性化需求，实现旅游资源共享和有效利用的管理转型，旨在为游客、旅行社、景区、酒店、政府部门和居民等提供高效公共平台。智慧旅游是以高科技为支撑的综合应用平台，利用多样化的服务终端，为游客、旅游企业和旅游管理部门提供多样化的服务，为参与者创造更多价值。智慧旅游能够基于云计算和智能旅游等新技术物联网（IoT），结合旅游业发展的全球发展趋势与智能技术，如云计算、物联网和高速通信技术，利用互联网终端对旅游资源、旅游经济、旅游活动进行智能监控，结合各类旅游信息及时发布、安排、调整，以提高旅游服务质量。智慧旅游顶层设计主要涉及智慧旅游的战略规划、总体设计、建设指导，这些努力有助于提升旅游产业的智能化水平，优化旅游资源利用，加强智慧旅游区域间的协调，为智慧旅游目的地的长远、健康、可持续发展提供保障，智慧旅游既是旅游信息化发展的高级阶段，也是数字时代下旅游业发展的必然趋势。

（四）强化政策支持与网络监管

对政府部门的支持，从基础设施的硬件和技术层面的软件两个方面进行探讨。从硬件方面来说，在数字经济的背景下，政府部门需要加快推动旅游业数

字化，改善公共服务，降低运营成本，提高效率和生产力。数字经济推动了旅游目的地管理组织及公共服务供给机制的变革，旅游目的地治理主体趋向多元，催生了多元共治的治理模式，在公共服务平台的基础上，政府与民营企业在旅游综合体、旅游景区、酒店餐饮、旅游交通、旅游信息中心、旅游电子商务平台、智慧旅游体验中心等领域开展合作，将部分领域的活动下放到企业，给予企业一定的灵活性，旅游公共服务正由政府或企业单一供给模式转向多元主体价值共创的公共服务供给模式。要保证旅游信息化的发展水平，就要认识到信息技术设施建设的重要性，乡村地区是发展信息化旅游的薄弱地区，应专注于开发新的数字基础设施和网络，加强对乡村地区计算机技术、物联网、数据库和信息通信技术等的支持和设施建设，加强无线网络通信设施的建设，以乡村旅游项目信息化建设为基础为游客提供智能旅游服务，乡村旅游景区应及时处理游客和政府的数据和信息，拥有电子智能终端的游客可以随时接入无线网络，实时分享旅游体验，为项目建设、未来规划等重大决策提供科学依据。维护网络基础设施，使企业能够在不同地区有效地应用数字技术，从而帮助企业更有效地连接客户。通过进一步资助科研基础设施和机构，促进初创旅游企业发展，构建创新生态系统，通过企业战略和激励措施，促进旅游企业的服务和业务流程数字化，从而加快旅游业数字化转型。

随着旅行过程中电子商务的频繁使用和旅行类平台的信息增多，信息背后的电子数据容易遭到他人的盗窃、伪造或未经授权的访问，导致数字经济基础的信任程度大大降低。在数字经济和平台经济的发展过程中，经常会出现非法信息传播、消费者隐私侵害等社会问题，经济活动的安全性无法得到保障，这会导致游客用户对平台的忠诚度和使用率下降，不利于数字经济下旅游业的可持续发展。从网络监管的角度来说，过去适用的法律法规和商业规则在数字经济时代下需要进行调整，因此需要完善法律法规体系，加强网络安全能力，制定新的法律法规和商业规则以支持和控制数字活动，帮助保护数字经济中的利益相关者，从而有利于数字化转型顺利进行。

（五）加强数字经济时代旅游从业人员培养

数字经济时代对旅游从业人员的网络信息技术知识要求较高，对旅游业候选人的基本知识和技能要求也较高，一般来说，旅游从业人员应当具备敏锐的信息获取和数据分析能力、良好的文字和整合能力以及旅游产品设计和运营、数字媒体与视觉传达、视频与动画制作等知识。旅游业市场需要旅游从业人员不仅能够向游客提供全方位的服务，同时应当具备一定的计算机和信息技术能力以适应数字经济时代，更好地提升旅游服务质量和游客体验。

国内高校教学重点不同，仅偏重于网络信息技术或旅游知识和技能的某一方面，导致复合型人才的知识结构不完整，知识储备需求得不到满足。高校作为旅游人才供给的主要平台，应当完善旅游人才培养模式，明确专业人才培养目标与定位，加强学科跨界融合，创新产学研一体化培养模式，促进教育方式向数字化转型，实行“数字经济+旅游职业人才培养”模式，培养具备网络信息技术和旅游行业基础知识的高学历、高素质的复合型人才。智慧化的旅游管理人才培养，要求有与之配套的实践条件保障。在旅游管理专业校内实践教学基地建设方面，满足智慧旅游数据采集、挖掘、分析和应用等实训需求，注重学生网络信息技术和信息媒体应用能力的培养，建设旅游大数据实训室，通过案例分析和现场操作的方式提升学生在旅游行业应用信息技术的能力。普通高等院校重点培养基础应用研究和应用管理人才，普通高职院校重点培养基础应用技能人才，中等职业院校重点培养基础应用服务人才。在以大数据、云计算、物联网为特征的数字经济背景下，高校应当与企业紧密联系，政府、旅游协会、高校、旅游企业等主体应加强合作，了解当前文旅产业的发展状况和游客市场的实际需求，适当调整学时比例，提高实践教学比重，有效提高学生在新媒体应用中的创新实践能力，开展实习合作。

数字经济时代下，旅游企业应当开展工作场所培训，包括为管理人员和员工提供从技术到财务管理的培训，积极引进先进的专业技术人才，提高竞争优势。旅游从业人员除了要有基本的专业知识和技术素养外，还应当具备一定的职业素养，如责任心、实践操作能力、团队合作精神、组织协调能力、心理承受能力、创新进取能力、自主学习能力和语言沟通能力等，这需要旅游企业提高管理水平，构建科学有效的人才管理体系，充分发挥从业人员的专业优势，调整从业人员的心态，增强企业凝聚力。

参考文献

陈晔、贾骏骐：《数字经济下旅游目的地发展的新路径》，《旅游学刊》2022 年第 4 期。

魏翔：《数字旅游——中国旅游经济发展新模式》，《旅游学刊》2022 年第 4 期。

徐岸峰、任香惠、王宏起：《数字经济背景下智慧旅游信息服务模式创新机制研究》，《西南民族大学学报》（人文社会科学版）2021 年第 11 期。

何群：《数字经济时代下江西红色旅游产业发展对策研究》，《旅游纵览》2021 年第 19 期。

周锦、王廷信：《数字经济下城市文化旅游融合发展模式和路径研究》，《江苏社会科学》2021 年第 5 期。

贾骏骐：《数字经济下安徽乡村旅游发展逻辑与路径》，《旅游纵览（下半月）》2019 年第 6 期。

G.8
冬奥会背景下吉林省冰雪旅游产业高质量发展路径研究

曲 丽 赵浏洋*

摘 要： 2022年北京冬奥会的成功举办推动了冰雪产业的快速发展，在“带动三亿人参与冰雪运动”的目标指导下，冰雪运动、冰雪旅游逐步从小众参与向大众普及转变，冰雪旅游产业正处在发展的风口期，目前供给和需求呈两旺发展格局，整个产业正在向千亿元规模扩张。吉林省作为冰雪旅游产业发展较早的省份，已经在冰雪旅游产业方面形成了先发优势，形成了“冬奥在北京，体验在吉林”的良好口碑，市场认可度较高。但在迅猛发展过程中，吉林省冰雪旅游产业仍有诸多痛点问题亟待解决，包括投资不足、回报周期长、装备技术配套不完善、产品同质化严重、运营安全存在隐患等。本报告主要从冰雪旅游产业链视角，对产业链上下游产品发展和市场需求进行深度剖析，发现吉林省冰雪旅游产业存在基础设施建设不足、冰雪旅游产品同质化严重、冰雪旅游转化率不足和吸引大型目的地项目投融资能力不强的问题，提出通过丰富冰雪旅游优质产品供给、深挖冰雪旅游消费潜力、推动冰雪旅游与相关行业深度融合和提升冰雪旅游公共服务能力助力吉林省冰雪旅游产业高质量发展，为政府、企业提供决策参考。

关键词： 冬奥会 冰雪旅游 高质量发展 吉林省

* 曲丽，长春财经学院学科办主任、教授，主要研究方向为冰雪旅游产业发展；赵浏洋，长春财经学院管理科研处处长、教授，主要研究方向为康养旅游。

吉林省位于东北亚地理中心，是我国冰雪积雪区，总面积18.74万平方千米，地形呈明显的东南高、西北低的特征，东部山地起伏，具备发展冰雪旅游的山地条件。吉林省河流众多，省内流域在20平方千米以上的大小河流有1648条，水源充足，分布广泛，为发展冰雪旅游提供了充足的水源条件。吉林省充分利用冰雪资源优势，打造吉林国际雾凇冰雪节这一“金字招牌”，已经取得良好口碑；通过长春净月潭瓦萨国际滑雪节将冰雪体育与冰雪旅游充分融合，提升长春市在国内外冰雪旅游的知名度和影响力，营造了“长白天下雪”“不到长白山，不知雪滋味”的浓厚冰雪氛围，得到了国内外冰雪旅游爱好者的关注和好评。

北京成功当选2022年冬奥会主办城市后，国家在2019年3月、2021年2月相继出台了《关于以2022年北京冬奥会为契机大力发展冰雪运动的意见》《冰雪旅游发展行动计划（2021—2023年）》等政策文件助推冰雪运动、冰雪旅游的普及和发展。吉林省积极落实国家相关政策，依托冰雪资源优势，积极推动冰雪旅游发展，创新“冰雪旅游+”和“+冰雪旅游”产业发展模式，“十三五”期间冰雪旅游人数和收入分别增长62%和86%，冰雪旅游人数平均每年增长超过1000万人次，成效显著。未来，对如何持续发挥冬奥会的影响力，在新冠肺炎疫情防控常态化的前提下高质量发展吉林省冰雪旅游产业的研究具有重要意义。

一　冰雪旅游产业发展背景

（一）冬奥会的举办为冰雪旅游产业不断释放利好政策

2022年北京冬奥会和冬残奥会的成功举办，极大地推动了冰雪运动的普及，“体育强国”发展战略的不断推进和实施为冰雪旅游产业带来利好。2016年，习近平总书记提出“冰天雪地也是金山银山”[①]，中央也相继出台一系列政策支持冰雪旅游发展，各地方政府积极践行“两山”理论，结合省情发展

① 景俊海：《冰天雪地也是金山银山》，“求是网”百家号，2022年2月1日，https://baijiahao.baidu.com/s?id=1723526325909346386&wfr=spider&for=pc。

实际出台一系列相关政策鼓励冰雪旅游产业发展，为冰雪旅游产业发展提供了强大的政策支持。在政策引导下，多重利好因素助推冰雪旅游产业成为市场新风口，2022 年北京冬奥会和冬残奥会的成功举办，进一步推动了冰雪旅游的发展，冰雪旅游产业链基本形成，冰雪旅游和冰雪运动受众人群不断扩大，强势带动供给端快速发展，促进整个冰雪旅游产业迅速崛起。

（二）不断提高的经济水平为冰雪消费提供强有力的经济基础

冰雪旅游目前还属于高端小众旅游，我国经济发展水平和人均可支配收入的不断提高，为冰雪旅游产业发展奠定了良好的经济基础。同时，在消费升级的推动下，居民对高品质冰雪旅游的需求也日渐增加。此外，受疫情影响，以往享受海外如日本、韩国、欧洲等滑雪胜地的高端消费者开始逐渐回流至国内，冰雪旅游基础相对完备、先发优势明显的东北三省等地受到一定程度的偏爱。

（三）制造技术的进步与创新为冰雪旅游产业发展提供坚实的技术保障

随着人工造雪、智能温控、VR/AR 等先进制造技术和新科技不断产生、创新和发展，冰雪旅游产业上游的装备如制雪机、压冰机等性能不断提升，这样就使得滑冰场馆、滑雪场地建设周期大大缩短，滑雪、滑冰装备的安全性和舒适性进一步提升。制造技术的进步也使得滑雪和滑冰不再受限于地区和季节，南方很多城市开始建设室内大型冰雪综合体，通过数字技术模拟滑冰、滑雪场景，体验更好。在管理方面，通过数字技术能在疫情常态化防控下实现合理预约消费、无接触消费，使滑雪场地的管理更加科学和有效。

二　吉林省冰雪旅游产业发展现状

吉林省位于世界黄金冰雪旅游带东北亚核心区、东北三省的中心位置，因自身地理优势，拥有比较丰富的冰雪旅游资源。近年来，省政府加大冰雪旅游产业的建设力度，推动其成为吉林省经济发展新的着力点和增长点。通过分析吉林省文旅厅发布的相关数据可以了解到，吉林省的旅行社数量突破了900家，星级宾馆数量约为220家。另外，吉林省国家A级冰雪旅游景区的数量超过了280家。万科松花湖、万达长白山国际度假村的建设与使用，逐渐改变了吉林省的冰雪旅游结构、业态、形态，逐年增加冰雪旅游接待人数与收入，增强了吉林省冰雪旅游产业在行业竞争中的影响力。在发展中，吉林省也开始利用火山地貌、湿地、草原、森林、冰雪等资源，推出雪山温泉、长白风光等极具地域特色的冰雪旅游体验项目与精品旅游路线，得到较好的市场反馈。

（一）吉林省出台各类政策助力冰雪旅游发展

自2015年北京申奥成功以来，吉林省利用自身冰雪资源优势和先前打造的冰雪品牌，持续深耕冰雪产业，以做大做强吉林省冰雪产业为目标，相继出台了《关于做大做强冰雪产业的实施意见》《关于加快推进吉林省全域旅游发展的实施方案》《吉林省冰雪产业高质量发展规划（2021—2035）》等政策文件，提出要继续推动冰雪旅游消费提质升级，提升服务质量和国际化水平，打造国际冰雪旅游消费中心。省委书记景俊海明确指出："冰雪产业是我省构建以国内大循环为主体，国内国际双循环相互促进的新发展格局先导性产业。"所以，从一系列政策文件密集出台和省领导讲话来看，吉林省已明确冰雪产业是重点发展的产业之一，是未来吉林省经济增长的强劲引擎。

（二）冰雪旅游市场规模持续扩大

除疫情影响，国内冰雪旅游市场规模呈扩大趋势，2018～2019年全国冰雪旅游收入为3860亿元；2019～2020年受疫情影响，全国冰雪旅游收入锐减至1460亿元；在疫情防控常态化背景下，2020～2021年全国冰雪旅游收入增加到3900亿元，基本恢复至疫情发生前的水平（见图1）。吉林省2018～2019年冰雪旅游收入为1698.08亿元，约占全国冰雪旅游收入的44%；冰雪旅游人数为8431.84万人次，约占全国冰雪旅游人数的38%。所以，无论从冰雪旅游收入还是冰雪旅游人数来看，吉林省都为全国冰雪旅游的发展贡献了较大力量。2022年春节期间，吉林省冰雪旅游收入达到83.85亿元，同比增长13.9%，接待国内游客934.14万人次。

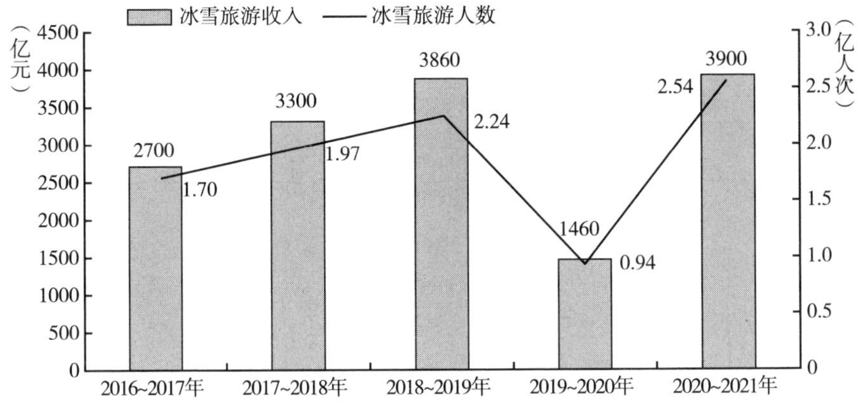

图 1　2016~2021 年冰雪季我国冰雪旅游市场规模与收入

资料来源：2016~2021 年《中国冰雪旅游发展报告》。

（三）吉林省冰雪旅游企业规模逐年扩大

截至 2020 年，吉林省拥有 A 级旅游景区 235 家、A 级乡村旅游经营单位 415 家、星级饭店 104 家、旅行社 948 家。长白山国际度假区是全国第一个国家级旅游度假区，其滑雪休闲度假运营品质位居全国第一。长春净月潭瓦萨国际滑雪节、吉林国际雾凇冰雪节、查干湖冬捕节均被评为“全国冰雪旅游节事十强”。北大湖体育旅游开发区被评为“国家体育旅游示范基地”。长白山鲁能胜地旅游度假区拥有达到 FIS（国际滑雪联合会）认证标准的越野滑雪道 12 公里，以及 12 万平方米的五星级酒店群。经过多年发展和沉淀，吉林省的冰雪旅游企业规模进一步扩大，冰雪产业的发展也进入了快车道。

（四）吉林省冰雪旅游品牌和市场认可度已初步形成

吉林省经过多年的发展和积淀，已经形成了广为人知和认可度较高的“长白山国际冰雪”“玩雪到吉林”“世界雾凇之都”“净月潭瓦萨国际越野滑雪”等一系列品牌。在《中国冰雪旅游消费大数据报告（2020）》中，吉林省长春和白山入选“2022 年冰雪旅游十大人气传统目的地”，分别位居第三和第六；白山高居“2020 年冰雪旅游目的地单次旅游人均消费”第 3 名，人均消费 6222 元，仅比排名第一的呼伦贝尔（6990 元）低 768 元。“吉林市+长白山+镜泊湖+雪乡+亚布力滑雪旅游度假区+哈尔滨”和“长春+长白山+哈尔滨”黄金线路高居“2020年冰雪旅游十大人气线路”第2名和第3名（见表1）。

表1　2020年冰雪旅游十大人气线路

地　区	线路
黑龙江	“哈尔滨+亚布力滑雪旅游度假区+雪乡”5日跟团游
吉　林	“吉林市+长白山+镜泊湖+雪乡+亚布力滑雪旅游度假区+哈尔滨”6日5晚跟团游
吉　林	“长春+长白山+哈尔滨”6日5晚跟团游
新　疆	“乌鲁木齐+北屯+哈纳斯+禾木风景区”5日4晚跟团游
西　藏	“拉萨+布达拉宫+羊卓雍措”5日4晚跟团游
湖　北	“宜昌+神农架”5日自由行
河　北	“张家口+崇礼区”4日自由行
黑龙江	漠河5日4晚私家团
辽　宁	“大连+丹东+沈阳”5日4晚跟团游
北　京	“北京+承德+坝上+乌兰布统”5日4晚跟团游

资料来源：《中国冰雪旅游发展报告（2020）》。

目前，吉林省规模以上的滑雪场数量位居全国第五，冰雪竞技运动条件处于全国领先水平。据统计，2020年吉林省共有室内外滑雪场26座，雪道面积10公顷以下的滑雪场数量占全国的比重达到65%。“十三五”期间，吉林省大型滑雪度假区体量规模与综合运营品质均居全国主导地位。“冬奥在北京，体验在吉林”的口号已深入人心，吉林省成为广大消费者的首选冰雪旅游目的地之一。

（五）冰雪旅游产品更加丰富

吉林省积极践行习近平总书记重要指示，以打造中国冰雪产业大省、冰雪旅游强省、世界级冰雪旅游目的地为目标，不断丰富旅游产品供给，注重冰雪文化推广，提高冰雪旅游体验。通过打造世界粉雪基地，重构吉林人的冰雪价值，宣传以“中国品质滑雪在吉林”“长白山天下雪”为主题的冰雪文化系列活动。吉林省在《关于做大做强冰雪产业的实施意见》中指出，重点打造东部冰雪体验之旅、延伸拓展西部渔猎文化之旅、培育开发南部康体养生之旅，着力建设四大冰雪旅游产品体系（见表2）。依托长白山和吉林市两大活动区域打造长白山国际度假区、万科松花湖旅游度假区等旅游度假区，并策划各类冰雪节事；依托长白山国际度假区、长春国信南山温泉旅游景区、吉林神农庄园温泉度假村等高品质温泉景区开发“滑雪+温泉”“温泉+冰雪”综合度假区。冰雪旅游产品进一步改造、开发和升级，类型更加丰富，冰雪旅游项目得到进一步拓展，冰雪消费链实现有效延伸。

表 2　四大冰雪旅游产品体系

冰雪休闲度假产品	冰雪观光体验产品
冰雪旅游度假区、冰雪赛事、高山观光、冰雪城堡、冰餐厅、冰雪小镇等	雪雕艺术园、冰雪走廊、灯光秀、科技体验馆、雪世界、室内冰雪演艺等
冰雪温泉养生产品	**冰雪民宿史迹产品**
“温泉+滑雪”“温泉+康养”“温泉+医疗”“温泉+冰雪”等	冰雪爬犁、冰雪游艺、民间冰灯、狩猎、捕鱼、抗联文化等

资料来源：根据《关于做大做强冰雪产业的实施意见》整理。

（六）冰雪装备制造业布局已初步形成

东北是老工业基地，冰雪装备制造业依托原有产业基础，目前已经初具雏形，如金仑科技有限公司生产的滑雪模拟器实现了吉林省冰雪制造“零”的突破，产品已销往北京、黑龙江、辽宁等地。长春应用化学研究所与中盈志合吉林科技股份有限公司合作开发的宽温镍氢电池可在-45℃～65℃有效工作，为户外装备提供能源基础。百凝盾是 2022 年北京冬奥会冰上项目使用的四大品牌之一，也是唯一的中国企业，其冰刀技术已领先世界，产品销往欧洲、日韩等。辽源市东北袜业与冬运中心合作开发自发热冰雪袜，这种为冰雪项目运动员们“量脚定制”的袜子深受欢迎。

吉林省出台的《关于以 2022 年北京冬奥会为契机大力发展冰雪运动和冰雪经济的实施意见》提出，培育冰雪装备产业体系，实施培育冰雪装备器材产业发展三年行动计划。加快建设吉林冰雪装备产业园、长春新能源冰雪旅游装备产业基地、辽源金刚冰雪运动小镇产业园等园区。目前已规划芬兰冰雪装备制造基地和辽源金刚冰雪运动产业园建设。吉林市专门制定了《吉林市冰雪装备产业园招商引资优惠政策》，大力推进永吉经济开发区冰雪装备产业园建设，目前永吉经济开发区冰雪装备产业园一期已顺利完工，总投资达 1.7 亿元。

三　吉林省冰雪旅游产业发展中存在的问题

（一）基础设施建设不足，管理专业化欠佳

吉林省虽然有长白山、松花湖、北大湖等滑雪胜地，但同时存在滑雪场规模小、档次低、设施简陋、功能不全等问题。滑雪场和冰雪旅游相关项目投资较大、建设周期长，导致一些企业为争取冰雪旅游的红利匆忙上项目、短期要利益，基础设施建设不完善，存在安全隐患。同时，冰雪旅游专业管理人才相对缺乏，对冰雪知识、冰雪装备、冰雪器材不熟悉及使用不规范等问题造成管理欠佳，导致消费者在体验冰雪旅游时产生的问题得不到及时解决，造成不良评价。

（二）冰雪旅游产品同质化严重，低端竞争激烈

从冰雪旅游产品提供上看，虽然种类丰富，但各旅游目的地提供的冰雪旅游产品差异化小、同质化严重、精品不多。尤其到冰雪旅游旺季，各景区为吸引消费者，不断上新项目、热点项目，景区之间的差异化很难体现，并且很容易导致消费者体验不好、满意度降低。比如，冰雪爬犁本是一个民俗体验项目，但现在各景区都有这一项目，拉爬犁的动物也是五花八门，甚至有商家在动物身上画图，以此吸引消费者。又如灯光秀，有的景区仅增加灯光效果，随便在树上或者建筑上挂上彩灯，失去了科技感和设计感，也失去了观赏价值。

（三）冰雪旅游转化率有待进一步提升

根据吉林省2019~2020年雪季冰雪旅游人次和冰雪旅游收入测算，冰雪旅游人均消费1673元。从月收入来看，收入一般在5000~10000元的冰雪旅游者占比最高，滑雪者参与滑雪消费以一次体验为主，消费为每次500元的滑雪者占比达到50%，滑雪者大部分属于一次性体验者，要想让他们转变成“发烧友”，除了在冰雪旅游上投入大量资金，还需要一定的营销策略。而滑雪场的收入主要源于消费者在冰雪项目中购买和租赁滑雪装备、器材，滑雪教练的培训、指导。但

目前大部分游客还是以门票消费为主，与滑雪相关的滑雪器材、服装、培训等行业的消费潜力还有待挖掘。消费者冰雪旅游一次转化率较低，冰雪旅游的消费空间有待进一步提升。

（四）冰雪装备企业引领示范作用还需进一步发挥

吉林省目前在冰雪装备制造业方面有冰刀、宽温电池、室内模拟滑雪等产品，而且已经初具规模，市场认可度和品牌已经形成。但是除此之外，最重要的制雪机、压冰车等高端制造设备都没有涉足，也没有成熟的冰雪装备制造产业园，正在筹建的永吉冰雪制造产业园还处于招商引资、吸引企业入驻的阶段。所以目前单靠个体企业推动吉林省冰雪旅游产业发展还远远不足，上游冰雪装备供应的不足也势必会影响吉林省冰雪旅游产业的发展。

（五）吸引大型目的地项目投融资能力不强

近年来，随着冰雪制造装备技术的不断提高，冰雪旅游已突破地域和时间的限制，南方一些城市开始积极进行冰雪旅游产业的布局，吸引资金开发冰雪旅游项目。从 2018~2020 年冰雪旅游大型目的地项目投资事件来看，融创文旅集团投资 338. 3 亿元开发深圳融创冰雪文旅项目，与黑龙江签约开发哈尔滨冰雪大世界四季冰雪项目。除此之外，融创文旅集团与河北、西昌、天津、四川、宁波、临沂等地也都有冰雪项目的签约和开发。目前，在冰雪旅游产业布局的集团主要有融创文旅集团、万科集团、奥山集团等。融创文旅集团参与吉林省北大湖滑雪度假区整体开发项目，万科集团开发建设了万科松花湖旅游度假区，形成了“冰雪旅游体验+四季度假小镇”发展模式。但从冰雪旅游项目开发方面，吉林省还存在吸引资金规模不大、项目投资领域较窄等问题。

四　冰雪旅游产业高质量发展的经验借鉴

（一）国外冰雪旅游产业发展借鉴

1. 日本

日本冰雪旅游产业的发展时间较长，并在发展中总结了比较丰富的经验。日本举办的长野冬季奥运会与札幌冬季奥运会，均对促进冰雪运动和冰雪旅游产业融合发展起着关键的促进作用。为了进一步促进日本冰雪旅游产业的发展，日本出台《综合保养地域整备法》，该法通过税收等优惠政策的实施，极大地推动了休闲旅游的发展。2006年，重新修订的《观光基本法》被命名为《观光立国推进基本法》，该法将旅游产业确定为21世纪日本支柱产业，并将冰雪旅游作为振兴目标之一。

日本为吸引国外消费者放宽了旅游签证的申请条件，同时增加廉价航班和民宿供给。同期，日本放宽对拥有ISIA卡工作签证的条件，增加外籍滑雪教练的比例，更好地服务海外游客。此外，日本为国内有孩子的家庭推出了许多优惠政策，鼓励其进行冰雪消费。日本还通过札幌冰雪节吸引海内外游客，推动城市发展。为减少冰雪旅游给生态环境带来的负面影响，自20世纪90年代末开始，日本推出生态旅游，并提出两个生态旅游原则。日本充分利用季节、自然资源的不同，实现了自然和文化有机融入冰雪旅游、形成差异化特色发展。日本在旅游政策支持和生态保护方面对吉林省建设很有借鉴意义。

2. 北欧国家

北欧地处北温带与北寒带交界处，大部分地区月平均气温在0℃以下，独特的地形和温度非常有利于冰雪旅游产业的发展。挪威是全球知名的滑雪王国，国内有100家以上的滑雪场、1000家左右的滑雪俱乐部。“挪威人生来就踩在滑雪板上”，冰雪运动在挪威的普及程度非常高，滑雪就如中国的乒乓球一样属于国民运动。同时，挪威有许多设施完备、环境优美的滑雪场和冰雪旅游度假村，游客在冬季不仅能够观赏到优美的自然风光，也能体验到设施先进的滑雪场地和多样化的冰雪娱乐项目。瑞典的冰雕酒店是瑞典冰雪旅游的一大亮点，该酒店拥有85间客房，并且每年都会推陈出新、更换设计，吸引了来自世界各地的众多游客。北欧各国借助其自身冰雪优势，积极推广和普及冰雪运动，同时注重冰雪设施的质量规范，冰雪产业体系完备，冰雪品牌知名度高，并立足比较优势，形成差异化竞争发展模式。芬兰的冰雪旅游产业更注重发挥市场主体作用，实施从冰雪运动项目到餐饮、住宿、游玩等其他服务的一体化经营模式。

（二）国内冰雪旅游产业发展借鉴

1. 黑龙江

黑龙江是冰雪旅游产业发展具有明显先发优势的省份，尤其是哈尔滨的冰雪大世界，受到国内外旅游爱好者的喜欢，也成了哈尔滨的一张“名片”；同时，太阳岛国际雪雕艺术博览会、冰灯艺术博览会等，不仅为黑龙江省经济的发展提供重要支持，还推动了冰雪旅游产业的快速发展，丰富了更多游客以及当地居民的文体生活。在黑龙江的现有产业中，冰雪旅游产业是其发展较快的产业，也在当地产生了较大的影响。在发展冰雪旅游产业的同时，黑龙江省仍然能够发挥自身的优势特色，将冰雪旅游产业与文化产业深度融合，打造有特色的冰雪文化产业，助推经济社会发展。

2. 辽宁

近年来，辽宁省政府在推动发展旅游产业的过程中，注重增加特色冰雪旅游发展投入，注重发展冰雪旅游产业。辽宁省政府分析了不同地域的气候特色、环境特色等，以此为依据制定对应的冰雪旅游产业开发计划，并为各地区提供政策支持、财政支持，大力发展冰雪旅游产业。同时，辽宁省还重视冰雪旅游产业与当地特色文化产业的融合发展。例如，辽宁省将冰雪旅游与温泉特色文化相结合，开发冰雪温泉项目，并鼓励当地企业将冰雪旅游产业的开发与发展作为基础，与文化产业相结合，开发新的冰雪旅游项目，建立冰雪旅游文化产业长效机制。辽宁省政府加大建设冰雪旅游产业的力度，由于冰雪旅游活动与住宿、餐饮等基本需求相关，提高此方面的服务水平与服务层次也能够提高冰雪旅游产业的服务品质。

3. 北京

北京市在发展冰雪旅游产业的过程中，出台并实施了《北京市人民政府关于加快冰雪运动发展的意见（2016—2022）》，在该意见中，北京市政府明确提出推动发展冰雪运动，形成现代化冰雪产业。借助冬奥会的举办，重点发展延庆地区，按照“一轴两翼多点”总体空间布局发展冰雪产业。同时，在延庆开发冰雪品牌项目，如龙庆峡冰雪艺术节，策划“乘高铁游京张、过周末导延庆”等活动，全面打造冬奥之城。推动冰雪产业与文化、教育、商业、会展等产业深度融合，促进冰雪产业集群成链。围绕冰雪产业提供多样化的冰雪旅游产品，建立了北京地区最大的综合滑雪旅游胜地。践行“科技冬奥”理念，解决冰雪科技领域中的核心技术问题，提高冰雪产业的核心竞争力。重视冰雪专业人才挖掘，实施人才强体战略，重点打造 6 支冰雪专业人才团队，依托北京高等教育资源，采用产学研用相结合的培养模式，冰雪专业人才培养取得较大进展。

五 冬奥会背景下吉林省冰雪旅游产业高质量发展路径

（一）丰富冰雪旅游优质产品供给

建设国家级冰雪旅游目的地。目前，吉林省拥有吉林丰满松花湖滑雪旅游度假地和吉林抚松长白山滑雪旅游度假地两个国家级旅游度假地。应进一步加大长白山鲁能滑雪场、莲花山滑雪场等滑雪场的建设力度，对标国家级标准，打造集运动健身、休闲娱乐、竞技表演、文化体验等于一体的冰雪旅游目的地。

推动冰雪主题旅游度假区建设。吉林省 5A 级景区共有 7 个，涉及冰雪的仅有净月潭和长白山风景区。未来，吉林省应该进一步加强冰雪主题旅游度假区的建设，如建设以冰墩墩和雪容融为主题的冰雪旅游度假区，开发“冰墩墩（雪容融）带你去滑雪”“冰墩墩（雪容融）邀你一起赏灯”等主题活动，深度依托冬奥会的影响力，带动冰雪旅游产业发展。

发挥冰雪赛事引领作用。继续提升长春净月潭瓦萨国际滑雪节的品牌知名度，利用原有平台优势，大力开展冰雪竞赛、冰雪表演等活动，主办、承办国际和国家级冰雪赛事，将冰雪体育和冰雪旅游有机结合，以“赛”带动“游”，以“游”发展“赛”，形成相互影响、相互推动发展的新格局。

加强乡村冰雪旅游发展。2022 年 5 月 23 日，国家下发了《乡村建设行动实施方案》，进一步明确乡村建设行动的路线图。为更好助力乡村全面振兴，可在乡村建设中大力发展乡村冰雪旅游，依托吉林省冰雪和文化风俗等优势，加强临江松岭村、舒兰二合村等雪乡、雪村建设。深挖吉林省满族文化，开发渔猎等具有民族特色的冰雪旅游产品和民俗娱乐活动，提升服务水平。

（二）深挖冰雪旅游消费潜力

培育消费理念。借鉴挪威和日本的经验，吉林省应以全民参与冰雪运动为目标，出台相应政策，鼓励民众积极参与各类冰雪活动，形成“身为吉林人，冬季必玩雪”的冰雪消费理念。利用冬奥会的影响，推广冰雪文化，培育并扩大冰雪旅游消费人口，树立正确的冰雪旅游消费观。

加强品牌建设。一提到吉林冰雪，消费者首先能想到的就是吉林雾凇，雾凇的美既带着神秘感又有视觉的冲击力，能亲眼看到雾凇也是每个旅游爱好者的美好期望。所以，吉林省应在擦亮雾凇这块“金字招牌”的基础上，继续加强冰雪品牌建设，建设一批具有国际影响力和国内知名的旅游胜地和景区。同时，依托悠游吉林公众号平台，加大短视频的投放力度和对景点、路线等的宣传力度，并进行时间、产品的归类，让消费者能按照自己的需求进行有效选择，如按天数的 1 日游、2 日游、7 日游等，以及按照出游人员类别划分的老年游、亲子游等。

（三）推动冰雪旅游与相关行业深度融合

促进冰雪旅游与文化融合。文化具有深远的影响力，随着消费产品体验的升级，消费者的要求越来越高，任何产业都可以借助文化的力量打造有特色的产品来吸引消费者。所以，吉林省应培育具有国际影响力、时代特征、本省特色的冰雪旅游文化融合产业，聚合科技载体、艺术载体、生态载体、民俗载体、历史载体等，并以此为支撑推进建设融合发展示范区，尤其以长白山冰雪旅游文化产业为示范，将其做强、做大、做精。例如，在建设长白山冰雪旅游产业与文化产业融合发展的示范区时，应以其拥有的节庆活动资源为主，提高节庆活动的品牌性，扩大其影响力，将长白山区域内的天然冰雪资源转变成为带动当地经济发展的资源。建设吉林省冰雪文化博物馆，展示吉林省的历史民俗，彰显冰雪旅游文化发展中的名人轶事。

促进冰雪旅游与教育融合。在国内大循环背景下，要深挖吉林省自身的消费潜力，培育、扩大潜在消费群体。一是可以进一步扩大运动平台、冬令营、体育公益培训的规模，开发更多冬季冰雪运动，发放青少年冰雪运动项目体验券、优惠券，定点班车接送，让更多青少年受益；二是让冰雪运动进校园，让冰雪运动成为学生的选修课程，甚至可以纳入中考体育项目，在校内开展如滑冰等冰雪运动的培训，让孩子们从小就热爱滑雪、滑冰，喜欢冰雪运动，从小培育冰雪消费群体；依托吉林大学、东北师范大学、吉林艺术学院等高等教育资源优势，开设旅游管理专业，招收专业学位研究生，培养冰雪旅游产业高层次管理人才；依托吉林职业技术学院等院校培养应用技术型冰雪人才，为吉林省冰雪旅游产业发展提供基层应用型高水平人才。

促进冰雪旅游与装备制造融合。依托吉林省强大的制造业优势，在现有冰雪制造业的基础上，应加大对造雪机、压冰车、高端冰雪装备的研发和制造力度。通过“产学研用”、校企联合等方式开发冰雪相关产品，为吉林省冰雪旅游产业发展提供安全可靠、技术先进、品质有保证的冰雪场地设施、冰雪运动装备。同时，由于受品牌、技术、场地、销量等因素影响，重型装备发展相对缓慢，应以冰雪轻型装备制造生产为突破口，快速适应当前消费者需求。受新冠肺炎疫情的影响，露营经济快速发展，企业可以加速转型，加大户外帐篷、天幕、桌椅等产品的生产力度，在设备引进投产上也要考虑设备的通用性和适应性问题。未来，冰雪制造业应以需求拉动为主，积极进行供给侧结构性改革，在瞬息万变的市场中争得一席之地。

促进冰雪旅游与科技融合。在数字经济发展的背景下，冰雪旅游产业应该向数字化、智能化进行转变，省内各旅游区应该积极进行数字化改造，实现基于数字技术的在线预约、订票、租赁等，持续践行“科技奥运”的理念，同时借助目前手段比较先进的元宇宙、区块链等技术实现真实与虚拟的有效结合，不断提升消费者的体验感和冰雪旅游景区、度假区的服务和管理水平。

（四）提升冰雪旅游公共服务能力

完善冰雪旅游公共基础设施建设。吉林省政府应该出台相应政策并落实冰雪旅游公共基础设施建设，提升冰雪旅游公共交通服务，如长春到吉林定点上下车的免费服务，长春至长白山的包机服务，冰雪季公路、铁路过路费减免的服务，进一步满足消费者自驾游和公共交通选择的需求，各景区应打造公共自驾游体验区，配套相应的水、电、厕所等公共服务设施。

健全冰雪旅游景区安全措施和风险应急处理体系。消费者旅游安全意识不断增强，加之冰雪运动本身具有一定的风险性，各景区要做好安全防护设施的建设工作，并应有风险应急处理措施，如临时避难的场地、完备的救援体系、高峰期应对大量客流的应对处置机制。同时，根据疫情防控需要，切实履行安全运营责任。

建立健全志愿服务和救援体系。近年来，景点事故频发，尤其是外地游客和初次体验游客对景区不是非常熟悉，对一些冰雪体验项目的认识相对缺乏。所以，各景区应加强对游客的安全宣传教育和引导，通过提前发送冰雪项目安全知识手册、播放安全操作基本流程等形式大力普及冰雪运动安全知识，提升游客的个人安全防范和风险规避能力，避免安全事故的发生，同时提升景区的服务水平。

参考文献

刘培华：《吉林省冰雪旅游产业发展模式研究》，《北华大学学报》（社会科学版）2018 年第 6 期。

王月华等：《我国冰雪旅游产业发展效应及提升路径研究——基于冰雪运动“南展西扩东进”战略的分析》，《吉林体育学院学报》2020 年第 1 期。

李国平、闫磊：《京津冀协同发展战略视角下的京张冬奥产业带建设研究》，《经济与管理》2020 年第 1 期。

G.9
吉林省红色旅游与多产业融合发展研究

何　爽*

摘　要：　红色旅游一直是吉林省旅游业的发展重点，尤其在习近平总书记“用好红色资源，传承好红色基因，把红色江山世世代代传下去”系列重要论述发布后，吉林省文化和旅游厅多措并举，全力推动红色旅游发展。目前，吉林省红色旅游依旧面临实际的困难，可持续发展任重道远，多产业融合成为红色旅游未来发展的重要探索路径。吉林省红色旅游与多产业融合发展要以红色文化为核心，推动红色旅游在产业内和产业间、区域内和区域外的融合，实现红色旅游产业结构优化升级，走红色旅游高质量发展道路，形成全省全域旅游的发展模式，带动吉林省社会经济的发展。

关键词：　红色旅游　多产业融合　区域联动　吉林省

红色旅游是一种综合性的专门旅游活动，旅游者在革命纪念地、遗址、遗迹进行参观游览的同时缅怀革命烈士，接受爱国主义思想政治教育，它的发展涉及经济、社会、文化等多个方面。近年来，吉林省掀起了红色旅游的热潮。其中，以松花江、鸭绿江流域和长白山景区为重点的“东北红色旅游区”，是全国重点培育的12个红色旅游区之一，主题形象是“抗联英雄，林海雪原”。红色旅游已经成为老百姓常态化的生活方式，开始走入高质量的发展阶段。

一　吉林省红色旅游与多产业融合发展的必要性

吉林省红色旅游的多产业融合发展是对不断变化的市场需求的适应和调

---

* 何爽，吉林省社会科学院副研究员，主要研究方向为东北文学与文化研究。

整，只有通过多产业融合，才能真正实现旅游资源在全域范围内的有效利用和合理流动，适应日趋多样化的客源市场，满足多元化的旅游需求。

（一）加快传统旅游业优化发展

吉林省红色旅游长期以来一直采用传统运营模式，在新的时代形势下面临多方面的挑战。趋同的旅游产品、雷同的旅游路线、单一的旅游模式，无法满足市场上多样化的客源需求；旅游资源保护不足、污染严重等问题，给旅游地带来接待压力和生态压力。产业融合发展是突破传统模式桎梏的有效手段，国务院在《关于加快发展旅游业的意见》中明确指出，要大力推进产业融合发展，以融合促发展。将吉林省的红色旅游与农业、工业、林业、商业、体育、文化等多产业融合发展，促进产业结构优化和产业组织创新，是加快传统旅游业优化发展的重要途径。

（二）促进区域经济社会协调发展

区域融合和产业融合在旅游发展过程中相辅相成，多产业融合发展可进一步打破区域限制，扩大发展范围，以核心区域带动周边区域发展、资源共享、优势互补，实现红色旅游的全域发展，最终促成区域内政治、经济、文化、社会的全面协调发展。吉林省内的红色资源多分布在县乡地区，能够以红色旅游的发展带动本地相关行业发展、增加就业、促进产业结构进一步调整，为经济社会发展注入新的活力。应将融合发展、不断优化的红色旅游作为新的经济增长点，打响品牌、打开市场，促进区域经济社会协调发展。

（三）有效保护和充分利用红色资源

红色资源既是吉林省重要的思想文化教育阵地，也是宝贵的精神财富。抗日战争和解放战争时期，奋战在白山黑水间的战士为了脚下这片黑土地，以顽强的精神进行斗争，以气壮山河的魄力守护民族的荣誉，谱写了爱我中华的诗篇。加快推动红色旅游与不同产业和行业的融合发展，一方面能够更广泛地宣传、利用和保护红色资源，在不同领域发挥红色资源的精神引导作用；另一方面能够以红色精神培育吉林本土文化，在新时代激发新的生命活力。吉林省结合党史学习教育的需求，已系统梳理省内六大类红色资源（革命旧址、烈士纪念设施、革命类纪念馆博物馆、馆藏革命文物、各类爱国主义教育基地、警示类遗产），编制《吉林省革命文物保护规划纲要》和《吉林省东北抗联文物保护专项规划》，将有效保护和充分利用红色资源作为重要工作来执行。

二　吉林省红色旅游与多产业融合发展现状

（一）吉林省红色旅游业发展现状

作为东北抗日联军组建地、东北解放战争发起地、抗美援朝后援地，以及新中国汽车工业的摇篮、新中国电影事业的摇篮、中国人民航空事业的摇篮等，吉林省拥有丰富的红色资源，“红色”已经凝结在吉林省的文化底色之中。抗日战争和解放战争不仅遗留下239处革命遗址、遗迹、建筑、墓葬、碑刻、名人故居等（见表1），更在白山黑水间留下了中国共产党人、革命战士、东北人民顽强斗争的事迹和精神，是东北红色旅游发展的深厚基础。“全国30条红色旅游精品线路”其中之一在吉林省，即“四平—敦化—延吉—白山—临江—通化—集安”线路；“全国100个红色旅游经典景区”中吉林省占据8处，包括四平战役纪念馆、四平革命烈士陵园、四平烈士纪念塔、白山市郊七道江遗址、临江市“四保临江”烈士陵园、陈云旧居、靖宇县杨靖宇将军殉难地、通化市杨靖宇烈士陵园。“全国200个重点爱国教育基地”中吉林省有4个，是“全国12个重点红色旅游区”之一的“东北红色旅游区”的重要组成部分。在地址位置上，吉林处于东北三省的中间位置，临近朝鲜，包容性强，铁路和公路交通网四通八达；在自然资源上，红色旅游景区与生态旅游景区临近，如全国100个红色旅游经典景区之一的通化市杨靖宇烈士陵园与国家5A级景区长白山生态自然保护区紧邻。吉林省的红色旅游资源主要分布在四平、通化、吉林、延边、白山等地区，形成北部、中部、南部3个板块。

表 1　吉林省红色资源分布

地区	长春	吉林	四平	松原	辽源	通化	白城	白山	延边
数量	6	66	17	1	3	18	1	97	30

注：表中数据包括近现代革命建筑、遗址、遗迹、人文活动地等。

红色旅游一直是吉林省旅游业的发展重点，吉林省委、省政府高度重视红色资源的传承弘扬、保护利用工作，各级政府制定相关法律法规、出台各种政策保证红色旅游的发展，积极协调多方资源、整合多方力量，不断加大对区域内景点的投资与开发力度，为弘扬红色文化、传承红色血脉不断努力。尤其在习近平总书记“用好红色资源，传承好红色基因，把红色江山世世代代传下去”① 系列重要论述发布后，吉林省文化和旅游厅多措并举，全力推动红色旅游发展。

2021 年，吉林省修编《吉林省红色旅游发展总体规划》，提出要着力构建红色旅游经典产品、红色旅游主题产品、红色旅游融合产品和红色旅游演艺产品四大产品体系；推广东北抗联、解放战争、抗美援朝、工业遗产、新时代精神和警示教育红色品牌。2021 年 6 月 21 日，“初心如磐 · 使命在肩”吉林省红色旅游推广活动暨红色旅游万人行启动仪式在通化举办，发布了全省百佳红色旅游遗址（景点）、百佳红色故事和百名红色故事讲述人。吉林省“红色旅游 30 条精品线路”正式发布，红色旅游融合线路作为重要的组成部分，与红色旅游主题线路、红色旅游区域线路合成三大类型。2021 年 8 月 16 日，吉林省文化和旅游厅印发《关于推动旅游业攻坚发展专项行动方案》，将深度挖掘红色旅游产品作为重要任务之一。2021 年 11 月 11 日，《吉林省文化和旅游发展“十四五”规划》正式公布，“十三五”时期吉林省旅游总收入年均增长 20.74%，与“十二五”末期相比实现翻番，旅游业从小行业成长为新的支柱产业，成为吉林省老工业基地转型升级、振兴发展的新动能。该规划提出要积极发展红色旅游，梳理红色旅游资源，推出一系列红色旅游活动，增强红色旅游吸引力、扩大红色旅游影响力、提升红色文化传播力。根

① 习近平：《用好红色资源，传承好红色基因，把红色江山世世代代传下去》，中共中央党校（国家行政学院）网站，2021 年 5 月 15 日，https：//www.ccps.gov.cn/xxsxk/zyls/202106/t20210604_149118.shtml。

据《中国红色旅游消费大数据报告（2021）》，红色旅游搜索热度较上年同期增长 176%，吉林省以热度涨幅 196% 的成绩位列第三，省内排名前列的红色旅游景点包括长影旧址博物馆、长春电影制片厂、长春一汽、长白山老黑河遗址等。

（二）吉林省红色旅游与多产业融合发展态势

在红色旅游热潮背后，吉林省红色旅游依旧面临实际的困难，可持续发展任重道远。在吉林省经济社会发展的转型升级调整期、结构性矛盾凸显期，整个旅游业发展不平衡问题比较突出；在与红色旅游强省的对比中，吉林省的优势和特色还不够明显；人们对红色旅游市场的需求和要求在不断提高；尤其是近几年新冠肺炎疫情对旅游业冲击较大，吉林省红色旅游不稳定、不确定性因素增加。如何恢复红色旅游的热点、拓展红色旅游的市场、提升红色旅游的深度，使得吉林省红色旅游能够走上可持续发展的道路，是吉林省红色旅游亟待解决的问题。在此情况下，多产业融合成为红色旅游未来发展的重要探索路径。

红色旅游在本质上是文化产业与旅游产业的结合体，二者之间相互依托，以旅游的形式传达文化的精髓。而红色旅游与多产业融合则是在红色文化和旅游产业融合后，在市场和技术等因素的推动下，逐步实现产业内部或者与农业、工业等其他产业之间的联系与渗透，最终形成新的产业形态。多产业融合是实现红色旅游发展的关键点，通过发挥“红色+”的功能，促进旅游业与其他产业的融合发展，优化产业结构，有效配置资源，推动产业共同发展，带动旅游地的经济社会发展。

在《2011—2015 年全国红色旅游发展规划纲要》中，“转变红色旅游发展方式，提升红色旅游产业化水平”已经被提上日程。该纲要指出，要大力推动红色旅游和观光旅游、文化旅游、乡村旅游、休闲度假旅游等其他旅游产品相结合，形成以红色旅游为主题、形式多样的复合型旅游产品和线路，增强其吸引力和竞争力，实现产业化发展。同时提出推动红色旅游发展和革命老区经济发展相结合，推动红色旅游发展和红色文化精品创作相结合，加强和艺术表演院团合作，推动红色旅游和其他旅游市场主体相结合等。在《2016—2020 年全国红色旅游发展规划纲要》中，“加强统筹规划，促进融合发展”作为红色旅游的基本原则更加突出。立足经济社会发展全局，注重与脱贫攻坚、区域发展、城乡建设相衔接。依托地域特色资源，促进与周边乡村旅游、研学旅行、生态旅游相融合，提升红色旅游吸引力和影响力。跨界融合已经成为现代旅游发展的主旋律。2021 年，《吉林省推进红色旅游发展实施方案》出台，提出“跨界联合，融合发展”的发展策略，在产品设计和空间布局两个方面给出指导意见。一方面，以“红色”为引领，与“绿色、白色、灰色”等多维产品和线路融合，增加吸引力，彰显特色；另一方面，全面整合红色旅游资源，从地域类型、产品类型等方面入手，加强各市县合作，提升发展效率。在吉林省红色旅游推广活动暨红色旅游万人行启动仪式上，10 条红色旅游融合线路发布，如表 2 所示。

表 2　10 条红色旅游融合线路

	名称	线路	内容
1	“新时代　醉美乡村”线	长春市净月区—南关区—九台区	吉林省博物院、友好村、慢山里研学基地、马鞍山村、三下江南纪念馆
2	“鸡鸣三国　魅力边城”线	珲春市防川村—大荒沟	防川土字牌、龙虎石刻、张鼓峰事件战地展览馆、吴大澂雕像、防川民俗村、珲春大荒沟抗日根据地遗址
3	“岁月峥嵘　塞上江南”线	集安市区—钱湾村—五女峰	集安鸭绿江国境铁路大桥、集安博物馆、钱湾村、五女峰抗联遗址
4	“英雄永驻　民族记忆”线	敦化—长白山—延吉—汪清—图们—珲春	敦化市东北抗联寒葱岭密营遗址、长白山自然保护区、奶头山村、延边革命烈士陵园、延边博物馆、马村抗日游击根据地、红日村、图们口岸、珲春大荒沟抗日根据地遗址、防川村土字牌
5	“绿水湿地　生态文明”线	扶余—乾安—前郭—大安	扶余市烈士陵园、乾安县毛泽东光辉历程纪念馆、前郭县郭尔罗斯博物馆、查干湖引松纪念碑、大安嫩江湾湿地公园
6	“红色热土　杜鹃花开”线	辉南县金川镇（三角龙湾爱国主义教育基地）—石道河镇	曹亚范烈士墓、大龙湾抗联红色文化体验馆、吊水壶抗联路、三角龙湾金伯阳纪念广场、马屁股山战斗遗址
7	“先烈足迹　林海雪原”线	长白山—长白—临江—浑江—江源—靖宇—抚松	长白山自然保护区、长白山老黑河遗址、长白口岸、四保临江战役纪念馆、陈云旧居、七道江会议会址、石人血泪山、杨靖宇将军殉国地、抚松人参博物馆
8	“英雄故事　白雪人家”线	临江—靖宇—抚松	四保临江战役纪念馆、陈云旧居、松岭雪村、杨靖宇将军殉国地、花园口仙人洞抗联遗址

续表

	名称	线路	内容
9	“红色印记　雪韵淞乡”线	舒兰—吉林市区—蛟河	老黑沟惨案遗址、二合雪乡、韩屯村、吉林市劳工纪念馆(丰满万人坑)、丰满水电博物馆、拉法战迹地、红叶谷凤翔将军雕像
10	“工业摇篮　科技强国”线	长春市汽开区—绿园区—北湖区	中国第一汽车集团、中国中车长春轨道客车股份有限公司、长光卫星技术有限公司、长春新区规划展览馆

三　吉林省红色旅游与多产业融合发展存在的问题

在近几年多产业融合发展的呼声下，吉林省红色旅游与多产业融合发展之路已经开启，但是仍处于起步阶段，呈现种种问题和弊端，尚有很大空间进行更加深入的融合发展。

（一）资源内部元素开发单一

红色旅游在内容上多围绕抗战时期的遗址遗迹，缺乏对其深刻内涵的挖掘，难以引发游客兴趣和情感共鸣；模式上多采取传统、静态、单一的游览参观形式，缺乏互动性活动，体验感和参与性不强；形式上多以图片和物品的展示为主，进行简单的事件陈述或实物介绍，缺乏特色呈现和精神深挖。部分红色景区对这一问题已经开始重视并逐步解决，如四平红色旅游景区在静态展览的基础上加入了动态游览形式。这种多元开发还需进一步拓展与深入，从内涵、内容到形式进行深入挖掘，增加红色旅游市场的吸引力，以适应需求越来越高、形式越来越多元的游客市场。

（二）市场主体功能发挥不足

红色旅游在宣传上多以政府为主导，客源市场相对稳定，多集中于政府和企事业工作人员，以组团为主要出行方式，形式上多为培训、学习和会议。年龄上呈现两极化特征，学生和老年人居多，中年游客数量不足。地域上多依赖东北地区的客源，其他省份游客相对较少。这些因素导致红色旅游淡旺季明显，资源配比不合理，可持续发展受限。大部分的红色旅游景区自主意识较弱，品牌传播积极性较低，雷同化和模式化的旅游规划和服务无法满足多样化的需求。同时，对红色旅游资源内涵的认识有待进一步提高。长期以来，红色资源多被限定于抗日战争和解放战争时期的战争遗址和事迹，实际上，红色资源可以向前和向后进行追溯和挖掘。吉林省党组织成立前和党组织初创期的思想传播、战斗遗址和人物事迹，以及社会主义建设和改革开放时期各行各业涌现的英雄事迹和先进个人，都是吉林省红色旅游资源的重要构成。

（三）产业融合度低

吉林省有着长白山等知名的生态旅游资源、朝鲜族等少数民族文化资源，广袤的黑土地等农业资源、老工业与现代新型工业资源等；区域内文化、旅游资源丰富，民俗、教育、体育等产业完备。但是各个区域内的优势资源与红色旅游资源并未有机地结合起来，产业链条不完善，产业体系不合理。资源融合发展已经成为旅游业发展的共识，业态融合是文旅产业发展的未来方向，红色旅游资源的产业融合也已经走入常态化。红色旅游产业的融合既包括产业内部的融合，也包括与其他产业的融合，但是目前对红色旅游资源的挖掘以及与相关产业的融合都不够深入，未能形成完整的红色旅游产业链和强有力的综合类旅游产品，对区域经济社会的发展未能起到明显的带动作用。

（四）区域联动性差

各市州、各地区政府依据自身的红色旅游资源特色积极制定规划，但是各区域之间的互动性和交流性不强，多是单个红色旅游景点的独立开发，旅游路线之间的衔接性不强，未能形成全域旅游的联动。吉林省的红色旅游资源分布于南部、中部、北部地区，但是资源比重和发展程度并不均衡，以通化、白山为核心的南部地区的红色旅游资源丰富、知名度高，通化市杨靖宇烈士陵园、白山市红色旅游系列景区已被列入全国100个红色旅游经典景区，还拥有全国重点旅游景区——长白山国家级自然保护区，具有较为成熟的财政支持和制度保障体系。以长春、四平为核心的中部地区的红色旅游资源多依托区域内的自然旅游资源和人文旅游资源；以白城、松原为核心的北部地区的红色旅游资源数量较少，且分布零散，一直以湿地生态旅游为主。三大板块内的红色旅游资源联动性较差，多是单独开发，联合开发少，未能形成优势互补，在营销理念、规划设计、服务管理、技术手段等方面落后于红色旅游强省，严重阻碍了吉林省全域旅游的发展进程。

（五）与科技信息融合待加强

目前，红色旅游的营销手段在观念上已经从传统的线下门店运营转向线上网络营销，但是具体的落实情况并不理想，多是仅搭建了基本的网络平台，并未真正实现有效运营。景点的宣传力度不够，多是对景点的介绍，缺乏对酒店、饮食、游玩信息的介绍；宣传平台单一，多依赖于传统网站，对新媒体如微信公众号、小程序、抖音、快手、短视频、微博等的多元开发不够；信息更新较慢，内容和形式不够活泼，多是简单的基本情况介绍，缺少个性化的、吃住行购一体化的信息。信息技术在开发红色旅游产品、搭建红色旅游产品电子商务平台、提升红色旅游信息服务和智能化水平、助推红色旅游产业融合等方面的作用并未凸显。

（六）多产业融合发展人才匮乏

红色旅游与多产业融合发展对从业人员的整体素质和专业素养要求较高。但是从目前红色旅游景区工作人员的综合素质来看，还不足以支撑融合发展中的红色旅游。各大景区中同时拥有专业的旅游知识、卓越的管理能力和丰富的实践经验的人才较少，高层次的专业人才引进困难。在旅游服务过程中，能够深刻领会红色文化精神、讲解红色文化内涵，给游客提供高质量服务的人才不足，融合发展的后劲不足、底蕴缺乏。

四　吉林省红色旅游与多产业融合发展的路径

（一）“红色+生态”

发挥吉林省地理和气候优势，打造“红色文化+绿色生态”旅游产品，将红色旅游融入青山绿水、天然田园的生态背景中，让游客在轻松愉悦的环境中感受红色文化的魅力，使红色旅游兼具科普性与观赏性。处于吉林南部地区的通化、白山旅游资源丰富、配套设施条件相对成熟、财政和制度保障度高。通化市杨靖宇烈士陵园、白山市红色旅游系列景区被列入全国100个红色旅游经典景区，是吉林省爱国主义和思想政治教育的培训基地，这些红色旅游资源可与区域内的自然旅游资源如长白山生态自然保护区进行整合开发，共享客源市场。位于吉林北部地区的白城红色资源数量较少、开发程度较低，在自然资源上以生态湿地为主，环境优美，可进行红色旅游与生态旅游的结合，从而实现资源互补、共同发展。

（二）“红色+人文”

将红色文化与吉林省地方文化相融合是多产业融合发展的良好途径。吉林市的红色旅游资源，如吉林市革命烈士纪念馆、东北抗联长白密营、吉林市金日成读书纪念室等，可以与长春市区内的红色旅游资源如长春电影制片场、长春革命烈士陵园、长春苏军烈士纪念塔等相结合，走红色人文旅游路线。2021年，吉林市推出“初心如磐·河山留证——吉林革命旧址百课开讲”活动，将红色旅游和区域文化相结合，在吉林市的革命旧址、纪念馆、博物馆等地邀请历史见证者、学者专家、讲解员等进行现场讲解或视频展播，让党史学习焕发新的活力。

（三）“红色+扶贫”

红色旅游资源可以与当地的农村发展相融合，在旅游脱贫中发挥作用，形成“红色+扶贫”的旅游模式。以红色旅游为依托，进一步发展乡村旅游，将原有的农家乐和家庭旅馆做精做细，在装修风格、娱乐餐饮、纪念产品等方面提高品质，尤其是提高农家乐的服务水平，提供个性化服务；开发生态观光农业，建设特色观光农业，增加和丰富农产品的观赏和采摘环节，促进当地百姓就业，增加当地百姓收入，带动当地经济发展。例如，通化等地的红色旅游景点推出了忆苦思甜的“抗联餐”和“红军餐”，受到市场欢迎。这种饮食上的融合可进一步强化，将当地特色的绿色有机食材和战争年代的餐食结合，让红色旅游资源与地域内的餐饮文化相融合，带动当地餐饮业的发展，使得具有地方特色的红色景区更具吸引力。

（四）“红色+影视”

红色文化的宣传与展示不应该仅是对遗址、遗迹的参观和对红色故事、事件的聆听，而应是立体的、动态的，让红色文化真正地“活起来、动起来”，让游客真正听得到、看得见、摸得着、记得住。《中国红色旅游消费大数据报告（2021）》提到，长白山老黑河遗址公园和长影旧址博物馆的旅游热度攀升。长白山老黑河遗址公园在2020年6月被吉林省委、省政府命名为省级爱国主义教育基地，在2021年6月被中宣部命名为全国爱国主义教育示范基地。长白山老黑河遗址公园成为旅游热门景点与长白山池南区抗联题材电影《老黑河》的上映密切相关。该电影的上映推动了红色景点“出圈”，吸引了大批游客前来参观游览，从影视观赏到实地参观，游客可以在多个方面感受东北抗联生活的艰苦。长影旧址博物馆旅游热度的上升也是借助了《听老“长影人”讲述新中国电影历程》的网络热度和一代又一代优秀红色电影的播出。可在景区内设置红色主题乐园，增加游览的趣味性，利用现代技术推出红色影视短片拍摄、制作体验项目，增加互动性。依托发生在本区域内的红色事件，设置多种影视体验主题类型，让游客参与红色影视短片的剧情设置、人物设定、表演等全过程，由专业的影视制作团队帮助游客完成后期制作等工作，最终游客带走的红色影视短片既是对游览体验的纪念，又是对当地旅游景点的宣传。

（五）“红色+冰雪”

吉林省有着鲜明的季节特色，这一点也体现在红色旅游资源上，东北抗联战士们正是利用这一特殊的自然条件与敌人进行斗争，这是南方地区红色旅游所不具备的特殊资源。因此，要充分利用优势，将红色旅游资源与吉林省独具特色的冰雪旅游相结合，发展“红+白”的旅游模式，提高“红+白”的市场化程度，打造“抗联英雄，林海雪原”吉林特色旅游。进一步将红色旅游与冰雪旅游、生态旅游、文化民俗旅游组合起来，用红色文化将“白色旅游”“绿色旅游”串联起来，推广复合型产业的发展模式。通过不同产业间的跨界融合，形成红色旅游与生态旅游、文化旅游、乡村旅游等产业与行业的联动格局，推动红色旅游在吉林省的全域发展。

五　吉林省红色旅游与多产业融合发展的对策建议

吉林省红色旅游与多产业融合发展要以红色文化为核心，推动红色旅游在产业内和产业间、区域内和区域外的融合，实现红色旅游产业结构优化升级，走红色旅游高质量发展道路，形成全省全域旅游的发展模式，带动吉林省社会经济的发展。

（一）深化旅游产业内部融合

旅游业本就不是单一的产业，涵盖了吃、住、行、游、购、娱六大要素，融合是它的基本特性，每一项要素之间相互渗透与互动，共同促进旅游业的发展。因此，红色旅游与多产业融合发展的第一步应该是深化旅游产业内部融合。建设红色主题农家乐和餐厅，突出东北特色美食和特产；打造带有东北地域特色的住宿环境，建设红色客栈；进一步完善交通网，设计满足不同人群个性化需求的路线，新增旅游专线；大力开发游客体验式项目，在游览过程中将图片、文字、视频等进行有机结合，调动游客的多方面感受，设计参与感强的项目，引导游客主动参与；设计和推出带有东北红色文化特色的纪念品，改变各地旅游景点千篇一律的旅游产品和纪念品；开发多种娱乐活动，如健身设施、跑道、主题电影、儿童游乐等娱乐设施，提升趣味性；增加游客服务和医疗保障等项目，加强游客外出旅游的安全保障。最终目的是使游客得到多方面的体验，形成吃、住、行、游、购、娱相互融合的红色旅游链，为游客提供多样化的服务，吸引游客的眼球，延长游客的旅游时间，提升游客的体验感。

（二）深挖红色旅游文化内涵，扩展红色旅游群体

拓展与深化红色旅游文化内涵，打造吉林红色旅游品牌，打好东北抗联、解放战争、抗美援朝、工业遗产、新时代精神和警示教育品牌等 6 张吉林红色旅游牌。对已开发的红色旅游资源进行全面细致的研究，在深入挖掘其内涵的基础上进行创新开发；对未开发的红色旅游资源，如边境地区和偏远乡村，设计科学的开发模式，通过已有资源深化其发展内涵。积极关注市场的多样需

求，如以度假观光为目的的休闲旅游、以教育为目的的文化旅游、以学习为目的的研学旅游等，都是红色旅游的重要组成部分。针对不同旅游群体开发多样化的红色旅游路线和方案，增加参与性和体验性。针对不同年龄、职业、行业等消费者的需求设计红色主题活动，举办红色旅游文化节，打造红色旅游精品项目。尤其要利用寒暑假积极发展研学旅游，将学习、体验、休闲、娱乐等融为一体，推出一批主题鲜明、课程精良、运行规范的研学旅行示范基地，与相关部门合作开展，让红色旅游以多样的形式走进机关、校园、军营、社区等地。

（三）加强与农业、工业及服务业的融合发展

不同产业间的融合发展是关键，重点将红色旅游与农村旅游、生态旅游、文化旅游等相结合，发挥红色旅游的能动性和主动性，实现有机结合。以旅游业的发展带动农业发展、乡村建设、农民就业，为乡村振兴提供动力，以优秀的红色文化涵养民风。与此同时，农业的发展和已经获得的脱贫攻坚成果也为红色旅游提供了机会，美丽宜居的乡村环境为红色旅游营造了良好的氛围，农民素养的提升、幸福感的增加给红色旅游增加了活力。因地制宜地将红色资源与本地乡村资源相结合，打造红色文化主题乡村旅游，或者借助乡村特有的农业基础和农副产品，将红色文化融入其中，打造特色农业产业园，对助推农业发展和红色旅游发展都具有重要的意义。借助红色旅游引导和促进吉林省地方工业转型，推动本土工业、企业与红色旅游的衔接，开发红色食品、工艺品等旅游商品，打造红色旅游工业基地、红色旅游商业园区、红色旅游示范街区，形成规模效应。加强红色旅游与服务业的融合，在金融、医疗、教育、餐饮、物流等第三产业中开发红色旅游资源，进而在整体上推动红色旅游与第一、第二、第三产业相关业态的融合，形成多产业良性发展的红色旅游格局。

（四）强化区域联动

加强不同地区红色旅游资源的联动，建立资源与利益共享机制，改变吉林省红色旅游资源分布零散、各自为政的现状，实现红色旅游资源信息、客源共享，形成以点带线、以线带面的发展模式。以 30 条红色旅游精品线路之一的“四平—吉林—敦化—延吉—白山—临江—通化—集安”线为发展核心，将这

条线路上各个区域和节点的红色旅游资源进行有效整合，发展多条红色旅游支线，打破行政区划分形成的壁垒对红色旅游资源整合的约束，加强红色旅游资源在省际、各县市间的合作。同时，加强与黑龙江和辽宁在红色旅游资源上的合作和互动，建立长期跨区合作关系，形成东北红色旅游资源的整体框架结构。

（五）与科技的深入融合

科技在旅游业中的重要作用已经有目共睹，智慧旅游已经成为国家重点扶持的新型旅游方式。吉林省的各大红色景区都已走上科技旅游之路。但是对于科技的融入，不应该只是简单的网络预订、网站宣传，而应该覆盖红色旅游的各个方面，贯穿游客游览的整个过程，真正提升游客对吉林省红色旅游的满意度。利用多元媒体平台进行红色文化旅游宣传，加快建设公众号、小程序等平台，利用微博、微信、抖音、快手、短视频等渠道用心宣传。在游览前，游客能够根据自身需求实现个性化的路线规划，甚至可以进行虚拟体验。在游览中，通过现代化设备进行地图导航、语音导游、互动游戏、知识普及等项目，使游客的整个游览过程充满个性化和体验感。利用科技为游客提供更加便捷的支付方式，推出多元化的产品选择和定制服务。在游览后，利用平台大数据收集游客的反馈意见，及时回应游客的问题和疑问，及时发现与修正问题，形成和维护良好的红色旅游口碑。

（六）打造与培育多元化的人才队伍

吉林省红色旅游与多产业融合发展需要打造高素质、多元化的红色旅游人才队伍，这种复合型人才要在旅游规划设计、经营管理、市场营销、导游服务、文化宣传、信息技术等多方面具备才能。打造红色旅游人才队伍需要外部引进和内部培养双管齐下，内部培养是重点，外部引进是补充。依托吉林省内各大院校旅游专业的综合优势，阶梯式培养学士、硕士、博士人才；依托省内高校和科研院所的专业优势，有针对性地培养研究红色旅游的学术型人才；依托省内成熟的红色旅游景区，专业化地培养红色旅游管理和服务人才。对吉林省红色旅游人才队伍进行职业化培训，提高导游、讲解员、管理人员的专项技能；打造红色旅游实习基地，加强红色旅游解说与导游的实际应用与实践，推动高校、科研院所、旅游培训机构和红色旅游景区深度合作。

此外，红色旅游与多产业融合发展要做到规划保障和生态保护。其一，红色旅游与多产业融合发展要遵循“文化引领、政府主导、市场运作、多方参与”的原则，制定专业全面的总体规划和具体的专项规划。多元融合的旅游规划应建立在吉林省全域旅游的基础上，对区域内的整体性融合发展进行统筹安排和科学部署，制定科学性和前瞻性的长期规划和方案。2021 年，吉林省已经整合红色旅游资源，修编《吉林省红色旅游发展总体规划》，未来将进一步依据总体规划进行区域细化。各地区的规划编制需要注重两个条件、突出两个特色：一是注重当地经济发展现状、未来趋势以及当地的旅游发展条件，制定符合本地区的专项规划；二是突出本地区的红色资源特色和文化特色，打破千篇一律的局面，打响自身品牌竞争力。其二，红色旅游与多产业融合发展要保证良好的生态发展和健康的文化建设。无论是与工业还是与农业融合，要以不破坏环境为底线，坚持人与自然和谐共生，保护文化旅游生态环境，倡导文明旅游，推广清洁生产、循环利用、污染治理和节能减排技术，压实生态环境保护责任。在与多产业融合发展的同时，要保证红色精神不变色，大力保护革命遗址及周边环境，进行保护性开发，建立健全对红色旅游景点的保护机制，禁止和纠正破坏红色旅游资源的行为，真正落实《吉林省革命文物保护利用规划纲要》和《吉林省东北抗联文物保护专项规划》。

参考文献

《2004—2010 年全国红色旅游发展规划纲要》，国家发展和改革委网站，https：//zfxxgk. ndrc. gov. cn/web/iteminfo. jsp？ id=112。

《2011—2015 年全国红色旅游发展规划纲要》，韶山市文化旅游广电体育局网站，2014 年 8 月 13 日，http：//www. shaoshan. gov. cn/12351/12356/content_ 598663. html。

《〈2016—2020 年全国红色旅游发展规划纲要〉出台》，邵东市人民政府网站，2017 年 6 月 26 日，https：//www. shaodong. gov. cn/sdswgltj/ghjh/201706/2cd08f d09b49451a904ef94e783bd6c3. shtml。

《吉林省文化和旅游厅关于印发〈关于推动旅游业攻坚发展专项行动方案〉的通知》，“吉林省文旅产业投资联盟”微信公众号，2021 年 8 月 24 日，https：//mp. weixin.

qq. com/s? src = 11×tamp = 1665543602&ver = 4099&si gnature = uOSTZPpTE26AQ8ZGOAN6vIjajWI5PmtbzXV06K79v3wo * 2L0wBLV8DR MVXEAj0XpZKx812QPhFaHZ2YPjUjtIUYER5LYtYpqsKKmAOm67vUeusk5zz435kg0 hiUGRxqE&new = 1。

《吉林省人民政府办公厅关于印发〈吉林省文化和旅游发展“十四五”规划〉的通知》，吉林省人民政府网站，2021 年 11 月 11 日，http：//xxgk. jl. gov. cn/szf/gkml/202111/t202 11111_ 8281588. html。

G.10
双引擎驱动下吉林省研学旅行创新路径研究

顾洪军*

摘　要： 随着经济的发展和国家教育体制改革的不断深入，素质教育的优化整合开启了新篇章，未成年人综合素质的提升受到越来越多的重视。2016年底，教育部等11个部门联合发布了《关于推进中小学生研学旅行的意见》，将研学旅行纳入中小学教育教学计划，要求各地重视研学旅行，并推动其健康快速发展。当前，国家不断加大对教育事业的重视和投入力度，研学旅行作为新样态的教育项目，已经由“促进旅游业发展”的重要推手上升到“全面提升中小学综合素质教育水平”的国家战略高度，研学旅行俨然成为新蓝海。吉林省应抓住契机，借助优质的旅游资源和独特的人文、民俗、地方优势，在研学产业上精准发力，实现跨越式发展。同时，应当进一步提升自身认识，准确判断研学旅行发展所需的宏观环境和微观要素，充分调研、分析契合研学旅行发展的优势资源，从产业布局、政府引导、人才培养、资源联动、明晰方向等维度，做好整合、精准发力、充分赋能，将吉林省研学产业打造成为吉林省的一张亮丽名片。

关键词： 研学旅行　旅游业　吉林省

---

* 顾洪军，长白山国际文化传媒有限责任公司总经理、工程师、政工师，主要研究方向为旅游管理。

一　吉林省研学旅行发展的背景

研学，即研究性学习，国际上统称“探究式学习”，国内目前称之为综合性实践教育，是指以学生为中心，在教师和学生共同打造的学习环境中，基于学生原有的身份概念，引导学生进行主动提问、主动探究、主动学习的归纳式学习过程。

研学旅行，是研究性学习和旅行体验相结合的校外教育活动形式，是学校教育、社会教育、家庭教育相互衔接的实践性学习形式。凭借“教、学、做合一”的理念、方法和模式，根据孩子的成长规律和年龄特点，设计实施不同学段的研学课程，在研学活动中不断提升未成年人自身的基本素质。在内容设置上，研学旅行结合课程目标进行了积极的扩容，课程内容涵盖探索、体验、实践等诸多方面，旨在引导未成年人形成科学思维方式、培养自主学习能力、塑造良好品德和健全人格，实现素质教育的目标。

“研学旅行”是近年来出现的新名词，它继承和发展了古代游学“读万卷书，行万里路”的教育理念和人文精神，成为实施素质教育的新手段。2016年底，教育部等11个部门联合发布的《关于推进中小学生研学旅行的意见》中要求，要把研学旅行纳入中小学教育教学计划。

广义上的研学旅行，其受众范围非常广泛，不仅局限于学生群体，还包括企事业单位或组织的员工。学校为学生开展素质教育、家庭策划亲子旅游，均可采用研学旅行的方式。研学旅行将引发一场“教育革命”：素质教育的实践化、核心素养的体验化、大教育环境的社会化，将成为研学旅行推进教育产业进入高速发展阶段的里程碑。强调“教育与旅游的知行合一”将影响当今素质教育的发展方式。2017年10月21日，中国旅游研究院在河南开封发布《中国研学旅行发展报告》，该报告指出，随着素质教育理念的深入和旅游产业的跨界融合，研学旅行市场的需求会不断释放，中国研学旅行市场的总体规模将超千亿元。

随着国家不断加大对教育事业的重视和投入力度，研学旅行已经由“促进旅游业发展”的重要推手上升到“全面提升中小学综合素质教育水平”的国家战略高度，研学旅行俨然成为新蓝海。《中国研学旅行发展白皮书2019》数据显示，据不完全统计，2019年主要参与研学旅行业务的企业有7300多家。截至2020年8月末，全国中小学生研学实践教育基地超过1600个，全国中小学生研学实践教育营地有 177 个。据不完全统计，截至 2021 年，全国有近 50 个地区发布了与研学旅行相关的政策文件和报道信息。其中，关于研学旅行实践基地的热点信息数量最多，达到 30 条；其次是关于研学旅行产品、线路创新的热点信息，数量达到 21 条；关于研学旅行的促进政策信息有 17 条。截至 2021 年底，研学旅行的对象中，3~16 岁人群超过 80%，以在校中小学生群体为主。以 2021 年为例，研学旅行企业数量已经增加至 31699 家；国内研学旅行人数达到了 400 万人次，市场规模达到了 150 亿元，人均消费 3117 元/次，研学旅行需求旺盛。根据国家统计局的官方预测，2019 年以后，我国 3~16 岁人群的旅行需求将继续增长，整体市场规模将保持在 3 亿元以上。受新冠肺炎疫情影响，虽然当前的研学旅行规模尚未达到这一水平，但研学旅行市场潜力巨大，正待深入开发。

二　吉林省发展研学旅行的意义

吉林省的研学资源极为丰富，自然山水资源、历史人文资源、传统民族民俗资源得天独厚，能够升级为研学旅行所用的优势资源数不胜数，完全具备了以新兴教育产业对传统旅游业赋能的基本条件。发展研学旅行不仅是落实“提高未成年人综合素质教育水平”的重要手段，也是发挥吉林省全域旅游资源优势、丰富旅游产品类型、拓展客源途径、促进旅游产业转型升级的重要环节，更是全方位提高区域经济发展水平的重要举措。

从吉林省人才发展战略的实施角度来看，做好研学旅行，把优质的研学课程输送给孩子，把吉林省真正好的东西教给孩子，可以全面提升孩子的综合能力，也可以让他们了解家乡的美，熟知家乡的地域文化，充分地认识家乡、真诚地热爱家乡，在潜移默化中增强他们的文化自信，让吉林省的孩子真正成为家乡文化的宣传员。对家乡有感情、有眷恋，才会有期冀，才会愿意在外出闯荡后回归家乡，参与家乡的建设事业，让孩子真正爱家乡，才能为吉林省未来的建设事业提供足够的人才储备。

从促进省内产业融合的角度讲，研学旅行是文化与旅游融合的典型新业态。截至 2021 年底，吉林省有国家 3A 级以上旅游景区 180 余家，这些旅游景区在体制机制、政策保障、公共服务、供给体系、秩序与安全、资源与环境等多方面通过了考核认定，为发展全域研学产业奠定了良好基础。以点连线、以线带面，实现区域研学融合发展，形成以“大美长白”为主线的12个板块的主题研学区域。

将吉林省拥有的各种优势资源成功地转化为优质的研学旅行产品，无疑会成为国内综合教育的标杆性举措。把吉林教育做出吉林特色，才能全面提升吉林省综合教育的品质。

三　吉林省研学旅行的发展现状

为抓住“加强全国青少年素质教育、鼓励中小学生参加社会实践教育活动”的机遇，吉林省的很多企业已经或正在跟随市场的脚步，在研学旅行产业上蓄势待发，但是实际发展情况却是不专业、不均衡的，具体表现在以下四个方面。

（一）好的资源未能得到初期的政策扶持，无法转换成优质的研学产品和产业

初期研学旅行政策的出台多由教育部门牵头，各地、各行业对研学旅行的信息获取量以及重视程度各有不同，导致研学旅行产业发展呈现不均衡的特点。

尽管很多教育机构没有优质资源，但凭借团建、夏令营、冬令营等基础优势和前期介入的经验，已经第一时间争取到了市场资源和专项资金扶持，已经拥有比较系统的研学课程，在流程、服务、安全管控上均已有较为成熟的体系，研学旅行已经初步走上轨道。但是，由于掌握的资源相对匮乏、内容较为单一，一些机构或企业尽管资源较好，却对相关扶持政策了解不足，也因为对研学旅行市场的研判以及敏感度不够，没有预估到研学旅行市场的走向，从而没有把研学旅行当作重要产业去培育。因此，无论在课程开发还是在后续的研学团队实践经验总结上，都相对缓慢和滞后，研学旅行产业的规模转化力度不足。

（二）当地机构和研学基地的研学课程开发设计能力不足，优质课程少，专业化程度不高

部分地区对于研学旅行的概念理解以及本质区别尚不清晰。研学旅行是带

着目的的，是要真真切切地在实践中收获知识和成长的，而不仅是开阔眼界和玩得开心。好的研学旅行资源要借助好的研学课程才能实现有效落地和转化，研学课程的开发和实施都要依据中小学素质教育的课程纲要，要做到有的放矢。

目前，吉林省很多研学机构和基地的研学课程仅仅是让孩子到目的地参观和团建。很多景区只是在原来的团建方案里或是景区讲解词中加入一些看似科学的内容，进行简单地修改，并没有结合实际、客观预判参与者对科学、文化、自然、历史等学科的认知需求，也没能按照年龄结构和认知水平做出相应的调整，只是简单粗暴地把旅游接待的相关产品直接用作研学课程来接待研学团队。从根本上讲，这是一种不负责任的表现。

（三）专业人才缺失，从领军人物到研学内审员、导师，岗位人才的存量和专业程度均满足不了产业发展的需要

截至2021年底，吉林省具备正规专业资格的研学导师不足500人，很多研学机构在接待研学团队的过程中只是简单粗暴地把自己的全部工作人员（包括讲解员、服务员等）调动起来作为研学导师带领研学团队，严重影响了研学旅行的口碑和品质。这种做法有三个弊端：一是从专业技巧上根本达不到专业研学导师的水准；二是从课程传授上无法保证活动质量，只是带孩子“走马观花”、看个热闹；三是无法从安全、心理、成长等诸多方面对孩子的身心加以保障。

（四）研学产业缺少政策引导和政策扶持，在产业规模化发展上缺少大的整合力

目前，吉林省尚没有出台适合省内研学旅行发展的相关扶持政策，只能依托2017年、2018年教育部牵头审批的15个中小学生研学实践教育基地和2个中小学生研学实践教育营地向中央彩票公益基金申请支持中小学生研学实践教育基地（营地）修缮改造、课程研发和开展研学活动的专项经费，但此项经费呈逐年减少状态。

没有政策就没有标准，同时缺少配套资金的支持，这样不利于研学旅行产业化、规范化发展。没有统一的政策，从事研学旅行的机构就会处于各自为政的状态；缺少省级的标准化体系作支撑，很难形成规模、品牌和口碑。

在没有统一标准的情况下，各类机构水准不一、能力不一、目标不一，品牌营销和推广过程中不能形成大的整合力，这对吉林省打造高质量的研学旅行品牌是十分不利的。

除了上述的几个问题，还应当客观认识到研学旅行产业面对的现状——疫情的持续冲击。当前的疫情防控常态化趋势不能被忽略，从把握宏观政策的政府部门到落实微观调控的研学旅行企业，必须把问题想得更复杂些、把形势想得更严峻些。

疫情防控期间，研学旅行企业应该把更多精力放在提升核心竞争力上，强化内部培训、学习，强化研学导师的队伍建设，完善研学旅行接待流程，深化课程开发，细化评估体系，对研学旅行服务全流程进行再梳理、再审视、再提高。只有提高自身竞争力，才能实现未来的高质量发展。

研学旅行企业应该积极苦练内功，留住核心人才，在产品业态创新等方面多做谋划，打出“提前量”。要把思辨意识融入工作实际，要以问题导向驱动企业发展，例如：经过疫情防控，研学课程是否会增加一些新的需求？研学课程是否可以从自然教育、生命教育、卫生教育、爱国教育等领域引入新内容和新形式？

疫情发生的背后，是研学旅行企业需要面对和需要警惕的问题。比如，疫情给一些民营的研学实践教育基地带来了消极影响。与一般研学旅行企业相比，研学实践教育基地建设无疑是一种典型的重资产投资，对于研学实践教育基地过热的发展模式，需要考虑可持续性的问题。这种主导模式投入高，回报周期长，人力依赖性强，经营周期短，风险性很大。所以，在危机面前，研学实践教育基地的发展模式亟须转型。

从时间节点上看，疫情对于研学旅行的现实影响尚不明朗，但是潜在影响不容小觑。虽然业界几乎都很肯定，旅游业将在疫情过后呈现报复性反弹、补偿性反弹，但是从另一个维度来看，疫情增加了人们对聚集性活动的恐惧，在疫情结束后的短时间内，人们会因为心理影响而出现旅游的迟滞实施，这就给研学旅行产业的安全服务提出了“严上加严”的要求。研学旅行的本质就是以学校、班级为单位组织的大规模出游，学校方面会对安全等影响出行的因素有更多的考量。所以，在经营压力持续增大的情况下，疫情的出现对于研学旅行企业而言是“雪上加霜”。

2020年以来，研学旅行企业经历了一次不可避免的“大浪淘沙”。现金流不足、战略设计缺失、人才队伍不稳定、上下游资源把控力不足的研学旅行企业，将会逐步淡出这一细分市场，研学旅行产业即将迎来重新洗牌。在一定程度上，这也提高了研学旅行产业的准入门槛，未来还需要积极发挥好研学旅行企业的积极影响，在课程设计、师资配置、服务细节、安全保障等方面挖出“护城河”，筑高竞争壁垒，打开长期盈利空间。

总体来看，全国还有很多省份在政策层面没有落实到位，研学旅行市场的规模还有待开发，只要宏观经济保持稳定运行，产业就能够进入健康发展的轨道，研学旅行产业就有机会保持高速增长的势头，进入蓬勃发展阶段。“没有一个冬天不会过去，没有一个春天不会到来”，前提是要坚持到春天。因此，吉林省要抓住契机，尽快完善各项举措，加速推进研学旅行产业的发展。

四 吉林省研学旅行发展的思路

按照“政府扶持、市场主导、企业投入”的原则，建立一套管理规范、高效有序、公益与市场相结合的研学旅行产业管理运行机制。利用现有的景区等研学旅行资源打造一批具有示范带动作用的研学实践教育基地；利用特色资源设计综合研学实践教育课程，开发不同层次的精品研学旅行产品；利用现有的机构渠道培训专业能力过关的研学导师；培育一批研学旅行企业；树立吉林省研学旅行品牌形象；重点开发研学旅行的客源市场；形成完整的研学旅行产业体系。逐步整合研学旅行接待资源，开发研学旅行产品和线路，提升服务水平，大力推动研学产业发展，尽快将吉林省建设成为国内一流的研学旅行目的地。

（一）做好内功（第一阶段）

明确牵头部门，强化部门联动，联合多部门建立吉林省研学旅行产业标准化体系，包括研学旅行基地认定、人才队伍培养、产业资金引导，从宏观方面制定可落地实施的纲领性文件，让所有从事研学旅行产业的机构和景区有目标、有方向、有奔头，设置“赛马机制”，能上能下，尽快打造一批高水平、高品质的研学旅行基地，并培育一支高水平研学旅行人才队伍。

（二）预热宣传（第二阶段）

对外宣传吉林省内已经形成品牌效应的研学旅行基地，优化研学旅行服务、重视研学旅行产业发展。宣传吉林省特有的研学旅行接待资源、研学旅行产品；号召各景区配合研学旅行企业，专门制定礼遇政策和门票优惠政策；通过整合，先拿出最具有代表性的、成熟的研学旅行基地和产品对外进行宣传，以点带面，做好示范引领作用，并通过市场需求和竞争，筛选优秀的研学旅行服务机构。

（三）有序组织、强化品牌（第三阶段）

由政府部门牵头，加强组织保障，组建研学旅行产业领导机构，有序推动吉林省研学旅行产业发展。有意识地引导吉林省研学旅行产业体系化建设和产业化发展；定期召开吉林省研学旅行产业专题会议，集中调度、发展进度，做好资源整合；强化对优势研学旅行产业品牌形象的宣传。

（四）市场化运作（第四阶段）

由政府主导逐步过渡到市场化运作，通过市场竞争，不断优化提升吉林省研学旅行产业发展水平，将吉林省建设成为国内一流的研学旅行目的地，政府相关部门需要做好监管，引导吉林省研学旅行产业向高水平发展。

1. 有序搭建平台

由省文化和旅游厅牵头，整合省内研学旅行接待资源，建立数据库；组建一支志在研学、专业过硬、结构合理的研学导师队伍；对接研学旅行服务机构，市场化开发运营吉林省研学旅行产品，建立吉林省研学旅行产业品牌体系，制定吉林省研学旅行产品清单。

2. 完善实践教育基地建设

按照国家、省级各部门有关青少年实践教育基地的评定标准，不断完善吉林省实践教育基地的软硬件建设，积极争取获得国家实践教育基地称号和资金扶持。指导各基地尽快根据自身特色及中小学生课外实践教育需求，开发一组具有吉林特色的精品课程，把世界级的研学旅行资源转化成世界级的研学旅行产品。在平时的监管过程中严抓管理、服务和安全。

3. 设计特色、开发研学旅行产品

长白山是吉林省的著名风景区，其地质地貌、动植物资源、生态环境均为国内数一数二的研学旅行资源，可以设计以生态环境保护为主题的研学课程，开发对应的研学旅行产品；可以设计以气象、天文、防灾减灾、绿色低碳等内容为主题的研学课程，打造长白山气象文化科普研学旅行产品；以长白山365公里慢行系统驿站为核心，设计以自然保护、森林防火、野外考察等内容为核心的研学课程；依托地震局平台，设计以火山地震知识科普为主题的研学课程；深挖东北抗联精神、中国传统文化和爱国主义教育内涵，整合天池南区老黑河文化资源，设计以爱国主义教育为内容的研学课程。

满族文化一直以来都是吉林省的一个重要文化符号，满族文化资源特别多。吉林市的乌拉街是清代打牲乌拉总管衙门所在地；长春市的伪皇宫是清朝末代皇帝的皇宫；乌拉街还有满语小学……满族文化是吉林省特有的文化，覆盖面广、文化底蕴深厚，从万物有灵自然崇拜的萨满文化，到已经演化为东北民族习俗的满族民俗文化，借助地缘优势打造具有满族特色的研学课程，将会成为吉林省研学旅行的特色和亮点。

在这个“内容为王”的时代，无法轻易复制的才有长久的生命力，能够以其独有的特色满足研学旅行市场的需求，先理清楚趋势，然后运用好产业势能、做好产业叠加，一切工作要让位于内容、品质、服务体验，最终成就吉林省高品质研学旅行。

4. 制定研学旅行产业激励政策

积极制定研学旅行产业奖补政策；支持省内企业开展研学旅行自主外联资金奖补工作；支持建设层次分明、各有特色、示范引领的研学旅行接待基地；探索建立吉林省中小学生研学旅行（实践教育）基地准入标准、退出机制和评价体系。对目前的实践教育基地实施动态管理，定期组织评估，以评估结果作为准入和退出的依据。鼓励社会资本参与建设和运营。

5. 针对研学旅行团体，制定相应的景区优惠政策，提供礼遇服务

根据研学旅行的常规操作时间，结合吉林省各景区的旺季或淡季情况，研学旅行市场需要有针对性地做加法。介于此种情况，应由省文化和旅游厅牵

头，统一协调省内发展研学旅行的景区，针对研学旅行团体制定研学旅行专用通道、一体化交通衔接服务、入区手续便捷服务等接待礼遇政策，制定淡季吸引研学旅行团体的门票、车费优惠政策，并宣传吸引研学旅行团队的政策，保证受众群体的有效参与。

6. 建立吉林省研学旅行品牌体系

对吉林省研学旅行资源、研学旅行产品体系、研学旅行产业品牌形象进行宣传，建立吉林省研学旅行品牌体系，开发重点研学旅行客源地市场，能够扩大吉林省研学旅行产业的影响力。

7. 加强产业融合发展

加强吉林省研学旅行、文创产品、体育活动、冰雪旅游等产业的融合发展。做好产业赋能，真正做到“旅游+”“教育+”双引擎驱动“产业融合+”。

五　吉林省研学旅行的主要发展方向

对于研学旅行而言，生活无处不研学。挖掘吉林省的特色研学旅行资源，无疑是发展吉林省研学旅行产业的关键路径所在。特色研学旅行资源是研学旅行产业的主要发力点，起到引领作用，开发一系列的特色研学课程，能够实现由点到面、由“独舞”到“群舞”的晋级式跨越。

在“教育+旅游”的双引擎驱动下，对吉林省现有的旅游资源进行高效利用和创新研发，为研学赋能。发挥双引擎的驱动作用，开发相应的研学课程，丰富展示形态，优化交互体验，丰富产品业态，提高受众参与度。要做好研学旅行，就要打造“教育+旅游”的“多核吸引，整合提升”的区域联动发展模式，在传统方式上突破，在常规模式中解脱，顺势而为，突出旅游资源特色，讲究量身定做，尽量提升课程的唯一性才是“双引擎”的价值所在。

（一）着力打造以长白山为核心的自然生态科学研学

长白山景区是首批国家5A级旅游景区，因主峰白头山多白色浮石与积雪而得名，素有“千年积雪万年松，直上人间第一峰”的美誉，是拥有“神山、

圣水、奇林、仙果”等盛誉的旅游胜地。长白山景区的景点有长白山天池、天池16峰、长白瀑布、乘槎河、长白温泉群、长白山谷底林海、长白山大峡谷、长白山高原冰雪运动训练基地等。

巍巍长白山是一座令人神往的山，有着神秘的森林、奇特的山峰、无尽的宝藏。长白山景区资源丰富，动植物种类繁多，是欧亚大陆北半部最具有代表性的典型自然综合体，是世界少有的“物种基因库”和“天然博物馆”。据统计，这里生存着1800多种高等植物，栖息着50多种兽类、280多种鸟类、50种鱼类以及1000多种昆虫。

这里可以应用的研学旅行资源十分丰富，有长白山自然博物馆、科学院、森林定位站、全季地形公园、蓝景生态保护教育中心、长白山民俗博物馆、抗联基地、老黑河遗址、长白山图书馆、长白山火山地震监测站、二道白河镇4A级景区、讷殷古城、宝马古城、奶头山风景区等众多自然、文化景区，是孩子学习知识、体验实践、收获成长的沃土。长白山是吉林省最具典型地质特征的自然人文景观。走进神秘的长白山景区，欣赏美丽的景区风光，聆听专家讲座，探寻长白山丰富独特的地质和生物，对于参与研学旅行的孩子来说无疑是一场新奇的旅程。

长白山景区经过多年的发展，硬件配套资源充足，住宿、餐饮、交通等硬件资源优势明显。长白山景区的有机食材众多，能够为学生提供绿色、健康、有机、无添加的学生餐。综上所述，长白山景区拥有世界级的研学旅行资源，具备做大研学旅行产业的可能性，且自身知名度较高，是典型的旅游目的地。打造长白山研学旅行大IP，打造世界级的研学旅行品牌，能够实现经济价值和社会价值的双丰收。

（二）着力打造以长春为核心的高校研学

吉林省的大学资源位居全国前列，吉林省共计66所大学，本科学府37所，专科学院29所。吉林省高级学府吉林大学，是国家“双一流”学府，也是世界知名的高水平大学，是我国汽车工业和机械工业培养高层次人才的重要基地之一；东北师范大学拥有世界文明史研究中心、农村教育研究所等教育部人文社会科学重点研究基地。依托高校的教育氛围，针对工业、教育、科技、农业等不同领域研发独特的研学课程，使孩子在研学中增长见识，不但可以了解一所学校的历史文化，也可以激发孩子的学习热情。高校研学课程的引导能够给孩子的未来发展指明方向，使孩子们萌发大学梦想，为今后的学习树立榜样、建立目标。

（三）着力打造以延边州为核心的朝鲜族民族研学

延边州是中国仅有的朝鲜族自治州和最大的朝鲜族聚居地区，全州总面积4.33万平方千米，辖6市2县；延边州有11个对朝、对俄口岸，口岸过货量占吉林省的90%以上。朝鲜族是中华民族56个民族不可分割的一分子，朝鲜族有众多非物质文化遗产。据统计，延边州共有民俗村30余个，如光东村、奶头山村、百花谷等，多彩的民族文化是中华文化的重要构成，也是吉林省文化的一个代表性符号，民族文化研学课程不仅吸引力很强，还会对宣传吉林省民族文化起到十分重要的作用。

（四）着力打造以吉林市为核心的满族民族研学

全国教育大会和中共中央办公厅、国务院办公厅《关于实施中华优秀传统文化传承发展工程的意见》提出，充分发挥中小学课程教材承载的中华优秀传统文化教育功能，开展中小学中华优秀传统文化教育，对于永续中华民族的根与魂，坚守中华民族的共同理想信念，筑牢民族文化自信、价值自信的根基，维护国家文化安全，增强国家文化软实力，培养青少年做堂堂正正的中国人，具有极其重要的意义。中华优秀传统文化进入中小学课程教材，是强化中华优秀传统文化铸魂育人功能，落实以中华优秀传统文化涵养社会主义核心价值观，实现中华优秀传统文化传承发展系统化、长效化、制度化的重要举措。

长白山是满族的发源地，吉林市作为松花江的下游地，是满族文化比较集中的地区。吉林市是清朝北方吉林将军的所在地，满族文化在这个地区举目皆是。小白山的望祭台，是雍正皇帝望祭长白山的古圣地，体现了满族对长白山的崇仰；松花江畔的船厂遗址和水师博物馆，记载着满汉军民抗御沙俄、收复雅克萨所付出的辛劳；北极门的演武厅，再现了当年被誉为“吉林劲旅天下最”的八旗军的雄姿；小东门外驿道总站——尼什哈洒满了当年八旗驿丁为发展各族人民的经济文化、保卫边疆所付出的汗水。特别是乌拉街的清代建筑群遗存，满族文化在这里保存得较为完整，而满族文化是中华民族文化的重要组成部分，结合这些遗存和满族文化开发一系列满族文化课程，能够形成巨大的吸引力，设置高交互性研学课程，能够吸引全国各地的研学旅行团队。

（五）着力打造以一汽为核心的汽车工业研学

“科技是第一生产力，科技是国之重器、国之利器，是国家综合国力的核心竞争力的关键因素。”长春市第一汽车制造厂从1953年开始奠基兴建，1956年建成并投产，开创了中国汽车工业新的历史。以一汽为核心基地设计研学课程，能够培养汽车工业人才；参观长春一汽国家汽车产业基地，带领学生走进一汽工厂，参观展览馆和展示园区，了解汽车制造的背景、历程和重大作用，能够激发孩子的爱国热情；前往一汽集团，参观其博物馆和生产线，近距离感受“中国制造”的科技魅力，了解汽车工业对国民经济发展的重要贡献，能够启发孩子更好地规划职业生涯。

（六）着力打造以长白山为核心的矿泉水工业研学

以长白山为中心的优质水资源是世界级的，因此周边有众多国内外知名的矿泉水厂，包括恒大冰泉、农夫山泉、白山水、泉阳泉等，这些工厂的标准化程度相当高，矿泉水工厂林立，且科技化水平较高，这在国内其他地区是不具备的或不是能达到的。因此，如何利用好这些矿泉水工厂，了解水资源的重要作用、参观工厂的矿泉水生产过程、了解其企业文化建设，对孩子的健康成长以及培养孩子的节水爱水意识都很有帮助，也能向世界宣告吉林省长白山区域的水资源优势。部分水厂已经着手计划与旅游结合，并已经开发相应的路线，借助这些基础打造的吉林省矿泉水工业研学课程，必将是一项新奇的课程，而且这些矿泉水厂本身品牌知名度高，因此具备快速实现研学转化的条件，有可能成为吉林省研学旅行的一张亮丽名片。

（七）着力打造以抗联文化为核心的红色研学

吉林省是东北抗联的主要战场，众多东北儿女经过艰苦抗争才有了抗日战争的最后胜利。分布在吉林省多个地点的红色遗址遗迹和众多的抗联英雄事迹，无疑是最好的爱国主义教育“课程”。

通化的杨靖宇干部学院、长白山南区的老黑河遗址、长白山北区的抗联干部学院、珲春的抗联遗址……吉林省的红色资源较为丰富，根据实际情况进行课程开发，一定能给吉林省青少年综合实践教育带来更大的影响。弘扬革命精神、加强青少年思想政治教育、保障青少年健康成长，是吸引学生走出课堂、走进历史、接受思想道德教育的亮点。在其他研学课程进入淡季时，利用红色教育盘活现有的客源，是保持吉林省研学旅行产业整体发展态势的积极举措，同时能把吉林省的爱国主义教育基地推向全国，做出名气、做出效果。

（八）着力打造以长影集团影视产业为核心的影视研学

长影集团旗下的长影电影制片厂，是新中国第一家电影制片厂，堪称新中国电影的摇篮，创造了新中国电影史上的七个第一。先后拍摄故事影片 900 多部，译制各国影片 1000 多部，《五朵金花》《上甘岭》《英雄儿女》《刘三姐》《白毛女》《董存瑞》《人到中年》等一大批优秀作品影响了几代人的成长。长春电影制片场已经成为长春市乃至吉林省一个不可磨灭的标志性符号，因此，应该利用好其资源，规划研学旅行路线。

长影旧址博物馆是在完整保留了 1937 年原“满映”建筑的基础上，本着“修旧如旧”的原则修缮完成的，是记录长春电影制片厂起步、进展、繁荣、变迁的艺术殿堂。长影旧址博物馆建筑面积为 46137 平方米，通过文物保存、艺术展览、电影互动等形式，呈现电影艺术、电影道具、电影特技、电影工艺、电影生产等多重主题。长影旧址博物馆包括长影电影艺术馆、长影摄影棚展区、长影电影院、长影音乐厅（长影乐团）和配套的长影文化街区等。利用长影旧址博物馆打造影视研学能够促进吉林省文化产业发展，为文化项目的创新提供参考。

（九）着力打造以冰雪资源为核心的冰雪研学

吉林省大大小小的滑雪场地不胜枚举，截至 2022 年，省内有 46 个滑雪场 347 条雪道，雪道总长度达 298 公里，雪道总面积位居全国第一。如此丰富的冰雪资源，为开发冬季研学课程提供了坚实的基础。习近平总书记提出了

“三亿人参与冰雪运动”① 的号召，2022 年我国更是成功举办了冬奥会和冬残奥会，掀起了全国人民参与冰雪运动的热潮。

2021 年雪季，冰雪数据明显激增，借助冰雪资源孵化冰雪研学课程是值得吉林省研学旅行企业深入研究的途径。冰雪研学不但可以强健孩子的体魄，还可以让孩子掌握一项特长，更是对吉林冰雪旅游的宣传。推动冰雪研学路线的规划，是真正把吉林省冷资源变成热产业的重要尝试，要敢于做增量、做加法，在带动流量的同时带动其他转化。

（十）着力打造以劳动教育为核心的农业研学

为深入贯彻习近平总书记关于教育工作的重要论述，全面贯彻党的教育方针，落实《中共中央国务院关于全面加强新时代大中小学劳动教育的意见》，加快构建德智体美劳全面培养的教育体系，教育部于 2020 年制定了《大中小学劳动教育指导纲要（试行）》。该纲要指出，劳动是创造物质财富和精神财富的过程，是人类特有的基本社会实践活动。劳动教育是发挥劳动的育人功能，引导学生热爱劳动、热爱劳动人民的教育活动。当前实施劳动教育的重点是在系统的文化知识学习之外，有目的、有计划地组织学生参加日常生活劳动、生产劳动和服务性劳动，让学生动手实践、出力流汗，接受锻炼、磨炼意志，指导学生培养正确的劳动价值观和良好的劳动品质。这为打造以劳动教育为核心的研学旅行线路夯实了政策基础。

吉林省地处中国东北的中部，是国家重点建设的生态示范省，是国家粮食主产区和“六大林区”之一和“八大草原”之一。吉林省地势由东南向西北逐渐沉降，东部为长白山区，森林茂密。闻名遐迩的长白山，蕴藏丰富的森林、绿色食品、矿产、水利水电和生态旅游资源，有野生动物 1000 多种、野生植物 2700 多种，素有“长白林海”和“动植物立体资源宝库”之称。中部为松辽平原，地势平坦、土壤肥沃、连片集中，素有“黄金玉米带”和“大豆之乡”的美誉，是全国商品粮集中产区；西部为草原、湿地生态区，是牧业、杂粮杂豆、糖料、油料生产基地。中国被称为农业大国，拥有悠久的农耕

① 《习近平：“三亿人参与冰雪运动”成为现实，人民群众获得感显著增强》，中国政府网，2022 年 4 月 8 日，http：//www.gov.cn/xinwen/2022-04/08/content_ 5684022.htm。

文明，这为开发以劳动教育为核心的研学旅行产品提供了丰富的资源。

2020年，教育部印发了《教育系统“制止餐饮浪费，培养节约习惯”行动方案》，要求“组织学生走出课堂，走向田间地头，走向青少年社会实践基地”，广泛开展研学实践体验活动并形成制度。城市的中小学校要在每个学段至少安排一次农业生产劳动，农村中小学校要因地制宜地开展种植养殖体验活动，支持大学在食堂建立育人实践基地。通过社会实践、劳动体验，让学生切身感受食物的来之不易，真正形成尊重劳动和爱惜食物的思想意识。这为吉林省开展以劳动教育为核心的农业研学指明了发展方向。

（十一）着力打造以生态教育为核心的森林研学

2020年6月，国家森林活动组委会印发《全国三亿青少年进森林研学教育活动方案》，提出将加快推动自然教育基础设施建设，打造一批国家青少年自然教育绿色营地，逐步把“青少年进森林”研学教育活动融入中小学校素质教育体系。

吉林省作为全国重点林业省份之一，森林资源丰富。东部长白山区素有“长白山林海”之称，是我国重要的木材战略基地之一，也是我国东北重要的生态屏障，还是松花江、鸭绿江、图们江三大水系的发源地，在整个东北乃至东北亚地区的生态系统中占有重要位置。吉林省全域的森林植被类型丰富，东部是山地天然次生林区、中部是低山丘陵次生林区、西部是平原农田防护林区。乔木树种主要有红松、云杉、落叶松、黄菠萝、水曲柳、胡桃楸、椴树、柞树、杨树等，灌木和草本种类也比较丰富。

吉林省可以依托“青少年进森林”活动，深入推进青少年生态文明教育，开展国家青少年自然教育绿色营地建设，加快开发精品课程，开展“绿色中国自然大课堂”等实践活动，构建营地标准化运营体系和准入机制。以营地所在的各类自然保护地为平台，设计精品研学教育线路，并同步谋划营运模式，带动林区环境改善和百姓增收致富；以自然教育为抓手，推动与港澳台地区的交流及国际合作；构建以主管部门为主导、学校为主体、市场为导向、产学研深度融合的自然教育创新体系。

（十二）着力打造以其他优势资源为核心的特色研学

以查干湖为中心的松原，周边地区水资源丰富，而且有蒙元文化的聚集

地——查干浩特，该区域的冬捕文化、渔猎文化具有代表性；以白城向海为中心的丹顶鹤保护区，有着保护珍稀动物的浓郁氛围，以其为基础的研学课程既有特色，又有很强的传播性；还有以敦化为核心的渤海国文化研学、以通化为中心的葡萄酒酿酒工艺研学……诸如此类，都能以本地区优势自然资源、优势文化资源为载体，打造一系列各具特色的研学旅行产品，这些产品具有的核心竞争力就是吉林省研学旅行产业发展的原动力。

目前，省内一些较早从事研学旅行的基地在课程开发和基础配套上较为领先，如漫山里研学基地、白城研学基地等，这些成熟的研学旅行基地已经初具规模，因此应该继续发挥领先示范作用。省内还有很多以点状分布的优势研学旅行资源，要尽可能地以产业政策调动企业的积极性，鼓励企业自主开发研学课程，建设配套的软硬件设施，如白城向海丹顶鹤保护区的动物保护课程、乌拉街的满语课程、敦化的湿地生态课程等，都有机会将好的资源转换为好的课程。

综上所述，制定吉林省特有的研学旅行产品清单，完善吉林省研学课程体系，将资源优势转换为产业优势，不断丰富吉林省研学旅行产业的内涵，是当前吉林省研学旅行产业应该关注的重点。具有吉林特色的研学旅行产品应该供全国各地甚至是世界各地的客户群体选择，让消费者、受惠者、参与者来到吉林研学，而且研有所思、学有所得，是吉林省研学旅行产业的发展使命。好的研学旅行产品能够串联起好的研学旅行线路，给孩子们带去一场收获满满的研学之旅是吉林省研学旅行产业的情怀和信念。政府牵头的集中营销和推介，各研学旅行基地间互相助力的“抱团取暖”，精准到每一处细节的全局规划，是吉林省研学旅行产业的制胜法宝。双引擎驱动将会成功地把吉林省研学旅行产品和资源推向全国、推向世界，把吉林省研学旅行产业打造成吉林省的亮丽名片。

G.11
高质量发展视域下吉林省乡村旅游业态创新机理及路径研究

任新玉　李燕军　杨　辉*

摘　要： 吉林省乡村旅游面临由高速增长阶段转向高质量阶段发展的新挑战，亟须通过业态创新探索产业结构升级。本报告通过对吉林省乡村旅游业态发展现状的总结，结合高质量发展对乡村旅游业态创新的效益性、共享性、协调性、持续性、智慧化要求，分析实现乡村旅游业态创新的“六力”，进而厘清乡村旅游业态创新机理，结合吉林省乡村旅游业态在实际发展过程中普遍存在的同质化、生命力脆弱、人才短缺等问题提出从产业链延伸、智慧化建设、营销推广、政府引导、农民学习等多维度构建乡村旅游发展路径，带动吉林省乡村旅游产业走向成熟。

关键词： 高质量发展　乡村旅游　业态创新　吉林省

党的十九大作出“乡村振兴”的重大决策部署，并做出“我国经济已由高速增长阶段转向高质量发展阶段”的重大历史判断，2021年恰逢“两个一百年”奋斗目标历史交汇时期，习近平总书记接连强调高质量发展，为乡村旅游发展进一步提供理论指导。吉林省作为农业大省，乡村文化多元，自然、人文景观资源丰富，发展乡村旅游具有明显优势，借助乡村旅游延伸产业链条、带动经济发展的市场前景广阔。2021年，吉林省出台《关于推进乡村旅

* 任新玉，长春财经学院管理学院副院长、副教授，主要研究方向为乡村旅游产业发展；李燕军，长春财经学院管理学院旅游管理专业带头人、教授，主要研究方向为旅游管理与规划；杨辉，长春财经学院管理学院旅游管理系主任、副教授，主要研究方向为旅游产业发展。

游高质量发展的实施意见》，旨在加快推动吉林省乡村旅游转型升级和高质量发展，为乡村旅游未来发展指明了方向。高质量发展阶段，乡村旅游亟须进行发展方式和乡村经济结构的升级，而旅游业态创新能力是当前衡量我国旅游产业发展成熟的重要标志，因此，结合高质量发展对乡村旅游发展的新要求，分析业态创新机理，多维度构建乡村旅游发展路径，是新形势下实现吉林省乡村旅游高质量发展目标的重要手段。

一　吉林省乡村旅游业态创新现状

（一）吉林省乡村旅游业态创新条件分析

1. 资源基础

吉林省是我国的农业大省，70%左右的旅游资源分布在县乡地区，乡村地区旅游资源丰富，具有乡村旅游发展的基础条件，开发潜力较大。吉林省乡村旅游资源各具特色，整体分布呈大分散、小集中格局特点，东、中、西部区域特色较为显著。其中，东部地区以林业资源为主，拥有良好的气候条件以及自然条件，伊通火山地貌、长白瀑布和垂直景观带等自然景观都分布于此，东部地区是自然景观最佳旅游区域。东部地区的民俗文化别具一格，延边朝鲜族自治州和长白朝鲜族自治县是吉林省朝鲜族居住最集中的地区，围绕丰富的朝鲜族文化，可以开发东部地区民俗文化乡村旅游品牌，而围绕以农业生态环境为特色的自然景观，可以开发体验型乡村旅游品牌。中部地区以长春、吉林为中心，同时是吉林省的政治经济中心，以悠久的农业文化历史和城市化为主要特征，具有较高的经济发展水平，旅游设施也相对完备，其中净月潭、长影世纪城、伪满皇宫博物院等国家5A级景区更是游客休闲娱乐的最佳去处，周边地区农业发展历史深厚，农耕文化气息浓厚，适合重点开发以城市休闲娱乐带动周边乡村游憩旅游发展的模式。吉林省西部地区是欧亚大草原的最东端，主要特色为生态景观和草原狩猎，受湿润气候影响，西部地区形成了典型的农牧交错地带，拥有敖包耸立、哈达传情、奶酒飘香和蒙古风情浓郁的查干湖等草原风光、原始渔猎部落文化，加之有冬季捕捞活动、美丽的冰雪风光，形成了独具特色的西部草原风情。吉林省乡村文化底蕴深厚，依据区域旅游资源形成了各具特色的乡村旅游产品，为旅游者提供不同的旅游体验和服务。

2. 政策支持

长期以来，国家高度重视乡村旅游的发展，相继出台了一系列政策文件给予支持。2022 年，中央人民政府发布的《关于做好 2022 年全面推进乡村振兴重点工作的意见》成为第 19 个指导“三农”工作的中央一号文件。在国家政策引导下，吉林省先后制定、印发了《吉林省乡村旅游扶贫工程实施方案》《大力推动乡村旅游发展的十七条政策措施》《吉林省乡村旅游发展总体规划》等政策文件，力求推进乡村旅游提质升级。2021 年 6 月，吉林省人民政府印发《关于促进乡村旅游高质量发展的实施意见》，提出乡村旅游由规模发展转向高质量发展，打造乡村旅游“升级版”，为吉林省乡村旅游发展指明方向。《吉林省文化和旅游发展“十四五”规划》中进一步指出要创新发展乡村旅游，全面提升乡村旅游发展质量和服务水平，构建“一环双线三带十区多点”的全省乡村旅游空间发展新格局，实现吉林省乡村旅游未来发展统筹布局。①

3. 市场需求

发展乡村旅游，不仅可以满足现代亚健康状态下的人们日益增长的休闲度假、回归自然的市场需求，而且可以为乡村文化振兴注入活力，为乡村经济发展带来新增长点，丰富农民创收方式，引起旅游及相关部门的关注。加之新冠肺炎疫情防控常态化对旅游的影响，人们越来越认识到健康的重要性，乡村生态、自然、怡情、养性、清净的特点正好满足了当前市场的需求，未来很长一段时间内，短线旅游、近程旅游仍是主要市场。因此，丰富多彩的乡村旅游活动引起了旅游者的极大兴趣，乡村康养日益受到旅游者追捧，观赏果园、采摘果品、品尝农家菜、体验乡村生活成为乡村旅游活动的亮点。吉林省乡村旅游目前整体知名度并不高，需把握好当前以短线旅游、近程旅游为主的特点，变劣势为优势，逐步提高知名度。

（二）吉林省乡村旅游业态创新取得的成效

1. 激发乡村新活力，打造乡村新特色

2016 年以来，吉林省坚持把发展乡村旅游作为打造吉林省旅游业版图的

---

① 《〈吉林省文化和旅游发展“十四五”规划〉正式发布》，文化和旅游部网站，2021 年 11 月 23 日，https：//www. mct. gov. cn/whzx/qgwhxxlb/jl/202111/t20211123_ 929167. htm。

重要组成部分，把乡村旅游业态创新和旅游产品开发作为重点发展目标。经过几年的努力，全省乡村旅游持续升温、初具规模，乡村活力开始激发，不同地区、不同乡镇之间慢慢出现定位差异化、发展差异化的态势。有的乡镇发展农耕文化，如白山地区的农民，除了进行传统的农业耕作外，还利用农闲时间合作经营经济作物、药用植物种植园，既作为旅游地开放，又将种植成果销售，取得的经济收益远远高于传统农业收入；有的乡镇传承地方性遗产，如早在辽金时期就享有盛名的松原查干湖地区冬捕，时至今日依旧吸引着国内外的游客前来观赏；有的乡镇提供乡村民俗体验，如延边朝鲜族自治州的乡村旅游活动主要为朝鲜族特色歌舞、荡秋千、跳板表演体验，以及打糕制作、辣白菜、冷面、烤肉等民族特色美食体验；有的利用天然的自然景观优势，如韩屯村以“中国雾凇仙境第一村”作为旅游主题形象，延伸属于自己的乡村旅游产业链。

吉林省积极推进乡村建设，打造乡村旅游示范基地，截至 2021 年 8 月，共获批 32 个全国乡村旅游重点村，并形成了特色发展模式（见表 1），为吉林全面振兴、全方位振兴提供有力支撑。①

表 1　吉林省全国乡村旅游重点村

	国家乡村旅游重点村	特色
1	农安县华家镇战家村	“生态休闲+剑鹏马城”
2	莲花山生态旅游度假区泉眼镇泉眼村	“生态休闲+天定山旅游度假小镇”
3	九台区土门岭街道马鞍山村	“采摘+民宿+三下江南纪念馆”
4	净月高新技术产业开发区玉潭镇友好村	“田园风情+大顶山”
5	永吉县北大湖镇草庙子村	“生态休闲+北大湖滑雪度假区”
6	舒兰市上营镇马鞍岭村	“关东风情+民宿+二合雪乡”
7	龙潭区乌拉街满族镇韩屯村	“满族风情+民宿+雾凇岛”
8	蛟河市漂河镇富江村	“生态休闲+拉法山”

① 《吉林省人民政府关于推进乡村旅游高质量发展的实施意见》，吉林省人民政府网站，2021 年 6 月 23 日，http：//xxgk. jl. gov. cn/szf/gkml/202106/t20210623_ 8115767. html。

续表

	国家乡村旅游重点村	特色
9	丰满区江南乡孟家村	“乡村休闲+松花湖+朱雀山+圣鑫葡萄酒庄园”
10	伊通满族自治县河源镇保南村	“生态观光+采摘+保南水库景区”
11	通化县西江镇岔信村	“生态观光+千叶湖”
12	柳河县安口镇青沟子村	“农旅观光+罗通山”
13	集安市太王镇钱湾村	“生态观光+主题民宿+高句丽古迹”
14	辉南县金川镇金川村	“生态休闲+龙湾群”
15	东昌区金厂镇上龙头村	“乡村休闲+民宿+白鸡峰”
16	临江市四道沟镇坡口村	“边境风情+生态观光+采摘+龙头山”
17	前郭尔罗斯蒙古族自治县查干湖渔场查干湖屯	“渔业与生态协调典范+查干湖”
18	图们市石岘镇水南村	“朝鲜族民俗+采摘+边境风情”
19	珲春市敬信镇防川村	“朝鲜族民俗+防川景区”
20	和龙市西城镇金达莱村	“踏青赏花+朝鲜族民宿”
21	和龙市东城镇光东村	“朝鲜族民俗+仙景台风景区”
22	敦化市雁鸣湖镇小山村	“休闲农业+特色民宿+六鼎山”
23	敦化市雁鸣湖镇大山村	“渔猎文化+生态观光+雁鸣湖温泉度假村”
24	安图县万宝镇红旗村	“朝鲜族民俗+长白山”
25	汪清县大兴沟镇红日村	“红色文化+朝鲜族民俗+屏风山”
26	池南区漫江村	“生态+讷殷古城+长白山”
27	长春市双阳区太平镇小石村	“万龙湖旅游度假+采摘+旅游观光+民宿”
28	吉林市桦甸市桦郊乡晓光村	“朝鲜族民俗+休闲农业+雪乡+苏密白桦小镇+关东文化”
29	延边州龙井市智新镇明东村	“朝鲜族民俗+民宿+明东学校旧址纪念馆”
30	白山市长白县马鹿沟镇果园民俗村	“朝鲜族民俗+长白山+喜鹊桥+乡村休闲+边境风情”
31	通化市东昌区金厂镇夹皮沟村	“采摘+金江花海+田园观光”
32	白城市通榆县向海蒙古族乡向海村	“生态观光+蒙古族民俗展览馆+特色民宿”

资料来源：根据吉林省文化和旅游厅官网资料查询整理。

2. 带动乡村经济增长，促进乡村产业振兴

随着吉林省乡村旅游可持续发展进程的不断推进，吉林省乡村旅游业得到

了更快的发展，乡村旅游的综合收入也随之呈现逐年增加的趋势。如图 1 所示，吉林省旅游收入自 2010 年的 732. 83 亿元增长至 2019 年 4920. 38 亿元，其间增加收入 4187. 55 亿元，增长率高达 571. 42%。2020 年受疫情影响，全省旅游总收入为 2534. 59 亿元，同比恢复 51. 51%，相比其他旅游活动而言，乡村旅游恢复速度较快。

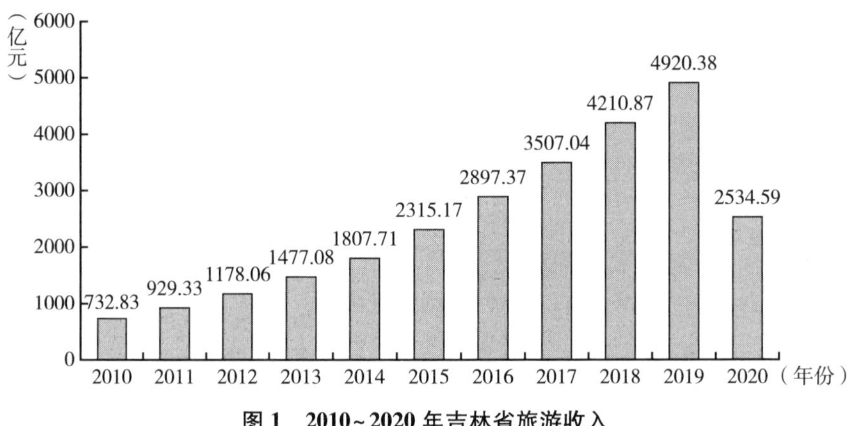

图 1　2010~2020 年吉林省旅游收入

资料来源：2011~2021 年《吉林省统计年鉴》和《吉林省文化和旅游统计》。

在国家支持和鼓励乡村旅游发展的背景下，吉林省游客数量稳步增加，如图 2 所示，2010~2019 年，吉林省旅游接待总人数逐年增加，由 2010 年的 6490. 90 万人次增长至 2019 年的 24833. 01 万人次，增长总量为 18342. 11 万人次，增长率达 282. 58%，其中 2016 年增长率最高，2016 年旅游接待总人数比 2015 年增长 17. 32%。疫情影响下的 2020 年，全省旅游接待总人数为 15342. 23 万人次，同比恢复 61. 78%。此外，2021 年吉林省乡村旅游也有较大回升，以“五一”劳动节为例，长春马鞍山村接待游客 3. 54 万人次，同比增长 119. 8%，收入同比增长 123. 6%；游客人均逗留时间 2. 14 天，人均支出 1010. 84 元，较 2020 年同比增长 8. 96%，恢复到 2019 年水平。① 总体而言，吉林省乡村旅游接待总人数持续增长，反映了吉林省乡村旅游客源市场的持续扩大及景区接待游客能力的持续提升。

① 《2021 年吉林省“五一”假日文化和旅游数据统计》，吉林省文化和旅游厅网站，2021 年 5 月 6 日，http：//whhlyt. jl. gov. cn/zwgk/tjsj/202105/t20210506_ 8054257. html。

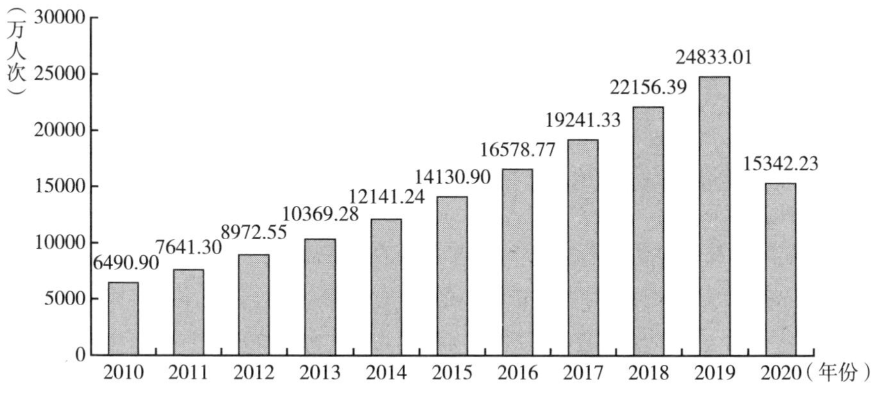

图 2　2010~2020 年吉林省旅游接待总人数

资料来源：2011~2021 年《吉林省统计年鉴》和《吉林省文化和旅游统计》。

3. 发挥乡村资源优势，丰富乡村旅游业态

乡村旅游最初的发展要素较为单一，从 21 世纪之后逐渐向第一、第二产业延伸，通过融合创新实现互惠互利，如农业与旅游业融合形成采摘游、农业观光游等业态。近些年，吉林省乡村旅游逐渐进入快速发展阶段，市场竞争下的乡村旅游产品内容不断丰富，旅游服务质量不断提升，乡村旅游业开始在服务行业内打破边界，不同的细分产业相互嵌入，形成互补、互代的多样化业态，如“乡村+康养、研学、房地产、体育、文化”等，延伸出乡村康养旅游、乡村研学旅游、乡村民宿、乡村文化旅游等旅游新业态和新形式，典型代表为乡村民宿。随着旅游消费市场不断成熟和信息技术的快速发展，乡村旅游发展要素中又逐渐融入信息、数字、网络等新技术，组合方式更加多样化、复杂化，新时代的乡村兼具传统与现代审美体系，散发新的吸引力，“人本化、田园化、科技化、融合化”成为未来乡村旅游发展的重要价值指向，旅游业“吃、住、行、游、购、娱”六要素开始内部重组，旅游者对乡村旅游功能的诉求也向休闲、度假融合转变。随着时代的发展，吉林省乡村旅游业态从最初的“参观乡土景色”到“参与乡村耕作”，再到“融入乡民状态”，不断延伸扩展、交叉融合，从产业外部的延伸融合到产业内部的要素组合，业态不断丰富，乡村旅游成为乡村振兴的重要一环。

二　高质量发展视域下吉林省乡村旅游业态创新机理

（一）高质量发展对乡村旅游的要求

1. 高质量发展要求乡村旅游资源配置实现效益性

高质量发展要求乡村旅游发展立足多元化市场需求，通过多维度市场调查，优化供给结构，完善基础设施与服务，整合资源优势，合理优化资源配置，实现供需均衡的有效供给，提高产出效益。

2. 高质量发展要求乡村旅游业态创新实现协调性

高质量发展下的乡村旅游产品结构应该在资源挖掘深度、资源整合基础上进一步优化，通过旅游业态创新实现乡村景观、生产生活、乡村文化等要素与旅游产业的相互促进，实现区域、产业、要素供需均衡，① 促进城乡经济良性互动、协调发展。

3. 高质量发展要求乡村旅游业态创新实现智慧化

高质量发展的关键是创新。数字经济、大数据、电子商务的兴起助推经营方式、消费方式、营销方式等多领域改革创新，成为新业态出现的主要动力，乡村旅游的高质量发展要求在传统业态的基础上通过智慧化发展、融合新技术，创新产品与服务方式，培育新业态，迎合新市场。

4. 高质量发展要求乡村旅游业态创新的持续性

高质量发展要求在注重速度发展的同时实现持续性跟进。乡村旅游的高质量发展必须建立在充分考虑自然资源和历史文化资源有效利用的基础上，基于可持续发展实现乡村文化的保护与传承，通过专业人才的培育实现后续力量的持续跟进，促进乡村集约式发展。

5. 高质量发展要求乡村旅游业态参与主体的利益共享性

高质量发展的根本是为人民谋幸福，通过乡村旅游业态创新，让更多的人民群众从中共享利益，一方面满足城市居民的“乡愁”向往，满足其休闲度

---

① 王婷等：《高质量发展视角下乡村旅游发展问题与对策》，《中国农业资源与区划》2021 年第 8 期，第 140~146 页。

假、康体养老等需求，丰富精神世界；另一方面传承乡村文化，促进农副产品销售，带动乡村经济发展，提升农民创业技能，为乡村居民提供更多的技能培训和就业机会，助推乡村振兴。

（二）吉林省乡村旅游业态创新影响因素

1. 旅游资源是业态创新的根本依托

乡村原有的资源特色是乡村旅游要素的重要组成部分，是乡村旅游业态创新的先决条件，制约和影响着乡村旅游业态创新的思路与方式。吉林省乡村旅游业态创新方式及重点的选择必须基于资源优势，从生态、生产、生活多重角度进行深层次开发，构建高质量发展下的乡村旅游创新业态，创新多元、复合产业链条，真正激发乡村活力。例如，通化借助“人参文化”设计“人参之路”特色旅游线路，推出寻找绿野仙踪、享康养胜境等一系列旅游产品；从文化创意角度进行全面升级，通过资源整合，开发乡村酒店、休闲农庄、自驾露营、特色民宿、艺术文化村等。

2. 旅游市场需求是业态创新的拉力

企业的生产经营以获取更多的经济效益为目的，只有满足了消费者的需求，企业才能在日益增长的市场竞争中占据有利地位，消费者需求的变化在很大程度上倒逼旅游新业态的产生。随着旅游者可自由支配收入的增长和闲暇时间的增多，旅游进入大众化时代，旅游消费行为习惯和方式也在发生变化，团体旅游的热度日渐消退，传统的静态景区游览参观已经不能满足人们的需求，而采摘、美食、演艺等具有沉浸式体验的旅游业态逐渐产生。不同层次、不同年龄段、不同需求的旅游消费群体开始出现，旅游需求的变化必然促使乡村旅游企业和乡村旅游企业经营者对现有旅游产品和业态进行改造升级。

3. 旅游企业是业态创新的经营主体

旅游企业是乡村旅游业态创新的经营主体，作为营利性组织，乡村旅游企业在发展初期的资本、价格竞争逐渐不适应时代的发展，行业内部竞争更多的是知识和创新能力的竞争，高质量发展要求的提出必然会使乡村旅游企业经营者不断审视自己的业态模式，通过各种途径和技术，实现规模化、产业化发展，才能获得更多的竞争优势。因此，作为乡村旅游转型升级主体，乡村旅游企业的类型、规模以及经验理念、经营模式等在很大程度上影响着乡村旅游业态创新的能力和路径。乡村精品酒店、乡村灯光秀、田园农场等大型乡村业态

创新亟须经济实力雄厚且经营管理能力较强的乡村旅游企业加入，高质量发展下的乡村旅游发展需要产业化融入，方能做大做强产业链。

4. 政府是业态创新的外在支持力量

乡村旅游业态创新离不开政府的政策引领和制度支持。自 1982 年第一份以“三农”为主题的文件发布后，“一号文件”便逐渐成为重视农村问题的代名词。20 世纪 90 年代，乡村旅游开始在我国大城市周边出现；2006 年，建设社会主义新农村提出，乡村旅游开始高速发展；2017 年，党的十九大报告提出乡村振兴战略；2021 年，《中华人民共和国乡村振兴促进法》出台，为乡村旅游业态创新提供了充足的制度保障和方案指导，为推动乡村旅游的高质量发展提供了新的平台。

由于经济基础不足，乡村旅游发展的基础设施建设、资金、人力、技术，包括宣传、行业监管等都需要政府给予支持与引导。强劲的市场需求吸引了大批旅游开发投资公司，并带来了显著的经济效益，但旅游业发展一方面具有很强的融合性，另一方面具有一定的脆弱性，很容易受到外部经济、社会等因素的影响，疫情对旅游业的影响便是一个很好的例证。此时，政府作为乡村旅游发展的宏观调控者，对乡村旅游业态的引导和培育以及供给和支持显得尤为重要。

5. 农民参与和人才培育是业态创新的后续力量

农民是乡村传统文化的主要传承者，也是乡村旅游高质量发展的重要受益人，更是乡村业态创新的主要依托群体和贡献者。乡村旅游地农民的创新创业能力和参与度，以及思维方式、眼界、经验、学习能力、自我提升能力等都直接影响着乡村旅游高质量发展的进度及效果。因此，培养新时代懂技术、善经营、会管理的新型职业农民，是乡村旅游业态可持续发展的保障。而面对乡村旅游高质量发展的智慧化要求，乡村旅游业态创新下的多要素融合对复合型人才提出新需求。创新业态既需要乡村管理者具备网络营销、大数据分析、新科技与技术应用的相关知识，也需要乡村管理者具有项目运营与管理等多方面的创新能力。实现乡村旅游业态创新的持续发展需要加强专业人才培育，将人才作为后备力量。大学生群体作为社会主义新农村建设的骨干人才、党政干部队伍的储备人才，也是乡村旅游业态创新中的重要培养对象。

6. 科技发展与智慧建设是业态创新的催化剂

技术进步是推进乡村旅游业态创新的重要力量。区块链、数字化、虚拟现实技术在旅游业中的应用为乡村旅游业态要素融合增添了新的方向与思路。通过技术的创新和融合，旅游企业和旅游经营者对所经营的产品推陈出新，形成新的产品和新的业态，不仅能满足旅游消费者的需求，还能降低旅游企业和旅游企业经营者的成本，提高竞争力。

智慧建设是乡村旅游发展的未来趋势。科技进步改变了旅游企业的盈利模式，旅游电子商务便是典型代表。在新技术发展下，各个网络平台的竞争越发激烈，各个网络平台都想通过品牌定位、业务方向和盈利模式一较高下。社交媒体的多元化、信息获取的便利性对乡村旅游口碑传播、旅游营销都产生了较大影响，而数字经济的迅猛发展，既实现了盈利方式的创新，也带来了旅游集团，形成了规模化和网络化发展，如携程、同程等作为新的产品流通渠道出现，通过把酒店预订、景区景点门票预订、接送服务、导游服务等旅游要素糅合在一起，形成规模竞争优势，给线上中间商带来了压力，与原先的流通渠道相比，大大缩减了中间流通的时间，提高了游客的出行效率，更加有利于乡村旅游业态的发展。

（三）创新机理模式构建

乡村旅游业态发展的主要利益主体为旅游资源、旅游市场、政府、旅游企业、当地居民，其中旅游资源是业态形成的根本依托，不论何种业态发展都必须以乡村的固有资源为基础，乡村旅游发展初期主要依托乡村文化、乡村历史等要素构建简单业态，但随着乡村旅游市场精品化、高级化发展需求的增长，在资源基础上需要融合信息、技术、管理等要素，基础设施建设的加强及服务接待水平的提升都离不开政府的支持。政府作为乡村旅游业态创新的助力，通过政策制定、方案指导、招商引资、协调管理，对乡村业态创新的健康发展起到重要引导作用。乡村旅游的兴起源自“乡愁、乡村、乡土、乡情”，当地居民是保持这份文化特色的重要载体，是乡村旅游发挥后劲作用的重要主体，提升农民的参与意识、培育现代新型职业农民是实现乡村旅游业态持续创新的动力。

随着数字经济的出现以及快速发展，需求角度的旅游消费者的信息获取、产品购买都依托网络，供给角度的旅游企业以及旅游企业经营者在管理方式、组织方式、盈利方式等方面都产生了变化。科技发展是乡村旅游业态创新的催化剂，通过技术融入，推进旅游业和第一、第二产业融合，不断拓展新产品、新内容。但归根结底，乡村旅游业态的经营主体依然还是旅游企业经营者，在市场竞争的推动下，通过要素组合、开拓思维，不断实现业态创新。

因此，乡村旅游业态创新是“六力”共同作用的结果：以旅游资源为根本依托，以旅游市场为拉力，以政府为外在支持力量，以科技发展与智慧建设为催化剂，以旅游企业为经营主体，以农民参与和人才培育为后续力量（见图3）。

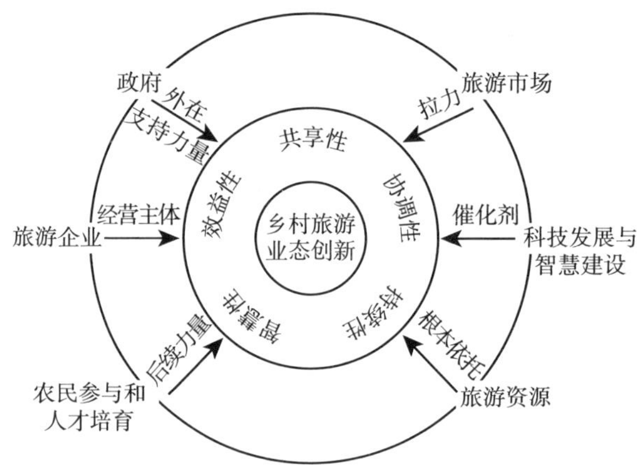

图3　乡村旅游业态创新“六力”

三　高质量发展视域下吉林省乡村旅游业态创新面临的困境

（一）业态融入多而融合差，乡村旅游产业链延伸不足

1.业态同质化严重，融合方式有待深入

田园采摘是目前最普遍的主题，多数产品仍然停留于“走一走、看一看、尝一尝”的形式，文化领悟不足，缺乏深度开发，高端的体验休闲性内容较少。“乡村+研学”“乡村+红色旅游”等形式虽然也在如火如荼地发展中，但多处于摸索阶段，目前仍以民宿、采摘、观光、垂钓、农家乐等传统项目为

主。“诗意栖居”是大部分旅游者对乡村旅游的向往，但吉林省在乡村旅游产品开发中多以旅游者的物质需求为旅游文化导向，乡村传统文化在城市化发展中逐渐被忽略，乡村世俗的生活方式逐渐边缘化，旅游产品的开发缺少了“温度”和“故事性”，让“乡愁”无从寄托，难以迎合旅游者高层次的旅游消费期待。

2. 业态形式单一，文化资源整合不足

我国早期的乡村旅游项目开发缺少科学规划，在乡村旅游发展过程中表现出“投资少、历时短、收效快”的特征，致使数量快速增长，但是相应的旅游资源、空间布局、产业发展等方面的规划未能同步，忽视乡村旅游产业的资源整合需求，乡村旅游业态单一。在后期的开发中，业态虽然不断丰富，但潜在文化内涵挖掘不足，如“乡村旅游+博物馆”新业态未能将蕴含精神内涵的民俗文化完全融入；“乡村+农业”构建一体化、全方位优质服务的有机农场或者休闲农场也才刚开始探索。探索乡村旅游跨界交叉融合方式、实现产业链延伸是推动吉林省乡村旅游高质量发展的关键举措。

（二）业态创新基础较薄弱，利益协调机制构建不健全

1. 基础设施建设及资金支持不足

随着乡村振兴的实施推进，吉林省乡村在绿化、道路等基础设施建设上取得了一定成绩，但相较于高质量发展要求仍有一定的差距。例如，部分乡村旅游道路和停车场等基础设施在旅游旺季表现出明显的供给短缺，个别乡村景区在标识系统、监控系统、餐饮服务、卫生设施等方面不能满足旅游者的个性需求；乡村整体的通信网络建设、智慧旅游物联网建设水平滞后，业态创新发展亟须资金支持，但是政府财政投入有限，乡村自筹资金困难重重，产业发展多为单打独斗、自负盈亏，建设经验不足，经济收入满足不了乡村长远发展需求，未能充分调动社会资本的积极性。

2. 利益主体协同联动机制尚未形成

随着乡村旅游蓬勃兴起，市场潜力显现，一些连锁企业、大型企业将目光投向乡村旅游，连带大量的资本、人才、管理、信息、技术等要素开始注入乡村，为乡村旅游业态的转型升级带来新的机遇，同时带来了政府、企业、村民、产业之间的多方利益诉求。而吉林省乡村旅游业态创新整体规模小、影响

力较弱，当地政府、旅游开发商、游客、非政府组织等多主体在旅游开发与运营中各自为政,[①] 未能形成有效合力。

（三）业态实现机制待完善，专业人才及农民创业能力需提升

1. 业态创新专业人才缺乏

乡村旅游业态创新推进乡村旅游与第一、第二产业不断融合，形成集“吃、住、行、游、购、娱”六要素于一体的乡村一体化格局，乡村旅游业态越来越精致化、高端化，尤其是随着电子商务的发展，在新技能、新理念、新业态的冲击下，不仅要求乡村旅游从业人员具有一定的信息化素养，也对乡村旅游的专业化管理机制和协调管理水平提出了新要求。虽然也有一些采用服务外包形式的企业加入，但他们对农村了解不足，主要经营管理人员还是依靠社区、当地农民，而这些人员大多缺少系统的旅游管理知识。

2. 村民素质及创业能力亟待提升

以村民为绝对主体的乡村旅游服务接待人员虽然具有乡村的淳朴气质，对游客热情、诚恳，但普遍文化素质较低，沟通能力欠缺，导致乡村旅游的总体接待水平低、层次不高、客户满意度低，降低了游客重游率。在吉林省的重视和引导下，农民创业总体热情度较高，但是由于自身素质、创业能力的制约，缺乏对旅游市场行情的准确判断，对旅游市场竞争缺乏洞察力，获取相关信息的能力不足，农民在企业管理、营销宣传方面的认识缺少先进性，创新能力不足，难以满足业态创新发展需求。

（四）业态创新动力不足，智慧化建设处于起步阶段

1. 旅游产品与新型技术融合欠缺

技术创新是产业和企业发展的重要力量，也是乡村旅游业态创新的新动力，从产品供给上，“乡村旅游+信息技术”催生 VR 酒店预订、VR 主题公园、AR 线路导览、VR 旅游演艺等新一代乡村业态，互联网、数字经济的兴起虽然对乡村旅游资源开发起到一定的推动作用，但仍然无法弥补市场需求缺

① 陆林等：《乡村旅游业态：内涵、类型与机理》，《华中师范大学学报》（自然科学版）2022 年第 1 期，第 62~72 页。

口。目前，吉林省乡村旅游产品的丰富度仍然欠缺，需要在信息网络平台开发的同时对乡村旅游业态创新中的“元文化”融合给予关注。

2. 乡村智慧化建设覆盖面有待扩大

受经济发展制约，吉林省乡村科技化建设、信息化建设、智慧化建设与其他省份相比还有一定的差距，新型技术带来的旅游业态创新也正处于起步阶段。旅游企业经营者向旅游者提供各种旅游资讯的渠道也在发生变化，过去乡村旅游发展主要是通过旅游中间商或代理商等来对旅游业态和产品进行流通，然而在互联网和数字经济发展的浪潮下，旅游消费者获取信息的渠道开始变得非常广泛。互联网的应用必然离不开 Wi-Fi 技术，但目前吉林省乡村 Wi-Fi 覆盖率还不足，乡村旅游信息呈碎片化，有关乡村旅游信息的资讯渠道建设还需进一步完善。

（五）业态创新的引领作用未发挥，宣传推广力度不足

1. 业态积聚效应还未能充分发挥

吉林省部分乡村旅游业态如农家乐、采摘垂钓等具有良好的市场发展基础，是传统乡村旅游的拓展，具有稳定的市场客源，但是更多的乡村旅游业态是基于乡村振兴下的市场需求而发展起来的，很多地区选择将乡村旅游资源外包给投资商经营，短期内能获得一定的经济效益，但距离发展为具有一定美誉度、品牌知名度的业态集聚乡村旅游带尚需一定时间。吉林省乡村旅游在业态分布上整体呈零星散落、分散经营的格局，制约了乡村旅游创新引领作用的发挥。

2. 乡村旅游产品宣传推广有待提升

从构成上看，吉林省乡村旅游产品“吃、住、行、游、购、娱”的基本要素，以及“商、养、学、闲、情、奇”的拓展要素等都已具备，乡村旅游品类齐全，但是“叫得响、推得出、卖得好”的精品并不太多，乡村旅游宣传力度不足，各大卫视的宣传广告多以打造吉林冰雪主题形象为主。吉林电视台、旅游卫视等也多推送长白山、吉林雾凇等知名旅游资源，对吉林省乡村旅游的专题报道和宣传较少，也有一些网络平台有吉林乡村风光、农业发展等的介绍，但受众面很小。

四　高质量发展视域下吉林省乡村旅游业态创新路径

（一）推动产业深度融合，拓宽业态形成路径

旅游产品的数量和质量是实现“消费搬运”效应的关键，新业态是乡村旅游未来发展的主要途径。吉林省乡村旅游未来发展应继续打破行业壁垒，形成多功能、复合型的产业结合体。横向层面，构建“乡村旅游+”产品体系，通过乡村旅游产业与教育、体育、商贸等其他产业的融合互动，发展“乡村+农业观光、花卉、研学、康养、文创”等，结合市场需求热点，打造乡村“美玩、美购、美行、美宿”模式，构建不同的乡村旅游业态功能属性，开发夜游互动、水秀演绎等多元旅游产品，实现动态静态相结合，丰富旅游业态。例如，梅河口小杨村以古城朝鲜族村民宿作为文化核心点，以乡村景观、乡村文化生活、乡村博物馆等为散点，形成文化网络。纵向层面，根据当地资源情况，按照“一村一产业”“一村一产品”“一户一特色”的发展理念，实现产业链的纵向延伸，以农业为主导，形成规模效益，在农产品生产、加工、包装、销售的基础上，衍生农村手工业、农村文创等方面的增值产品。

总的来说，乡村业态创新要聚焦“大融合”，充分发挥乡村文化的带动作用，在原有的第一、第二、第三产业融合基础上，由“文化+旅游+农业”“文化+旅游+工业”向“文化+旅游+服务业”“文化+旅游+六要素”转变延伸，推进乡村旅游业态要素实现跨行业、跨时空、跨区域融合。

（二）打造政府服务主体，营造业态培育环境

1. 政府要做好规划与设施建设

在乡村旅游发展初期，需要政府做好顶层设计与规划，吉林省乡村旅游未来区域发展空间布局和功能划分通过“十四五”规划有了明确方向；在乡村旅游发展的中后期，政府职能应该由管理向服务转变，尤其是在公共服务领域，坚持以市场为导向，营造良好的市场竞争环境和产业运营环境。在乡村旅游业态创新中，吉林省政府应从整体上引导乡村生态建设和乡村产业

发展，将旅游业态开发与乡村建设紧密结合，完善旅游服务所依托的旅游交通、安全保障、网络支撑、信息化建设，创新发展体制机制，提高政府服务运行效率。

2. 政府要做好政策支持与市场引导

政府可以通过制定激励和限制性政策，确保资金、技术和项目的发展，设立区级统筹的乡村旅游运营投融资平台，扩大信息发布和招商范围，吸引旅游方面的头部企业和基金公司开发旅游项目，通过资本合作、引导基金等方式做大做强旅游项目，实现基础设施建设水平的提升和旅游发展区的集聚。同时，要进一步明确乡村旅游运营商招选条件，并建立评价建设资金与业态匹配程度的指标体系，要明确乡村旅游运营商的准入标准、工作职责、考核约定等，用标准来约束和管理乡村旅游运营商，营造良好的乡村旅游业态创新产业环境。

（三）完善人才培训体系，构建业态实现机制

1. 不断完善乡村业态人才队伍建设

吉林省乡村地区劳动力流失较为严重，乡村旅游业态创新主体的培育应以16~45岁中青年为主，他们是我国未来非农就业的核心群体，不仅地方高校要重视以需求为导向的人才培养，而且需要政府通过一系列优惠政策，吸引大学生返乡创新，着力培养一批热爱乡村、热爱乡村旅游的领军人物或乡村精英，这部分群体不仅了解游客，还了解基层农民，让他们适当参与乡村旅游的管理，利用在乡村建设中的示范效应调动广大群众的积极性，既可以抒发游客的“乡愁”情怀，也可以实现居民的“乡土”传承。

2. 抓好农民主力军创业培训

农民是乡村旅游的直接生产者，也是乡村旅游服务的主要接待者，因此，培养一批既懂技术又懂管理的新型农民，集聚发展后续力量，完善业态实现机制显得尤为重要。乡村旅游人才培养中应针对如何创新业态开展专题培训，初期针对餐饮、住宿、经营、农产品加工、旅游营销等进行专题培训，让农民在短时间内提高技能，快速参与乡村旅游经营与管理；中期主要强化素养，采用多种措施帮助农民提升文明素质，养成良好习惯；长期的产业教育是乡村旅游持续发展的根本，依托国家教育政策引导，逐步实现农民整体受教育水平的提

高。依托高校、技能培训中心、产业基地、行业协会等多种社会力量，深入开展产业教育，从根本上提高农民专业化生产、经营能力，构建“初期技能培训+中期习惯养成+长期产业教育”完整培训体系。

（四）加强乡村智慧建设，释放业态创新动力

1. 加强科技与旅游产品融合创新

吉林省未来发展应加大数字乡村建设力度，借助全息投影、立体成像、三维建模等新技术开发以游客需求为导向的乡村旅游项目，如开发 AI 旅游服务平台、AR 路线导览系统及解说系统，满足观光游客的需求，完善多业态体验装置，推出 VR 虚拟时空展示、4D 模拟农作物生长展示，创新乡村旅游业态，让旅游活动更加有趣。依托乡村文化，催生“X+乡村+技术”融合业态，既使游客感受到乡村的质朴，又能在 VR 主题公园、VR 旅游演艺、VR 虚拟时空展示传统民俗文化、夜间灯光秀等乡村实景和真人展演结合的基础上增强体验感，体验乡村与现代的融合。

2. 加快推进乡村智慧旅游系统建设

吉林省乡村业态创新要积极引入大数据、物联网、人工智能等技术，提升乡村公共管理服务的“智慧化”程度，[①] 包括乡村旅游咨询服务、在线导航导览、预订服务、服务点评、智慧购物等，加强乡村旅游地的智慧化建设，健全环境监测、视频监控、票务管理、智慧泊车、应急管理等系统，获取景区动态检测与智能化管理数据，实现旅游市场规范有序，刷新游客对乡村旅游的认知，感受传统与现代的交融，提升吉林省乡村旅游竞争力，推进乡村旅游的高质量发展。

（五）改进营销推广方式，做好业态创新辅助

1. 借助新媒体新技术，推进旅游宣传

数字化的快速发展、云旅游的兴起、短视频的火爆，使得“旅游+互联网”营销手段不再局限于借助去哪儿、携程等旅游网站，微信、微博、论坛、

---

① 刘亚萍、张宝君：《审视与反思：吉林省乡村“智慧旅游”发展路径选择》，《白城师范学院学报》2020 年第 2 期，第 64~68 页。

抖音、快手、播客等当下受欢迎的自媒体也开始引领潮流，如河南旅游借助多元化的信息技术手段实现的文化新表达对于每个地区的旅游宣传都有很大的启示和借鉴意义。疫情防控期间，多家景区举办的“云游”直播活动都借助了VR虚拟时空展示技术，不仅起到宣传作用，而且这种“线上云游+线下体验”的新模式在国内疫情防控形势持续向好期间发挥了较好的心理调适作用。

2. 借助事件营销，增强乡村旅游的“故事性”

乡村旅游景区可以联合相关部门举办、参加各种推介活动，编辑出版宣传材料，与媒体合作举办地方特色文化活动，创新宣传促销的方式方法。吉林省可以定期举办大型传统民俗活动和节庆活动，以文化塑造为核心，打造“网红事件”，拓展乡村旅游营销新渠道。例如，新疆“网红局长”贺娇龙因策马雪原走红，开展公益助农直播，“直播带货”破亿元，这是当前旅游营销的成功案例。

总之，高质量发展下的吉林省乡村旅游业态创新应以地方特色和原始保护为目标，推进旅游产业与第一、第二产业融合，延伸产业链，借助于5G时代信息传播的便利，积极进行旅游形象宣传推广，提升影响力与知名度。同时，打造政府服务主体，实现价值引领，培育旅游企业市场运营主体，提高居民参与度，实现社区、政府、企业等各利益主体的充分参与，互助协作、共生共赢。

G.12
吉林省智慧旅游服务供应链激励机制的构建与运行研究

戴昀弟　冯 佳　文艳娇*

摘　要： 本报告基于吉林省智慧旅游服务供应链的发展特点，根据吉林省智慧旅游服务供应链运行的结构特征，依托其委托代理关系，探究激励模式，最终构建有效的激励机制。研究表明，智慧旅游发展模式下的产业链条主体主要包括旅游供应商、OTA（在线旅游代理）和旅游者，而旅游供应商、OTA和旅游者三大主体的关系就如同"木桶效应"的联动关系，任何一个主体受到影响都会联动其余两个主体的变化。因此，旅游供应商、OTA和旅游者之间是协调发展的关系，构建一个协调稳定的相互激励机制促进旅游供应商、OTA和旅游者的协同发展至关重要。

关键词： 智慧旅游　服务供应链　信任值效应　吉林省

《"十四五"旅游业发展规划》强调坚持以创新驱动发展，明确要求在新时期强化自主创新能力，集成优化资源优势。在疫情防控常态化背景下，更要以新技术赋能旅游业发展，深度构建"互联网+旅游"智慧形态，建设以数字化、网络化、智能化为特征的智慧旅游。顺应时代发展，着重打造一批采用创新模式的重点项目赋能智慧旅游建设，结合信息时代创新发展技术应用，打造

* 戴昀弟，长春财经学院管理学院副院长、教授，主要研究方向为物流与供应链管理；冯佳，长春财经学院管理学院教师，主要研究方向为物流与供应链管理；文艳娇，长春财经学院管理学院物流管理系主任、讲师，主要研究方向为物流与供应链管理。

智慧旅游新模式。为此需利用互联网数据来整合线上和线下的资源，以资源平台为媒介和激励纽带促进旅游供应商优化和升级，同时借助网络营销内驱力达到旅游宣传效应，最终形成智慧旅游模式下的新体验、新产品、新服务等，促进旅游的基础硬件及软件的数字化、智能化改造升级，充分释放旅游业的产业创新驱动作用。

一　吉林省智慧旅游服务供应链发展现状

（一）政策支持

“十三五”时期，为促进中国旅游事业的发展，国家旅游局等相关部门相继出台了各种政策举措，并积极指导旅游业发展和创新。2017 年 3 月，李克强总理在《政府工作报告》中明确提出了我国旅游业发展建设的重要战略地位，表 1 展示了“十三五”时期国家出台的一部分鼓励、支持和引导旅游业发展的政策文件。

表 1　“十三五”时期国家出台的一部分鼓励、支持和引导旅游业发展的政策文件

发布年份	发布单位	政策文件
2015	国家旅游局	《关于开展国家全域旅游示范区创建工作的通知》
2016	国家旅游局	《关于深化导游体制改革加强导游队伍建设的意见》
2016	国务院	《“十三五”旅游业发展规划》
2017	国家旅游局	《全域旅游示范区创建工作原则》

资料来源：国家旅游局。

“十三五”时期，吉林省在旅游文化和旅游经济建设上均取得了较大进展，其冰雪旅游产业和文化建设也取得了优秀成果。“十四五”时期，吉林省应抓住时代和经济发展的契机，进一步发展旅游业，使旅游业成为带动经济“强”省建设的重点产业之一。为推动旅游业的进一步发展，2021 年，吉林省政府严格执行《吉林省发改委有关实施吉林省冰雪项目和冰雪旅游市场有关价格政策的通告》，且在 2021 年 11 月出台了《吉林省文化和旅游发展“十四五”规划》，该规划明确了旅游业建设的重要性及其在地区经济发展中的重要地位，强调“十四五”时期吉林省应不断强化自身硬实力和软实力。

（二）经济建设

吉林省的旅游业发展相对于其他产业比较滞后，由 2016~2020 年的统计资料可知，吉林省旅游业呈稳定上升态势，2019 年和 2020 年新冠肺炎疫情使旅游业受到较大影响（见图 1）。从与其他产业的数据比较分析来看，旅游业对 GDP 的贡献并不具有优势，吉林省旅游业的建设依然处于落后状态。

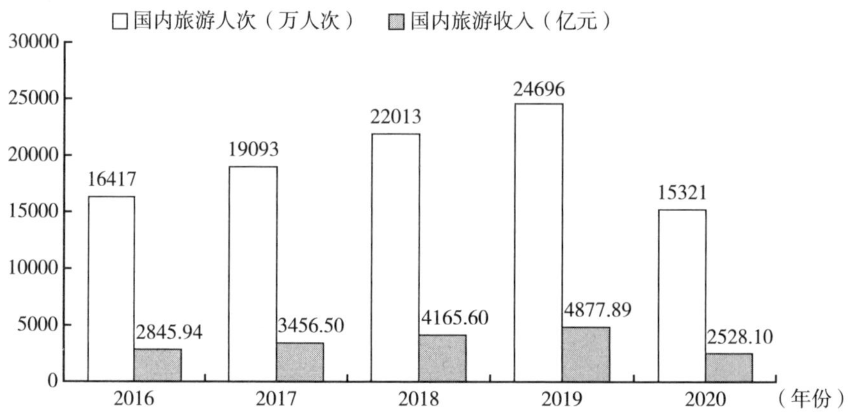

图 1　2016~2020 年吉林省旅游业发展情况

资料来源：2016~2020 年《吉林省统计年鉴》。

从图 2 的数据分析可知，吉林省旅游业发展十分不均衡，省内各地区旅游人数和旅游收入差距较大，其中长春和吉林的旅游人数和旅游收入较多，长春、吉林、通化、松原、延边和梅河口的旅游收入几乎占到了吉林省旅游总收入的九成以上，这也体现了地区旅游建设的差距和不平衡性。为推动吉林省旅游业的健康发展，吉林省文化和旅游厅共制定了 13 个优惠政策来扶持地区旅游业的开发建设，其中，对吉林省旅游业发展的网络运营、财政支持、文旅建设、人才培养等方面都作出了具体阐述，说明了具体的资金支持力度。由此可见吉林省政府对地区旅游业发展的重视，以及旅游业对地区经济建设和 GDP 增长的重要作用。

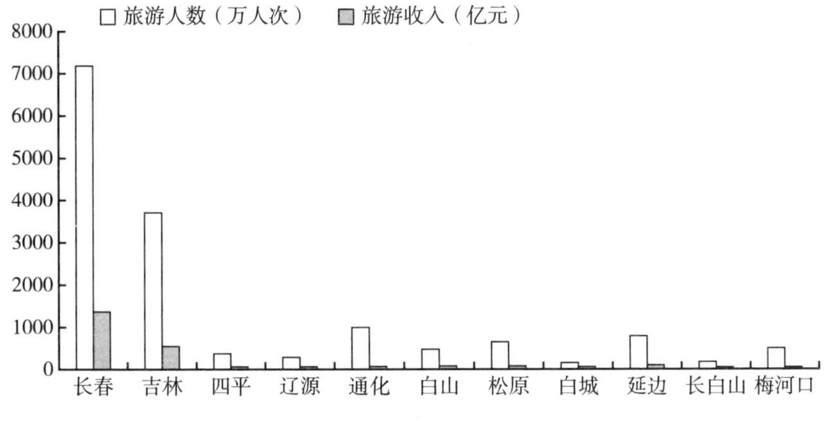

图 2　2020 年吉林省各地区旅游情况

资料来源：《吉林省统计年鉴 2020》。

（三）文化研究

吉林省地处我国东北部，冰雪资源丰富。因此，通过相关调研和数据发现，吉林省关于旅游业的发展和研究主要侧重于冰雪旅游文化建设，其次侧重于乡村振兴背景下的旅游人才培养、智慧旅游发展路径等方面的研究，其中针对冰雪旅游文化的研究较多，这与吉林省地理区位和风土人情等息息相关，得天独厚的地理区位优势使得吉林省冰雪资源丰富、冰雪质量较高、冰雪文化深厚，这也为建设吉林省冰雪旅游业创造了条件。同时，受冰雪文化影响，吉林省培育了一批又一批优秀的冰雪体育健将，为家乡、为祖国争取了无数荣誉。

（四）智慧旅游

智慧旅游是在网络发达背景下的创新旅游与公共服务方式，也是服务方式的一个新展示，是集旅游商品与服务、旅游交通、天气咨询、网络营销等于一体的智慧平台。吉林省智慧旅游平台目前仍处在摸索与创新阶段，为了充分地发挥智慧旅游的综合效果，可全面运用 5G、大数据分析、云计算等现代科学技术，构建大数据智能一体化智慧旅游信息共享平台，游客可利用该平台了解气候、交通运输、旅游景区、游客数量和游客流动趋向等信息，景区管理者可通过该平台对景区游客进行科学引导，并利用大数据监测、分析与监管游客情况等。

通过以上分析，结合吉林省旅游业发展现状，在智慧旅游服务背景下需设定相应的措施解决旅游业供应链的有效运行问题。本报告基于智慧旅游服务供应链的视角，通过分析吉林省智慧旅游服务供应链激励机制的构建与运行，发现问题、分析原因、确定影响因素，以期通过有效的激励机制促进智慧旅游服务供应链的有效运行。

二　智慧旅游服务供应链的激励机制构建

（一）智慧旅游服务供应链的结构

智慧旅游服务供应链是在数字经济蓬勃发展和数字化技术广泛应用的背景下衍生的新型产业模式，OTA 在智慧旅游服务供应链上扮演桥梁的角色，OTA 的建设与发展促进了链上参与者自我激励，同时促进了智慧旅游服务供应链的激励机制构建。

本报告中智慧旅游服务供应链的构建主要依靠三种基础因素，即旅游供应商、OTA 以及旅游者。OTA 在这里扮演平台和桥梁的角色，游客们可通过移动终端和 OTA 得到旅游供应商的产品和服务，而 OTA 利用多种智能终端将旅游供应商和旅游者串联并进行有效互动，以 OTA 作为智慧旅游服务链的核心，将链上节点组合成一个网状结构，最终实现整体运作。其中，智慧旅游服务供应链的“智慧”体现在旅游供应商提供的产品和服务，以及 OTA 的智能使用。

智慧旅游服务供应链的数字化与智能化在产业改造的过程中是重要问题，由于智慧旅游服务提供者的组织方式众多，本报告将重点通过“旅游供应商、OTA、旅游者”的组织模型，对智慧旅游服务供应链的激励机制与运作方式加以研究与实证，其具体结构如图 3 所示，OTA 作为智慧平台为旅游供应商和旅游者提供了交流平台，OTA 发挥着“核心”和“节点”的作用，而智慧旅游服务供应链上的外在因素主要是政府，政府在智慧旅游服务供应链上起到协调和控制的作用。

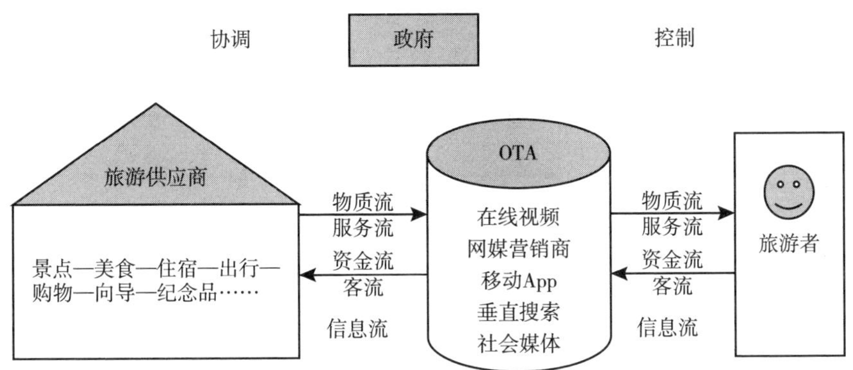

图 3　智慧旅游服务供应链结构

旅游供应商、OTA 和旅游者是本报告中智慧旅游服务供应链的主要研究机体。旅游服务供应商按照旅游者的要求，为其提供相应信息；OTA 借助网络经济和现代技术应用，为旅游者提供旅游商品与服务，为旅行供应商创造新客源，充分发挥网络媒体的营销作用。智慧旅游服务供应链的构建促进了传统旅游服务供应链的发展，使之融合于智慧旅游服务供应链的运行。在智慧旅游服务供应链中，旅游者可利用智能终端满足旅游需要，使旅游更加快捷方便。智慧旅游服务供应链的高效、规范、有序运行离不开政府的协调和控制，政府的效用发挥是其运行的保障。

（二）智慧旅游服务供应链激励机制的构建

1. 智慧旅游服务供应链中的委托代理关系

本报告主要分析智慧旅游全过程中的三个参与者之间形成的委托代理关系，即旅游供应商、OTA、旅游者之间产生的委托代理关系，具体内容如图 4 所示。

由图 4 可知，智慧旅游服务供应链上有两条委托代理关系。其一是旅游者和 OTA 之间的委托代理关系，因旅游者不能够直接面对旅游市场，对旅游供应商提供的产品和服务并不了解，且受信息不对称影响，旅游者需借助 OTA 满足旅游需要，OTA 根据旅游者的需要为其筛选合适的旅游供应商。其二是 OTA 与旅游供应商之间的委托代理关系，OTA 为委托人，旅游供应商为代理

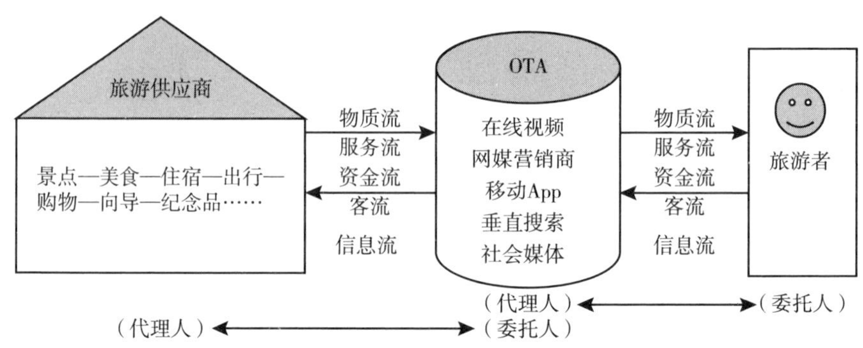

图 4　智慧旅游服务供应链中的委托代理关系

人，OTA 在接受旅游者的旅游需求后必须为其挑选合格的旅游供应商，因此 OTA 必须对旅游供应商所提供的产品和服务进行甄别和评价，由于旅游者需求的多元化，所以 OTA 必须与多个旅游提供商开展合作，才可以满足游客的需求，而 OTA 将旅游者的需求直接对接给旅游供应商，一方面可以提升旅游供应商的经营效益，另一方面旅游供应商的专业化也可以给旅游者提供最好的产品和服务。从图 4 可知，OTA 在智慧旅游服务供应链中既是代理人也是委托人，反映出 OTA 的重要地位与核心作用。本报告主要基于第二层关系进行相关研究。

2. 智慧旅游服务供应链的激励机制

委托代理关系的构建常以合约的形式展现。为避免因信息不对称产生的道德机会风险，进而使智慧旅游服务供应链中的委托人利益受损或代理人从中获益，在智慧旅游服务供应链中，旅游者对 OTA 提供的产品和服务的质量并不了解，OTA 作为委托人，对旅游供应商提供给旅游者的产品和服务的质量也无法进行监测。

智慧旅游服务供应链上存在两个委托代理机制，为了达到委托代理关系中的各方目标、减少利益冲突，需要建立有效的双向激励机制，即通过逆向激励的模式实现双向激励目标，即旅游供应商对 OTA 的激励，以及 OTA 对旅游者的激励。通过双向激励模式的构建，有利于组建稳定、协调、高效的智慧旅游服务供应链体系。

本报告在构建智慧旅游服务供应链激励机制中加入了信任理论，通过对信任理论的应用，将信任值体现在委托代理关系中，对代理人的行为激励具有一定的约束作用。信任值较高的旅游供应商会成为 OTA 优先选择的合作伙伴。

通过信任值也可以促使 OTA 更好、更快地寻找到优质的旅游供应商，并对提供给旅游者的产品和服务具有一定的保障效应，进而也降低了旅游供应商的道德风险，实现智慧旅游服务供应链的整体利益最优化。对旅游供应商来说，高信任值可使旅游供应商在智慧旅游服务供应链中具有优先竞争的权利，在获取订单的竞争中具有一定的优势，故信任值在 OTA 获取订单的过程中会发挥一定的激励作用，同时可从侧面反映出旅游供应商“高水平努力”的可信程度。基于以上分析结果，把信任理论中的信任值视为逆向激励的理论基础，可避免出现单向激励的弊端，从而促进双向激励发挥积极作用，具体内容如图 5 所示。

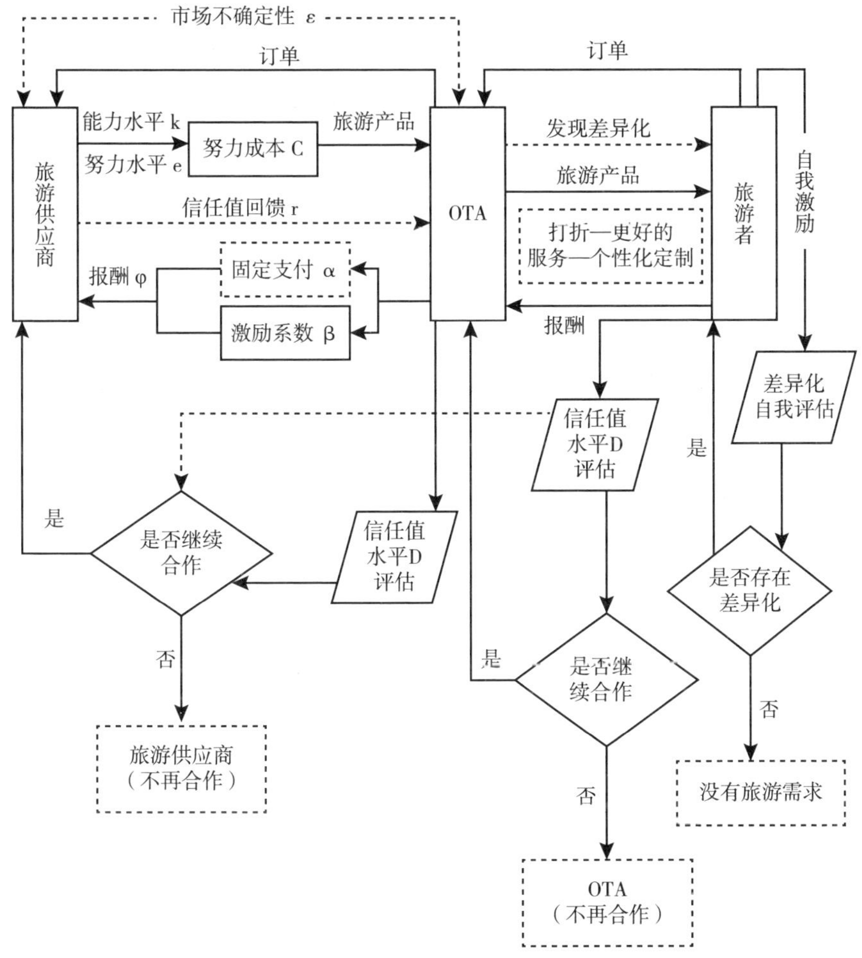

图 5　智慧旅游服务供应链的激励机制

旅游供应商与OTA之间的关系激励机制中，由OTA给旅游供应商分派一定的订单，而旅游供应商在接收到由OTA分派的订单后，需要消耗相应的能力水平完成向OTA的订货，当预订中的产品和服务传送给OTA后，OTA需为旅游供应商付出的努力支付一定费用。

旅游者的自身激励机制中，消费者的旅游要求不同，即旅游者不满足于当下的需求，希望改善需求的质量，而旅游是其不二之选，旅游者通过体验不同地域的风土习俗、感受不同的历史文化，以满足自身追求差异化的需要。所以，旅游者会通过OTA达到旅行目的，而OTA和旅游者之间的激励机制以及旅游供应商与OTA之间的激励机制都有互通之处，旅游者在选择OTA的过程中也会将信任值作为考虑的前提，会选择信任值较高的OTA。通过一次旅游体验，旅游者会对OTA进行二次评估，评估数值越高，后续会选择该OTA的概率越大，若评估数值较低则不会再选择。

三　吉林省构建智慧旅游服务供应链激励机制的建议

为保障吉林省智慧旅游服务供应链激励机制的运行稳定并发挥其作用，本报告将从政府、OTA、旅游供应商和旅游者的角度对智慧旅游服务供应链激励机制的构建提出合理化建议。

（一）政府的协调和监督

1. 发挥政策的引领带动作用

政策的支持是智慧旅游发展的底气和保障，政府需从上层建筑的角度支持和提倡智慧旅游的发展。为保障其顺利建设和运行，政府需颁布和出台相关的法律法规，法律法规要紧跟时代的发展步伐，不断对现有的支持智慧旅游发展的内容做出及时调整和修改，清晰明了地指出发展方向和未来的发展趋势，促进智慧旅游服务供应链的不断升级。政府需结合地区旅游特色和景点特征，因地制宜地制定规章制度，使之有力保障智慧旅游服务供应链的构建和完善。同时，政府应对地区旅游资源进行评估、分析、开发，创新旅游卖点，开发旅游新兴区域，结合地区风土人情、历史文化、景色特征打造具有特色的旅游产业。因近年来虚拟经济的发展势头较好，吉林省政府可利用虚拟技术并借助虚拟经济发展设计和推出吉林省独有的虚拟形象代言人，一方面创造旅游卖点吸引客流，另一方面节省明星代言费用。

2. 加大金融财政支持力度

金融财政支持有利于智慧旅游服务供应链的创新发展和持续建设，吉林省可加大对智慧旅游的资金投入力度，支持智慧旅游服务供应链的构建，在财政方面给予一定的倾斜，金融财政的支持对产业建设具有绝对的影响，有利于促进智慧旅游服务供应链的完善和升级。吉林省也可根据智慧旅游服务供应链的构建和运行情况寻找有效的金融财政激励，共同设计开发激励产品与服务，如以智慧旅游发展建设为目的的贷款可给予一定的金融财政支持，适当降低贷款利率；金融机构依据已有的或新开发的金融 App，建设智慧旅游服务终端平台，只要使用该平台订购旅游产品和服务即可享受一定价格优惠、优惠券或升级质量服务；智慧旅游服务供应链上的参与者可以免费申请加入金融客户端；等等。

3. 严格开展监管和协调行动

智慧旅游服务供应链的持续、健康、有效、高质量的运行离不开有利的监管和协调，政府应制定严格的监管机制，规范运行体系，严格开展监管行动，认真探查智慧旅游服务供应链上的监管漏洞，以前瞻性的视角补全漏洞，不让有不法之心的人有机可乘。一个产业链的颓败往往是监管不力和监控放松所导致的，政府作为具有绝对权威的组织机构，应时刻保持严谨的态度，严格落实监管责任，并保留追究连带责任的态度。

政府作为智慧旅游服务供应链建设的外在影响因素，对供应链上各参与主体的运行发挥有力的协调作用，可制定相应的激励机制促进各参与主体有效平稳运行；对智慧旅游服务供应链上存在的信息不对称问题，政府可建设权威的数据资源监管平台，让参与主体依靠数据资源共享和协同发展，保障智慧旅游服务供应链的数据安全。针对旅游供应商、OTA 和旅游者在旅游过程中产生的纠纷，政府应及时处理并予以反馈。政府监管数据安全流程见图 6。

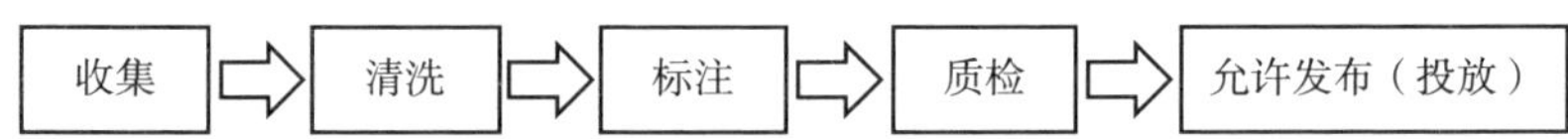

图 6　政府监管数据安全流程

（二）OTA 的智慧建设与协调

1. 加强智慧技术的应用支持

吉林省智慧旅游发展需要智能的技术支持，如云计算、5G、物联网和互联网等。智慧旅游技术的应用可带动旅游业进入物联网和云计算时代，形成高效优质的旅游市场，智慧技术在 OTA 的应用和支持可实现平台信息的协同和动态分享。本报告应用信任理论，采用信任值对旅游供应商进行筛选评估，在现代化智慧技术的加持下可通过大数据的应用更快捷、更迅速、更准确地对旅游供应商进行筛选和信任值评估，有利于 OTA 选择优质的旅游供应商并与之合作，同时有利于构建更加高质量的智慧旅游服务供应链。

2. 构建高效智慧营销体系

吉林省 OTA 网络营销一直处于较弱的体系模块，但营销的好坏和营销的效率直接影响着智慧旅游服务供应链的建设，因此吉林省 OTA 可利用大数据对掌握的旅游者信息和智能终端用户进行数据分析，形成消费者画像，提供私人定制化、个性化服务，针对旅游者的需要进行精准推荐，不仅推荐需要的产品，而且推荐相关产品，增加复购机会，打造复购转介绍的运营闭环体系，提升旅游者在 OTA 购买产品和复购产品的欲望，打造良好的旅游消费体验。OTA 高价值营销模式见图 7。

3. 发挥智慧中介优势

OTA 的中介作用直接关系到旅游供应商和旅游者的整体利益。为促进吉林省 OTA 的建设，充分发挥 OTA 的协调作用，需根据 OTA 的特征构建自身优势，即智慧优势和中介协调优势。

OTA 的智慧优势。利用 OTA 大数据技术的应用及时掌握智慧旅游服务供应链上众多参与主体的信息，以及时对用户进行服务。例如，通过旅游者在智能终端的搜索对旅游者反馈景点介绍、广告营销、线路规划、电子

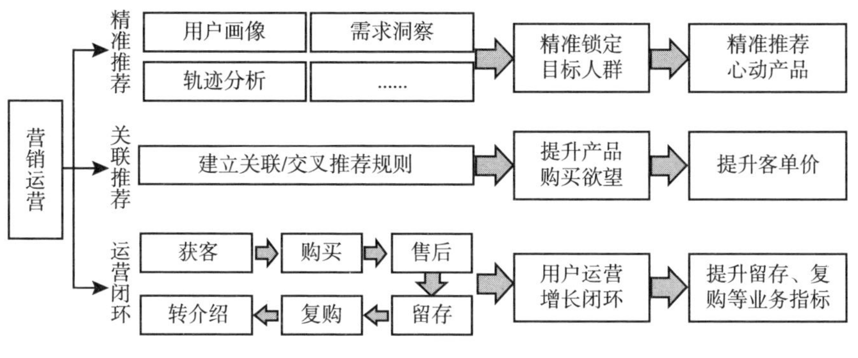

图 7　OTA 高价值营销模式

商务、社交服务等；对旅游供应商中的商家，掌握商家库存信息、营销内容、优惠模式等；对旅游供应商中的景区，掌握景区营销、客流分析、停车道路管理、景区安防等；对外在影响如旅游局，掌握旅游资讯、景区治理等。根据相关信息将数据在 OTA 进行鉴别、筛选、归纳、发布、反馈和共享。

OTA 的中介协调优势。相较于传统的旅游服务供应链，智慧旅游服务供应链能够更好地协调链上各参与主体，并提高协调的效率。信息的不对称使得智慧旅游服务供应链在建设过程中出现了弊端，为有效解决信息不对称问题，就必须充分发挥 OTA 的协同优势，将数据信息集中采集、处理、协同分享应用。旅游者利用 OTA 了解旅游产品和服务；旅游供应商利用 OTA 获取更多的客源和利益；OTA 利用协调优势构建有效的激励机制，作用于智慧旅游服务供应链，促使智慧旅游服务供应链更好、更快、更优地建设、完善和发展。智慧旅游平台中介集成协调作用结构见图 8。

（三）旅游供应商的信任带动力

1. 旅游景区加强自身建设

旅游景区信任值的提升离不开景区的综合建设和运营，若想实现信任值水平的提升，景区可从三个方面做准备：一是景区应不断提高自身的硬实力，楼房建得高须有坚固的基础，景区若想发展得好也离不开完善的基础设施，良好的基础设施建设也会使旅游者在景区游览观光和体验的过程中获得“优+”的

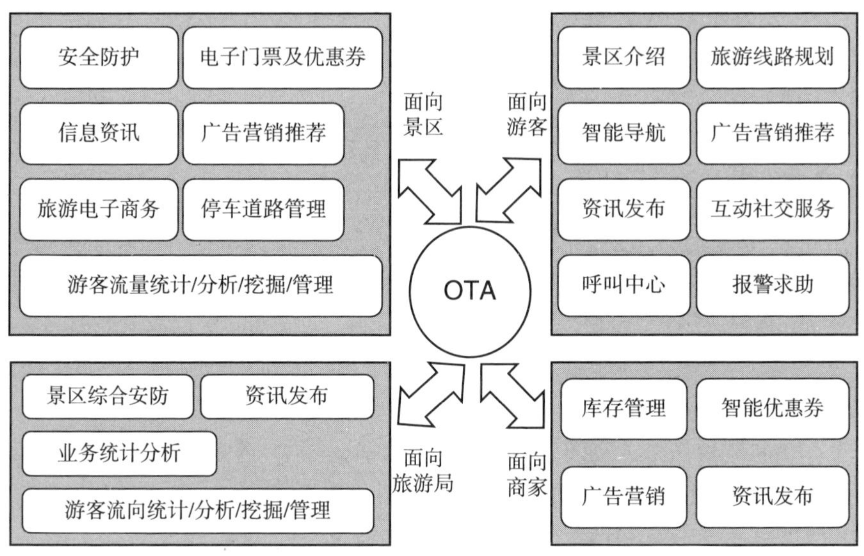

图 8　智慧旅游平台中介集成协调作用结构

感受；二是开发景区特有的文化和产品，如进入景区的仪式感，以第一印象加深旅游者的感受，因为现在很多旅游者都想通过旅游行动获得仪式感，这样会让旅游更加具有价值和意义，并在景区开发专属产品（或纪念品），发挥传播文化的作用；三是加强景区的营销，吉林省很多景区都值得游玩和体验，但是由于营销欠缺或营销不当，能够被熟知的景区不多，因此景区自身的营销宣传也是不可或缺的。以上三个方面的努力对提高景区的信任值具有一定的作用，也能够提高景区的市场营销优势。

2. 旅游供应商重视信任值建设

旅游供应商对监管存在侥幸心理，因此想通过其他方式虚建信任值，从而获取更多的竞争优势和客源利益。为加强旅游供应商的信任值建设，需要旅游供应商从自身的角度认识和重视信任值建设。因此，可将旅游供应商的信任值与荣誉相联系，即信任值较高的旅游供应商可由行业协会、机构组织或政府颁发荣誉证书并赋予高级标签，如“优质旅游供应商”“星级旅游供应商”“明星旅游供应商”等。信任值较低的将被颁发督促证书和低级标签，如“摘星旅游供应商”。通过重视旅游供应商的信任值建设，督促旅游供应商加强自身建设、追求高信任值。旅游供应商的高信任值也会反作用于 OTA，即提高努力水平，最终使旅游者获取优质的产品和服务，旅游者在拥有良好旅游体验后会给出高评价和信任值，以此实现良性循环，最终实现智慧旅游服务供应链激励机制的高质量构建和运行。

3. 以国家智慧旅游工程建设为引导

推进智慧旅游景区建设。应用大数据监测技术实现线上实时预约进入景区、分时段错峰进入、进入人次分批分量，强化数据监测作用，提高景区管理能力，加强景区基础设施建设，如警示标牌标语、景区地图引导牌和电子地图、宣传和警示广播、智能景点或文化建设语音介绍等。因地制宜地建立地区特色智慧旅游景区，应用数字技术和大数据功能增强旅游者的体验感和满足感。

完善智慧旅游公共服务，丰富智慧旅游产品供给。全面考虑旅游者的实际需求，以体验的视角完善智慧旅游景区建设。在智慧旅游景区建设中结合地区特色和文化，打造地区智慧旅游新体验，开发智慧旅游地区新模式，如沉浸式体验的博物馆、主题乐园和公园、特色文化工艺品等。丰富数字化旅游产品供给，赋能智慧旅游文化建设，让智慧旅游真正地“活起来”。

拓展智慧旅游场景应用。针对智慧旅游场景建设，应统一制定安全的数据和体系标准，保障旅游者的体验感和使用感。加强现代信息技术在智慧旅游供应链的构建和使用，拓展合作发展空间，打造融合发展新模式、新体验，形成具有包容性和融合性的智慧旅游产业，不断创新发展项目。

（四）旅游者的维权意识

旅游产品的质量直接关系到旅游者的感受，旅游者若有较好的体验会推荐和复购，若有不好的体验有时会选择搁置。旅游者应树立维权意识，要评价和反馈于平台，这既是维权也是预防其他购买者走冤路。旅游者的自身维权可从以下几方面进行：一是增强维权意识，面对不公正的待遇要发挥维权的主观能动性；二是在选择旅游产品和服务时要谨慎，依据信任值和评价等选择合适的、有保障的旅游产品和服务；三是面对利益受损要懂得收集证据，以备后期维权，旅游者的维权过程可使平台和相关组织发现智慧旅游服务供应链的问题和缺陷，有利于有针对性地解决问题，从侧面也促进了智慧旅游服务供应链激励机制的建设。

参考文献

李伟、李慧凤、杨洁：《基于智慧旅游视角的景区网站服务功能及其评价——以华北地区 10 家 5A 级旅游景区网站为例》，《资源开发与市场》2015 年第 9 期。

孔俊婷、杨森：《基于低碳理念的智慧景区规划设计研究——以乌村景区为例》，《生态经济》2018 年第 9 期。

丁熊等：《智慧旅游背景下的景区公共产品与服务系统设计》，《包装工程》2016 年第 12 期。

徐菲菲、黄磊：《景区智慧旅游系统使用意愿研究——基于整合 TAM 及 TTF 模型》，《旅游学刊》2018 年第 8 期。

岳婧雅：《基于信息技术的智慧旅游体验平台搭建与管理创新模式研究》，《管理现代化》2017 年第 2 期。

张建涛、王洋、刘力钢：《大数据背景下智慧旅游应用模型体系构建》，《企业经济》2017 年第 5 期。

拜亚萌：《智慧旅游“智能云”综合服务平台构建策略研究——以河南省为例》，《科技创新与生产力》2018 年第 8 期。

范高智：《基于 Web 技术的旅游智慧管理平台构建》，《现代电子技术》2018 年第 11 期。

Iyer A. V., Schwarz L. B., Zenios S. A., “A Principal-Agent Model for Product Specification and Production,” *Management Science* 51 (2005): 106-119.

Chen F., “Salesforce Incentives, Market Information, and Production/Inventory Planning,” *Management Science* 51 (2005): 60-75.

企业篇

Enterprise Reports

G.13

“中国婚礼堂”模式引领吉林省文化新业态发展的思路

刘玥秀*

摘　要： 中国婚礼行业进入了理性发展期，婚礼堂将成为中国婚礼行业产业化升级的重要标志。本报告根据中国婚礼堂在中国20年的发展历程，简述了婚礼堂从萌芽期到成长期的发展表现。中国婚礼堂依托创新的商业模式，结合文化、旅游、餐饮、购物消费等70余类业态，本着求同存异、多元化的态度不断地提升与完善，一站式服务平台化发展、融合上下游产业，形成产业链条，创建万亿级消费市场。搭上发展文化旅游的直通车，将婚嫁服务系统植入，中国婚礼堂业态将是多元化新业态发展的最佳助力。

关键词： 婚礼堂　创新模式　引领文化　新业态研究　吉林省

---

* 刘玥秀，吉林省礼乐文化传播有限公司董事长，中国婚道婚嫁产业研究院高级研究员，中国社会艺术协会婚庆艺术专业委员会专家委员，主要研究方向为文化产业。

截至2022年，婚礼堂在中国已经发展了20年的时间，2002年创立在上海的罗曼园婚礼堂公司，是国内第一家以一站式婚礼堂著称的公司。从国内第一家一站式婚礼堂公司的出现至今，国内已存在上万家规模大小不等的一站式婚礼堂公司。同时，婚礼行业也在转型和提升，从单体公司到具有规模的企业，从单一服务体系到多元化、全覆盖的服务体系，从无行业标准到全国行业标准化的逐渐建立，婚礼堂商业模式起到了不小的推动作用，也为未来婚礼行业的发展奠定了重要的商业化基础。

一　中国婚礼堂发展历程

婚礼堂是随着时代发展、行业发展孕育而生的一种婚礼服务模式新概念，提供真正的一站式服务，为顾客提供婚礼场地、婚礼宴席、婚礼策划、主持人、化妆师、摄影摄像、喜品、珠宝等与婚礼有关的各项服务。同时，婚礼堂可承接各类商业性宴会、私人宴会、品牌发布会等。节省顾客的时间成本，省去筹备仪式的烦琐流程，省去拼凑式的沟通对接，负责宴会、婚礼的一系列对接环节，是性价比较高的新型婚礼服务模式。同时，在产品打造上真正做到了产品品质提升以及对流行产品的市场把控，让顾客用较少的花费享受高级别的婚礼产品及服务，让顾客在省时、省力、省心的同时省钱。做到了优质服务，满足顾客多种多样的需求，让承办的婚礼大体还原了顾客心中希望的样子，产品品质突出、服务效率高。婚礼堂也具备产业升级与产业聚集的各项条件，婚礼上下游可连带产业较多，在推动产业规模化发展上有着较大的优势。婚礼堂的出现是整个婚礼产业的一大飞跃成长。

（一）萌芽期

2002~2022年，中国婚礼堂经历了几个重要的阶段，第一阶段（2002~2012年）是中国婚礼堂发展的萌芽期。这一阶段的全国婚礼堂市场尚显空白。主题类的宴会厅较少，服务体系还并不健全，没有独立体系。市场对婚礼堂并不是很了解，婚礼从业者对于怎么做婚礼堂并没有更好的认知与方向，还停留在自主经营单体服务阶段。当时的中国婚礼还处在一个借助酒店宴会厅或户外场地做单项服务板块的阶段。从以售卖道具为主到有独立的婚礼主题设计以及策划主题定制婚礼，越来越多优秀的婚庆公司涌现，举办主题定制婚礼的售价也有从几万元到几百万元不等的提升，引进了很多国外婚礼的主题元素，出现了一些主题定制婚礼，这种模式在全国红极一时，受到适婚人群的追捧，也为未来重主题、重装饰的中国婚礼堂产品模式奠定了基础。这一时期对于客户而言，举办婚礼还是一件烦琐的事情，需要单独对接酒店宴席、婚庆公司、主持人、摄影师、摄像师、化妆、婚纱、珠宝、婚车等，有大小十几项内容。婚礼公司的服务内容还只局限于婚礼上的布置与主题策划部分，对于婚礼人员（主持人、摄影师、摄像师、化妆师等）还是以推荐为主，未形成一站式服务模式，很多公司“一站式婚礼”的经营理念只是停留在概念层面。在萌芽期，中国婚礼堂更多地借鉴国外婚礼堂的概念，或者是简单的婚礼宴会加上婚礼布置，还未形成具有一定规模与系统的一站式服务模式。

（二）发展期

2013 年开始，中国婚礼堂行业进入发展阶段，这一阶段也称发展期。国内发展起很多的婚礼堂公司，这一阶段的从业者更注重物业的选择，在婚礼堂宴会厅的层高比例、设计理念、服务动线、无柱概念、桌数承载量等方面的选择上更为谨慎，以这些物业的良好基础以及独立式建筑体造景，构建了更好的婚礼堂建筑体系，这一时期的市场也慢慢地建立起一些小有规模和具有初级服务体系的婚礼堂公司。发展前期，也称为蓝海期，各地填补了婚礼堂的空白市场，这时的竞争对手还是很少的，婚礼堂模式在发达一线城市的接受程度也逐渐上涨，第一波进入市场的婚礼堂公司都吃到了红利。但是相对来说，这一阶段婚礼堂公司的产品与服务体系还尚未成熟，虽在物业选择上有一定标准，在主题造景上已经有所加强，但服务模式还是宴会餐加婚庆。婚礼堂宴会厅产品与服务简单，市场需求量相对较大，这时的利润还是比较高的，婚礼堂公司的发展比较良好。第一波涌入的公司都品尝到了相应的甜头。但是蓝海期转瞬即逝，随着各地婚礼堂数量的增长，婚礼堂市场进入了相对激烈的竞争阶段，这一阶段的婚礼堂还处在以物业为主和以场景装饰为主的阶段，所以出现了同质化现象，很多地方的所谓婚礼堂公司缺乏产品创新能力，使得很多宴会厅都是同类型风格，更有后来者直接照搬一线城市成熟的婚礼堂宴会厅产品，没有自己的品牌，做的还是流水线的产品与服务。市场竞争日益白热化，价格战、拼

场景、改主题、重新改造、盲目扩大规模，以占据宴会厅数量来增加营收，投资力度逐渐加大，回报周期变长，让投资者看到的只是良好的流水，而非良好的收益效益。同时，此阶段慢慢凸显行业管理人才紧缺问题，婚礼堂模式出现以后，行业缺乏具备管理能力及专业能力的人才。这一阶段，更多的婚礼堂公司还是更重视景观造景，忽略运营管理及财务管理，导致创建成本过高、回收周期延长、财务状况紊乱等一系列问题出现。在以物业为主的发展期，重中之重是安全，建筑安全、消防安全还有食品安全都要更为注意。各地也出现了很多用厂房改造婚礼堂的现象，在解决层高、无柱等空间问题的同时，出现了安全性问题，加之缺乏管理意识、人才储备不充足、专业人才紧缺，给经营者造成了一系列的经营压力，这也反映出安全与制度方面需要加强的问题。

因有着良好现金流及这一时期已形成了一定的规模，婚礼堂在这一阶段备受很多外部行业关注，大量的投资者涌入，无论是餐饮企业、婚庆公司，还是地产商、投资商，都涌入了这一行业，这一时期创建婚礼堂的主要投资者以及运营婚礼堂的团队更多为餐饮人员、婚庆人员、地产商、大品牌投资商，给婚礼堂行业带来了新的力量。各地的婚礼堂数量在短期内有着迅速的增长，而适婚人群数量有逐减之势，就拿长春市场举例，长春市在 2017 年才引进婚礼堂，截至 2022 年，长春市的婚礼堂公司已有 10 余家，宴会型酒店与星级酒店同时存在，每家婚礼堂公司在不停开发二店、三店，社会餐饮也纷纷改造宴会厅、改变经营模式，向婚礼堂模式靠拢。长春市已有大小宴会厅 160 余个，按常住 100 万人口对应 40 个宴会厅的比例，在长春市现常住人口为 400 万人左右的情况下，市场上的宴会厅容量已经趋于饱和，若盲目大肆扩张，就会出现供过于求的现象。

2014 年全国结婚登记人数为 1306.74 万对；2018 年全国结婚登记人数突破 1000 万对，为 1013.94 万对；2019 年全国结婚登记人数有所回落，共 927.33 万对；2020 年全国结婚登记人数为 813.10 万对；2021 年全国结婚登记人数为 416.6 万对。2020 年开始，中国婚礼堂公司竞争激烈，而市场的容量是有限的，盲目的扩张会带来恶性的竞争，很多婚礼堂公司出现经营不利、管理意识不强以及无效管理、产品质量不合格、服务体系不健全、人力成本过高、团队拥挤等问题，导致整体利润率降低。在婚礼堂公司竞争逐渐白热化的同时，传统婚庆公司已经悄悄地退出了市场，现在的婚礼市场以婚礼堂模式为主导。全国婚礼堂企业存在同样的问题，一线城市还同时存在物业成本、人力成本过高的问题。此时，部分一线城市头部婚礼堂公司已开始重视人才培养及引进，加强运营体系管理，精简成本输出，建立品牌，规模化经营，做下沉市场的铺垫。

（三）提升期

随着行业的不断发展，中国婚礼堂迎来了第三阶段：提升期。经过了十几年的发展，全国婚礼堂的水平得到了很大的提升。在这一阶段，通过关注婚礼堂宴会厅建设或设计创新占领市场份额会变得越来越艰难，因为好的物业比比皆是，而这一阶段的适婚人群对于婚礼的认知及审美感知也有所不同。随着互联网的发展，适婚人群的审美与承办婚礼的方式也趋于相同，不是餐品好吃与普通的婚礼造景和简单的服务就可以满足。所以，软实力的提升是这一时期的重中之重，根据受众群体来设计产品、服务、环境，软实力、运营实力是当下的核心竞争。重视人才培养，增强管理意识，降低整体运营成本，把各项成本降低，打磨团队，创建品牌。婚礼堂公司真正能在风口下做大的很少，但经过不断的努力，在提升能力之后，可以使得婚礼堂公司拥有永久的生命活力。第三阶段的重品牌、重运营、重人才，也是未来行业新的发展动力。

婚礼堂解决了很多消费者的痛点，给了消费者消费以及服务的升级体验。婚礼堂可以让新人直接看到婚礼现场的真实效果，新人在选择场地以及提前彩排时就可以直观地感受到婚礼当天的状态，解决了婚礼前临时搭建现场的不稳定问题，也可以更好地在婚礼环节做创新，让一场婚礼不再只是简单地走流程，可以更好地表达出新人在情感方面的诉求，以及对于亲情、友情、爱情的理解。一场婚礼不是道具的堆砌，而是情感的抒发与一对新人对于生活的重新认识、生活角色的转换以及对于婚姻与爱情的理解；既是两个家族的完美结合，也是一个家庭新的启程。

婚礼堂宴会厅的打造成本已远超于市场普通婚礼成本造价，新人可以用较低的价格享受几十万元或上百万元级别的婚礼庆典及婚礼服务，大大提高了性价比。对比一些中小型婚礼公司，婚礼堂有明显的优势，省时、省力、省心的一站式服务模式也解决了受众群体的大部分痛点。

二　中国婚礼堂产业发展态势

产业布局是当下中国婚礼堂公司要考虑的问题，结婚人数递减、婚礼堂宴会厅的数量递增，大多数“95后”“00后”受众群体对结婚的方式与理念已经有了很大的变化，追求个性、自我、小众，从社会发展与经济发展的角度来看，市场上逐渐趋于以小型宴会为主，桌数递减，从原来的以“量”为衡量准则转变为以“质”为衡量准则。婚礼行业受众群体以女性为主，更注重“颜值”，更加信仰为爱而举办婚礼，更加理性，相信价值观的趋同，而非简单地组建家庭。更重视仪式感的呈现、对婚礼有要求的受众群体不断增加。所以对于中国婚礼堂公司来说，其内涵亟须提升。在客户多元化的需求下，婚礼堂公司的多元产品应运而生。不单停留在城市中心、商业中心，也更加注重周边环境的选择以及举办婚礼仪式的模式。

（一）婚礼堂市场消费潜力巨大

根据中国婚道婚嫁产业研究院数据，在未受疫情影响的2019年，中国婚庆市场规模高达2.1万亿元，2015~2019年，平均一对新人整体婚礼消费从6.4万元增长到22.3万元。在2万亿元的婚嫁市场中，婚礼堂公司的发展还是比较可观的，从2015年至今，全国已有多家婚礼堂公司上市，年营收平均增长2亿~4亿元，净利润增长6000万~1亿元。2020年后，受疫情影响，整体营收有所递减，但随着收入水平的提高和消费意识的增强，我国婚礼相关人均消费的金额还是相对可观的。2020年，受疫情影响，我国每对新人每场婚礼整体花费达17.4万元，虽同2017~2019年相比有所下降，但仍是2015年的2.7倍。受疫情影响，新人更改了举办婚礼的时间，但结婚数量与消费潜力依然可观。2020年全国结婚登记人数为813.10万对，平均每对新人每场消费金额达到17.4万元，由此测算出全国婚庆市场规模为14147.9亿元。婚礼堂市场潜力大、模式创新性强，对于各行业助力明显，从数据上看，婚礼堂产业还有很大的市场消费潜力，均单值有逐年上涨趋势，新一代消费群体更注重婚礼的质量，婚礼方面的预算随着经济增长与消费观的变化将呈大幅增长趋势。

（二）目的地婚礼堂吸引力较大

“95 后”“00 后”受众群体的崛起也激发了旅行婚礼、户外婚礼、小型婚礼的热潮，各地兴起了目的地旅行婚礼。目的地旅行婚礼是一种创新的婚礼模式，是将婚纱摄影、婚礼仪式和蜜月结合起来的婚礼模式，新人可以自主选择自己喜欢的城市、景区、国家，以旅行的形式完成自己的婚礼。新人不单需要个性化、时尚化、多元化的婚礼，更要有沉浸式、互动式的创意元素。目的地婚礼堂结合文旅产业，满足了这一代消费者多元化、个性化、时尚化的需求，边旅游边举办婚礼仪式，还可以在各地拍摄婚纱照，带动了当地旅游市场的发展。目的地婚礼堂的受众群体不单是本区域、本城市、本省份的客群，可扩大到全国乃至全世界的客群，国内旅游城市也把目的地婚礼堂作为旅游项目的首选，旅游项目、旅游景点纷纷建立了婚礼堂商业项目，扩大了婚礼堂商业项目的建设规模，在为旅游景区增添商业配套的同时，给当地经济及客流量带来了可观的增长。

国内比较成熟的目的地婚礼城市是三亚，有着得天独厚的天然旅游资源的三亚，近些年深受适婚人群的喜爱。三亚的景区也是国内目的地婚礼的首选，景区旅游产品丰富，吸引全国各地的新人到此举办目的地婚礼、拍摄婚纱照与蜜月旅行。根据 2020 年数据统计，三亚接待婚纱摄影新人 26 万对、蜜月度假新人 20 余万对，举办目的地婚礼近 2200 场，婚庆旅游行业产值近 100 亿元；2021 年，在三亚举办的目的地婚礼突破 4000 场。目的地婚礼市场还有很大的发展空间，从受众群体传统观念的改变，到政府政策的支持，再到旅游景区经营模式和重心的改变，都是目的地婚礼发展的推动力量。全国各地的旅游景区也纷纷引入目的地婚礼业态，在增强客流量的同时，为景区、城市提供更好的宣传助力。

（三）婚礼堂服务呈现多元化

多元化的婚礼模式还包括别墅婚礼、庄园婚礼、泳池婚礼，婚礼仪式也增添了多元聚会属性，这些都可以在婚礼堂呈现，未来的婚礼市场也将以多元化方式呈现。婚礼堂的一站式备婚方式，提高了服务的效率，使订单量大幅提升，以“95 后”客群为例，这一客群更想要的是自由婚礼，我的婚礼我做主，有自己的主观想法，不会再被别人的观点影响，所以他们更注重现场以及感受。

（四）婚礼堂下沉市场发展前景广阔

近些年，随着消费者的消费升级，受众群体对于品质的要求也开始提升，我国三线、四线城市婚礼堂消费率大幅增长，市场占有率达 70%，所以婚礼堂的下沉市场也在不断扩张。下沉市场是指把婚纱摄影拍摄基地、婚礼堂酒店、婚纱礼服、婚礼周边业态等引入国内三线、四线及以下的城市。随着全国经济发展水平不断提升，城镇建筑设施、基础配套设施的完善以及收支的不断上涨，我国下沉市场存在巨大的消费潜力，与只占据消费率 30%的一线、二线城市相比，三线、四线城市在未来有很大的开发空间。数据显示，我国三线、四线城市客群在婚礼上的平均消费虽然低于一线、二线城市，但是他们在结婚的时间上要早于一线、二线客群，而且在婚礼、酒席的选择上也不会减少选项。他们更重视婚礼的承办及酒席的质量，这也可以看出三线、四线城市客群的消费能力仍。而近年来，三线、四线下沉市场的消费者在婚礼上的消费与一线、二线城市消费者的差距在逐渐缩小，消费金额也在逐渐上涨，这也显示了下沉市场是未来全国婚礼堂消费的主力。婚礼堂持续创新的产品体系以及不断升级的服务模式，也能够满足下沉市场的消费需求。近些年，三线、四线城市也建立了自己独特的场景产品与地域独有的服务体系，不再照搬照抄一线城市产品，更追求创新性，这是中国婚礼堂发展的一大利好表现。婚礼堂企业更注重个性化、差异化运营，更注重文化理念的塑造，也增添了很多新技术，数字化、科技化以及线上线下联动带来了新的渠道创新，真正实现了客户增长。在未来婚礼堂商业模式的发展中，不同的发展前景下将产生不同的婚礼堂模式，多元化的呈现会带来不同的发展效果。

三　吉林省婚礼堂行业发展现状

2017 年，长春市出现了婚礼堂公司，2017 年也是吉林省婚礼堂行业的元年。2018 年，市场上逐渐形成婚礼堂一站式服务模式，传统宴会型酒店及婚庆公司被抢占了大部分的市场份额。2019 年，长春市婚庆公司存活率降低，婚礼市场真正被婚礼堂占据。短短 3 年时间，婚礼堂一站式服务模式快速占领了市场，七成以上的消费者选择在婚礼堂举办婚礼。市场的快速变化，也使得传统酒店选择改造场地。婚礼堂的良好资金流也吸引了地产商与投资商的涌入，在 2021 年，长春市婚礼堂的数量达到了 2018 年的 8 倍之多，加上部分婚礼堂公司不断扩大经营规模，市场上呈现的婚礼堂宴会厅数量截至 2022 年已有 170 余个，整个婚礼堂市场的竞争已变得白热化。随着长春市婚礼堂的发展，从 2019 年开始，吉林省各县市也纷纷建立一站式婚礼堂，在当地成为行业龙头，占领了大部分市场份额。

吉林省婚礼堂的发展速度在全国名列前茅，各婚礼堂公司为了抢占每年有限的市场份额资源，在营销手法与创新改造上都下了不小的功夫，从重装饰造景到重运营，从单一的“拼”婚礼服务到“拼”全方位一站式服务。未来的吉林省市场将全面进入红海之战，需要经营者保持清醒的头脑，从单体的只抓销量到抓全方位的安全生产经营、产业模式建造、顶层战略布局等，只有这样才能让企业发展更稳健，为行业、为社会作出更大的贡献。

婚礼堂行业的加速发展给地方经济带来了正向的经济效益，可引进更多、更好的婚礼堂头部品牌项目，做到真正的升级，规范婚礼堂行业标准。推动实现目的地婚礼项目，推动省内文化旅游发展，让更多的适婚青年选择来吉林省承办目的地婚礼。从地方受众的局限突围，真正带动省内经济发展，为吉林省文化产业助力。

四　“婚礼堂”引领吉林省文化新业态发展的思路

婚礼堂在当代属于行业消费升级新模式，其与文化产业园区的融合，与传统餐饮、婚庆公司的融合，与地产项目的融合等，体现出其是产业融合的核心，同时为产业融合赋能。只有做到真正的产业融合，才是婚礼堂模式最终的发展方向。近些年，婚礼堂与文化产业园区产生了连接，旅游的灵魂是文化，文化的载体是旅游，加速旅游业的升级转型、推动我国传统文化的创新与传承，对于加速发展旅游与文化有着重要的意义。

（一）婚礼堂与文旅产业融合

全国各地陆续出现了很多“婚嫁+文化旅游”的婚嫁文旅产业园区，这是随着消费升级以及市场的变化产生的新型业态，不但助力了文旅目的地的发

展，也深化了产业融合，创新了婚嫁体系与文旅产品体系。婚嫁文旅目的地发展融合的重点是找到适合的婚嫁产品及商业模式，合理融合各周边商业品牌以及自创品牌，带动行业上下游发展，形成统一的产业规模，增加市场容量，同时弘扬中国传统的婚俗文化。婚嫁产业体现了一个国家、民族以及一个区域的传统与现代的婚嫁文化特征，发扬传统文化是一个行业的基本责任，婚嫁文化的继承、开发以及与现代新主张的结合，都是未来的发展方向。2021 年，最受年轻群体青睐的是中式婚礼，现在的适婚人群更追求民族文化，重视民族复兴，推崇本国品牌，传统婚礼、民族婚礼市场前景广阔。中式婚礼近些年受到了新一代适婚群体的追捧，进而衍生“新中式婚礼”，“新中式”这个词在现代年轻人中早已流行，贯穿了生活的各个地方，把现代人的需求与中国传统文化更好地结合。而在婚礼上，新中式婚礼不单在仪式道具上有所融合与创新，更在传统礼仪与文化上以及与新一代文化体系的融合与碰撞上有更新的突破与创新。这种独特的、融合了中国传统婚礼习俗又在形式上做了创新处理的新中式婚礼，已然成为新一代热爱中国传统文化的消费者的首选。而在整体价位上，新中式及中式婚礼的承办价格要高于普通形式的婚礼及所谓的西式婚礼价格，自“95 后”“00 后”适龄青年成为新一代结婚主力军后，中式婚礼及新中式婚礼风格广受欢迎。未来，中国传统婚礼及婚礼文化会成为主流，随着我国新一代年轻人的民族自信增强以及更多国内优质品牌的出现，中国传统婚礼文化将会被发扬光大，走出国门、走向世界，中国民族精神将会影响更多的年轻人，婚礼从业者也会弘扬中国传统婚礼文化，为传承贡献力量。

1. 婚嫁文化旅游的价值活化

婚礼堂模式延伸了产业链，提高了婚嫁文化旅游的价值。将政府资源市场化运作，提升政府资源活化水平，创造市场价值。全国每年婚礼行业有万亿级的市场可待开发，做好婚嫁文化旅游的价值活化、做好品牌赋能，将会衍生更多关联业态与商业模式，进一步提高了市场价值、扩大了市场份额。

2. 升级国际化行业标准

迈出婚礼堂国际化发展的步伐。突出体现一站式服务，进一步形成行业规范，促进行业标准化，行业标准化决定了一个行业的未来发展方向，提高行业标准化，向国际化标准靠拢，是婚礼堂形成产业链的前提核心。现在的市场更多是单打独斗的企业与品牌，应把个体产业开发成集中性产业园区，把单一的体验转化为多元的文化体验，打破传统的婚嫁婚俗地域化严重问题，升级为创新化、国际化的标准，为受众群体打造高价值的婚嫁体验与文化感受。婚嫁产业示范园区可助力地方税收，具有一定规模的婚嫁产业园区，全年营收可达到亿元以上，对于区域发展以及区域税收可发挥很好的助力作用。婚嫁产业示范园区的建立也可大幅提高地方就业率，一个成熟的、有一定规模的婚嫁产业示范园区的用人数量可到千人，有效地解决了城市及区域就业问题，在个人收益上也比同等行业有所上浮，为地方就业打开多元窗口。可向上延伸行业人才培养、技业技能培训，提高高职高专人才就业率，同时解决婚礼堂行业用人难、用人荒等问题。可助力本科院校承办专业科系，提供就业岗位。建立标准的培训体系，在助力教育的同时，解决发展中的人才短缺问题。现在全国已有大小几十家婚嫁类文化产业示范园区，对于带动当地税收与执行政府相应政策起到了很好的带头作用，行业发展依托产业健全与全面提升的发展能力，文旅产业与婚嫁产业的融合将是未来婚礼堂行业的主要发展方向。

（二）婚礼堂与商业地产融合

在这个"流量为王"的时代，婚礼堂业态有着独特优势，是线下流量的入口，集中性客群量大、预见性强。近几年，房地产的配套项目已经远不止超市、私人会所和休闲娱乐中心，婚礼堂配套也进入了房地产市场。对于商业地产而言，婚礼堂能够扩大购物中心的辐射范围。婚礼宾客大部分来自所在城市或所在区域，多数客户都选择预订，可以更好地提前规划营销方案。集中承办宴会的模式可以带动大量集中性人流涌入，按平均每一场宴会 200 人计算，一个商业项目建造 8～10 个婚礼堂宴会厅，每天可同时接待几千人集体进入，一年可导流 30 余万人，还可开展地方性活动及行业性活动，大大增强了周边产业的联动性。婚礼堂项目可以为商业赋能，不仅带动周边商业体系及商家发展，同时可把婚嫁类产业上下游商家引进，可引进婚纱摄影、礼仪服装、珠宝首饰、宴会策划、花艺、美容、婚车、喜品等，婚礼周边辐射产业可达到 70 多个种类，提高商业地产物业场地收益率，加强商场客流量，有效地扩大经营范围，做到营收最大化。

婚礼堂行业的目标客群是新人人群。婚礼堂为实体行业，是优质的天然线下流量输入口，可以提供一系列产品和服务，通过多种多样的渠道融合，婚礼堂行业的业态也逐渐多元化，上至房地产、汽车、装饰装潢、婚介所等，下至月子中心、教育、美容、家庭娱乐等。婚礼堂作为一个承上启下的载体，在产业链条的各环节都起到了相应的作用，也有可观的万亿级市场价值，通过产业化的全面发展，婚礼堂可为新人提供更便利的一站式家庭服务，如对单身青年的服务，承办相亲大会，为情侣举办求爱仪式、求婚仪式、单身派对、纪念日活动，为新人选购新房、安置新家、装修装潢设计、施工工程对接。对于要举办婚礼的新人，可为其在以下方面提供服务：婚礼的承办、首饰的选择、美容美体、婚纱摄影，婚后家庭的月子中心推介、家庭健康维护、教育等。一年有几百万对新人组成新的家庭，就会有几百万的各行业及相关产品的需求量，婚礼堂可以带来庞大的市场规模。

（三）婚礼堂与服务行业融合

随着婚礼堂不断发展与不断重新被定义，根据行业的发展变化，婚礼堂自身也不断重新梳理运营的方式。很多婚礼堂希望借助一站式服务加强自己的竞争优势。婚礼堂一站式服务的核心是整合同类项目，包括婚礼主持人、婚礼摄影、婚礼摄像、婚礼化妆、珠宝、婚纱礼服等，最为常见的是婚纱礼服，其次是婚礼主持人、婚礼摄影、婚礼摄像、婚礼化妆，它们覆盖了最基础的婚礼必备项目，也使一站式婚礼堂更好地完善自身的多功能服务。

在婚礼堂整合的同类项目里，婚纱礼服、婚纱摄影、珠宝首饰、婚礼主持人、婚礼摄像等独立品牌有几种常见的合作方式。第一种方式是互相都为独立品牌，有相应的口碑与客群。婚礼堂可与同一类项目的多个品牌达成合作，互相推荐、互相引流，双方都拓展了客户渠道，对于一个初创的婚礼堂品牌或是其他同类品牌，这种方式是最好的选择，可以快速接触受众群体，进而加强渠道建设以及品牌传播。但是这种方式无专一的合作，会导致服务体系不统一，合作方式散漫，在后续服务中无法更好地建立统一的对客服务体系，客户体验并不理想，对于婚礼堂一站式服务的口碑会有一定的影响。第二种方式是各项独立的品牌进驻婚礼堂内合作运营，对于引进的各类品牌有一定的要求，如具有一定的市场基础以及固定客群、在市场上有良好的口碑，对于婚礼堂市场会起到正面作用。但是这种方式也会产生无法统一管理、对客标准不统一的现象。这就要在招商合作时做好婚礼堂自身的品牌定位、市场定位、客群定位，这也更有利于未来一体化对客标准制定以及客群的统一性，避免出现服务客群参差不齐、影响双方口碑及无法统一定价的问题。第三种方式是婚礼堂品牌自建子品牌运营，可下设同品牌的婚纱礼服品牌、婚纱摄影品牌、婚礼主持人品牌、珠宝品牌、喜品品牌等，这种方式可以及时反映真实的市场、满足客户的需求，对于服务体系的打造具有统一性，对于婚礼堂自身的品牌打造比较有利。对市场及客户，婚礼堂品牌可真正做到整体性服务与产品输出，可以更好地满足受众群体的需求，高效提供各类服务，同时丰富自身的各项服务功能，增强竞争壁垒。但是这种方式需要有强大的管理团队以及一定规模的市场才可以更好地实现。对于婚礼堂主品牌的基础打造也有一定的要求，在创建初期的规划上以及未来的发展方向上，要有很强的判断能力以及市场的掌握能力。

（四）婚礼堂与金融业融合

婚礼堂与金融业相互赋能，以 2020 年为例，2020 年我国平均每对新人每场婚礼消费均价为 17.4 万元。2020 年我国全国结婚登记人数为 813.10 万对，他们单在婚礼上支出的费用就已相当可观。而现在青年消费者重视婚礼仪式及场地选择，更多倾向于选择自己喜欢的方式，更多追求的是个性化、“颜值派”婚礼，更注重仪式感和独一无二，不再把婚礼当作一场简单的宴请，消费理念也从以价格为主转换为以价值为重。在消费观上不再传统，而更倾向于提前消费。金融业与婚礼堂的融合，可以使受众人群有更多的机会选择自己喜欢的婚礼举办地点与举办形式，减轻了消费者同时购车、购房、婚礼、服饰、珠宝等的大量开销压力。婚礼堂与金融业的融合也大大提高了婚礼堂行业的市场占有率，让婚礼堂营收比重上升。对于金融业而言，可扩大金融体系容量，增强以家庭为单位的消费者的黏性。所以婚礼堂与金融业的融合，在最大限度上提高了彼此的市场占有率。在相互赋能的同时，为消费者减轻了由结婚带来的一系列经济压力，真正达到了三方共赢的效果。

（五）婚礼堂与互联网融合

互联网发展至今已趋于成熟，在线上筹备婚礼成为新一代受众群体的首选，同行业及相关行业 App 用户的增长率也出现了历史新高，2020 年互联网婚礼线上数据同比上涨了 44.6%；用户规模达到了 1726.4 万人，比 2019 年上涨了 700 多万人。

近些年，受疫情的影响，各品牌与行业逐渐增强了互联网运营意识，意识到了互联网营销的重要性，加速从线下到线上的规划布局，创建了新零售发展模式，婚礼堂一站式线上备婚形式也为线上平台做了很大助力。近年来，国内多家知名婚礼堂品牌布局线上直播平台，婚礼“直播带货”也悄然兴起，不但实现了快速引流，还可以通过知名“带货”主播获得相对精准的客群，进而促进转化率的提升。婚礼堂的营销更加多种多样，受众群体可以更直观地在线上看到各类场景和产品，实现足不出户选择场地及服务。结合互联网、线上线下引流、“直播带货”等新型营销窗口，也是中国婚礼堂未来发展的重要方向。

G.14 传统旗袍文化视角下吉林省时尚服饰文化传播链开发研究

沙美彤*

摘　要： 中国的服饰文化源远流长，其中旗袍文化更是近现代乃至当代的一颗明珠。与其他传统服饰不同的是，旗袍不仅具有穿着的实用价值，更是一张绝美的文化名片。它连接着东西方的文化，也承载着文化背景下众多领域的深入研究与多种合作。本报告着力探讨并深入挖掘旗袍文化内涵，在弘扬和传播旗袍文化的基础上，提出了以创新文化时尚服饰为现代生活服务并延伸其产业链等具有可操作性的策略与建议，实现跨界融合、开发、合作，为吉林省文化旅游产业带来新的活力和良好的社会效应。

关键词： 旗袍文化　文化旅游　时尚传播　吉林省

作为四大文明古国之一的中国，有着璀璨悠久的文明。而作为“衣食住行”中居首的“衣”，可追溯的历史已经有7000余年。中国服饰历经朝代更迭，因不同的民族特点而样式不同，形成了独具中华民族风格的服饰文化，可谓多姿多彩、个性鲜明，如汉服的清逸洒脱、唐服的华丽缤纷、宋服的质朴清雅、清服的富贵多彩。而旗袍，则是民国时期女子服饰的代表，作为近现代出现的中国传统服饰，既融合了中国服饰智慧之精华，又吸收了西方制衣技术之精髓。时至今日，旗袍依然兼具实用性及文化内涵，值得人们在推动文化发展及深化文化旅游事业中不断深入研究，并最终为推动其良性发展做出应有的贡献。

---

* 沙美彤，吉林省融裳文化传媒有限公司董事长，融裳旗袍品牌创始人，主要研究方向为服饰文化。

一　旗袍的发展历程

旗袍的起源历来众说纷纭，也因争议吸引着众多学者深入研究。一种观点认为，旗袍是由清代八旗女子所穿的袍服（即“旗装”）通过不断地改良发展而来，所以被称为“旗袍”；另一种观点认为，旗袍是在民国新思想、新风尚下，女子追求男女平等和自由解放，“男装女穿”，效仿男性的长衫。旗袍发展的历史分为以下几个阶段。

（一）旗装阶段

旗装是满族八旗子弟的服饰，不分男女，所穿的袍服统称为“旗装”。旗装内穿有衬衣，衬衣是满族服装中的内衣，因是内衬的衣服而得名为“衬衣”。因其作为内衣，所以不适宜穿到公共场合，于是在衬衣的基础上稍加改动，穿在衬衣外面的“氅衣”出现了。

氅衣和衬衣的形制非常相似，同样是圆领、大襟、右衽，二者最显著的差别为氅衣是左右两侧高开衩，“如意云头”是指开衩顶端的刺绣花边装饰。旗袍的形制特点可以追溯到氅衣的形制上，如果给氅衣加上高领、缩小腰身、减少过多装饰，就基本有了早期旗袍的样子，所以很多学者认为，氅衣可以确定为是民国旗袍的雏形。

到了晚清，满汉两族的文化融合进一步加深，生活习惯彼此影响，服饰文化也逐渐趋同。两个民族的女装彼此影响，并向对方靠拢，所以“汉女披旗衣”“旗装改汉服”的趋势愈演愈烈。满汉文化在服饰上的融合已难以阻挡，这为民国时期女性旗袍的出现、完善及走向巅峰奠定了基础。

（二）民国旗袍阶段

1. 历史变革对服饰的影响

从封建帝制结束到辛亥革命爆发，社会制度的变化影响着经济、文化、生活等各个领域。几千年来，女性一直被森严的服制深深束缚，它规定着什么身份穿什么衣，甚至颜色、材质都不能随心所欲，也因此大大限制了服饰的发展。

辛亥革命后，女性在服装选择上获得空前的自由，如何体现个性又不失文化传承，成了众多女性的服饰需求。特别是在号称“国际大都市”的上海，女性在新思潮及西方时装的共同影响下，把目光聚焦到了深受满汉文化影响、彰显中国文化的袍服改制上。

受此影响，代表满族贵族女性主流服饰的旗装，也不再以奢华、繁复和重工为美，变得简约清新。从清末代皇后郭布罗・婉容的全身像照片就能看出，其所穿旗装仍为典型的清朝宽身造型，整体轮廓虽依然宽大，但样式已大为简化，袖口缩小、颜色素雅，那些彰显技艺水平、工艺极其复杂的镶滚手法和原来大量使用的花边造型几乎都看不到了。

2. 旗袍形制的变革

旗袍的现代化还有一个重要的里程碑，就是裁剪方式的变革。中国历代的传统袍服一直延续着“平面裁剪”的方式，即以前后身中心线为轴，前后两片衣料整体相连而不裁开，以肩袖线为水平轴，衣袖与衣身也整幅相连，使衣料保持高度的完整。这一点最直观的表现就是在各地博物馆的中国传统袍服陈列上，中国的传统袍服是用一根直竿撑起来陈列的，而西式服装要在人台上呈现。

20 世纪 20~30 年代前期，旗袍的裁制虽然仍然采用平面裁剪的方式，但形制已经有了改动，出现了曲线侧缝，曲线轮廓也大大加强，女性腰身得到了初步体现。20 世纪 30 年代后期，旗袍的形制借鉴西式剪裁方式，并快速发生变革。

从公元 13 世纪起，西式服装逐步采用三维立体的裁剪方式，即将衣片按照人体结构分开裁剪成各个小部分，再重新缝合，注重立体造型效果。落实到旗袍上，就是所谓的“改良旗袍”。所谓“改良”，就是将旧有不合理的结构改掉，使袍身更为适体和实用。旗袍从裁法到结构都更加西化，采用了胸省和腰省，打破了旗袍无省的格局。同时，第一次出现肩缝和装袖，使肩部和腋下都变得合体了。

3. 旗袍形制的最终确立

20 世纪 40 年代初，受当时物资匮乏、经济萧条的影响，旗袍的款式和设计整体都在做减法。20 世纪 30 年代流行的拖地旗袍不再受欢迎，呈现更经济、更简约、更方便活动的特点。旗袍的下摆在缩小，长度也以齐膝或膝以下三寸为主。因女性参与社会工作的机会增多，低领旗袍或方便清洗的、可拆卸的衬领旗袍大受欢迎。同时，继续借鉴西式服装的制作工艺，中式传统的盘扣被金属子母扣和拉链代替，更加便捷商务，这一工艺逐渐成为旗袍的主要制作工艺，大大提高了制衣速度，也使旗袍逐渐成为快捷时装。

至此，旗袍完成了中西制衣的融合，呈现时装该有的时尚气息，在民国时期的照片中，男子着西装而女子着旗袍依然高度和谐。不过旗袍也没有全盘西化，主要的中国传统服装造型元素依然得到了保留，如立领、两侧开衩、大襟、盘扣等。特别是向右开襟的方式，西式女装的“左衽”与中式服装“右衽”的习惯刚好相反，旗袍仍然保持着自己的中式特点。

4. 民国时旗袍的历史地位

在 1912 年的《北洋服制案》中，女子礼服的法定款式是“裙褂”，即上褂下裙。1929 年，新的《服制条例》颁布，女子礼服第一次出现了右衽大襟的“袍”类服饰，由单独的裙褂变成了袄裙和袍两种形式兼有。法令中虽然没有出现“旗袍”的名称，但服制中的甲种女子礼服就是旗袍的样子：“齐领，前襟右掩，长至膝与踝之中点，与裤下端齐，袖长过肘与手脉之中点，质用丝麻棉毛织品，色蓝，纽扣六。”此版服制奠定了旗袍在民国女子服装中的地位。

1942 年颁布的新《国民服制条例》，较好地体现了政府在服装问题上对民意的支持。该条例规定“女子常服与礼服都仿如旗袍的改装”，旗袍被真正确定为中国女子的国服。

1943 年 2 月，宋美龄赴美国寻求抗战支持，全程皆穿旗袍，其身穿一袭黑色缎面旗袍至美国国会演讲，将中国旗袍以绝美的姿态展现了出来，从而引起了欧美时尚界的广泛关注。在英语中，旗袍的译法之一为“Chinese Dress”，这说明了旗袍是全世界所熟知的中国女性服装的标志。

民国时期的旗袍完成了从旧有服饰到新型时装的转化，此时的旗袍从上海这一“时尚之都”一路引领着全国女性的穿着和审美。自 20 世纪 30 年代起，旗袍几乎成为中国女性的标志服装。民间妇女、达官显贵的太太、电影明星、学生等无不穿着。这也使得 20 世纪 30～40 年代是公认的旗袍的黄金发展期，也是近代中国女装最为灿烂辉煌的时期。上海以强大的文化包容力再造了旗袍，也使其成为在国际时装时尚舞台上活跃着的中国传统服饰。

（三）港台旗袍阶段

1. 旗袍的没落和崛起

中华人民共和国成立以后，尤其是在正式的场合和商务出访中，旗袍依然深受女性喜欢。中国首任外交部部长陈毅和夫人张茜出访时，张茜同志穿着旗袍，端庄典雅的东方之美受到好评。在世界青年联欢会上，穿上旗袍的中国代表团的女团员，在世界青年中产生了较大影响。

20 世纪 50~70 年代，受当时审美趋向及特殊时期的影响，旗袍在中国香港、中国台湾，以及东南亚的华人圈中广泛流行。此时从上海迁徙过去的旗袍技师影响并带动着旗袍在香港的繁荣和发展，也几乎完整保留了此前民国时期的旗袍审美及技艺。

2. 港式旗袍的确定时期

香港作为接触西方文化的前沿，从审美到技术手段，再到旗袍的设计和制作，都更加偏重西方裁剪技术的融入和创新，故这一时期的旗袍通常被称为“港台旗袍”。电影《花样年华》中的旗袍就很好地诠释了这一时期的旗袍文化特征。

3.《花样年华》旗袍解析

《花样年华》中，女主角共换了 20 多套旗袍，几乎完整展示了 20 世纪 60 年代的旗袍风貌：摩登、素雅、性感、绚丽、内敛、清新等。电影中旗袍以右襟为主，领型把旗袍早期的高领发挥到了极致，以体现女主角克制的情感与情绪。斜襟以右衽为主，腰身紧收、开衩适中，展现女主角作为职场女性的干练。这部电影仿佛是一场女主角的个人旗袍时装秀。另外，电影也把西式制衣和旗袍的融合体现得淋漓尽致。设置前后省道，使女主角的曲线完美展现，在“遮”的同时，反而能把身体的特征更好地“露”出来。有的甚至还使用了垫肩，使旗袍更加时髦现代，充分体现了当时港台旗袍的艺术特质和审美。

（四）当代旗袍阶段

1. 旗袍面临的困境

20 世纪 80 年代后，旗袍再度出现在中国女性的生活中。只是经过几十年的沉寂，旗袍在女性心中已经显得陌生，仿佛只是民国服饰的代表。同时，随着经济的快速发展，女性参与社会活动增多，中国的服装潮流也更多跟随欧美的脚步，即商务、休闲、宽松的服饰成为新的着装风尚。

再次出现的旗袍，更多是以礼仪服装的形式出现，只有正式场合、节日庆典上，女性才会选择穿着旗袍。这类旗袍普遍面料考究、价格昂贵，同时过分隆重，并不适合生活中穿着。还有一部分旗袍成为饭店、茶馆、促销、庆典等活动的“工装”，这类旗袍大多面料廉价、粗制滥造，减少了旗袍制作工艺中重要的手工部分（盘扣、套结、沿边等），使旗袍原有的气韵荡然无存，完全不能体现旗袍该有的品质和文化底蕴，也让普通女性在生活中对其敬而远之。

2. 旗袍及其文化的重新崛起

21 世纪后，特别是近些年，随着中国的经济发展，人们开始注重对精神生活的追求。随着时装审美的疲劳及文化回归的渴望愈加强烈，中国女性意识到了“民族的才是世界的”，因此涌现了众多优秀的旗袍成衣制衣工厂及原创设计个人和机构，在制作中不仅保留了原有的工艺，使旗袍品质优良，同时更加符合现代审美，也使旗袍的日常化成为可能。

二　旗袍文化的美学价值

时至今日，很多传统服饰包括绝大多数少数民族服饰，都只有在重要场合或拍照留念的时候才会穿着，为什么旗袍还可以再次回到现实生活中并焕发强大的生命力？笔者认为，旗袍既古典又时尚的独特魅力，更能代表女性的物质需求与精神追求。

（一）旗袍的物质之美

1. 平常心面对旗袍

抛开文化，旗袍本身就是一件美丽的衣裳。早在 1962 年法国举办的世界服装展览会上，中国旗袍就被誉为“世界上最美的服装”。它的立领、襟制、盘扣、开衩、绲边无一处不精致，每一件制作精良、不减工艺的旗袍都如一件艺术品，特别适合展示人体之美。同时，旗袍可以与女性时装及配饰（如西装、风衣、大衣、皮鞋、皮包等）完美融合，也使当代的旗袍更具时尚魅力，甚至完全可以当成是一件时装裙。

2. 旗袍展示的中式之美

与欧美人相比，亚洲人普遍特征为平胸、溜肩、腰节长、臀位低，旗袍在演变的过程中，不断完善、扬长避短，可以说完全是为东方形体而设计，最适宜展现东方女性的人体美。立领使女性脖颈更显修长，圆弧的领型不显沉闷；领口至肩部的斜襟设计，更加贴合人体曲线的起伏，尽显女性的优美及婀娜。同时，旗袍强化了胸部和臀部的设计，在贴身不紧身的原则下，恰到好处地隐藏身材的不足，坐行之间流露东方女性的灵动与柔美，凹凸有致、动感飘逸又不失韵味。

3. 受众宽泛，适合各年龄段穿着

现代工业的发展也带动了旗袍的整体发展。现代旗袍不仅体现中国传统的文化韵味，又因为多元的设计和多样性，更加符合现代人的审美观念和生活方式，既美观大方、富有个性，又千变万化、样式繁多。

不同于其他服装的年龄定位，如童装、少女装、轻熟女装、熟女装、中老年女装等分类，当代旗袍通过设计师的精心设计，同时结合当代审美，几乎适合所有适龄女性：小娃娃可选择喜庆的各类小旗袍；学生及年轻群体可选择颜色清浅、短款和轻盈的款式，搭配小白鞋及运动鞋也毫无违和感；商务女性可选择低衩、后衩或无衩的款式，用更有商务感的领针来代替盘扣，打造干练又专业的气质，这在《中国望族旗袍宝鉴》一书中有诸多体现。此间的旗袍简洁大方，作为商务旗袍，大多无盘扣或用珍珠领针及胸针搭配珍珠耳环，凸显和谐统一及大方高贵；有深厚文化底蕴、热爱传统，同时多年穿着旗袍的女性，可选择纯手工的平面裁剪旗袍；年长的妈妈们可选择面料舒适、颜色艳丽更显年轻的旗袍；等等。下到 9 岁的小孩，上到 78 岁的老者，都是旗袍的受众，甚至可以达到不同年龄穿同款旗袍各有风韵的效果。这也说明了旗袍的包容性、适用性和实用价值。

（二）旗袍的精神之美

1. 旗袍体现的民族精神及文化自信

2011 年，国务院将旗袍的制作手工划入第三批国家级非物质文化遗产名录，由此可见，除了是一件美丽的衣裳，旗袍还是具有我国传统文化内涵的文化产品。这说明了传统服饰的精神力量是巨大的，充满不朽的魅力。

旗袍自传统文化中演变而来，虽然经济繁荣、社会进步、事物更新换代的速度都在不断加快，但旗袍却并没有消失在人们的视线中。反而在现代生活与现代文明中不断变化、发展。从旧时旗女之袍到现代旗袍，它的形成是中西方文化交融的共同结果，这使得旗袍在展现东方女性古典、优雅气质的同时，使穿着者更加自信、美丽，带有一种与生俱来的现代感和国际性。

1984 年，旗袍被中华人民共和国国务院指定为女性外交人员礼服。从 1990 年北京亚运会起，历次中国举行的奥运会、亚运会以及国际会议、博览会等，大多选择旗袍作为礼仪服装。2014 年 11 月，在北京举行的第 22 届 APEC 会议上，我国政府选择旗袍作为与会各国领导人夫人的服装。在多个国际交流平台上，如各种国际电影节，知名女星的着装展示旗袍元素，旗袍的独特魅力正越来越为世人所了解和接受，成为中国悠久的服饰文化中最绚烂的文化元素。

2. 旗袍作为友谊的桥梁，传递情谊

宋庆龄曾在抗战时期送给美国友人波利・巴布科克一件黑底白绿花的真丝旗袍。当时波利女士要去美国为中国的抗战募捐，宋庆龄对她说："在为中国募捐的时候，我希望你穿着中国衣服。"波利女士非常高兴，她穿着这件旗袍在美国积极宣传中国的抗战，募集了很重要的一笔资金。1981 年宋庆龄在北京逝世，远隔重洋的波利女士又想起了这件旗袍，她于 1988 年 3 月 17 日把这件旗袍捐给了北京宋庆龄故居。这件旗袍从中国远赴美国，又从美国回到故乡，既见证了历史，又见证了两位杰出女性跨越国别的深厚友谊，也是中美两国人民友谊的见证。

3. 旗袍在学术界及民间的影响力

中国大陆在 20 世纪 50 年代，中国台湾、新加坡等地在 20 世纪 60 年代末都很少有女子穿着旗袍。20 世纪 90 年代初，因为中国香港和西方服装设计师在他们的作品中引入旗袍元素，旗袍时尚慢慢在中国香港、新加坡等地复兴。与沈从文并称"中国古代服饰史学研究双子星"的中国台湾学者王宇清，就曾在 1974 年元旦中国台湾"中国祺袍研究会"举行成立大会之时，主持大会并发表题为《祺袍的历史与正名》的演讲，主张改"旗袍"和"祺袍"称谓为"祺袍"。该提议当场获得大会通过，确定"祺袍"为中国台湾当代旗袍的称谓。"祺袍"，意为吉祥富贵寿考之袍，代表着中华民族对于美好生活的无比向往。

旗袍在中国大陆的强势回归略晚，始于 1997 年前后。近些年来，随着中国的经济发展，人们对传统文化更自信、更追求个性美，也因此对旗袍越来越喜爱和看重。2016年高考期间，江西新闻网上的一则新闻就是例证：高考如约而至，与不少家长助阵高考的忐忑相比，南昌二中红谷滩校区的张女士等考生家长就显得轻松不少，统一旗袍着装寓意“旗开得胜”。此举虽说并无实际依据，却也是人们的美好祝愿。

4. 旗袍在国际上的影响力

尽管在现代生活中，人们大多受西方服饰和审美文化影响，不再穿传统服饰，男士们穿着西装打着领结，女士们的衣着也与西方接轨，然而这并不意味着人们忘记了属于本民族的服饰，如汉服、旗袍等。

旗袍在我国的传统服饰中占有优越的地位，随着国内旗袍产业的迅速繁荣，旗袍及其文化输出也随之加强。被称为“中国居里夫人”的吴健雄女士，在国外的几十年间一直身穿旗袍，甚至在实验室中以旗袍配白大褂，成为一道独特的风景。她用一袭华衣告诉世界：“我是中国人。”

随着当代面料及制衣技术和设计更加成熟，在偏重实用性和商务性的前提下，旗袍已经越来越成为时尚，被更多年轻女性、商务女性及热爱传统文化的女性认同，成为“中国时装”。

我国历任国家领导人夫人都曾穿着商务款的旗袍出国访问，并把旗袍作为礼物送给外宾。特别是现任领导人习近平主席及夫人出访时，彭丽媛女士一套套精美不失实用、商务又充分体现中国服饰文化的旗袍，更是掀起了“传统服饰热”，旗袍的实用价值得到了充分发挥，也足以证明旗袍作为中国女性的“国服”、中国女性服饰文化的优秀代表，得到了全世界的公认。

三　吉林省以旗袍文化开发时尚服饰文化传播链的思路

（一）吉林省发展旗袍文化的优势

吉林省有着丰富的满族文化资源，包括历史文化名镇乌拉古镇、满族“圣山”长白山、“皇后之乡”叶赫镇等，这些都是吉林省作为文化旅游开发的优势所在。

传播链即是大家熟知的产业链。笔者通过这些年在家乡推广旗袍文化的实践认为，一种文化只有能产生“文化—具体产品—明确的商品属性—产生经济价值—带动良性发展—广泛的社会价值”，才算具有一条完整的传播链，才能形成闭环和自我造血及生存的能力。任何一种过分脱离现实生活、仅强调艺术价值的文化和技艺都很难传承下来。

（二）吉林省开发时尚服饰文化传播链的思路

1. 与民族品牌的融合

在满族文化深厚的吉林省，把旗袍从袍服、旗装、旗袍、当代文化时装的演变历程做深做透，从文化自觉性和自豪性上让女性更加追求和向往穿着旗袍。在一些大型活动如车展上，中国民族品牌崛起，特别是像“红旗”这样的“国车”，应让展示人员穿一件精心设计的旗袍，这种不同民族文化的融合会产生奇妙的火花，也彰显了吉林省努力打造文化强省的具体举措与信念。

2. 与婚礼和婚庆文化活动结合

民族文化回归带来的力量，也体现在中国人从古至今就重视的婚礼仪式上。这些年中式婚礼方兴未艾，在婚礼上凸显文化感也成为一种时尚。例如，越来越多的新娘及妈妈们乐于穿着旗袍来完成婚礼庆典。每年的结婚旺季，都有大量的女性选购旗袍，并在婚礼上大放异彩，同时让更多参加婚礼的女性慕名而来，起到了传播文化的作用。更有很多致力于中式婚俗文化传播的优秀机构和传播者，如中国婚礼堂等，可与其倾力合作，共同打造旗袍结婚礼服系列。

3. 与文化相关景区加强合作

吉林省几处和旗袍服饰文化息息相关的旅游景区，如伪满皇宫博物院、乌拉镇、“皇后之乡”叶赫镇、莲花岛“民国街”、巴蜀映巷等，在工作人员的服饰上可选择质地优良、有商务气息的旗袍。以这样有文化底蕴的面貌面对游客，相信一定会让游客印象深刻。

以伪满皇宫博物院为例，在《末代皇后的裁缝》一书中有详尽的对婉容服饰演变的介绍。婉容作为接受新式教育，能说一口流利英语的时尚人士，不仅文化底蕴深厚，同时有着极佳的审美眼光，她在旗袍的设计和款式变革中也起到了重要作用。展览一些婉容身着旗袍的照片，复刻出实物旗袍，供游客欣赏及试穿，为游客带来直观的旗袍文化。同时，可在景区内设立旗袍文化体验店，提供租赁、化妆、拍照等服务，更有生活旗袍的销售，使精神文化和物质文化完美融合。此项举措不仅会增加景区收入，也是深化旗袍文化、推进文化旅游深入发展、形成完整传播链的有效方式。

4. 依托实体做好线下文化传播

在“乌拉街”、“叶赫镇”、“民国街”、巴蜀映巷等具有民族文化及中式建筑特色的旅游景区里，依托已有的实体店面，打造区域性的妇女文化成长中心。举办旗袍读书会、旗袍与茶文化、旗袍与舞蹈、旗袍与红酒、旗袍与时装等多种类型的文化交流活动。此举可扩大旗袍文化的知名度及影响力，带动更多女性在社会活动中穿着生活旗袍，使其常态化、生活化，让文化落地。

同时，以旗袍为载体，延伸出一系列的文化交流活动，如自己动手制作纯手工的盘扣，并衍生盘扣胸针、盘扣耳环、盘扣戒指；制作口金包，体验各种刺绣的针法并最终制作出手绣的方巾、围巾等。通过这些技艺输出及衍生产品体验，产生影响力，带来经济收入，使文化企业在生存中谋发展，在发展中建立省内名牌企业，成为省内文化旅游中的一张名片。

5. 设计适合作为旅游产品的文化类服饰

设计有鲜明旗袍特色的、品质精良的文化衫，在领口、衣襟等细节上融入旗袍元素，使其不仅实用并且文化感浓郁，让每一位游客都乐于穿着并念念不忘。旅游产品的品质也反映着对待文化的态度，所以品质一定要是在第一位的，以提升文化旅游的软实力。

6. 与影视表演的融合

长春是新中国电影发展的摇篮，影视文化有着深厚的地缘基础，在建的万达国际影都及影视基地都很好地体现了这一点。可以鼓励年轻人及所有的旗袍文化爱好者参与影视短剧的剧本编写及创作，以旗袍为载体，深入影视文化中的多种维度，运用网络传播平台，带动旗袍短剧的热潮。

2019~2020 年，笔者曾经组织了“中国人穿中国衣，我为旗袍代言”活动，仅一年的时间就有 1000 多位女性参与，最小的 9 岁，最大的 78 岁。其中有中小学生、教师、银行高管、医生、农民、外籍学生及教师、公司白领、社区工作者等。各年龄段女性参与的热情和对旗袍文化的支持大大超出预期。在旗袍文化收获更高社会价值的同时，也产生了良好的商业价值。该活动使文化不再不接地气，不再缺乏自身造血能力，是文化与商业完美融合的典型实例。同时，该活动作为“生活旗袍倡导者”，带动女性在生活中穿旗袍，对推动旗袍文化的发展起到积极又现实的意义。

（三）具体推广建议

1. 多角度全方位与现代生活方式结合

旗袍既是文化载体也是产品。当产品本身足够优秀时，用恰当的方式更好地传播出去就显得尤为重要。当下，互联网影响着人们的生活，因生存压力带来的工作时间加长，也使人们养成了碎片化接收信息的习惯。人们在微博、微信、抖音等网络交友及传播平台花费的时间更多，旗袍及其文化的传播可充分运用好这些平台。

2. 用新媒体做好旗袍文化输出

2019 年，电影《哪吒之魔童降世》的大热让国产动漫得到了广泛关注。还有更早的《大鱼海棠》《西游记之大圣归来》等影片，都使带有文化属性的传统经典再次被关注，也激励着更多愿意置身于传统文化保护及挖掘的有志之士一起为传播传统文化而努力。其中，旗袍文化传播可发挥的空间巨大。开设账号及公众号系统介绍旗袍历史、技艺、特点与文化属性，注重实用性及生活感，针对年轻群体可以采用 VR 模拟、交互游戏、剧本杀等沉浸式体验方式，营造浓厚又不失轻松的文化氛围，如近几年备受关注的故宫文创推广方式，可被旗袍文化的推广所借鉴。

3. 用文化的吸引力去争取更大的社会支持

传承、传播与推广旗袍文化是一项艰巨而伟大的工程，需要全社会尤其是需要年轻群体的参与和共同努力，后继无人才是很多宝贵的非物质文化遗产传承不下去的主要原因。旗袍作为文化时尚服饰，容易被接受和喜爱，是很容易产生良好的社会价值的。政府有关部门应通过相关政策扶持与资金补助，鼓励私营企业、民营资本与政府合作，通过在一些与旗袍文化相关的旅游景区建设“旗袍文化示范店”“旗袍文化体验区”，专项对口扶持省内从事旗袍文化输出的实体企业和个人，有针对性地建立名录，做好联动和扶持，让企业更好地生存下去。获得经济、文化、社会效益，促进旗袍产业的蓬勃发展。深入挖掘旗袍的产业价值并将文化价值转化为经济效益，继而反哺旗袍文化。

4. 加强文化传承在年轻人中的影响力

通过文化传承人进校园等活动，做好大学生群体的文化输出。通过主题雅集、学生辩论交流会、活动服装赞助等方式，让年轻群体感受传统服饰在现代生活中的文化性、日常性、便利性，满足年轻群体对服装特别是时装的消费需求。使旗袍的传承、传播与推广年轻态，给年轻群体提出新的要求，使其发挥主观能动性，共同为旗袍文化及中国传统服饰文化事业尽一份力。

参考文献

张爱玲：《流言》，北京十月文艺出版社，2019。

顾凡颖：《历史的衣橱：中国古代服饰撷英》，北京日报出版社，2018。

朱博伟、刘瑞璞：《“旗袍”易名》，2018 中国民族服饰文化国际研讨会，2018，第 147~157 页。

蔡珍珍：《“旗袍”与“奥黛”比较研究》，硕士学位论文，太原理工大学，2016。

李迎军、刘元风、郑嵘：《旗袍词义解读》，《艺术设计研究》2017 年第 1 期。

周进：《末代皇后的裁缝》，作家出版社，2006。

胡若涵、姚琛、娄琳：《非遗旗袍的年轻态传播与推广研究》，《戏剧之家》2020 年第 28 期。

宋路霞、徐景灿：《中国望族旗袍宝鉴（续编）》，上海科学技术文献出版社，2019。

陈美怡：《时裳》，中国青年出版社，2013。

包铭新、吴绢、马黎：《中国旗袍》，上海文化出版社，1998。

G.15
吉林省国家广告产业园实践创新及发展的研究

王启民*

摘　要： 吉林省国家广告产业园作为吉林省文化产业的重点园区，影响力、带动力、示范性持续凸显，在推动吉林省文化产业的集约化、专业化、国际化发展中发挥积极作用。吉林省国家广告产业园从无到有、从小到大、从弱到强，根据吉林省广告产业、文化产业、文旅产业融合的发展实际，在实践中积极探索吉林省文化产业园区的特色发展模式，并根据市场环境和趋势，在经营发展中进行创新思考，对定位、功能、模式和价值进行研究，走出了一条因地制宜的吉林省文化产业园区的发展之路。

关键词： 广告产业　产业园区　吉林省

近年来，吉林省国家广告产业园（以下简称“园区”）以文化产业为定位，打造品牌、渠道、资源、产业的共享平台，建立服务好企业、优选好产品、塑造好品牌、助力好营销、培育好人才的生态闭环系统，共同构建中国品牌提升服务生态圈，推动吉林省文化产业和区域经济高质量发展。

* 王启民，吉林省国家广告产业园区管委会主任、吉广品牌创始人，吉林省文化企业商会副会长，吉林省文化产业促进会副会长，长春市文化产业联合会主席，长春市广告协会会长，主要研究方向为文化产业。

一　园区发展优势：以长春为例

（一）白山黑土的文化底蕴

作为传统的文化大省、强省，长春文化产业在文化体制改革的背景下不断积淀、创新、升华，在继承保留淳朴、浓郁的东北文化精髓的基础上，开放性地融合、吸收国内外先进文化，形成了具有独特气质的文化品牌，这是文化产业发展不竭的创意源泉。

（二）汽车文化优势

汽车文化是长春最具特色的文化品牌。长春是新中国汽车工业的摇篮，中国的第一辆汽车在此诞生，长春具有深厚的产业积淀、人才积淀和汽车文化积淀。长春举办的“中国长春国际汽车博览会”是国内汽车展会品牌之一，长春轨道客车厂代表着中国正行走在工业的前沿。

（三）电影文化优势

电影文化是长春重要的文化资源和文化品牌。长春是新中国电影事业的摇篮，长春电影制片厂是新中国的第一个电影基地；长春国际电影节每两年在长春举办一次，其影响越来越大；长春拥有东北地区唯一的以播放电影作品为主的电影频道；坐落在净月潭风景区的长影世纪城，向人们展示世界先进的影视文化和影视特技效果。

（四）地域特色文化优势

长春是一座拥有鲜明地域特色文化的城市，有以被列入国家级非物质文化遗产的东北二人转为代表的民间文化，有以净月潭风景区为代表的冰雪文化，有以伪满皇宫博物院为代表的近代历史文化，有以东北老工业基地为代表的现代工业文化，等等。

（五）人力资源优势

长春拥有较为雄厚的文化产业人才实力。长春是国内知名的科技文化名城，全市共有科研院所100多个，高等院校39所，有在全国位列前茅的“985工程”和“双一流”大学吉林大学，有首批国家“211工程”和教育部直属师范院校东北师范大学，有培养雕塑、美术、音乐、创意设计等专业人才的吉林艺术学院，有培养动漫人才的吉林动画学院等。与省内知名文化企业签订联合培养、实践培训合作协议，形成了“教、学、研、践、产”一体化和集成化人才培养方式，保证了文化产业后备人才梯队建设。

（六）居中辐射的区域优势

净月高新区具有明显的区位和交通优势。从区域位置来看，长春位于东北亚的地理位置中心，净月高新区300公里以内的大中城市有60座，城市人口达1.1亿人。随着东北亚地区经济的日益繁荣，净月高新区具有了参与全球发展的条件和机遇，正在成为整个东北亚地区不可多得的投资创业平台。净月高新区内轻轨环区穿行，3条交通主干线与老城区主干路网紧密相连，长吉、长平、长哈3条高速公路和2条高等级公路延区而过，距长春龙嘉国际机场28公里，交通方便快捷。同时，净月高新区拥有占区域面积51%的林水面积，拥有两个国家5A级景区，具有东林、南水、西河的自然生态体系布局。居中辐射、四通八达、生态绝佳的区位综合优势，有助于文化产业灵感迸发，方便与各界企业交易沟通，缩减了流通环节，降低了交易成本，对于汇聚省内外文化创意产业资源、引进大批文化产业服务企业具有强大的区域“洼地效应”和集聚效应。

净月高新区具有区域发展的经济实力。净月高新区是国家服务业综合改革试点区、国家自主创新示范区、长吉图国家战略中现代服务业的集聚发展区、长春市文化产业及文化产业集中发展区、吉林省电子商务龙头企业的聚集地。作为国家服务业综合改革试点区，净月高新区以电子商务、商业商贸、文化创意、软件信息、旅游休闲、科技研发等领域为重点的现代服务业比较发达，形成了生产性服务业与生活性服务业互相渗透的整体发展格局。净月高新区凭借优越的空间位置、完备的产业配套、深厚的文化底蕴、优美的生态环境，坚持实施现代服务业、文化产业、高技术产业“三业并举”的发展战略，建立了特色鲜明、定位高端、内容丰富、产业链完整的文化产业体系，实现了文化产业的高位突破和率先发展。

二 园区发展现状

园区作为以文化产业为特色的现代服务业集聚区，历经多年努力，获得稳健、创新发展。

（一）园区服务生态不断完善

园区落实中国品牌发展战略和“十四五”文化产业、广告产业发展规划，结合“吉林省品牌提升行动”资源优势，以创意活动为主线，整合广告产业上下游全产业链营销为品牌赋能，以平台化思维进行线上线下同步运营，用活动带动园区各板块发展，构建中国品牌活动服务生态圈，助力区域经济高质量发展，同时打造“品牌吉林双创平台”，带动广告人才孵化和就业。

（二）园区平台载体日益完善

园区打造“品牌广场”“设计广场”“创意广场”三大广场和“创意商学院”空间载体，以平台化的思维，联合政府、行业、企业伙伴，搭建“吉创优品”供应链以及“老字号非遗直播基地”“影视联盟”“九市州品牌直播基地”“青年力量创意商学院”等核心平台。以“吉创优品”供应链服务平台，精选吉林名品、吉林老字号、非遗文创、中华老字号等好产品，重塑品牌新价值；以设计力委员会服务平台，为城市、企业、产品提供品牌设计服务；以“品牌直播基地”打造“九市州城市品牌直播间”，为吉林省文旅企业提供品牌推广和营销助力；以“影视联盟”搭建影视的内容创作、拍摄、制作、传播公共服务平台，助力“长春国际影都”建设；以四大发明融合工业旅游，打造“印创体验空间”，实现传统与时尚的文化产业新体验；以“青年力量创意商学院”孵化培养实效型创意和营销人才，以智慧营销、全域营销的电商、新媒体、短视频等新模式，为吉林省汽车、农特产品、冰雪旅游等核心产业做品牌营销推广，助力吉林省经济高质量发展。

（三）园区产业链逐渐建立

园区集聚品牌策划、设计、影视动漫、新媒体、网络直播、展演艺术、出版印刷、展览展示等全产业链优质企业 384 家。2021 年总产值 22.6 亿元，纳税 7280 万元；园区带动 5000 人就业，每年举办各种培训 40 余场，举办文化产业类相关活动 20 余场。同时，通过吉林省文化企业商会、吉林省文化产业促进会、长春市文化产业联合会、吉林省广告协会、吉林省青年电商协会、吉林省新媒体协会、吉林省影视协会、长春市广告协会、长春市展览展示分会等协会组织集聚联盟企业近千家，已经发挥对区域行业的集聚性、引领性、示范性作用，在净月高新区形成吉林省文化创意产业集聚发展的亮点项目，获得“国家文化产业示范园区”“国家广告产业试点园区”“国家级科技企业孵化器”“国家级众创空间”“全国小型微型企业创新创业示范基地”“全国百家特色载体”“全国版权示范基地”“吉林省现代服务业集聚区”“吉林省创业孵化基地”“吉林省文化产业示范基地”“省级十优双创示范园区”“吉林省中小企业公共服务示范平台”“净月高新区科技企业孵化器”“净月网红经济示范基地”等资质。

三　园区发展模式探索

经过多年因地制宜的扎实发展，园区探索了以下八个方面的创新发展模式。

（一）管理机制创新，为园区发展奠定良好基础

各级政府一直以来都高度重视文化产业的发展，尤为重视文化产业重点集聚区的发展，统筹推进、重点引导园区的发展工作。2018 年 12 月 28 日，“吉林省广告产业园区管理委员会”成立，健全了园区管理主体，同时明确以民营企业长春吉广传媒集团有限公司为运营机构，进一步完善了园区“政府引导，园区管理委员会管理，民营广告企业投资建设，平台化、市场化运营”的管理机制，依托园区及行业协会整合行业企业，推动区域广告产业规范化、集约化、专业化发展，推动园区发展上一个新的台阶。园区管理委员会为园区管理主体，接受上级政府和主管部门的领导和指导，行使园区运营管理职能，负责园区政策服务、招商引资、平台建设、指标统计、广告创意人才培养培训、广告文化创意活动、论坛举办及载体开发投资等工作。长春吉广传媒集团有限公司为园区投资方、建设主体、运营机构，接受各主管部门的领导和指

导，在园区管理委员会的带领下，负责园区的建设、运营和服务工作，扶持入园企业做大做强，积极推进落实园区发展的各项工作。2020 年，长春净月高新区建立文化、发展改革、科技、工业和信息化、财政、规划、国土、金融、工商、税务、统计等有关部门的创建领导机构，合力推动园区创建“国家文化产业示范园区”。同年，园区获得全国 13 家、东北唯一的“国家文化产业示范园区”创建资格，这给园区带来了新的发展机遇。

（二）党建模式创新，为园区发展把握政治导向

园区始终坚持党建引领推动建设发展，打造党群服务阵地，培育党建品牌，开展特色党建活动，及时传递党的路线、方针、政策，引导园区、企业坚定文化自信，把握文化创作生产的导向。2016 年，在园区发展有一定基础的情况下，经园区积极申请，由净月区党工委上报长春市委组织部，批准成立园区党委，为园区发展健全了党组织机构。园区通过“集聚产业要素、集聚发展人才、汇聚优质资源，打造红色引擎、红色细胞、红色家园”的“三聚三红”，走以服务促凝聚、因凝聚而引领、靠引领谋发展的园区型党建之路。

（三）布局模式创新，扩展园区发展格局

园区结合既有基础和发展优势，以高起点、高标准进行规划和建设。在已建成“三个广场、一个学院”的基础上，整体升级打造“3.0 版”的“创意 TOP 城”项目。创建“产业·艺术·生活”三态融合的创意青年共享新社区，包括展演艺术中心、特色文旅街区、品牌直播街区、双创孵化公社等 1 个中心、1 个秀场、1 个学院、2 个街区、3 个公社、4 个广场、7 个长廊，这将为文化产业集聚提供产业和生活的多维度服务，逐步形成产业空间发展新格局。园区与周边的长影世纪城、万达国际影都、净月影视文旅产业园区、数字产业园、知和动漫、莲花岛等文化产业项目，中东商务港等商业项目，万科城等高端社区项目，汽车配件、4S 店区产业项目，净月大学城的院校等形成空间互联、功能互补、业态互促的良性发展格局，营造吉林省文化产业发展的新生态。

（四）产业模式创新，发挥园区的贡献价值

以园区发挥广告创意赋能品牌的更大助推作用，把握国家广告发展战略和吉林省发展实际，园区积极服务吉林省经济发展大局，立足广告、超越广告，集聚广告产业链企业，逐步营造联合经营的广告产业生态，园区以广告创意、数字经济、短视频、“网红”直播、文创设计等融合业态赋能吉林省汽车、农产品、生态旅游等吉林省区域特色产业发展。通过九市州城市品牌直播间，对接合作吉林省汽车、农业、冰雪等特色产业，以广告产业链服务助力当地产品和资源宣传、销售、增值，发挥对区域经济的撬动作用。同时，通过品牌调研、品牌定位、包装创意设计等全案策划，为吉林省老字号产品做品牌升级，鼎丰真、老韩头等老字号产品形象焕然一新，更加符合年轻一代的审美，有利于产品适应新的营销模式，拓展新的客户群体，培育新的忠诚客户。以此来助力非遗、老字号品牌焕发活力，弘扬民族文化和工匠精神，助推中国民族品牌创新发展，为吉林老字号、吉林非遗、吉林城市历史文化等的创新发展助力，在保护中传承、在创新中营销，让更多吉林好文化“走出去”，实现价值提升。吉林省品牌提升行动推动的“八吉”包括：吉车、吉米、吉参、吉水、吉肉、吉药、吉雪、吉美。在推广“吉车”方面，在北京人民大会堂为一汽红旗 H9 品牌策划执行了上市会，扩大了红旗品牌影响力；为一汽捷达品牌提供直播代运营服务，搭建账号，配备主播，完善内容运营，3 个月内精准集聚千余位潜在客户；为一汽大众研发了“福”字创意日历文创产品，为销售传播提供了新载体。在推广“吉米”方面，注重为吉林大米、杂粮等品牌做好包装设计，如大安的弱碱大米、杂粮“碱不落”、延边和龙的“玛西达”大米，加强区域品牌的宣传推广，提升“吉米”的品牌影响力。在推广“吉药”方面，作为央广北方品牌运营基地，为吉林敖东安神补脑液进行精准投放，提升了年轻群体对敖东品牌的认知。在推广“吉雪”方面，开展“冬奥在北京，体验在吉林”活动，为吉林冰雪推广规划方案，积极参与雪博会推广。在推广“吉美”方面，为查干湖等景区进行短视频传播内容创作等。另外，园区把握净月高新区数字经济、影视文旅的发展定位，作为净月高新区直播经济产业基地，园区集聚“网红”直播、短视频、新媒体等优质企业和资源，搭建影视联盟、九市州品牌直播间等特色服务平台，为联盟伙伴连接优质资源，发

挥特色文化，讲好吉林故事，展示吉林形象，助力吉林“数字经济+实体经济”融合创新发展。园区承办了2020第十六届中国广告论坛（品牌直播时代的长春新机遇峰会）、“中国网红进吉林”活动、长春阿里直播月、首届中国新电商大会等多项行业活动，为净月高新区“网红”经济示范区建设和发展提供助力。

（五）经营模式创新，探索产业联盟共赢

园区扎实推进载体和平台、配套设施建设，加快招商集聚，优化产业链长线培育，同时集聚园区外的众多联盟及关联企业，以聚合、融合、联合的发展生态推动区域广告产业的发展。以“经纪公司+联盟经营”模式，进一步加强广告产业链集聚，并从业务角度进行分类，组建一系列产业联盟，以“经纪公司”模式提供资质背书、平台共用、业务分包、资源共享、融资支持等发展服务，推动广告产业链的上游与下游经营企业资源共享、优势互补，实现专业化分工与规模效益的有机结合，做大做优广告产业，实现真正意义的共赢发展。通过与吉林省广告协会、长春市广告协会的合作，以“园区+协会”的运营模式，带动吉林省广告产业的整体高质量发展。目前，园区已重点集聚广告策划、创意设计、影视动漫、展览演艺、互联网科技等广告及关联的产业链企业。形成从上游品牌、设计、影视、新媒体、展演、3D动漫到广告发布、直播营销，再到下游展览、广告制作、出版印刷的全产业链广告业发展生态，各企业之间以利他、融合、互补、互利的合作模式，形成上下游联动、线上线下连接的产业融合生态圈。吸引腾讯城市短视频运营中心、阿里巴巴国际站、京东绿色农产品营销平台等知名平台成功入驻；通过吉林省广告协会、长春市广告协会整合近百家户外广告品牌传播联盟及300余家广告制作企业，在园区平台上打造从设计、制作、发布到服务保障的全新家装服务体系，打破物理边界和空间局限，扩大影响力，打造吉林省广告业聚合、融合、联合的发展生态。探索依托园区“创点客”共享服务平台，创建品牌设计联盟、影视创作联盟、“网红”直播联盟、品牌培训联盟、出版印刷联盟、文创研发联盟六大产业联盟，实现强强联合，共同推进“吉林省品牌提升行动”落实，通过举办中国广告论坛、品牌峰会、广告大赛等行业活动，提供企业与品牌的业务对接机会，为品牌企业和产品提供高质量服务，让园区企业和相关联盟企业受益，园

区呈现蓬勃的发展活力。园区在进行产业链集聚的同时，为入驻企业搭建一系列公共公益服务平台和支撑体系，提供专业化技术支持、专业培训和人才培养、市场推广、信息交流、金融服务、双创孵化等专业服务以及生活配套服务。

（六）业态模式创新，打造文旅融合新地标

产业是发展基础，园区重点抓两点：品牌和双创。园区自 2018 年开始落实省委、省政府部署的“吉林省品牌提升行动”，打造“品牌吉林双创平台”，以广告创意赋能吉林省品牌建设。

一方面围绕长春汽车、电影、医药、冰雪、老字号等产业抓品牌，以“园区平台+六大产业联盟”的运营业态，优化搭建“创点客”共享服务平台，实现线上线下整合营销服务。吉人影视联盟为长春国际影都建设增添产业力量，筹划长春城市味道短视频，推广城市品牌；品牌直播平台推动长春区域特色产品“走出去”，在相关部门指导下进行筹备，让吉林品牌亮相中国品牌日。另一方面围绕吉林省文化产业，联合长春大学城高校抓双创。建立青年社群运营模式，带动创意青年就业、创业，为更多青年提供商业机会、发展机会，为吉林省留住更多优秀人才。通过招商和孵化，提升文化产业的集聚性，提高区域的文化产业发展水平。园区把文化创意、影视文旅、数字经济、“网红”直播等产业相融合，打造了现代服务业的创新型业态，为区域招商引资增加了吸引力。通过汇聚资源、整合平台、落地项目、吸引人才、举办活动，让园区在融合互动中脱颖而出，形成全国行业的北方集聚地，以数字化赋能吉林省品牌，拓展净月高新区现代服务业增量，把园区打造为净月高新区文化创意、数字经济的新高地。

（七）双创模式创新，培养和留住更多实效人才

园区以品牌助力双创，以双创促进品牌。依托青年力量创意商学院，搭建人才培养平台，发挥长春大学城的人才资源优势，与长春各高等院校联合为毕业生提供实践、培训和就业辅导。引进实战导师，为吉林省文化产业培养懂管理、会营销、精专业的人才，构建中国北方广告人才的“摇篮”，提供创业、就业的平台，落实就业对接、创业孵化，留住本地人才，同时吸纳外部人才为

区域经济建设服务。园区与共青团吉林省委合作，成立了青年新媒体、电商两大协会，并创建了吉林青年创业园，创办青年创意商学院，为长春大学城人才提供创新、创业的良好机会。园区联合吉林省广告协会、长春市广告协会组织开展了广告审查员培训、直播营销培训、青年力量创意特训营、吉林品牌大讲堂等活动。为激发青年人才的创意活力，园区联合吉林省广告协会、长春市广告协会承办了多届吉林省公益广告大赛、长春市公益广告大赛，激发大学生的创作热情，营造人才成长的氛围；园区作为吉林省众多高等院校的广告实训基地，每年为高校提供大学生参观见习、培训、实践等服务，为吉林省广告产业发展集聚优质力量。

（八）商业模式创新，构建共享发展服务平台

园区积极探索产业互联网建设，聚焦广告产业垂直领域，依托吉林省广告产业园区的广告创意特色产业生态，聚合全国广告、文化产业协会及全国国家级产业园区资源，以平台化运营思维规划搭建“创点客”共享服务平台，搭建媒体联盟、活动联盟、品牌联盟、教育联盟、服务联盟五大服务联盟。整合全国优质行业资源，落实“吉林省品牌提升行动”，打造“品牌吉林双创平台”，以“创意活动+新媒体传播”为核心引擎，打造中国广告线上线下活动营销新 IP“创点客”，促进区域品牌发展，建立特色双创平台，以新媒体传播引流、创意活动为驱动，赋能品牌提升，助力双创就业，构建商业创新服务体系，实现园区智慧化、平台化、生态化发展。搭建创意企业与品牌企业对接服务平台，为企业、个人提供商业对接机会，开拓商机；扶持小微企业再创业，为人才提供就业机会。通过园区线上线下整合运营模式的全面升级，优化园区产业发展生态，形成吉林文化产业的新局面。“创点客”的“活动联盟”核心平台，是中国广告行业活动营销共享服务平台，依托平台现有优势项目，制定流程化、标准化、专业化规范管理体系，整合活动上下游全产业链，以平台化思维运营，逐步拓展全国市场，构建中国品牌活动服务生态圈，发挥吉林省的人才优势、成本优势、专业化优势，承接全国的品牌展演活动业务，进一步确立了中国广告营销活动的集聚地位，打造中国广告行业活动营销服务新 IP——“做活动找吉林”，促进活动营销行业标准化、规范化、高质量发展，为品牌企业提供高质量服务对接，为广告企业创造合作商机，实现广告产业和

品牌企业的共赢发展，打造平台化、商业化运营模式，打造园区特色经营新亮点。“创点客”作为具有发展潜力的新媒体平台，通过平台化思维重运营、重产品、重内容，打造行业发展生态，为具有工匠精神的经营体、专业个体、创业者提供发展机会。在全国优秀文化产业企业的合作下，汇聚中国、吉林省的优质资源，以商业思维做公益，以公益思维做商业，实现利他、融合、互利、共赢发展，共同创造文化产业新未来。

四　园区发展对策

园区将把握发展主线、发挥特色优势，扎实进行创新发展，根据产业发展趋势与企业需求与时俱进，更好地发挥集聚、孵化、辐射和示范作用，整体提升全市乃至全省文化产业的发展实力和水平，推动吉林省文化产业创新跨越发展。未来将在以下六大方向继续进行创新性探索与实践发展。

（一）深化服务国家战略

园区将进一步落实“国家品牌发展战略”，发挥园区对区域经济的撬动作用，搭建服务地方经济的高质量发展平台，以文化的力量助力更多优质的吉林省品牌“走出去”，树立中国北方服务区域品牌发展的新特色。园区将进一步落实“吉林省品牌提升行动”，挖掘吉林省 9 市州的文化产业资源优势，搭建“吉林省九市州文化产业品牌赋能平台”，在园区营造集聚文化产业品牌、展示品牌、塑造品牌、推广品牌、营销产品的发展氛围。

（二）完善平台服务体系

进一步调研吉林省文化产业企业的发展需求，根据市场发展趋势，在原有公共服务平台的基础上，进一步搭建和完善公共服务平台体系，从硬件平台、环境到软性服务为企业发展助力。进入 5G、智能化时代，新型品牌营销模式快速迭代，创意力量如何为文化产业品牌赋能，是园区面临的新挑战。园区将紧跟时代趋势，在原有公共服务平台的基础上，进一步完善资源、信息、人才、资本等全方位的公共服务平台体系，为吉林省文化产业企业提供更多发展支持。

（三）优化创新产业生态

在现有产业发展的基础上，以文化产业的品牌服务为核心，向加大品牌营销力度和优化品牌生态递进，并着手布局品牌体验新格局，实现空间载体扩展与产业发展升级的同步推进，引领区域文化产业发展。进一步推进“创意TO城”项目建设，实现空间载体扩展与产业发展升级的同步，为文化产业集聚提供空间载体、服务平台、配套环境，打造吉林省文化产业的新亮点。

（四）创新传承传统文化

立足吉林省地方特色，保护与传承传统文化，以创新满足新时代的新需求，为吉林老字号、吉林非遗、吉林城市历史文化等提供规划、品牌塑造、传播赋能等发展助力，打造更多具有吉林特色的国货精品，为吉林老字号、吉林非遗、吉林城市历史文化等的创新发展助力，在保护中传承，在创新中营销，让更多吉林好文化“走出去”，展现更加耀眼的光辉。

（五）提高园区带动作用

继续发挥示范园区作用，以园区为核心，辐射净月高新区文化产业，引导长春市产业发展，打造吉林省产业亮点。让吉林省优质文化产业资源“走出去”，并引进国内外先进资源，筹划举办“吉林品牌创意节”，为吉林省文化产业发展搭建信息交流、业务对接平台，使园区成为产业发展的风向标。

（六）加大人才兴业力度

园区将继续发挥长春市大学城的人才资源优势，依托青年力量创意商学院，与长春市各高等院校联合为毕业生提供实践、培训和就业辅导，培养、留住更多“管理+专业”的双优人才，为企业对接输送优秀的文化产业人才，培养懂管理、会营销、精专业的人才，助力吉林省文化产业持续、快速发展。

G.16
产教融合背景下构建吉林省文旅人才高地的研究

冯小珊*

摘　要： 面对错综复杂的国际形势以及国家发展战略的重大调整，产教融合和人才发展战略被提升到了前所未有的高度，一系列支持产教融合发展的政策文件出台。产教融合发展，核心是满足现代产业人才的迫切需求，推动我国新经济、新领域、新业态快速增长和可持续发展。本报告以吉林省文旅融合发展的视角，充分认识文旅产业发展的重要性、文旅人才培养的紧迫性。依托吉林省教育资源优势，通过“产、教、研、用”四位一体联动，打造以现代文旅产业学院为载体的新型人才培养模式，在顶层设计和实践探索中走出一条产教融合发展之路，使现代文旅产业学院成为吉林省乃至全国的文旅人才高地，助力吉林省经济和文化强省战略目标的实现。

关键词： 产教融合　文旅人才　发展高地　吉林省

一　吉林省产教文旅融合发展的意义

（一）吉林省产教融合发展的重要性

国家发展战略东移，打通东北亚国家陆路、水路和“一带一路”经济圈，

* 冯小珊，吉林省中吉顺文旅发展有限公司董事长，中国文化网络传播（吉林）研究院专家组成员，长春大学网络国学院副研究员，主要研究方向为文化产业。

推动国内、国际经济双循环，统一国内大市场，保增长促发展，释放市场内需，扩大国内联动消费。吉林省也迎来了国家推动东北老工业基地第二轮振兴的发展契机，特别是省会长春全面实施东北中心城市建设，现已启动辐射全国和东北亚地区，包括共建“一带一路”国家延伸区域的立体、全覆盖的基础网络化布局，其中综合路网、国际航线、水上门户等枢纽建设奠定了长春的地位，从而对长春中韩国际合作示范区、长春临空经济示范区、长春兴隆保税区、长春博览新城、长春电影城的发展起到了关键作用。

吉林省委、省政府全面推动“一主、六双”产业空间布局战略，出台《关于进一步优化区域协调发展空间布局的意见》，推动实施《长通白延长避暑冰雪生态旅游大环线发展规划》《长松大白通长河湖草原湿地旅大环线发展规划》“双线”规划，加快构建吉林省旅游区域协同发展的新格局，促进“双线”联动、“区域”带动、“全域”推动文旅产业高质量发展。实现冰雪旅游强省、避暑休闲名省、新兴旅居大省的目标。吉林省这样的发展大势，为促进产教融合发展、构建文旅人才高地提供了先决条件和难得的机遇。

文旅融合开启产教新纪元。2018 年，文化和旅游部正式挂牌成立，被人们形容为“诗与远方走到了一起”，“文旅融合元年”由此定义，拉开了全国文旅机构改革的序幕。面对全国文旅职能的转变，国家洞悉机构改革后的人才需求状况，适时提出产教融合发展战略，标志着我国从此开启了文旅融合、产教融合发展的新纪元。国家推动新一轮政府机构改革，是按照中国市场经济改革、民主政治发展以及社会转型的客观要求，服从和服务于完善社会主义市场经济体制，让中国市场经济快速与国际接轨，扩大国内外经济总量，整合优势产业资源，不断提高国际市场竞争力。吉林省按照国家机构改革总体要求，将原吉林省文化厅和吉林省旅游发展委员会两个机构的职责及业务合并，于 2018 年 10 月 17 日正式挂牌成立“吉林省文化和旅游厅”，这是吉林省政府新的职能部门。全省各地也于当年纷纷挂牌成立新的文旅机构。从职能划分上，除合并业务外，按照文化产业九大门类定位，省级机构仍然由省委宣传部、省新闻出版广电局、省文化和旅游厅垂直管理相关业务领域。各市（区、县）有的将文化、广播电视、新闻出版、旅游职能业务合并，有的把体育也纳入其中。

（二）吉林省文旅人才培养的迫切性

吉林省在促进文旅产业高质量发展中面临的最大困难就是人才问题，即文旅产业快速增长与人才结构不相匹配的问题。文旅部门合并后，从职能机构上看，一度出现对合并业务不熟悉而影响工作效率的情况。还有不容忽视的问题，即体制内的“条块分割”仍沿袭过去“你干你的，我干我的”，导致融合度不够。从文旅产业等诸多领域来看，文旅融合涉及的领域非常广泛，对人才的需求更是“远水解不了近渴”，文旅人才的严重缺失是影响文旅产业高质量发展重要因素。为此，全面实施人才发展战略、促进产教融合，是满足文旅人才需求的必然选择。

新兴产业之所以能快速崛起，最为重要的因素就是人才先行。乡村振兴战略背景下，吉林省乡村旅游发展势头迅猛，新兴业态不断涌现，促进乡村旅游发展已经成为实现乡村振兴的重要引擎。挖掘乡村地域文化，打造“一村一品”，成为当前和今后一段时期的重要任务。面对这样庞大的市场发展空间，人才将成为最大的缺口。经调研了解到，吉林省乡村旅游发展并不平衡，存在资源禀赋强、开发能力差、产品种类多、变现能力弱以及特色不突出和同质化严重等一系列问题。在人才需求上，存在整体分布不均的问题。目前，吉林省的高校、职业中专或在职教育学校很少有针对乡村旅游、文旅康养、生态养老、现代观光农业、农耕文化研学、网络文化等的专业培养方向。乡村景区、景点、山庄、农家乐等多业态普遍存在适用型人才缺口过大、专业素质不高，整体提升缓慢等诸多问题，尤其缺乏高素质、实战型、创新型的人才，制约了吉林省乡村旅游及延伸产业的快速发展。现代文旅产业学院的发展定位一定要瞄准产业和市场，紧跟时代的步伐，站在我国经济发展最前沿，洞察人才需求状况及发生的变化，满足人才的综合需求。

在国家各大产业政策的大力推动下，吉林省文旅康养产业如雨后春笋般涌现，文旅康养基地、康养山庄、健康养生馆等在全省相继出现，文旅康养项目重资产投入连续快速增长，投资比重大幅度攀升。比较集中的问题就是相关专业的人才严重缺乏，甚至出现人才接续断档状况，懂管理、会经营的高管人才几乎是“凤毛麟角”，出现“一才难求”的局面，导致大批非专业人员充斥岗位。高校现有专业已满足不了产业和市场的需求，未来文旅产业人才将朝着层次更高、经营更专业、知识结构更全面的方向发展。

随着大数据、云计算、人工智能、智慧城市以及“互联网+”等高精尖技术和“网红”经济的迅速崛起，国家把网络文化建设作为优先发展战略，在舆情监督导向、弘扬主旋律传播正能量、抵制恶俗不良内容传播等方面发挥了较大的作用。形成了以政府为主导，社会主流媒体、网络大容量广泛参与的线上平台体系。吉林省网络文化建设已经实现多领域全覆盖，特别是吉林省在“南抖音，北快手”中，拥有东北“霸主”地位，这给吉林省带来的不仅是经济社会的影响力，还有“网红经济”“井喷式”态势的热点关注。目前，吉林省所面临的问题是网络文化传播型、技能型、专业型人才严重缺乏。2021 中国网络表演（直播与短视频）行业年度峰会数据显示，我国直播主播账号达 1.3 亿个，用户规模超 6 亿人，其中日均新增主播峰值达 4.3 万人。在这样庞大的主播群体中，绝大多数人都没有经过专业训练，甚至一度出现粗制滥造、低俗不良内容等充斥其中的现象。国家及时采取有力监管措施，中宣部、文旅部相继出台相关文件，提出将全面实施网络主播持证上岗制度。中国文化网络传播（吉林）研究院、长春大学网络国学院的调查显示：“网络文化产品越丰富，网络热点关注度就越高。中华传统文化、当代文化精品的数字化、网络化传播及应用手段，已成为网络文化建设的重要承载，受到众多网民的追崇。”这为吉林省产教文旅融合发展、网络文化专业人才输出开辟了新的途径。

二　吉林省产教文旅体系建设的思路

文旅产业广泛的应用领域以及中下游产业链的延伸拉动作用，决定其产业结构和体系建设的特殊性。文旅产业庞大的业态系统涉及八大领域十六大门类。现代文旅产业学院建设更应注重多样性和统一化管理。特别是在不同门类的人才培养模式上，要统筹协调、共同推进。将产教融合作为文旅产业转型发展的重要举措，融入文旅产业管理经营、转型升级的各个环节，形成产业、院校、企业协同推进的工作格局。

（一）产教文旅课程体系建设

产教文旅课程体系建设要紧紧围绕文旅产业八大领域十六大门类研发和设

计课程体系，培养企业所需的技能型人才。文旅产业相关专业实践性强、手脑并用，以培养应用型人才为主，有的专业在学会基本操作技能的同时，更需要培养学生的哲学思维和逻辑判断能力，引导学生加深对专业领域及市场的领悟。一个灵感和一个好的创意就是金点子，就是文旅多维价值拓展空间。有些人对文旅产业人才需求的理解过于片面和简单，这也是人才与企业发展不相匹配的重要原因。考虑文旅产业的特殊性，需要更多的“诗情画意”和“浪漫”，需要有文化自信，构建教学与实践课程体系要兼顾好精神层面的感观需求和理性认知层面的消费需求。

文旅课程设计要有的放矢，根据市场业态进行精准设置，让学生更加憧憬职业生涯，搭建适合人才施展才华的舞台。既要给学生选择文旅产业的理由，也要给学生吃下“定心丸”，签订联合就业协议。在产教融合发展中，探索最优方式和最佳途径，契合企业中长期人才发展计划，构建“产、教、研、用”四位一体的专业及人才培育实践课程体系。

产教融合课程体系建设要采用创新多元的人才培养方式，避免就专业而专业、就实践而实践地“走过场”，在“精准”对接上形式大于内在。为此，精准对接应当注重课程体系的顶层设计与学生“圆梦计划”的结合，注重学生兴趣爱好与产业的结合，为学生和企业寻找有效的对接路径，并让双方实现双向选择。学校可以选择文旅企业，学生可以选择自己喜爱的职业方向。通过有效的课程体系建设，源源不断地为文旅企业输送合格的人才。这样能够使学生对职业规划有更加清晰的认知，同时能为企业配置更好的人才，实现双赢目标。

（二）产教文旅教学体系建设

新时代，人们在文旅方面更关注兴趣上的追求，更倾向于私人定制和个性化的体验。行业需求上的变化推动教学专业的转型，文旅市场由服务理念向服务文化转变升级。产教融合为文旅教学创新带来了深刻的思考。从技能培训到思维训练，从思维训练到文化培养，都将更加突出“旅游+文化+科技+N”的特色，形成文旅融合活态化、链条化、智慧化的发展方向。在教学实践融合发展中，把一些经验丰富的职业经理人请进来参与实践教学，针对教学实际需求来设计教学模型，并在专业教学测试中完善教学体系，完成“技能实训、思维实训、文化实训、市场实训”的教学过程，形成“底层适用、中层专业、高层能战”的新型教学育人观念。

筛选和提炼优质教学资源，打造产教文旅融合平台和特色教学资源库。推进文旅产业职业标准、质量标准、技术标准、智能标准等的编制，进行新型课程和教学体系重构，设计文旅职业项目标准化操作流程，开发产教融合新型课堂手册，推广项目模块化教学，探索“1+X”模块教学课程。依托高校现有的数字化线上课程资源平台，实现平台功能的集成化和集约化。完善高层次专业带头人的培养教学，加大人才引进力度，与行业、企业共同制定专业带头人选拔培养标准，通过到高校进修、到知名企业实践锻炼等途径，培养高素质“双师型”专业带头人，培养一大批服务于地方经济建设的优秀人才。

完善高层次专业带头人的培养体系，组建创新型优质教师团队，加大人才引进力度，开展金牌导游进校园、行业大师进校园、企业名家进校园、非遗文化进校园活动，不断将立德树人理念融入课堂教学。依托大师、名师工作室，开展“名师工程”“培优计划”等骨干教师培养项目，以工作室为平台、以名师为引领，实施“教师入企”项目，开展教师下企业实践活动，要求教师深入企业第一线，实施“工匠助教”项目，制定引进企业骨干人才管理办法，打通校企人才双向流动渠道，实施“大师入校”项目，从行业引进大师工作室领军团队、教学创新团队等，形成一支高水平教学团队。

（三）产教文旅研发体系建设

由于文旅产业涉及的应用领域非常广泛，在产教文旅研发体系建设上，应按照文旅产业领域分类，根据不同领域进行学科梳理和排序，注重相关学科内在和外沿之间的交叉。产教文旅研发体系建设总的指导思想以“现代文旅产业学院”为依托，成立“产教文旅研发总院”，以文旅产业十六大门类分别设定总院所属的相关专业委员会，专业委员会的执行机构就是“某某专班”，如“现代文旅产业学院、产教文旅研发总院、非遗专业委员会、非遗专班”。在主题内容输出上，以研究开发课程教材为目标，同时承担相关领域课题研究，破解相关产业闭环中的“痛点”和“难点”，研发相关领域器具和文创产品、衍生品，让学生参与全过程，拓展发展路径，成为全国探索建设“现代文旅产业学院”的典范。

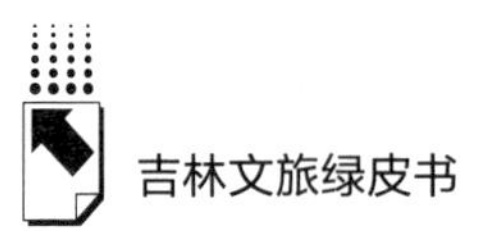

产教文旅研发总院要转变观念、创新思维，跳出固有思维定式，探索文旅产业市场核心价值，延伸产业链、价值链，走出一条产教融合发展之路。人们经常听到“文旅产业不好做”的感叹，因为文旅产业不同于工业企业，没有固定的标准化操作流程和产品，有的只是无限的创意思维和无限的想象空间。如何赋能文旅使之变成产业？这是需要现代文旅产业学院深入思考的课题。经常能听到“提升文化软实力”，因为文化是软需求，不是刚需，文旅系统也是软需求，那么文旅产业的“出路”在哪里？那就是提炼“软需求”里面的能量价值，通过价值转化与刚性需求的结合，提升其产品、产业的高附加值。我国衡量文化产业经济增加值时，多以文旅产业 GDP 作为衡量标准，规上（年纯利润 500 万元以上）企业越多，产业就越发达，其营商环境就越好，产业活跃度就越高。

研究文旅产业要研究“门路”，要知道“这扇门”“那扇窗”怎么开，练就“一把金钥匙开一把金锁”的功夫，“一门一窗”别有洞天。窗户打开了，展望文旅产业美好前景；门打开了，把握文旅产业发展方向。吉林省文旅产业企业面临的最大困惑，就是找不到方向，以省级非遗传承人张杰为例，他仅靠带徒培训的微薄收入维持和坚守，但他的技艺让人惊叹叫绝，只要他站在你的面前，一幅平面撕纸形象就能惟妙惟肖地展现。这么好的技艺一定要赋予其强大的生命力，不能就这样失传。笔者认为，这种技艺如果能与市场上众多的婚纱影楼合作，再创一款别致精美的“新人相册”，便开辟了一条生存之道。文旅产业还有更多的结合点。比如，开发吉林省冰雪民俗，让民族文化赋能冰雪产业，而不是在同质化的专业赛道上进行“比拼”，冰雪运动最大的消费群体一定是大众，可在滑雪场一销产品的基础上，设计二销、三销产品，拉动冰雪产业中下游产业发展。为此，只要善于动脑筋，赋予文化强大的生命力，就会产生较大的增值空间，通过对文旅产业加强认知，借用举一反三的逻辑思维再创，必将结出累累硕果。

三　推进吉林省产教文旅融合人才高地建设的对策建议

产教融合背景下，现代文旅产业学院建设是创新驱动和实践育人的全新方式，通过教育教学和产业融合，培养一大批文旅适用型人才，解决吉林省文旅产业诸多领域所面临的人才窘境。产教融合发展要以市场为导向，探索以产教融合体系为支撑、以产教特色为核心的办学方向。提炼和总结“产学研用一体化”和“多元立体结构”的方式。吉林省产教文旅人才培养要注重高起点、高站位，形成吉林省乃至全国文旅人才高地的创新模式。

（一）建设产教文旅品牌支撑载体

现代文旅产业学院品牌建设已经成为时代赋予产教融合的重要使命，既是产教文旅品牌的培育过程，也是对产教融合质量的市场检验过程。吉林省雄厚的教育资源基础和办学优势为打造产教文旅框架下的诸多品牌提供了必备的要素支撑。品牌影响力源于社会和市场的认可。现代文旅产业学院品牌建设是与全社会密不可分的系统化工程，它涉及产教融合各个配套体系间融通、融智、融力的全过程。产教文旅品牌一定要注重高维度、高起点，做好顶层设计，从精品课程研发到产教创新模式推广，从金牌导师成果转化到文旅产品市场的热销，实施的每一步都要凸显人才在产业闭环中的作用，以及在应用领域中的优势地位，使吉林省成为全国文旅人才高地建设的标签。

产教文旅品牌建设要立足吉林省文旅产业发展实际，制定与之相适应的人才培养目标。核心是突出专业特色，深耕精品课程，创新办学模式，打造专属品牌。形成吉林省产教融合品牌强大的社会影响力，并形成广泛的共识，不但能满足省内文旅人才需求，更能满足全国文旅人才需求。

以产教文旅品牌为依托，推动产教融合拓展空间，全面实施文旅人才委培和托管模式，接受特定业态、特殊职业以及个性化人才定制，输出懂经营、会管理的“精兵强将”，包括专业配套的运营管理团队，贴近市场办学、办教育。

（二）建设产教文旅冰雪支撑载体

通过2022年北京冬奥会的成功举办，我国冰雪产业已经跻身世界前列。在世界冰雪旅游目的地国家中排名第八，全国滑雪场总数已经超过1000座，截至2022年北京冬奥会前，我国冰雪运动总人数已经达到3.46亿人，提前实现了“3亿人参与冰雪运动”的目标。吉林省冰雪产业在全国的影响力与日俱增，特别是“冬奥在北京，体验在吉林”所形成的影响，把吉林冰雪推上了新高度，形成了“中国冰雪发展看吉林”的良好市场氛围，吉林省引领全国冰雪产业已经成为现实。这样的环境背景为吉林省开展产教文旅冰雪人才培养创造了有利的条件。

以吉林省冰雪创新载体为依托，有针对性地开发冰雪课程，满足吉林省蓬勃发展的冰雪经济以及人才的普遍需求。冰雪新业态已经成为构建吉林省人才高地的重要支撑，吉林省已经建成的滑雪场达 54 座，北京冬奥会比赛项目已经成为冰雪市场新的“风口”。滑雪教练以及与其专业相配套的管理等诸多岗位人才的严重缺乏，势必会制约吉林省冰雪产业的快速发展，同时对吉林省产教文旅冰雪人才培养提出了新的课题。

随着吉林省冰雪新业态的不断涌现，产教文旅冰雪人才培养要紧跟快速发展的市场节奏，扮演好冰雪产业“先行者”的角色，做好“我是谁”“我能为你做好什么”的定位。吉林省是文化大省，又是拥有 55 个少数民族的多民族省份，由于诸多少数民族长期生活在我国的高寒地区，形成了独特的民族、民俗冰雪“玩法”，这也预示着未来的冰雪运动不仅是专业赛道比拼，更大的市场应该在大众喜闻乐见的民俗冰雪项目开发上。因此，产教文旅冰雪人才培育空间将更加广阔。

（三）建设产教文旅元宇宙支撑载体

元宇宙创新载体的应运而生，是推动社会进步、经济发展、技术更新的动力，是颠覆人类固有思维方式的挑战。元宇宙是利用科技手段进行连接与创造，与现实世界映射与交互的虚拟世界。具备新型社会体系的数字生活空间，其本质上是对现实世界的虚拟化、数字化的过程，需要对内容生产、经济系统、用户体验以及实体世界内容等进行大量改造。但元宇宙的发展是循序渐进的，在共享的基础设施、标准及协议的支撑下，由众多工具、平台不断融合、进化而最终成形。它基于现实技术提供沉浸式体验，基于数字孪生技术生成现实世界的镜像，基于区块链技术搭建经济体系，将虚拟世界与现实世界在经济系统、社交系统、身份系统上密切融合，并且允许每个用户进行内容生产和世界编辑。我国已经把元宇宙列入经济范畴领域，工信部迅速启动分布于全国的“元宇宙经济发展中心”，产教文旅人才培养融入其中将大有可为。

依托产教文旅智慧创新载体，在元宇宙框架下创建“吉林智慧文旅”数据库，将高科技、智能机器人、人脸识别、远程交互、智能管家等广泛的应用系统植入产教融合的教学实践，为一大批“高精尖特”人才提供施展才华的空间和舞台，让学生目标更具体、行动更自觉。“智慧文旅”不仅是教学支撑，更大的空间在于产业支撑。大数据的智能化，已经呈现在生活的各个方面，日新月异的变化在不断刷新人们的认知。例如，吉林卡戳网开发的“中国景区100”，完全实现了“一机在手，走遍天下”，围绕游客“记住啥、了解啥、带走啥”，提炼景区“一字文化”，开发一系列文创产品。现代文旅产业学院若能融入这一领域，将会产生事半功倍的成效。

“网红”已经成为推动我国经济发展、促进产品消费最为活跃的载体。这个蓬勃发展起来的新兴产业也面临人才短缺问题。国家为了促进“网红”经济健康发展，出台了一系列监管措施，有关部门下发文件，要求对“网红”主播实行持证上岗的新举措，目前在“抖音”和“快手”平台上的主播，绝大多数都是非专业人士。为此，现代文旅产业学院要站在“网红”经济发展的制高点，谋划人才培养策略，成为政府在产教融合领域的重要抓手。

（四）建设产教文旅研学支撑载体

研学旅行已经成为促进吉林省文旅产业发展的重要组成部分，教育部等多部委出台一系列支持研学旅行发展的政策文件，先后命名一大批“研学旅行示范基地（营地）”。研学旅行如火如荼的发展态势带来了跨行业、跨地区、多业态发展的新格局和新的经济增长点，它涉及广泛的应用领域，包括工业研学、农耕研学、科技研学、国防研学、红色研学、非遗研学、民俗研学等，为加强在校学生素质教育、促进传统文化进校园、推动产教融合发展创造了全新的载体。

研学旅行业态从发端到终端，形成了完整的产业闭环，涉及广泛的应用领域，特别是研学旅行延伸的“产业链”和“价值链”。从产教融合角度来看，涉及的专业和课程体系不同于高校现有的成熟的专业和课程，面临全新理念和思维方式的转变。研学旅行体验内容高校专业课程不涉及、研学导师专业人才的缺失等，都是制约研学旅行发展的重要因素。

研学旅行是深化教育体制改革、推动中小学素质教育的第二课堂。加强吉林省研学旅行示范基地（营地）建设，发挥省会中心城市的辐射效应，带动研学旅行发展，是产教融合的出发点和落脚点。吉林省研学旅行资源丰富，具有巨大的开发潜力。有研究表明，研学旅行的社会意义不必赘述，其所带来的经济价值以及大数据流量成为人们追逐的目标，同时吸引众多社会资本纷纷进入，形成了跨行业、跨区域、多业态融合的发展态势。有关数据显示，我国京津沪、长三角、珠三角等发达地区的研学旅行发展优于吉林省。为此，要“眼睛向内”固基强本，“眼睛向外”联动取经，将“引进来”和“走出去”相结合，以吉林省现代文旅产业学院为纽带，制定吉林省研学旅行人才培养路径，推动吉林省“研学中国”“研学丝路”等目标的实现。

地区篇

Regional Reports

G.17

吉林省沿边地区旅游发展现状及对策研究

葛励闻*

摘　要： 边境旅游一直是吉林省具有代表性的旅游形式之一，积极与周边国家开展合作，联合开发边境旅游资源，不仅可以促进两国间的友好往来，也为两国边境地区经济发展带来新的机遇。但新冠肺炎疫情发生之后，吉林省边境旅游发展受到重创，这使得经济相对落后的沿边地区遇到了新的挑战。如何让沿边地区旅游业摆脱经济增长下滑趋势，如何让沿边地区发挥其本质优势，如何让沿边地区旅游健康可持续发展，是吉林省沿边地区各城市共同面临的问题。本报告通过对吉林省沿边地区地理位置、生态资源、人文环境等因素的研究，总结沿边地区旅游资源发展现状及优势，分析其旅游发展中存在的问题，并提出贴合实际的对策建议，一是提高文旅交通便利性，打造“一卡通”行进方式；二是挖掘文旅形式多样性，开发多种系列游方式；三是创新宣传方式和手段，“云上游”开启新局面；四是打造全域旅游新态势，促进旅游高质量发展。

* 葛励闻，吉林省社会科学院民族研究所助理研究员，主要研究方向为少数民族经济。

关键词： 沿边地区 旅游资源 旅游发展 吉林省

一 吉林省沿边地区旅游发展现状

（一）旅游资源优势

1. 通化市

从红色文化资源角度来看，包括坐落在吉林省沿边地区的集安市在内的整个通化市，有着非常丰富的红色旅游资源，从烈士陵园到博物馆，从铁路大桥到大坝，从烈士纪念碑到古城遗址，从展览馆到自然保护区，这里有 1 个红色旅游资源被列为国家级爱国主义教育基地，24 个红色旅游资源被列为省级和市级爱国主义教育基地。国家级爱国主义教育基地是坐落在通化市靖宇山上的杨靖宇烈士陵园，于 1954 年建成，占地约 20000 平方千米，为了纪念抗日英雄杨靖宇而建立。作为通化市著名的 4A 级旅游景区，它获得了诸多荣誉，在 2016 年入选“全国红色旅游景点景区名录”，在 2021 年被中国侨联确认为第九批中国华侨国际文化交流基地。通化市的省级爱国主义教育基地也很多，如通化市辉南县的三角龙湾爱国主义教育基地。1933 年，时任满洲省委巡视员的金伯阳同志为了革命的胜利，掩护由杨靖宇率领的东北人民革命军第一军独立师主力突围时，牺牲在了旱龙湾。还有始建于 1953 年、坐落在禹山公园北面的集安市烈士陵园，这里埋葬着有名烈士墓和无名烈士墓共 600 座，其中有抗美援朝的烈士，有解放战争时期的烈士，还有新中国成立后的烈士。此外，集安鸭绿江国境铁路大桥被称为“抗美援朝第一渡”，这座铁路大桥在 1950 年 10 月至 1953 年 7 月昼夜运行，为志愿军运送各种作战物资，最多的时候每天来回运送 50 余次。还有罗通山风景旅游区，它最早建于汉代，距今已经有 2000 多年的历史，作为目前为止吉林省最大的古山城遗址，它在 2001 年被国务院列为第五批全国重点文物保护单位。

从山林文化资源角度来看，国家林草局等 4 个部门在 2019 年 3 月份印发了《关于促进森林康养产业发展的意见》，该意见明确定义森林康养是为了老百姓的健康，以森林生态环境作为基础并且加以利用，将森林生态资源、食品药品资源、文化资源、山林景观资源与医学和养生学合理结合，相互促进，有机合作，开展健康养生、康复疗养等服务活动。森林康养最早源自德国的森林浴，后来在欧美国家开始逐步流行，20 世纪 80 年代，日本、韩国等国家也将森林康养引入本国，我国最早在 2012 年引入，全国各地纷纷开始加入森林康养产业的发展队伍。通化市作为我国“三大天然药库”之一，是第一个中国医药城，又有“中国中药之乡”的美誉，这里野生植物种类繁多且资源丰富，有 1000 多种中药材植物。2019 年，通化市被确定为全国森林康养基地试点建设市，这里有超过 67.2%的森林覆盖率，有集安五女峰、通化石湖等 5 处国家级森林公园，以及 4 个国家级自然保护区和 2 个省级自然保护区，整座城市都被包围在森林氧吧中，这样得天独厚的山林文化资源帮助通化市获得了中国人居环境奖、国家森林城市等诸多荣誉。

2. 白山市

从历史文化资源角度来看，白山市在东汉年间属于高句丽，在唐代玄宗年间属于渤海国，经历的各朝各代都在这个城市留下了历史的印记。这里最具有代表性的历史遗迹就是灵光塔，它坐落在长白朝鲜族自治县的西北角，作为现存于世的、东北地区年代最久远的一座古塔，距今已有 1300 多年的历史。灵光塔是仿唐代建筑，采用典型的砖砌密檐楼阁式，整座塔坐北朝南，面临鸭绿江，是方形建筑古塔，现保存有 5 层，通体高约 13 米，塔的内部虽每层都由砖砌成向内向外的叠涩顶，但仍保有一定空间使得上下贯通，塔的下面是一个地宫，内部有向南可直通地面的甬道，整座建筑既保有 1000 多年前的整体美感，又具有历史价值和考古价值。灵光塔的原名因年代久远早已失传，现在的“灵光塔”是由清朝末年第一任长白府知府张风台命名，他在回忆录中记载，他于清代光绪三十四年即 1908 年上任长白府知府后，初见该塔便被其历经战争洗礼却依然屹立不倒的场景所震撼，于是将其类比成西汉时期景帝之子鲁恭王所建造的“灵光殿”，取名“灵光塔”。该塔历经千年，现在塔身已向南倾斜约 40 厘米，虽在 1936～1984 年经历 3 次不同程度的维护管理和修缮，但依然无法完全恢复原状，能以这般姿态保存下来实属不易。灵光塔作为一个历史遗迹，更为深远的意义是向世人传承了 1300 多年前唐代时期在东北靺鞨等民族建立的地方政权——渤海国所代表的少数民族文化。从灵光塔的建筑材料使用到建筑风格的体现，足以见得当时的中

原唐代文化对周边地区的深远影响，该塔不仅具有较高的艺术鉴赏价值，也在现今考古学家、研究学者和游客对中国古代历史文化和政治经济的研究中有更为重要而深远的意义。

从红色文化资源角度来看，白山市是吉林省内拥有国家级爱国主义教育基地最多的城市，它的红色旅游文化资源很丰富。经调研和考证，白山市拥有国家级爱国主义教育基地 3 个，省级爱国主义教育基地 8 个，市级爱国主义教育基地 7 个。其中最具代表性的就是老黑河遗址、白山抗日纪念地、四保临江烈士陵园。老黑河遗址地处长白山池南区密林深处的老黑河畔，占地面积约为 2.25 平方千米，该遗址于 2019 年 6 月被发现。长白山池南区横跨白山市抚松县和长白县，是距离长白山天池最近的行政单位，该区于 2006 年 6 月成立。老黑河遗址分为两部分，分别是主城区、副城区，城区的占地面积为 3 万平方米左右。吉林省考古学家在该遗址现场发掘出小火车车轴、罐头瓶、障墙、子弹、电话线、马灯残余部件等，还有部分油桶残骸，上面可见“满洲国专卖局”“株式会社”“朝鲜石油”字样。老黑河一带是当年东北抗联军二军的军部所在地，还是二军两个师部的游击根据地，这里曾建立了十几座秘密宿营地（简称密营），军队在密营进行防御工事、军需储备、治疗伤员、维护枪械、修补衣物等工作。现在该遗址已对外开放，且在 2021 年 6 月被中宣部命名为“全国爱国主义教育示范基地”。白山抗日纪念地包含了杨靖宇将军殉国地、城墙砬子会议遗址、那尔轰密营遗址三部分。杨靖宇将军殉国地位于白山市靖宇县的濛江乡，作为东北抗联的建立者和领导者，杨靖宇将军带领东北抗联军给日寇造成多次沉重打击，但也遭到了日寇的讨伐，杨靖宇将军于 1940 年 2 月 23 日壮烈牺牲在了濛江乡的三道崴子。杨靖宇将军殉国地作为国家 3A 级旅游景区和国家级抗战纪念设施、遗址单位，是吉林省红色文化旅游目的地的首选之一。四保临江烈士陵园地处临江市猫耳山脚下，占地面积约为 3 万平方米，由三部分组成，分别是烈士纪念碑、烈士墓群、四保临江战役纪念馆。烈士纪念碑的正面镌刻着陈云同志的题字“人民烈士浩气长存”。四保临江烈士陵园内安葬着 713 位在抗日战争、解放战争、抗美援朝战争等时期牺牲的革命烈士，这里凝聚着革命先烈永不磨灭的民族之魂。

从山林文化资源角度来看，这里有一个国家 5A 级旅游景区——长白山。

作为一个自然保护区，它的地理位置非常特殊。从物理区域划分上来看，整个长白山脉横跨延边朝鲜族自治州和长白朝鲜族自治县，一部分在延边朝鲜族自治州安图县二道白河的池北区，一部分在白山市长白朝鲜族自治县内；但从行政区域划分上来看，长白山属于吉林省长白山保护开发管理委员会（简称长白山管委会）。从长白山脉的走势和地理区域划分上，它的主峰在白山市内，因此长白山便成为白山市的山林文化资源。长白山景区有很多著名的景点，每年都吸引很多国内外游客慕名前来，其中长白山天池最负盛名。天池的海拔为2189.1米，最深的位置有373米，这里为温带大陆性山地气候，但有别于一般的山地气候，天池环绕的山峰和山脚下会受到垂直气候变化的影响，使得山上山下气候多变。一睹天池风采，是来到长白山游玩的游客们的心愿，有时候山脚下天气晴朗，但爬到山峰后乌云密布，看不到天池的壮阔景色，成为很多游客的遗憾，但也正因如此，更让天池美景披上了一层神秘面纱。作为世界上海拔最高的火山湖，天池自1976年以来吸引了来自日本、韩国、美国、英国等几十个国家的科学家和学者前来考察调研。除了天池外，长白山景区还有景色壮观的长白瀑布群、物种丰富的地下森林、热气腾腾的聚龙泉等。这里有高含量的负氧离子，是盛夏的避暑胜地，也是寒冬里独具特色的白雪世界，长白山景区仿佛一个天然屏障，将这里与喧嚣的外界隔绝开来。

3. 延边朝鲜族自治州

从历史文化资源角度来看，延边朝鲜族自治州主要居住着汉族、朝鲜族、满族、回族和其他少数民族，这里也是我国最大、最具少数民族特色的朝鲜族聚居地。走在延边朝鲜族自治州的街道上，随处可见由朝鲜语和汉语组合起来的商户牌匾，朝鲜语在上面，汉语在下面，朝鲜语作为我国仅有的被印在身份证上的6种少数民族语言之 ，足以体现历史文化和民族特色。纵观延边朝鲜族自治州的发展史不难看出，朝鲜族民俗文化贯穿始终，有饮食文化、歌舞文化、游艺文化、服饰文化、建筑文化等。朝鲜族的饮食特色一直吸引着国内外游客，酸辣可口的辣白菜、清凉冰爽的冷面、香甜软糯的打糕、热辣火爆的烤肉、咸香沸腾的大酱汤、甜辣香醇的石锅拌饭，从食物上无一不体现朝鲜族热情好客、淳朴善良的民俗风情。朝鲜族的歌舞更是技高一筹，正因朝鲜族热爱歌舞的特点，他们有不少独特的舞蹈受到了全世界的认可，其中最被大家熟识的是2009年被列入联合国人类非物质文化遗产代表作名录的朝鲜族农乐舞，这也是目前中国唯一入选该名录的舞蹈类项目。还有被列入国家级非物质文化遗产名录的朝鲜族长鼓舞和朝鲜族鹤舞。在音乐方面，被列入国家级非物质文化遗产名录的有朝鲜族洞箫音乐和朝鲜族传统音乐阿里郎。在游艺文化上，被列入国家级非物质文化遗产名录的分别是朝鲜族跳板和秋千。每年，延边朝鲜族自治州举办的各种民俗文化庆典更是热闹非凡，有中国图们江文化旅游节、中国·和龙长白山金达莱国际文化旅游节等，在庆典上会有知名歌手前来助阵，同时向参加庆典的人们展示朝鲜族大型民族歌舞表演，把朝鲜族的传统音乐和舞蹈乐曲传播开来。近年来，延边朝鲜族自治州一直大力推行民俗文化，成立各种教学基地，兴建相关博物馆，希望让更多的年轻人能够对朝鲜族民俗文化感兴趣，并加入继承和发扬传统文化的队伍。相关的博物馆有位于延吉市的国家 4A 级旅游景区延边博物馆、位于图们市的中国朝鲜族非物质文化遗产博物馆、位于龙井市的龙井朝鲜族民俗博物馆。

从红色文化资源角度来看，延边朝鲜族自治州有很多爱国主义教育基地，其中最具代表性的就是位于延吉市的革命烈士陵园。1992 年，延吉市革命烈士陵园进行了维护和扩建，成为今天的延边革命烈士陵园，占地面积约 3.6 万平方米，该陵园内部有牌楼、革命烈士纪念碑、革命烈士纪念馆、革命烈士墓地、革命干部骨灰堂等。它在 1995 年被国务院评为“全国重点纪念建筑物保护单位”，在 2001 年被中宣部评为“国家级爱国主义教育示范基地”。该陵园内部的革命烈士纪念碑高 19.28 米，寓意为延边朝鲜族自治州从 1928 年开始在党的领导下走上革命道路，4 面红旗代表的是抗日战争、解放战争、抗美援朝、社会主义革命这 4 个重要的历史时期，纪念碑正面的 8 个大字是“革命烈士永垂不朽”。除此之外，具有代表性的省级爱国主义教育基地有延边博物馆、防川土字碑、敦化市革命烈士陵园、陈翰章烈士陵园等。在延边朝鲜族自治州这片土地上，有过清政府与沙俄谈判、据理力争夺回部分领土的历史，有过抗日战争时期奋力拼搏的历史，也有过抗美援朝保家卫国的历史，它的过往皆是历史，它的如今皆是故事。

从山林文化资源角度来看，坐落于延边朝鲜族自治州敦化市的六鼎山文化旅游区，既是国家 5A 级旅游景区，也是全国十佳文化生态园、非物质文化展示基地。这里将自然生态环境与宗教文化相结合，让人们在绿色山林中体验和学习佛教文化、渤海文化、清始祖文化等。位于延边州延吉市帽儿山脚下的帽儿山（恐龙）文化旅游区，占地面积约5.5万平方米，在2021年10月被评为国家4A级旅游景区，该文化旅游区将帽儿山国家森林公园、中国朝鲜族民俗园和恐龙博物馆等周边旅游资源相结合，将其打造成集生态、文化、美食、研学、养生于一体的东北区域文化旅游新地标。地处延边朝鲜族自治州敦化市黄泥河自然保护区的老白山原始生态风景区，是国家4A级旅游景区，占地面积489.56平方千米。老白山作为东北地区第三座高峰，是长白山的姊妹山，海拔有1696.2米，这里有湍急的河流、物种丰富的植被，且垂直带特征显著，依然保持着原始森林的体系，具有完整的森林生态系统，森林覆盖率高达96%。因海拔较高，老白山主峰有长达7个月的时间被积雪覆盖或者山顶裸露，呈现白色的岩石，因此得名。除此之外，国家4A级旅游景区还有位于延边朝鲜族自治州珲春市的防川风景名胜区和位于延边朝鲜族自治州敦化市的大石头亚光湖国家湿地公园。2021年9月，东北虎豹国家公园正式成为我国5个“第一批国家公园”之一。

除以上资源优势外，坐落在吉林省边境线上的通化市、白山市和延边朝鲜族自治州，依托长白山脉的地形走势和生态环境，均有冰雪文化资源作为依托和辅助，每年冬季，吉林省进入冰雪期，因寒冷和极端天气，有很多景点景区无法正常游玩，因此应利用气候变化带来的影响，开发本地冰雪旅游资源，促进冰雪产业发展，打造冰雪旅游节，举办冰雪运动项目，挖掘“冰雪经济”的潜力。

二　吉林省沿边地区旅游发展存在的问题

吉林省地处东北部边疆地区，地理位置特殊，自然生态优越，民俗民风淳朴，气候环境适宜，这些都是吉林省沿边旅游的特色之处。然而，旅游业的发展依然不容乐观，各城市旅游特色不够显著、旅游项目质量不高、旅游景点相对单一、景区经营模式落后、配套设施管理混乱等，都成为吉林省沿边地区旅游发展中存在的问题和不足。

（一）同质性：文旅资源高度类似，宣传方式有待创新

经过对通化市、白山市、延边朝鲜族自治州总体概况简述和文旅资源分析不难看出，它们在历史文化资源、红色文化资源、山林文化资源和冰雪文化资

源上存在高度类似的现象，因这 3 个沿边市州均坐落于长白山脉脚下，与朝鲜一江之隔甚至陆路接壤，所以在自然景观和人文景观上会有高度重合的可能性，如长白山景色、东北抗联史、渤海国文化等。同时，在对本地区特色景点和风土人情的宣传方式上，3 个沿边市州也没有紧跟时代步伐，依然采用电视访谈、播放宣传片、电子屏幕投放广告等形式。

（二）地域性：各自为政难以融合，品牌效应影响力弱

吉林省沿边地区城市旅游没有打造成一个整体旅游产业链，每个城市都在宣传和展现各自区域内的旅游特色项目，没有与周边城市展开良性且有序的合作。因此，在旅游资源和项目开发重叠的情况下，游客在有限的休闲时间内只能选择其一来游玩，这便会使另一区域的景区失去客流量。相应地，品牌效应在吸引游客方面也很重要，但目前沿边地区最知名的品牌仅有长白山、防川、六鼎山、朝鲜族饮食等，品牌特色不够鲜明，品牌效应影响力不足，这些都受到了地域因素的限制。

（三）单一性：地方特色不够突出，经营理念需要升级

通化市、白山市和延边朝鲜族自治州作为同在一条边境线上的城市，异域风光和自然景观的游玩形式以及少数民族特色风情的体验方式较为单一，内容单一导致了形式单一。在生态环境游览和红色文化学习上，基本都采用参观和讲解的模式；在民俗文化的参与和体验上，基本依靠特色美食和特色服饰来实现。尽管 3 个沿边市州在文旅资源上有共同点，但也需要找到各自不同的特色之处来重点打造。在经营理念上过于循规蹈矩，自然景观和人文景观依然“只可远观”，无法带给游客更多的体验方式，不能为景区和地方带来新的经济增长模式。

三　吉林省沿边地区旅游的对策建议

吉林省沿边地区有丰富的自然资源和动植物资源，有悠久的历史文化，发展旅游产业无疑是优良选择。如何在东北振兴的大背景下整合资源优势、挖掘资源潜力、创造资源亮点、发展资源经济，是吉林省沿边地区可持续发展过程中面临的重要课题。

（一）提高文旅交通便利性，打造“一卡通”行进方式

吉林省沿边地区有两个机场，分别是位于延吉市的延吉朝阳川国际机场和位于白山市抚松县的长白山机场；高铁也是四通八达，拉近了各城市之间的距离。但对于前来游玩的游客而言，旅游城市与景点之间、景点与景点之间、城市与城市之间的交通便利程度需要提高。绝大部分乘坐交通工具来到吉林省沿边地区游玩的游客，最大的苦恼就是交通问题，在一个景点游玩结束后，如何前往下一个想去的景点，或者如何再次回到市区内，成为一大问题。对此，可以借鉴夕阳红旅游专列的经验，打造城市间或省内沿线“一卡通”旅游巴士，在各个景区站点可随意选择上下车，像市内公交车一样，每隔十几分钟便有一趟巴士经过，真正做到利用一张交通卡便可以游览整座城市甚至整个省内沿边地区的景点。

（二）挖掘文旅形式多样性，开发多种系列游方式

为了优化吉林省沿边地区各市州间的旅游发展模式，可以打造省内沿边线路专项系列游。针对沿边地区各市州的文化旅游资源优势，可以开展“红色文化系列游”“绿色生态系列游”“白色冰雪系列游”等。比如，“红色文化系列游”可以为热爱中国历史文化、想要接受爱国主义教育的游客提供精品红色资源研学之旅，从珲春市防川土字碑到安图县东北抗日联军第二军纪念馆，从长白县老黑河遗址到临江市四保临江烈士陵园，再到杨靖宇烈士陵园，让游客在缅怀过去的同时珍惜今天的美好生活。“绿色生态系列游”可以为喜欢大自然和原始森林的游客提供生态康养沿线游，从六鼎山文化旅游区到长白山景区，再到五女峰国家级森林公园，感受长白山脉沿途的自然风光。“白色冰雪系列游”可以为喜欢冰雪运动的游客打造冬季白色旅游路线，从长白山滑雪场到龙井海兰江滑雪场，再到通化滑雪场，玩遍长白山脉专业雪道，感受体育竞速带来的身心愉悦。

（三）创新宣传方式和手段，“云上游”开启新局面

旅游业发展与宣传方式和手段有直接关系。吉林省沿边地区旅游的宣传模式始终没有得到一个质的飞跃，除了电视媒体宣传、纸质杂志宣传和投放电子

广告之外，还可以采用直播的方式。新冠肺炎疫情发生之后，各地旅游业都受到一定程度的影响，保证景区景点依然能够门庭若市，需要依靠科技的发展。现如今，人们已进入科技飞速发展的时代，利用电子产品可以达到意想不到的宣传效果。可以采用“云上游”的宣传模式，找一个拍摄团队，利用地面拍摄加无人机拍摄的手法，将景区的优美景色直播给打开手机观看的人们。地面拍摄视角可以让观看的人们身临其境地感受景区内的自然风光和美丽景色，无人机拍摄视角可以让观众看到空中景观，如俯瞰长白山天池、平视长白山瀑布、空中云游温泉群等。还可以将朝鲜族民俗文化与自然景观相结合，将民族舞蹈的舞台搬到景区景点，通过这样的直播方式，真正做到文化和旅游相结合。一方面可以让所有喜爱吉林省沿边地区特色的人们感受边境异域风光；另一方面可以及时了解观众反馈，创新宣传方式和手段，不断迎合市场。只有与时俱进，才能让沿边地区旅游获得新生。

（四）打造全域旅游新态势，促进旅游高质量发展

旅游业一直被划分为第三产业，但近些年，旅游业的发展态势开始有所转变，旅游业的发展模式和经营手段逐渐把第一产业和第二产业也融合进来。因此，可以把旅游业作为优势产业，将吉林省沿边地区旅游相关产业、公共服务、生态自然环境、相关的政策法规等有机结合并优化升级，打造全域旅游新模式。从传统旅游方式向现代旅游方式转变，从单一旅游发展模式向复合型旅游发展模式升级，将吉林省沿边地区作为综合型旅游区域进行开发，把全域作为旅游发展的平台，将区域内各产业进行融合，在促进旅游高质量发展的同时带动当地经济发展，为沿边地区提供新的经济增长点。

参考文献

《吉林省 2020 年国民经济和社会发展统计公报》，吉林省人民政府网站，2021 年 4 月 12 日，http：//www. jl. gov. cn/sj/sjcx/ndbg/tjgb/202104/t20210412_8022807. html。

《2022 年吉林省政府工作报告（全文）》，吉林省长安网，2022 年 2 月 9 日，http：//jlpeace. gov. cn/jlscaw/yaowen/202202/d2703838af634e62b1b8bcb36a753662. shtml。

G.18

吉林省城市特色街区发展的思路与对策

隋滨竹*

摘　要： 特色街区是展现城市底蕴、推介城市物产、体现城市品位、树立城市形象的"城市名片"，具有商业、餐饮、休闲、娱乐、文化消费等功能特质，对于城市经济社会发展和提高城市的知名度、美誉度、宜居度具有重要意义。本报告通过对我国5省份知名特色街区建设开展实地调研，在政府引导、科学布局、规划运营、文旅交融等方面总结吉林省城市特色街区发展可借鉴的经验做法。通过对比研究，分析吉林省城市特色街区发展现状，从指导方向、建设思路、管理体制、模式创新、宣传引导等方面对吉林省建设城市特色街区提出建议，建议通过政策引导、要素集聚、宣传推介，营造最优环境，加快规划一批、新建一批、改造一批特色街区，发挥特色街区繁荣经济、提高城市发展质量等多重"重要载体"功能。

关键词： 特色街区　城市名片　吉林省

一　城市特色街区发展的背景

（一）特色街区的内涵

"街区"一词由英语单词"block"翻译而来，有立方体的意思，指由公

* 隋滨竹，吉林省社会科学院哲学与文化研究所助理研究员，主要研究方向为传统文化现代化、区域发展与现代服务业。

寓、办公、教学、医院等大楼组成的一块楼群、一段街区、一片土地。20 世纪中期，出现了对街区的规划意识，街区也是延续至今的欧美城市形态的主流模式，知名的有法国巴黎的香榭丽舍大道、美国洛杉矶的环球城市大道、英国伦敦的牛津街等。

特色街区是众多街区中具有独特性的一种街区，一般指能展现城市历史、当代文化、地域特征的街区，其本质是以城市街路为框线，围绕相近主题集聚而来的具有商业、文化魅力的公共城市空间，具有与人们“吃住游购娱”等需求相匹配的功能属性，是城市商贸、旅游、文化功能的绝佳结合点，既能满足本地居民的消费需求，又成功打造了城市特色、提升了城市韵味，对游客有着相当的吸引力，从而提升了城市的吸引力、竞争力。优越的区位条件、独特的文化氛围、丰富的功能定位、优质的空间环境、创新的商业模式和规范的管理体系，是特色街区取得成功的六大要素，六大要素彼此交融协作，创造了无限的生命力。

（二）特色街区发展的意义

作为“城市名片”，特色街区除了在城市形象上具有代表性外，还具有形成过程的长期性、结构要素的稳定性、特色的突出性，以及作为城市资源的稀缺性。特色街区是从以经济为核心的传统单一功能街区向文化、旅游、商业、创意等多种功能融合街区转化的产物，打破了传统商业区模式，不仅满足了城市居民的商业需求，也满足了休闲、文化、旅游需求，因地制宜，适应时代潮流，具有以下五点优势。

1. 拉动经济发展

特色街区作为城市公共交流的重要载体，具有相对较好的人员流动和货物流通的特性，不同人群的不同需求催生不同类别的商业体集聚，从而形成了特色街区多功能聚集、多业态并存的优势，带动了相关配套产业链的飞速发展，特色街区成为一个辐射多行业的良性经济发展模型。究其根源，特色街区聚集和辐射效应的形成，不单依靠政府主导这一外因，更主要的内因是人流物流带来的多层次市场需要和品牌、场地等连带的叠加效应。可以说，在市场竞争发展为商圈竞争的大环境下，特色街区的新经济模式更加具有吸引力和可改造、可升级的灵活性，更能拉动当地经济的发展。

2. 弘扬文化特色

文化是城市的灵魂，一个特色街区的发展就是一个城市文化的传承。从城市的时代变迁、民族的风俗习惯中汲取文化内涵，在时代发展中不断融合、创造，赋予文化以食品、物件、文艺等载体，打造“城市名片”，这是特色街区的使命。人们常说“国以人兴，域以文名”，事实上，文化的传承和社会的发展不是一个对立命题，优质的文化旅游资源一直是打造特色街区的必备要素，独特的人文环境也使得不同国家的特色街区各有千秋。在快节奏的生活中，从长远发展的角度看，人们的精神文化需求不断增加，城市形态不断变化，逐渐形成鲜明的特色，坚持“以文建街、以史建街、以情建街”的发展理念，以独特文化定位街区特色，营造文化软环境，增添文化创意，将成为未来特色街区建设发展的基本思路。

3. 优化生活环境

城市的本质是人群的聚集生存，营造宜居的生活空间对于提升城市的凝聚力至关重要。作为具有特定个性、固定场地和社会价值的城市空间，离不开能彰显城市特色文化和景观的优质空间基础。这是可以广泛吸纳大部分人、引起大部分人精神共鸣的重要手段。从国内外成型案例看，特色街区的运营，除了可以提升城市自身的独特魅力，还可以促进商业功能的发挥，激发社会活力。建设规模合理、建筑融合、交通便利、环境良好、管理规范的空间环境，已是现代特色街区的发展方向。

4. 催生高效交通

俗话说，要想富先修路。良好的交通连通性是实现特色街区各项功能的前提条件，特色街区也带动了对外、对内交通的发展。对外交通是指立体、网络化的交通系统，其将特色街区本身与城市其他区域顺畅、便捷地连接起来，能够实现多种交通方式的互联互通；对内交通是一种多层次、多节点引导人流和商流的合理内部规划。国内外众多特色街区的建设和开发实践证明，交通是现代以及未来城市发展的重中之重，良好的通达性可促进城市健康发展。

5. 促进有序规划

随着发展规模的不断扩大，城市原有的功能分区逐渐落后于实际需要。连接“点、线、面”的特色街区开始改造城市空间，使其逐步从混乱无序的自由发展阶段过渡到全面有序、有机协调的发展阶段，特色街区关乎着市民群众的实际生活与城市运转效率。第一，特色街区在位置选择上，大多数都依托城市历史、民风民俗、原有商圈等，能够借助原有的交通、绿化、基础设施等优势，妥善谋划、协调分布。第二，特色街区在总体布局上，放眼城市经济、文化、生态和谐发展的大局，提升城市形象，促进工作、居住、商业、文旅等区域功能的平衡，解决交通拥堵、热岛效应等城市问题，使城市的空间规划线、功能结构线、发展定位线更加突出，促进城市空间“智能发展”。要精心设计特色街区的“四肢”、主干与核心区域，使特色街区成为城市统筹协调、兼顾发展的典型示范。

二　城市特色街区建设的经验做法

由于我国工业化社会发展起步较晚，特色街区的发展历史也较短，与国外相比，两者的发展历程、设计理念不尽相同。国外特色街区的发展历史，大致可以归纳为四个阶段：交通改善阶段、商业加持阶段、人文关怀阶段和活跃社会空间阶段。国内特色街区建设起步较晚，主要可以分为三个阶段：20 世纪 80 年代，注重经济效益的发展阶段；20 世纪 90 年代，注重环境质量的发展阶段；21 世纪，注重和谐健康可持续的发展阶段。

特色街区的改造和历史文化街区的保护包括功能定位、业态配置、商旅文融合、智慧街区建设以及相关历史遗存的保护改造，是一项系统性的工作。通过对山西省、四川省、浙江省、江苏省、北京市 5 省份的调研和纵向对比可以看出，在特色街区改造和历史文化街区保护利用方面，坚持实事求是、因地制宜，遵循规律、科学建设，加强顶层设计和系统谋划，提高改造工作针对性、系统性和前瞻性，注重运营管理模式创新是 5 省份特色街区发展的重要经验。

（一）注重科学布局、规划引领

5 省份按照城市总体规划和城市商业网点规划，聘请国际高水平专业团队编制特色商业街区规划方案，并且随着项目谋划先期介入。比如，苏州为加快商业特色街区的规划、建设和发展，在 2008 年就已印发《加快苏州商业特色街区建设改造提升的指导意见》，为全市特色街区的发展提供指导方针。成都为建设国际消费中心城市、完善现代商贸产业圈，于 2020 年发布了《成都市特色商业街区建设指引》，着力打造“老成都”“蜀都味”“国际范”的特色街区。北京为了进一步传承地区传统文化，保护特色街区风貌，于2014年印发了一系列特色街区业态发展指导目录，目的是优化产业融合，理顺招商流程，规范经营秩序。

（二）注重因地制宜、特色发展

5省份把握地域特色，发挥资源优势和区位优势，因势利导、循序渐进。在客群定位上，把本地客群作为运营的基础，不断提升客流的稳定性与消费力，同时积极增强对外地游客的吸引力，提升接待水平；在建筑景观上，立足现有基础，进一步补短板、强弱项，不搞大拆大建，将特色街区改造提升与城市更新相结合，实现与周边区域的联动发展；在业态和设施配置上，不是一味求“新”、求“洋”、求“大”，而是合理规划配置商业业态和多元化消费场景；在历史文化传承上，深度挖掘街区历史底蕴和文化内涵，把历史和现代、文旅和商业有机结合，打造“以商承文、以文促旅、以旅兴商”的融合发展格局。比如，山西注重发挥悠久历史文化优势和华北地区地缘优势，倾力打造“新古城”；成都把历史文化、人口大市和西部地区区位条件相结合，注重发展地域特色小吃经济和现代商贸经济；等等。

（三）注重运营管理、模式创新

5省份持续深化改革，不断创新特色街区的管理运营模式，促进形成了特色街区持续发展的完整制度保障，最突出的做法是产权回购，由专业团队统一运营管理。比如，山西忻州古城改造项目由忻州政府与袁家村携手实施，以国有企业为建设主体，产权全部为国有，委托专业商业运营团队进行管理运营，经营模式分为租赁和合作经营两类，租赁即收取商铺租金，合作经营即由袁家村负责店铺装修、食材采买等管理工作，业户“拎包入驻”从事经营活动，袁家村根据业户营业额向其收取管理费；成都宽窄巷子、太古里特色街区的产权高度统一，改造之初，政府就对街区商铺产权进行了回购，街区内85%的商铺收归国有，采取政府主导和市场化运作的方式；杭州湖滨步行街设立管委会，秉承“城湖合一”的设计理念，对区域内文化挖掘、街面设计、业态布置统一开发管理。

（四）注重高层推动、部门联动

5省份坚持政府与市场高效互动，“既听市长的，又听市场的”。特色街区建设涉及发改、规划、住建、商务、文旅、交通、财政等多部门，资金需求量较大，协调事项较多，单一部门难以推动完成，需要党委或政府“一把手”重点推动。比如，在北京隆福寺街区改造之初，区里成立专班，由区委书记牵头，部门通力合作。在工作推进中，北京市委多次考察调研该街区，推动解决该街区改造提升中遇到的各类问题，确保工程项目快速推进，目前该街区已成为北京老城复兴新地标。

5省份特色街区的成功运营，不仅取得了良好的经济效益，更获得了良好的社会效益，给吉林省特色街区发展带来了几点启示。一是顺应市场规律。特色街区的建设不是仅靠主观意愿就能成功的，需要各方主体充分调研，在综合考虑区位因素、基础条件、发展潜力的基础上，因地制宜，群策群力。二是突出高位统筹。在特色街区建设过程中，专门成立项目规划建设团队，由政府“一把手”担任组长，建立高位协调机制，进行整体规划设计，保证项目建设有效、有序、有利。三是融入地域特色。深入挖掘街区特有的历史文化资源和人文特质，不搞大拆大建，关注对历史街区的保护及对文化元素的恢复和利用。只有将本地独特的历史文化剖析好、研究透、发扬光大，特色街区才能真正形成自己的品牌与核心竞争力。四是找准市场定位。根据当地的地理位置，消费水平与偏好等因素，锚定市场定位，一区一策地推进特色街区建设。五是注重引导扶持。政府部门不能急功近利、与民争利，而应该放水养鱼，在基础设施建设、财税政策扶持等方面做足功课、“敲好边鼓”。六是坚持思路创新。注重引入社会资本参与特色街区的方案设计、开发建设、运营管理，在建设思路上大胆创新，运用现代化运营模式，注重环境塑造、节庆策划、个性化经营等。

三　吉林省城市特色街区发展情况

国家高度重视特色街区建设工作，商务部于2012年印发了《关于组织开展特色商业街区、商贸功能区、中央商务区示范创建工作的通知》，于2018年印发了《关于推动高品位步行街建设的通知》。近年来，吉林省按照“政府引导、市场运作，分类试点、滚动发展”的思路，以商旅文融合为核心，分批次推进省级特色街区改造提升，培育了长春桂林胡同美食街、集安市高句丽边境风情街等一批“有特色、接地气、烟气浓”的特色街区。

（一）出台政策，构建推动步行街改造提升的“四梁八柱”

有关部门制定了步行街改造提升工作方案，明确步行街改造的1个目标和6项任务。在国家步行街改造提升评价指标体系的基础上，吉林省结合自身实际，细化街区类型，印发了《吉林省步行街改造提升评价指标（试行）》，明确7个大类49项评价指标。编发《吉林省步行街改造提升指南》，指导各地开展步行街改造提升工作。

（二）开展试点，积极探索打造省级特色街区

一是按照自愿参与、择优入选的原则，先后认定了长春市长影新天地数字经济特色文化步行街、吉林市“百年东市”步行街、集安市高句丽边境风情步行街、白城市鹤城文化旅游街、长白山管委会长白山旅游集散服务中心步行街等15条步行街作为省级试点，重点推进完善规划布局、优化街区环境、提高商业品质、强化技术应用、丰富文化内涵和规范管理运行等6项任务落地。二是按照“数字化建设、精细化管理、智能化服务”要求，选取吉林市河南街、“百年东市”等2条省级步行街，从消费体验、安全监控、交通配套服务、消费管理等方面加强数字街区建设，着力打造智慧型街区。

（三）建立机制，不断创新管理方式

一是在体制创新上，进一步规范街区统一管理。吉林市昌邑区城市管理执法大队向东市步行街专门派驻执法中队，区政府将经营性临时占道审批、占道摊点审批等7项事权下放街区执法中队集中行使，有效解决多头管理问题。二是在机制创新上，吉林省建立上接商务部，下连市州以及县（市、区），构建街区管理机构“多级联动”机制，形成了商务部指导、省厅整体推动、地市牵头负责、区县具体落实、街区管理机构日常运营管理、商户共同参与的横向协作、纵向联动工作体系。三是在组织创新上，推动各地成立国有运营公司。吉林市专门成立

吉林国发投资发展有限公司作为步行街改造升级投资主体，采取政府主导、公司化运作模式，与北京文投集团合作，共同打造商旅文融合发展的历史文化街区、城市会客厅、游客打卡地。四是在政策创新上，按照“省里支持一点，县（市、区）政府统筹一点，企业拿出一点”的办法，多渠道筹措资金用于街区改造提升。发挥省级服务业发展专项资金杠杆作用，拉动社会投资突破4亿元。与中国银行吉林省分行联合出台专属金融服务方案，“量身定制”金融支持。

（四）边建边用，积极开展消费促进活动

2019~2020年，吉林省连续两年在“十一黄金周”期间，以“活市场、促消费、扩内需、惠民生”为宗旨，以“迎国庆、逛商街、促消费”为主题，利用特色街区自然景观、历史古迹、特色产品等资源，广泛开展商品促销、文艺汇演、美食品鉴、旅游观光等丰富活动。引导消费者在国庆节期间走出家门、走上街头，丰富节庆生活，繁荣消费市场，活动期间销售额及客流量都大幅提升，效果显著。

虽然吉林省特色街区建设取得了一些成绩，但还处于起步阶段，仍然存在不少矛盾、问题，与先进省份相比还有较大差距。一是特色街区总量少。历史文化街区仅有11片（长春10片、吉林1片），处在保护修缮、未开发利用阶段；全省国家A级旅游景区247家，2021年才开展首批省级旅游休闲街区认定工作；两批次认定的省级步行街只有15条，目前运营的有7条，远低于全国平均水平，在国内和区域内具有较高知名度和美誉度的步行街、“国”字号商业街尚属空白，还没有像邻省哈尔滨市中央大街、果戈里大街那样的知名特色街区。二是多头管理职责分散。吉林省在特色街区管理上各自为政，商务部门负责步行街建设，住建部门负责历史文化街区建设，文旅部门负责休闲街区建设，不能形成合力、从整体上统筹推进特色街区建设。三是缺乏整体规划和特色定位。吉林省特色街区建设一直缺乏比较专业、长期、系统的规划，在很大程度上处于散漫的发展状态，习惯从发展城市夜经济的视角来规划和推进，比较注重购物型商业街的发展，热衷于吸引热门的品牌入驻、吸引游客，而对历史文化特色型、现代文化体验型、生态景观型、产业创意型以及一些新兴的、比较广义的特色街区重视不够，存在同质化现象，文化体验度不高，造成特色街区建设业态不够多元、功能不够完善。四是忽视特色街区文化内涵挖

掘。具有一定文化内涵和空间风貌特征的商业街区才属于特色街区，而吉林省只是进行现代模式化的商业、特色美食、娱乐购物等普通意义上的街区建设，对本地传统历史文化和民风民俗的挖掘不到位。五是辐射带动作用不强。吉林省片区式的特色街区较少，与周边区域的结合不够紧密，不能使游客产生完整连续的旅游和消费体验，缺少了与周围设施的良好过渡。六是运营管理力度不够。吉林省特色街区普遍缺乏统一的运营管理机构，特别是缺少专业的运营管理团队，处于分散运营状态，制约了特色街区的改造提升，降低了管理效率，很大程度上影响了步行街消费升级平台作用的发挥。七是统计监测较为困难。特色街区商户以个体户为主，采取租赁档口经营模式，规模小、管理不规范，难以纳入社零统计体系。街区运营管理企业采取物业管理模式，导致营业额也无法纳入社零统计。

四　推进吉林省城市特色街区建设的建议

（一）从长远看，发展特色街区是一项系统工程，涉及规划布局、载体培育、配套服务、建设融资、精细管理等多方面，要按照“政府主导、以市场为主体、商业化运作、系统规划、科学布局、特色发展”的原则，把特色街区培育成为吉林省经济发展的新动力源

1. 进一步明确指导思想，坚持扩容、增量、提质并重的发展方向

推动特色街区由单一的购物功能区向生活化、创意化功能区不断延伸，在业态日趋多元化、广义化发展的客观形势下，吉林省应坚持全面发展的指导思想，坚持从弘扬发展城市文化、促进城市生态保护、发展城市旅游、繁荣城市商贸、孵化城市文创产业、丰富市民生活、改善城市环境、塑造城市形象等多个方面和视角加以统筹。一是在大力改造现有特色街区的前提下，不断加大历史文化特色街、民俗风情特色街、现代文化时尚特色街、生态景观特色街、创意产业特色街、休闲娱乐特色街的发展力度。二是结合吉林省特色街区仍有较大发展空间以及现有特色街区规模小、多元化发展不足、档次比较低端的实际，在当前和今后一段时期，应坚持扩容、增量、提质并重的发展方向，在重点发展地区级特色街区的同时，可有选择、有重点地建设一批县（市、区）

级特色街区。力争利用 3 年时间，长春市能建成并运营 1 片能够达到国家级示范标准的特色街区；在重点市州和县（市、区），能拥有 10 片左右的省级特色街区。

2. 进一步转变建设思路，推动特色街区与中心城市同频发展

5 省份发展实践表明，区域核心城市的崛起不能仅靠“大开发”和“大项目”的规模扩张来实现，而更应关注城市整体功能的改进。而特色街区作为主题化、人格化的城市空间，已成为推进中心城市建设发展的突破口与着力点，对于这一点要有一个清晰、全面的认知。在总体要求上，必须摒弃“迎评式”思维，改变过去特色街区建设与城市整体规划格调不相符、不和谐的现象，树立“特色街区是城市总体形象的一部分与亮点所在”这种观点，整体推进吉林省城市建设。在建设思路上，要努力拓宽思路和视野，建立“大街区”观念，适合建设什么样的就建设什么样的，坚持多业态统筹协调发展；树立城市竞争观念，坚持以彰显城市功能为导向，科学谋划吉林省特色街区建设。要切实提升规划在特色街区建设中的地位，改变原有的“穷规划、富建设”思路，敢于花大价钱聘请国内外一流规划团队。着眼构建吉林省特色街区“1+N”规划体系，高标准设计街区环境、业态配置、交通网络等相关配套，促进商旅文协调发展。

3. 进一步突出政府主导，不断完善省级特色街区分类分级经营管理体制

为适应当今特色街区组织化程度不断提高，业态多元化、广义化发展，以及层级不断分化的客观形势，吉林省应进一步强化政府主导作用，在完善省级特色街区分类分级经营管理体制方面下功夫。建立健全省，市州，县（市、区），街四级经营管理体制，在强化商业、文化、生态环保、旅游、规划等部门协调联动的同时，结合城市管理体制改革，推进扩权强街。在省级层面，建议成立由省领导负责、省商务厅牵头，由省发改委、省住建厅、省文旅厅、省财政厅、省市场监管厅等有关部门和单位组成的联席会议；在县（市、区）层面，成立由政府“一把手”负责的特色街区工作专班；在规模和影响力比较大的街区，直接成立以街道命名的特色街区建设委员会，并逐步探索形成以街区为单元、富有高度针对性的特色化经营主体。对规模较小、影响力一般的特色街区，可结合分类分级经营管理体制不断强化组织管理。总之，要通过建立健全特色街区管理体制，推动特色街区建设逐步向分类分级发展、系统有序

发展、专业化科学化发展转变。

4. 进一步强化模式创新，努力推动特色街区管理创新及业态优化

积极探索建立与特色街区发展规律相适应的管理模式和长效管理机制，加强协调联动，充分运用行政、法律、经济等手段对特色街区进行监测管理。一是引导特色街区建立完善管理机制。新建特色街区应成立运营管理公司对街区进行统一运营管理，其他商业街区可结合实际采取街道办事处指定街区管理单位、商户自发成立商会（协会）组织、邀请专业运营管理公司等方式实施统一运营管理。二是引导特色街区调整优化业态。鼓励特色街区自持物业或采取统一回租等方式，促进业态布局调整和统一招商。引导特色街区以商业为主线，突出经营特色，科学调整优化经营业态，积极引进地方知名特色产品，邀请老字号品牌、龙头企业开店设点，丰富产品与业态结构。三是坚持自我管理和行政管理相结合，充分调动管委会、行业协会和商户的积极性，采取信息发布、舆论监督等方式，推进特色街区的诚信建设，规范商家的经营行为，营造健康、有序的商业环境，维护特色街区正常的经营秩序。

5. 进一步强化宣传引导，加大特色街区推介力度

一是充分利用电视、报纸、网络等新闻媒体，为特色街区宣传造势，扩大影响力。通过短视频、直播等新兴方式，打造“网红”打卡点，吸引正向话题与流量。二是组织特色街区开展“消夏节”“市民文化节”等经常性的主题文化活动和多种形式的旅游节庆活动，设计推出一批避暑旅游精品线路，将特色街区串点成线，着力提升特色街区的群众参与度和满意度。三是梳理归纳国内知名商业街区建设经验，及时总结吉林省特色街区建设的典型做法，加快形成一批在全省可复制、可推广的创新举措，做好常态化宣传，为各地下一步建设工作提供借鉴参考。

（二）从当前看，要抢抓机遇、化危为机，通过政策引导、要素集聚、宣传推介，营造最优环境，加快规划一批、新建一批、改造一批特色街区，发挥特色街区繁荣经济、提高城市发展质量等多重“重要载体”功能

1. 切实摸清底数

建议由省商务厅牵头，省文旅厅、省住建厅配合，利用 3 个月时间，组织

各县（市、区）对当地特色街区发展现状、建设规划进行全面摸底，分门别类建立特色街区发展档案。科学编制全省商业街区建设发展规划，明确商业街区近期及中远期布局规划。对具备打造特色街区条件的，按照“一街一特色”要求，制定改造提升计划，确定改造提升重点任务和时间表、路线图。同时，围绕特色街区建设发展中存在的重点、热点、难点问题，有针对性地提出解决方案。

2. 制定指导文件

尽快出台关于特色街区的政策文件，明确认定程序、认定标准等重要内容，对特色街区的大致范围、经营形式、业态分布做出规划。制定特色街区管理办法，规范特色街区运营管理。制定鼓励或者建设发展业态名单，进一步合理规划布局特色街区业态。建立特色街区消费行业统计制度，为评价改造提升效果提供依据。可将特色街区划分为名片型、民生型、产业创意型、市场型 4 个大类，针对不同类型分别制定建设和评定标准，深入推进吉林省特色街区分类分级建设和专业化科学化经营。

3. 开展试点工作

在全省范围内定期开展特色街区提升改造试点工作，先整体谋划再分步实施，争取对特色街区的改造达到“一年有起色，两年见成效”。建立与特色街区实际相匹配的评价指标体系，通过改造验收并达到指标的特色街区，可以被认定为省级示范特色街区并鼓励授牌，做到成熟一批、评估一批、授牌一批、宣传一批。

4. 落实扶持政策

建议设立省级特色街区建设发展专项扶持资金，用于特色街区的前期规划、基础设施配套、环境综合整治等方面的工作，具体使用办法由省商务厅、财政厅研究确定。各县（市、区）根据工作实际，设立引导扶持配套资金，对辖区特色街区建设给予适当补助。

5. 推动设立“两库”

一是建立专家库，从省内以及全国商务、规划、交通、文创等领域选聘专家学者，为各类各级特色街区的策划和运营建言献策，并协助开展审查论证、评审鉴定等工作。二是从全省特色街区档案中筛选特色街区项目，推动将其纳入各地政府工作年度计划，并与相关部门做好政策通气与衔接。

G.19 吉林省抗联遗存区域保护利用一体化研究

华海迪*

摘　要： 抗联遗存凝结着伟大的东北抗联精神，谱写了东北抗联不屈不挠、英勇顽强的壮丽篇章，是抗联文化的物质载体。吉林省是东北抗联重要根据地，长春、吉林、通化、白山、延边和长白山保留了大量的抗联遗存。近年来，吉林省以爱国主义教育、抗联遗存游、纪念游、研学游为突破口，寻找和修缮了大量的抗联遗存，抗联遗存底数日渐清晰，保护利用状况持续改善。但与新时代新要求相比，抗联遗存保护利用工作还存在许多的不足和需要改善的方面。本报告从吉林省各区域抗联遗存保护利用现状分析入手，提出吉林省各区域抗联遗存保护利用过程中存在的问题，进而提出吉林省抗联遗存区域的保护利用一体化模式和策略，为相关管理部门提供决策参考，实现吉林省抗联遗存区域之间的资源整合、优势互补、互利共赢。

关键词： 抗联　遗存区域　一体化　吉林省

党的十八大以来，以习近平同志为核心的党中央高度重视中国革命历史资源。2018年，中共中央办公厅、国务院办公厅印发了《关于实施革命文物保护利用工程（2018—2022年）的意见》这一专门针对革命文物的政策文件。2019年，国家文物局设立了革命文物司。作为东北抗联的主要战场和东北抗

* 华海迪，长春财经学院旅游管理专业教师、讲师，主要研究方向为旅游管理、旅游文化。

联重要根据地，吉林省的长春、吉林、通化、白山、延边和长白山等地区保留了大量的抗联遗迹。习近平总书记在视察吉林省时做出了重要指示，“要把抗联的历史发掘好、研究好、宣传好，组织好相关纪念活动，为加强党的建设和推进改革发展稳定凝聚正能量”。① 为贯彻党中央精神，吉林省深入挖掘抗联红色资源，开展了“革命文物保护三年计划”，公布了《吉林省革命旧址名录（第一批）》《吉林省东北抗日联军旧址名录（第一批）》《吉林省馆藏珍贵革命文物名录》，编制了《吉林省东北抗联文物保护专项规划》。以爱国主义教育、抗联遗存游、纪念游、研学游为突破口，寻找和修缮了大量的抗联遗存，为抗联遗存区域红色资源的保护利用奠定了基础。

本报告立足吉林省抗联遗存区域，以长春、吉林、通化、白山、延边和长白山的抗联遗存为研究对象，探索保护利用一体化策略，为研究抗联遗存的保护利用提供了新的视角，为抗联遗存保护理论系统增添了新的内容，完善了抗联遗存保护理论的结构性功能，丰富了抗联遗存的研究成果。创新东北抗联遗存区域保护利用的理念、方法，为吉林省抗联遗存区域的保护利用提供创新性解决方案，助力吉林省抗联遗存区域统筹规划及红色资源共享，促进吉林省各区域抗联遗存保护利用的协同发展。

一　吉林省抗联遗存区域保护利用现状分析

吉林省是东北抗联的主要战场和重要根据地，抗联红色文化资源丰富。吉林省抗联遗存区域主要有长春、吉林、白山、通化、延边和长白山，其中吉林、白山、通化的抗联遗存最为丰富。吉林省委、省政府高度重视抗联红色资源的保护利用工作，近年来扎实推进抗联红色资源保护利用各项工作，取得了丰硕的成果。主要体现在以下几个方面。

（一）抗联文物基础进一步夯实

吉林省作为东北抗联的主要战场和活动区域之一，保留了丰富的抗联

① 《习近平：以史为镜、以史明志，知史爱党、知史爱国》，中国政府网，2021 年 6 月 15 日，http：//www. gov. cn/xinwen/2021-06/15/content_5618090. htm。

遗存和文献档案资料，具备开展抗联历史研究的条件；几十年来，几代党史人在抗联历史和抗联精神的研究方面做了大量的基础性工作，为抗联历史的宣传、教育和抗联精神的提炼、总结奠定了重要基础。吉林省文旅厅（省文物局）与省财政厅共同启动了“革命文物保护三年计划”，树立了600个保护标志（标识）碑、300个界桩；委托省内科研机构启动编制《吉林省革命旧址名录》《吉林省抗联旧址名录》《吉林省馆藏革命文物名录》；公布了《吉林省革命旧址名录（第一批）》《吉林省东北抗日联军旧址名录（第一批）》《吉林省馆藏珍贵革命文物名录》，共登记革命旧址269处、东北抗日联军旧址133处、馆藏珍贵革命文物724件（套）。吉林省高度重视抗联遗存的调查发掘及馆藏革命文物的展示利用工作。2019年7月，长白山老黑河遗址的发现引起了吉林省委、省政府的高度重视。老黑河遗址是迄今为止在长白山发现的唯一集抗日根据地和日寇侵略罪证于一体的遗址，规模达225万平方米，该遗址具有典型性、完整性、教育性，在东北地区不可多得，它的发现对吉林省开展爱国主义教育、铭记艰苦卓绝的抗联斗争，居安思危、牢记日寇侵略罪恶行径具有重大意义，是展现抗战历程的重要现场教学基地。为加快推进老黑河遗址研究工作，吉林省文厅组织吉林省文物考古研究所对其进行了为期半年的考古调查与发掘，调查铁路线45千米，面积超过10平方千米，发掘650平方米，采集、出土遗物380多件（套）。

（二）规划了一批重点项目

吉林省将价值重大的革命旧址纳入全省红色旅游线路，促进革命文物与旅游的融合。如今，桦甸市蒿子湖东北抗联营地、敦化市寒葱岭红色教育基地等已成为吉林省红色旅游的重要目的地。吉林省各区域高度重视红色资源的保护、开发与传承，打造“红色教育+红色旅游”，与“杨靖宇将军殉国地”“东北抗日联军纪念馆”“东北抗联干部学院”等联合推出“环大长白山红色旅游”线路和产品。促进红色旅游与生态旅游、冰雪旅游的融合发展。规划了吉林、白山、延边和通化大片区与靖宇县、浑江区等多个小片区以及红石砬子抗日根据地、马村抗日游击根据地等多个抗联遗存的保护利用重点项目。其中，靖宇县成立了全国青少年长白山革命传统教育基地，并初步形成了以杨靖宇将军殉国地为中心，以抗联一、二军会师纪念地为重点的革命文物保护片区，白山市浑江区形成了以东北人民革命军第一军成立纪念地、五间房抗联密营等为重点的革命文物保护片区。

（三）开展了富有成效的宣传教育工作和纪念活动

吉林省委党史研究室通过多番交流研讨、集中力量攻关、精心打磨提升、广泛征求意见，将东北抗联精神的内涵概括为6点：救亡图存、忠贞报国的爱国主义精神，坚定执着、矢志不渝的共产主义信念，爬冰卧雪、向死而战的英雄主义精神，前赴后继、百折不挠的艰苦奋斗精神，首创首行、独立自主的开拓创新精神，休戚与共、团结御侮的国际主义精神。

吉林省积极探索新形式，运用调查发掘的革命文物，开展体验学习、专题展示、主题图片展览等活动，吉林省成为讲述革命历史的前沿阵地、传承抗联精神的优秀基地。2020年，杨靖宇将军殉国80周年公祭大会举办，推出“重走抗联路”专题党性培训活动，并出版图书以及红色影像作品。在创新抗联历史宣传手段方面，鼓励文学艺术工作者创作以党史为题材的文学艺术作品，组织长春大学创作抗联题材艺术作品。同时，充分利用“红色吉林”公众号，吉林党史网，《吉林党史》，官方快手、抖音号等，加强与《吉林日报》、《新长征》、吉林广播电视台、吉林教育电视台等媒体合作，推出一系列抗联主题作品。在关爱抗联英烈后代方面，积极协调各有关单位，帮助杨靖宇将军的第三代和第四代后人迁往吉林省长春市安家立业。在全社会营造一种人人崇尚英雄、人人关爱英雄、人人争做英雄的氛围。

（四）搭建抗联研究平台

通过主办东北抗联历史资料征集工作推进会、纪念魏拯民同志诞辰110周年学术研讨会、杨靖宇精神与东北抗联研究高端论坛、东北抗日联军历史与精神学术研讨会等学术交流活动，开展了扎实的研究工作。

2018年，吉林省委党史研究室发起成立了“吉林省东北抗日联军研究会”；2019年，在吉林省委党史研究室的大力支持下，吉林大学东北抗联研究中心正式成立，吉林大学、吉林省委党史研究室和吉林省档案馆建立了密切的合作关系；2020 年，吉林省委党史研究室发起成立了吉林省中国共产党党史和文献研究会。以上机构与团体的成立，聚合了省内从事党史文献研究尤其是抗联史研究的相关单位和专家、学者，以及从事党史题材创作演出的文艺工作者，形成了各方共同发力推进抗联历史研究走深走实的势头，有助于推进吉林省抗联遗存区域的保护利用一体化。

二　吉林省抗联遗存区域的综合评价

（一）吉林省抗联遗存区域的资源评价

吉林省抗联遗存区域主要有长春、吉林、白山、通化、延边和长白山，其中吉林、白山、通化抗联遗存最为丰富。吉林市的抗联红色资源广泛分布于 9 个县（市、区），多集中于磐石和桦甸两地，类型主要以战迹地、事件纪念地以及密营为主。白山的抗联红色资源分布比较密集，多集中在白山、靖宇、抚松等地区，基本上涵盖了东北抗联一路军的军史。通化是东北抗联第一路军抗击日寇的主要活动区域，抗联红色资源丰富，主要集中在市区、通化县等地区。

吉林省抗联遗存区域保存情况比较好、利用价值比较高的抗联红色资源单体数量达到 46 个，部分资源在全省乃至全国有较大影响和较高知名度。吉林省抗联遗存区域的红色资源类型主要有战斗遗址，抗联密营，抗日根据地，烈士归葬处，纪念馆所、旧址等，其中入选《全国红色旅游经典线路景区名录》的有 6 个，包括白山市东北抗日联军纪念园、白山市杨靖宇将军殉难地、城墙砬子东北抗日联军诞生地、通化市杨靖宇烈士陵园、东北沦陷史陈列馆，珲春大荒沟抗日根据地遗址。全国爱国主义教育示范基地 5 处，包括杨靖宇烈士陵园，延边革命烈士陵园，白山抗日纪念地（含杨靖宇将军殉国地、那尔轰会师遗址、城墙砬子会议旧址等），吉林市革命烈士陵园，东北沦陷史陈列馆。吉林省抗联遗存区域主要红色资源如表 1 所示。

表 1　吉林省抗联遗存区域主要红色资源

单位：个

区域	抗联红色资源	数量
长春	东北沦陷史陈列馆，吉林省博物院	2
吉林	吉林市革命烈士陵园，舒兰市老黑沟惨案遗址，魏拯民纪念馆，代王砬子密营址，张玉珩从事革命活动旧址，桦甸市蒿子湖东北抗联营地，红石砬子抗日根据地，磐石市抗日斗争纪念馆，柳树河战迹地遗址	9
白山	靖宇县杨靖宇将军殉国地，杨靖宇将军纪念馆，东北人民革命军第一军成立纪念地，奶头山抗日游击根据地，王德泰将军墓，抗联一、二军会师纪念地，东北抗日联军纪念园，城墙砬子东北抗日联军诞生地，干饭盆抗联遗址	9
通化	杨靖宇烈士陵园，东北抗日联军纪念馆，杨靖宇干部学院，白鸡峰红色抗联文化园，王凤阁就义地，河里抗日根据地，河里会议旧址，七道沟死难同胞纪念地，金伯阳牺牲地，三角龙湾爱国主义教育基地，治安村红军洞，五女峰抗联遗址，东岔抗日根据地，集安老岭抗日游击根据地	14
延边	延边革命烈士陵园，朱德海纪念碑，珲春大荒沟抗日根据地遗址，东北抗联寒葱岭密营遗址，陈翰章将军墓（陈翰章烈士陵园），十三勇士纪念碑，奶头山抗日游击根据地，马村抗日游击根据地，童长荣烈士陵园（殉难地、遇难地），红日村村史馆，敦化市烈士陵园	11
长白山地区	老黑河遗址全国爱国主义教育示范基地	1

资料来源：吉林省文化和旅游厅官方网站。

吉林省抗联遗存区域红色资源具有丰富、等级高、空间分布较为集中、易与其他旅游资源整合的特点，并且具有较强的吸引力，形成了以杨靖宇，抗联第一路军、抗联第二路军为代表的特色鲜明的吉林抗联红色资源体系。但是，吉林省抗联遗存区域红色资源与其他类型资源的整合程度不深，联动效用不够明显，亟须整合各区域间的抗联红色资源，使之成为有机联系的整体，便于形成具有教育意义和市场效益的旅游线路。吉林省抗联红色资源的特点有助于实施保护利用一体化模式，打造具有较大吸引力、较大影响力和较大开发潜力的抗联遗存区域。

三　吉林省抗联遗存区域的保护利用问题

（一）区域资源挖掘和整合力度还需加大

随着时间的流逝，熟悉抗联历史的老战士、老群众年龄越来越大，一些抗联遗存保护不足，相关部门对抗联红色资源的保护利用各自为政，缺乏产业联动和协同机制，亟须统一深度挖掘和整合各区域资源，发挥规模优势。无疑，吉林省各个抗联遗存区域的红色资源是比较丰富的，各个区域也比较重视保护和开发利用，但是各个区域没有很好地整合资源，没有形成协同效应。吉林省抗联红色资源整合的有利影响主要集中在三个方面。一是能够增强整体的竞争优势，规模效应显著，能够提升综合竞争力，可以集合优势资源整合推出，联合申请国家抗联文化园区，实现各区域红色资源的优势互补，提升吉林省抗联红色资源的整体功能和品位。二是有利于吉林省抗联红色资源的宣传，扩大市场影响力，深化抗联主题内涵。吉林省的抗联红色资源主要集中在三个历史时期，即抗日战争时期、解放战争时期和抗美援朝时期。对于吉林省各个抗联遗存区域而言，其开发和利用都需要依托当地资源打造鲜明的主题和形象，各个抗联遗存区域通过整合突出一种形象，有利于宣传。三是有利于打破吉林省抗联遗存区域间保护利用各自为政的局面，约束盲目竞争。目前，吉林省各抗联遗存区域已经认识到抗联遗存保护与开发的重要性，各个区域加大了投入力度，但是开发密度过大，存在低水平的重复和模仿开发，吉林省抗联遗存区域发展环境亟须优化，这就需要整合各区域资源，促成各区域合作，协调吉林省各抗联遗存区域利益关系，避免资源浪费。

（二）业态传统，融合有待深化

多数得到保护的吉林省抗联红色资源都具有爱国主义教育功能，在业态设计上较为传统，且产业融合发展水平不够高。吉林省抗联红色资源的开发和利用以传统展陈和观光为主，开发项目多是以抗联纪念为主题的纪念馆、展览馆，总体上表现为静态型的展览和观光，缺乏具有产业带动力的新型模式。只做抗联红色资源不利于发挥吸引力，只看自然景观缺少文化内涵，所以应借鉴井冈山、延安等地区的经验，将红色旅游、自然旅游与冰雪旅游相结合。目前，吉林省各抗联遗存区域积极开发抗联红色资源、打造抗联红色产品、推广抗联红色线路、发扬抗联红色精神，推进抗联红色资源与各地生态资源、冰雪资源等的融合，并提出了红、绿、白融合旅游发展模式。红、绿、白融合旅游发展模式即着重开发抗联红色资源，依托吉林省生态环境，开发“绿色+红色”主题旅游产品，重点打造重要交通沿线上的抗联红色旅游景区；发挥吉林冰雪产业优势，以“白色+红色”旅游产品推动旅游度假生活的发展。吉林省尤其具备这样的现实条件，一些重要的抗联红色资源正处在吉林省自然资源、旅游资源最丰富的地区，包括白山、通化、吉林等地区，自身的资源优势明显，并且在区域上具有高度趋同性，为开展具有特色的、融合的旅游提供了一个优质的现实条件。但是，融合的过程中还有很多的问题，首先需要解决的就是融合的层次问题，即是以红色资源为主去融合生态资源、冰雪资源，还是以其他资源为主去融合红色资源的问题，这使得目前融合的层次和内涵不深，还限于浅层次的时空融合，在价值融合、要素融合等方面还需要深化和挖掘。

（三）一体化统筹规划还需加强

吉林省各区域抗联红色资源正处于开发阶段，处于这个阶段的开发一般是一种比较自然的状态，这个阶段是发挥自身优势的阶段，其自身的资源禀赋就是开发的主要因素，当地有什么资源就开发什么，这种开发模式容易导致近距离的重复建设，造成许多项目缺乏特色。吉林省多个区域抗联遗存、纪念设施、馆藏文物丰富，目前各个区域高度重视抗联红色资源，先后加大投入力度挖掘抗联红色资源，完善服务设施与服务项目，争相开发抗联红色资源。发挥自身优势的盲目开发不能带来持久的利益，这就需要各个区域挖掘自身相对于其他区域的优势，进行重点开发，避免资源浪费。因此，需要加强顶层设计，形成重点开发和统筹开发的局面，系统解决各区域抗联遗存在人才、技术、资金等方面的需求问题，促成各区域形成合作联盟，打造保护利用一体化模式。

（四）区域品牌形象有待提升

吉林省各区域抗联遗存红色资源优势尚未转化成产品优势和品牌优势，吉林省抗联遗存区域虽然资源丰富，但是品牌项目少，吉林省各区域有较多保存情况好、价值比较大的抗联红色资源，但是被人所熟知的尚属少数，吉林省亟须规划核心突破点和精品来带动区域整体发展。目前，杨靖宇烈士陵园（通化）、杨靖宇干部学院（通化）、东北沦陷史陈列馆（长春）等红色资源品牌知名度高，还有很多其他价值高、保存好的红色资源亟须形象培育，包括老黑河遗址全国爱国主义教育示范基地（长白山地区）、红石砬子抗日根据地（吉林）、白鸡峰红色抗联文化园（通化）、五女峰抗联遗址（通化）、桦甸市蒿子湖东北抗联营地（吉林）、东北抗联寒葱岭密营遗址（延边）、靖宇县杨靖宇将军殉国地（白山）、集安老岭抗日游击根据地（通化）等抗联红色资源。

四 吉林省抗联遗存区域的一体化保护利用模式与策略

（一）吉林省抗联遗存区域的一体化保护利用模式

吉林省各抗联遗存区域地域相连、经济相融、资源互补。长春、吉林、通化、白山、延边和长白山等抗联遗存区域以抗日战争时期的红色资源为特色，各抗联遗存区域间竞争关系明显。如果采取传统的竞争方式，会造成封闭、同质化的严重后果。应打通资源，协同完善资源保护利用，打造省域抗联文化高地。因此，需要采取新型共存方式，即保护利用一体化，这是一种优势互补、共同挖掘和提高竞争力，为实现利益价值最大化而进行合作的方式。依托保护利用一体化思路有利于开展区域间合作，打破以往吉林省各区域抗联红色资源单打独斗、各自为政的局面，发挥“聚合效应”。结合吉林省抗联红色资源的现状和特点，构建以“一心三带六片区”为载体，以一体化组织联盟为主体，以文物考证、摸清家底为前提，以全面保护和深度融合发展为关键，以一体化统筹规划、一体化包装宣传为保障的“五位一体”的保护利用一体化模式。

以“一心三带六片区”为载体指的是以通化系列抗战地一个核心，长春—吉林、白山—通化、延边—长白山三个集群地带，吉林省抗联主要遗存区域——长春、吉林、白山、通化、延边和长白山六大片区作为保护利用载体。以一体化组织联盟为主体是指由各区域政府部门牵头与企业间形成合力，各区域达成合作契约，建立保护利用工作协调机制，开拓大市场、形成大产业。以文物考证、摸清家底为前提是指在开展抗联历史和抗联精神研究基础性工作方面，将抗联遗存作为重点调查项目开展普查工作，积极开展抗联遗存的认定工作，做好老战士、老群众口述历史的整理，加强对档案的挖掘和整理，组织省内各方面专家集中攻关，加强联合考证与研究，建立抗联历史资料库，为抗联历史的宣传、教育和有效保护利用奠定基础。以全面保护和深度融合发展为关键是指坚持全面保护，统筹推进文物与周边环境的历史真实性、风貌完整性和文化延续性。坚持“保护为主，用保结合”的原则。在加强抗联红色资源陈列展览的互动性和体验性的基础上，促进抗联红色资源与乡村民俗、绿色生态等资源有机融合，构建“红色+研学”“红色+生态”“红色+冰雪”深度融合发展格局，丰富吉林省抗联遗存区域保护与开发的内涵。以一体化统筹规划、一体化包装宣传为保障是指各区域政府部门应在抗联红色资源保护和开发过程中发挥在财政政策、产业政策、组织协调等方面的统筹规划作用，并依托一体化组织联盟，策划整体包装和宣传促销活动，各区域共同开发市场，构筑吉林省抗联遗存区域无障碍示范区，共推吉林省抗联遗存区域红色品牌，突出东北抗联的“摇篮”主题形象。

（二）吉林省抗联遗存区域的一体化保护利用策略

1. 加大区域资源挖掘和整合力度

抗联红色资源是吉林省最丰富的红色资源，对于抗联历史来讲，它是整体的、连续的，而非单项的、独立的。吉林省的抗联遗存区域想要长远发展，就必须打破碎片化保护利用局面，不断把分散在各地的抗联遗址、抗联密营、战迹地与抗联文物考证清楚。吉林省抗联红色资源具有共生性，为打破碎片化保护利用局面、营造更优质的发展环境，吉林省有必要加大对抗联红色资源的挖掘和整合力度，探索合作模式与合作机制。依托吉林省抗联遗存区域保护利用一体化模式，实现跨区域合作，加大区域资源挖掘和整合力度。

抗联红色资源的保护利用在地域上涉及吉林、延边、通化、白山和长白山等，在部门上涉及管理、文旅、林业、党史研究等，各区域各部门应通力合作，打破各自为政、分散保护开发的局面，充分发挥各自优势，携手保护利用抗联红色资源。从保护的角度来讲，要高度重视抗联遗存方面的工作，开展抗联遗存普查工作，积极开展抗联遗存的挖掘和整理，为保护利用一体化奠定基础。从利用的角度来讲，要注重区域互补与协作，打造抗联大品牌，积极开展抗联题材主题活动，杜绝分隔独立与盲目竞争。在地域上，将各区域资源整合起来，建成大抗联遗存文化区，扩大规模，提升档次。依托大抗联遗存文化区，利用区域内区位、交通和功能上的联系，统筹线路安排，丰富内涵，完善功能分区，共享客源。具体布局遵从“一心三带六片区”，以通化系列抗战地为核心，长春—吉林、白山—通化、延边—长白山三个集群地带为依托，协同推进长春、吉林、白山、通化、延边和长白山六大片区的保护利用工作。在保障机制上，加强组织领导，各区域实现契约合作，形成一体化组织联盟，建立联动机制，全面统筹与协调开发与利用事宜。

2. 创新业态，深化业态融合

吉林省抗联遗存区域在保护和开发过程中，要寻求并打造核心产品和精品，以核心产品引流和突破，以精品来增强整体竞争力。加快红色经典景区、干部教育学院、红色文化高地发展的步伐。挖掘东北抗联红色资源，打造全国一流的抗联红色精品，依托吉林省的抗联红色资源，以品位高、保存好的抗联红色资源为打造对象，重点建设国家级的红色旅游景区和度假区，以保护和利用长白山地区的老黑河遗址全国爱国主义教育示范基地、红石砬子抗日根据地、通化市杨靖宇烈士陵园和杨靖宇干部学院为核心突破点，并规划蒿子湖东北抗联营地、东北抗联寒葱岭密营遗址等一系列旅游精品路线。吉林省抗联遗存区域在保护和开发过程中，要创新资源利用形式，改变以往以展陈为主的方式，创新业态，增强游客参与感。第一，创新保护与展示利用方法。推广 VR、AR 等多种技术手段，提升抗联遗存的整体展示水平，增强体验感和场所感，扩大抗联红色资源的影响力和传播力，在全国范围内打造抗联遗存保护的新模式。第二，宣传推广抗联红色旅游精品线路。在重点推介“抗联精神传承线”红色旅游精品路线的基础上，对全省重点红色旅游景区景点进行再挖掘再提升，提供更多红色旅游精品线路，打造标志性红色旅游品牌。第三，联合教育部门和旅游部门开发东北抗联教育旅游产品，挖掘东北抗联精神的时代意义，建设更多的爱国主义教育基地，进一步增强党员干部、学生群体的社会责任感、创新精神和实践能力。

加强产业融合，提升产业带动能力。重点突出“红色+”的发展模式。提升抗联遗存区域红色资源的带动能力，促进抗联红色资源与其他资源和谐共生，打造叠加优势。目前，吉林省在“红色+生态”“红色+冰雪”方面虽然取得了一定的成效，但是融合深度还可以进一步提升。在接下来的发展阶段，根据国家“双减”政策以及红色旅游发展战略，还应着重打造“红色+研学”融合模式。构建“红色+研学”“红色+生态”“红色+冰雪”深度融合发展模式。

第一，“红色+研学”。抗联红色资源承载着丰富的革命历史和爱国主义精神，是开展红色教育的实景课堂，深受学生和家长的喜爱。吉林省作为东北抗联的重要战场，各区域大量的遗址遗迹弥足珍贵，对充分挖掘、传承和弘扬东北抗联精神具有历史性意义，可以将打造爱国主义教育基地、开展研学旅行作为吉林省抗联遗存区域保护和开发的突破口。吉林省抗联遗存区域可联合开发抗联红色研学路线。根据各区域资源特色，吉林省“红色+研学”可重点布局在通化、白山，以通化和白山主要景区、景点为研学旅行示范基地，依托一体化区域打造抗联红色研学品牌。发展红色研学旅行要特别注重体验感，其受众是喜欢新事物的学生，因此有必要创新红色研学产品。可以参考延安等地的先进经验，从深度讲解到科技体验，推出沉浸式红色情景体验剧，以科技手段加强互动，使学生深入情境，深度体验艰辛过往，让学生体验一场身体和心灵融合的旅程。

第二，“红色+生态”。吉林省各区域的抗联遗存坐落在生态景区之中，抗联红色资源与自然风光相得益彰，山水间尽是红色抗联遗迹，这些地区在开发和利用抗联红色资源时，应将抗联红色资源与绿色生态资源相融合，以抗联红色资源周边的景观、山体、建筑等为载体，唤起人们对革命历史的回忆。重点开发生态环境好的抗联红色资源，必要时构建抗联红色生态综合体。抗联红色生态综合体是以抗联红色资源为中心、生态资源为基础，将住宿、休闲等功能有机结合的一种综合体。吉林省可以依托以长白山池南区内的老黑河遗址全国爱国主义教育示范基地为首的资源，打造红色生态综合体，助力长白山跻身全国红色名山之列。在打造红色生态综合体的过程中，一要兼顾抗联红色资源与生态资源，既有国家大力倡导的红色文化，又有优美的自然生态环境。二要注重宣传教育功能和旅游休闲功能的兼顾与结合，抗联红色资源的宣传教育功能突出，但是对大自然的向往永远是人们的最大追求，因此在突出宣传教育功能的同时要注重对休闲拓展项目的开发。三要以红色资源为主导，以生态资源为特色。各区域的红色资源结合了不同地区的生态资源和特色，红色生态综合体要以红色资源开发为主，树立特色品牌形象。

第三，“红色+冰雪”。吉林省的冰雪资源有着独特的红色文化烙印和记忆，抗联英雄在林海雪原浴血奋战，给吉林省留下了“抗联英雄，林海雪原”的红色主题，促进抗联红色资源与冰雪资源相融合，推出特色“红色+冰雪”

旅游线路，在特色线路中增加冰雪元素，开发红色主题冰雪旅游，使游客在接受红色精神洗礼的同时赏冰乐雪，传承抗联红色基因，将抗联红色资源与冰雪资源相融合，建设通化白山的红色资源与冰雪资源协同发展示范区。

3. 加强一体化统筹规划

吉林省抗联红色资源包括战斗遗址、抗联密营、抗日根据地、烈士归葬处等。从产权属性的角度上来讲，这些抗联红色资源属于社会公共产品，政府部门作为公共产品的提供者和管理者，就应该发挥在抗联红色资源保护和开发过程中的主导作用。因此，吉林省各抗联遗存区域政府部门应在抗联红色资源保护和开发过程中发挥在财政政策、产业政策、组织协调等方面的统筹规划作用，各区域政府部门牵头与企业间形成合力，开拓大市场、形成大产业。

第一，在抗联红色资源保护方面，划定保护区，实施全面保护与控制。坚持“保护为主、用保结合”的原则。统筹维护抗联遗存与周边环境的历史真实性、风貌完整性和文化延续性。有效开发利用抗联红色资源，精准定位、提炼抗联红色文化形象，真正做到对红色文化的传承和弘扬，要积极鼓励革命老兵、先烈后代、社区居民等参与抗联红色资源的保护和开发，将流淌在他们血液里的英雄事迹、红色文化、革命精神注入保护与开发过程，充分提高抗联红色资源知名度。积极拓宽融资渠道、创造条件，鼓励投资主体多元化，形成全社会发展红色旅游的局面。不断完善抗联红色资源发展的体制机制，实现政府主导、社会参与、市场运作的协同互动。政府做好顶层设计，全民参与文化建设，市场把控运作规律。

第二，在抗联红色资源利用方面，需要加强统筹规划与政策引导，挖掘各区域自身特色，发挥各区域优势，形成重点开发。加强顶层设计，梳理东北抗联史，提炼东北抗联精神。将吉林省建设为全国知名的抗联红色旅游目的地、东北抗联精神核心展示区、全国红色文化资源高质量发展示范区。依托空间一体化战略，将一体化思路引入保护利用工作，实现各区域基于特色发展和错位发展的一体化。实现各区域资源整合、优势互补、错位协同发展，助力吉林省抗联遗存保护利用工作开展，各区域发挥比较优势，考虑自身抗联红色资源禀赋，挖掘开发潜力，发挥自身优势，形成专属竞争力。结合吉林省抗联遗存区域“一心三带六片区”布局，形成发展重点。重点有以下三个。一是将通化

打造成东北抗联精神核心展示区，通化区域主要包括通化、集安、靖宇等地，白山主要有江源区、靖宇县等，重点塑造“一位英雄”，以“联合抗战，忠贞爱国”和“视死如归，血战到底”为主题。二是扶持开发吉林区域，主要包括磐石红石砬子抗日根据地、蒿子湖东北抗联营地、吉林市革命烈士陵园。重点打造磐石红石砬子抗日根据地，可以依托“磐石市孕育了中国共产党在东北地区的第一块抗日根据地”这一条件申报磐石市为“中国革命圣地”。重点塑造“一段岁月”，以“排除万难，艰苦奋斗”和“艰苦卓绝，历史担当”为主题。三是发挥延边区域的辐射效应。主要包括敦化陈翰章烈士陵园、汪清童长荣烈士陵园及当地抗联遗存等，重点塑造“一支部队”，以“忠诚于党，永跟党走”“依靠群众，英勇抗战”“坚定信念，严守纪律”为主题。

4. 提升区域整体品牌形象

吉林省各区域抗联红色资源优势尚未转化成产品优势和品牌优势，吉林省抗联遗存区域虽然资源丰富，但是品牌项目少，区域品牌形象影响力弱。吉林省各抗联遗存区域应依托自身资源，凸显地方特色，在形成地域分工的前提下，注重区域间的联合与协作，依托一体化组织联盟，共推吉林省抗联遗存区域红色品牌，策划整体包装和宣传促销活动，各区域共同开发市场，构筑吉林省抗联遗存区域无障碍示范区。以抗联红色资源为主线，定期召开合作研讨会和合作论坛，组织各区域开展抗联红色资源产品交易会、抗联红色资源招商洽谈会、抗联红色资源推介会、抗联红色精品线路推介会、抗联红色商品博览会等一系列一体化合作活动。

第一，联合宣传促销，树立区域整体品牌形象。由一体化联盟牵头，联合各行业和宣传媒体，多形式、多角度推介和宣传抗联红色资源和红色产品；丰富文艺创作成果，塑造抗联英雄形象，宣传抗联精神。举办节事活动，进行形象宣传，树立全国知名的红色品牌形象。第二，共同推介抗联红色旅游精品线路。按照统一线路、统一价格、统一包装和宣传的原则，推介抗联红色旅游精品线路。第三，加强信息沟通，构建一体化信息服务平台。通过一体化联盟，搭建信息网络平台，构建统一的集交通、资源、住宿、营销等于一体的网络服务体系，推动吉林省抗联红色产品的宣传营销向区域一体化发展。

G.20

通化县满族撕纸“非遗”传承与乡村旅游协同发展的优化路径研究

赵昌洲　刘晓丹*

摘　要： 满族撕纸“非遗”传承的特征主要包括多样性的表现形式、多元化的选材特点、丰富的主题内容以及技艺的创新。本报告对满族撕纸“非遗”传承的特征和价值进行阐述，并对满族撕纸“非遗”传承与乡村旅游发展的关系以及通化县满族撕纸“非遗”传承的现状和融入乡村旅游的困境进行分析，深入研究通化县满族撕纸“非遗”传承与乡村旅游协同发展的动力机制，即以政府为主导，保障“非遗”传承与乡村旅游协同发展；以资源为核心，助力“非遗”传承与乡村旅游协同发展；以市场为抓手，推动“非遗”传承与乡村旅游协同发展。提出通化县满族撕纸“非遗”传承与乡村旅游协同发展的优化路径，一是培养满族撕纸“非遗”传承工匠，二是将满族撕纸“非遗”元素植入乡村旅游产品，三是将满族撕纸“非遗”元素融入景观空间，四是运用现代科技手段打造乡村文化品牌，五是多元化和多渠道跨界融合式发展。

关键词： 通化县　满族撕纸　“非遗”传承　动力机制　优化路径

一　满族撕纸“非遗”传承的特征和价值

撕纸即以手代剪的“剪纸”，是一门近似剪纸的平面绘画镂空艺术，撕纸

* 赵昌洲，长春财经学院副研究员，主要研究方向为智慧文化和旅游；刘晓丹，通化县文化广播电视和旅游局文化旅游科负责人。

既具有自身的鲜明艺术特点，又具有与剪纸相似的共性。撕纸不借助其他工具，全凭灵活的双手和富有想象力的大脑而打造艺术品，是一门完全用自己肢体与纸打交道的艺术。满族撕纸源自满族剪纸艺术，现在满族撕纸已经被列入吉林省第二批省级非物质文化遗产名录，满族撕纸所表现出的既是人类对生活的崇尚与热爱，更是一份人类对美好生活的寄托。

通化师范学院的王纯信教授于1982年开展田野调查工作时，首先看到了满族撕纸，并迅速地对其进行了抢救和保存，满族撕纸能够发展到今天，离不开王纯信教授所做出的努力。自1985年起，满族撕纸就开始参与各类展示活动和相关比赛，以自己的独特风貌获得了社会各界人士的一致赞誉，并得到了相关部门的高度关注。此后经历了几十年的发展，培育出了满族撕纸的传承人，如倪友芝、张杰、张焰等。

（一）满族撕纸“非遗”传承的特征

满族撕纸“非遗”传承的特征主要包括多样性的表现形式、多元化的选材特点、丰富的主题内容以及技艺的创新。

1. 满族撕纸的表现形式

满族撕纸多样性的表现形式主要体现在阳刻撕纸、阴刻撕纸和阴阳结合撕纸。阳刻撕纸是将看起来有曲线并凸显的形状以外的部分整个撕掉，保持原来形状中的点线面。阴刻撕纸是将图像的本身整个撕掉，留下除图像本身之外的组成部分，把纸镂空后再反衬出图像的内部，并且阴刻的撕纸方式通常是线线相断的。所谓阴阳结合撕纸，正是结合以上两种方式，使撕纸作品阴阳相济、虚实交替映衬，使整体画面的效果更加主次分明、更为丰富多彩，从而提高了艺术感染力。

2. 满族撕纸的选材特点

满族撕纸多元化的选材特点主要体现在桦树皮撕纸、单色撕纸以及撕纸染色和拼接等方面。桦树多分布于中国东北，其中白桦的分布较为普遍，而白桦树皮有易塑造、不怕水、柔韧性好、防潮耐用等优点，将其作为撕纸的选材，很容易制作出精美的作品。单色撕纸，顾名思义就是用某种单一色彩的纸张撕出艺术作品，如粉红色、白色、黑色的撕纸等，因为单色撕纸的方式使用最多、比较流行，一般的阴刻撕纸或者阳刻撕纸也都是单色的。染料色彩通常选取白色，因为这样更便于渲染，而用纸的选择尽量用宣纸，因为颜料可以更好地渗入纸中，不至于掉落，并且可以将多个作品拼贴起来，制成一幅撕纸拼接画。

3. 满族撕纸的主题内容

满族撕纸的主题内容一般包括神灵崇拜、历史故事、民间传说与生活习俗等方面。满族人深受萨满传统文化影响，他们敬奉各路的神灵，其中有动物神、植被神、火神以及土神等，因此早期的满族撕纸大多数都以神灵崇拜为主题内容，很多的历史故事和民间传说也包含其中，通过撕纸被惟妙惟肖地展现。东北长白山地区历来是满族人的主要居住地和最重要的生存区域，其特殊的地理环境造就了满族人独特的生存方式和生活习惯，所以在满族撕纸中有不少作品展示了东北长白山地区人民的日常生活和习俗。

4. 满族撕纸的技艺创新

满族撕纸主要是靠手来撕，撕纸的技艺比较朴实，并且极具艺术特色。满族撕纸传承人通过自身长期的撕纸艺术实践，整理出了两种传统的撕纸手法：一种是“干撕”，也就是直接用纸撕，方法主要包括对指法、掐指法、借纸法、按纸法；另一种是“湿撕”，顾名思义就是将纸张打湿让它变得更加柔软，等纸张韧性变小之后再进行撕纸。而随着社会的发展与进步，人们的日常生活出现了很多的变化，涉及衣食住行等各个方面，这都能从满族撕纸中表现出来，从茅草屋到高楼林立，从牛马车到高铁飞机，还有抗击新冠肺炎疫情的各种感人故事，这些撕纸作品都反映出满族撕纸的技艺创新。

（二）满族撕纸“非遗”传承的价值

满族撕纸既不能大规模地复制和生产，也不能用3D技术连续不断地印刷，它是具有纯手工艺特色的“非遗”技艺，能发扬到今天，离不开满族撕纸传承人对这门民间艺术的坚持，一件件朴素感人的撕纸作品，承载着“非遗”传承人太多的艰辛和血泪。撕纸传承人必须花费巨大的精力才能完成一幅完美的撕纸作品，从这些角度来看，满族撕纸作品的艺术价值无可估量。此外，在数量众多的满族撕纸作品中，人们既可以发现满族的人文和历史特点，也可以体会到满族人民的情感寄托、感受到满族人民的精神特质。

满族撕纸凝聚着满族人民的聪明才智，发挥着联系中华民族情感的重要功能，它不但使当代人充分地认识到中华民族祖先留下来的丰富传统文化，还能够与时俱进，随着经济社会的进步与发展带来新的民族血液。它在传承中延续、在发展中创新，既保持了在中华民族艺术中的原有地位，也使广大人民群众获得了精神生活上的满足。因此，作为“非遗”的满族撕纸具有无法言传的特殊含义和情感价值，反映了人们独特的思考方式和审美习惯，从而体现出其独特的“非遗”价值。

二 满族撕纸“非遗”传承与乡村旅游发展的关系

（一）满族撕纸“非遗”传承丰富了乡村旅游的文化内涵

文化是中华民族的重要精神力量，我国乡村文化复兴的关键动力之一便是传统文化的复兴。我国“非遗”项目不仅具备艺术性质，而且具备文化性质，尤其是满族撕纸，在培育发展乡村富民经济、增加农民收入和民众满意度等方面都具有巨大的意义。就乡村旅游来说，“非遗”传承人不仅是“非遗”的创作者，也是“非遗”的阐释者。加强对乡村旅游“非遗”文化的建设，可以提高大家对非物质文化遗产的了解，从而能够促进对“非遗”文化多样性的保护。

满族撕纸是从满族剪纸中发展出来的，它既具有满族剪纸优秀的传统特点，也具有自己特殊的艺术神韵，而且比满族剪纸更具有偶然性，给大家的感受也更为自然。所以满族撕纸与满族剪纸是你中有我、我中有你，谁也离不开谁，而且二者是并行存在的，但撕纸艺术更多的优点是剪纸艺术所无法替代的。

随着我国人民生活水平的不断提高，游客开始对具有“非遗”文化体验特色的乡村旅游产生较大的兴趣。受当地环境、自然条件、生产方式、历史传承等因素影响，许多传统满族撕纸技艺在人们的生产生活实践中慢慢产生和发展，有着丰富的历史渊源和特有的民间艺术品质，在生态性、适应性以及多功能性等方面都有着突出特点，已深深和当地民众的生产生活习惯融合。从这种观点来看，地域性较强、艺术内容丰富多彩、审美价值较高是满族撕纸传统手工技艺最突出的特点，也正因为如此，这些非物质文化遗产在吸纳游客、提高经济效益等方面发挥了重要的作用。因此，把“非遗”项目嵌入乡村旅游，不但有助于我国非物质文化遗产的保存与传承，同时对于推动我国乡村旅游经济的持续发展具有重大意义。在发展乡村旅游商品方面，根据满族撕纸“非遗”传承发展传统特色工艺品类商品，能够丰富乡村旅游商品的种类，从而增加乡村旅游商品的层次性，把传统“非遗”文化融入商品，形成吸引旅游者的重要因素，带动当地乡村旅游经济的快速发展。

（二）乡村旅游为满族撕纸“非遗”传承提供保护空间

习近平总书记要求在社会主义新农村建设中要留得住绿水青山，记得住乡愁。[①] 在乡村旅游发展过程中，要深入发掘中国传统地域的文化形态，并将其转换成对游客的吸引物，从而丰富乡村旅游业的人文内涵，加深游客在乡村旅行过程中的人文感受，最终达到与非物质文化遗产的深度融合，从而实现利用乡村旅游资源保护非物质文化遗产的目的。

非物质文化遗产并不是只能复制粘贴的传统的旅游资料，它能够促进乡村旅游产业发展、带动区域经济效益增长、改善居民生活水平，运用好乡村旅游发展这一渠道，对非物质文化遗产的保存和传承非常重要。乡村旅游发展与“非遗”文化的融合，使“非遗”文化的保存和传承有了全新的途径，不再是从前单一的静态保存，而是能以文化活化的方法动态表现出来，促进“非遗”文化在现代经济社会发展中得到有效的传承。同时，由于当前我国乡村旅游业的高速发展，各地非物质文化遗产也可以随着文化和旅游的发展潮流进入大众的视野，让“非遗”文化得到更多的接受与认可。

非物质文化遗产主要是对乡村社会的审美观照与精神创造，以乡村文化为主体也是其保存与开发的重要内容。长白山是我国满族传统文化的重要发源地，是满族人世代聚居的地区，同时遗留了不少传统的满族民情习俗与民间艺术，满族剪纸、撕纸文化便是在这里形成的。据考证，在没有出现纸张之前，就已经有了满族剪纸工艺的萌芽，这表明在当时已经具有了剪纸产生的生活环境。而无论是撕纸还是剪纸，其中使用的材料都必须包含纸张。我国自汉代开

① 《习近平谈乡村振兴的五个路径》，求是网，2019 年 5 月 30 日，http：//www. qstheory. cn/zhuanqu/bkjx/2019-05/30/c_1124562746. htm。

始造纸，后来蔡伦改进了造纸术，这在当时已属于国际领先的工艺，给人们带来了丰富而宝贵的非物质文化遗产。这些非物质文化遗产涵盖了人民生产生活的各个方面，在帮助本地村民提高收入、促进就业、推动地方经济社会健康发展，以及凝聚乡民亲情、丰富城乡精神文化生活等方面都发挥了较大作用。

当前，满族撕纸“非遗”传承和乡村旅游所蕴含的民俗风情满足了城市居民渴望新奇的心理需求。对游客而言，在当地村民的日常生产生活中亲身感受，就是一次对传统文化遗产的“活态”体验，更能增强游客对当地乡土艺术人文生活的感受。当然，对于满族撕纸“非遗”传承来说，最关键的还是要激活与提升“非遗”的内生动力，让其在传承过程中实现创新转型。在此阶段要重视传统传承和现代发展的衔接，让满族撕纸在现代文化的发展中重新绽放，同时注重发掘其本身所具有的创新元素，让其以一种“活态”开放的方式从历史苍茫的岁月中走出来，重新进入现代人们的生活，真正做到在传承中发扬。

三　通化县满族撕纸“非遗”传承的现状

通化县满族撕纸“非遗”传承发展的主阵地大多是各中小学校，主要传承人很多都是学校教师。2006 年，满族剪纸和撕纸艺术挖掘创始人王纯信教授专门邀请了侯玉梅老师来到通化市，开展了实际的满族剪纸和撕纸教学辅导活动，推动了满族剪纸和撕纸艺术在通化市的蓬勃发展。具有代表性的就是通化县快大茂镇中心学校（以下简称“学校”）成立的“少儿满族剪纸和撕纸教育培训基地”，该基地在 2007 年成立，并在成立后发挥着重要作用，目前学校的所有同学都掌握了满族剪纸和撕纸的技艺。把满族剪纸和撕纸艺术带入课堂的举动，对满族剪纸和撕纸艺术的发展也是颇有益处的，从特色活动课堂教学到少数民族文化传承拓展，真正体现传承与创新的教育理念，得到了地方政府部门的大力支持。2011 年，长白山满族撕纸被列入吉林省非物质文化遗产名录；2014 年，学校被评为“吉林省少数民族传统文化（满族撕纸）传承基地”；2018 年，学校被教育部命名为“第二批全国中小学优秀文化艺术传承学校”。2014 年、2015 年和 2017 年由财政拨付专项基金共计 30 万元，用于扶持学校传承基地建设、设备购置和人员培训等事宜，使学校的硬件条件不断完善，打造了独特的校园文化特色品牌。多年来，学校借助地域资源，积极引导和鼓励老师开展丰富多彩的教学活动，并开展“春蕾系列教育活动”。“春蕾少儿艺术团”“春蕾少儿电视台”“春蕾少儿文学社”“春蕾少儿满族剪纸协会”“春蕾体育运动队”“春蕾娱乐园”六大社团45个充满个性化的活动小组，深深吸引着小学生。为了优化教学环境，促进学校的和谐发展，学校积极树立“剪成文化，撕出创造”的教育理念，明确满族剪纸撕纸不只是学校特色课程，更是学校引领广大学生学习和弘扬传统文化、推动中小学生全面发展的主要载体。同时，学校全方位营造民俗文化氛围，打造师生艺术创作平台，进一步增强了广大师生的美术表现力与创造力，从而建构了广大中小学生丰富多彩的精神世界，烙印下深厚的乡土、乡情与乡愁。在民族文化艺术传承教育工作中，学校取得了一系列荣誉：科研成果“基于地域资源的校本课程建设”和“乡村小学‘满族撕纸’校本课程创建的实践探索”分获吉林省基础教育教学成果一等奖和三等奖。学校先后被授予“全国教育系统优秀团体”和“全国中小学优秀文化艺术传承院校”称号，被命名为全国“少儿满族剪纸教学基地”“少儿满族民间美术传统校”“吉林省少数民族文化满族剪纸传统基地”“吉林省文明校园”。学校的特色教学活动已被《中国教育报》、央视网、《吉林日报》、吉林广播电视台等众多媒体报道。在“激情冬奥吉祥寅虎”2022年全国剪纸艺术综合展中入围多幅优秀作品，并有两名教师获指导奖。

在满族撕纸“非遗”传承人的培养工作中，开展“张杰名师工作室”“张焰市级技能大师工作室”教研活动、设立公众视频号，培训全县美术教师和社会撕纸爱好者，显示了这一“非遗”文化的推广价值。县教育局以各学校为基地，开展美术教师满族剪纸和撕纸培训，举办“茂山杯”满族剪纸和撕纸文化传承研讨会，增强满族剪纸和撕纸文化传承教育的师资力量。另外，县教育局还特聘满族民俗文化研究专家、民间艺术家、高等教育专家学者到各学校讲课，引导教师积极参与课程开发和教学实践，大大拓宽了自主学习和专业发展的空间，更有力地推动了教师的个人发展，培养一代又一代满族撕纸“非遗”传承人。教师张杰被授予“吉林省民间艺术家”“吉林省非物质文化传承人”“长白山技能名师”等荣誉称号，并多次随文化交流团出国访问，应邀在清华大学和北京大学讲学，在北京举办师生画展。教师张焰多次参加全国剪纸大赛，作品刊登在《当代剪纸家》等各类报刊中，被中国剪纸文化博物馆等多地博物馆及国内外各界人士收藏，张焰被评为“吉林巧姐”。

目前，将满族撕纸和剪纸引进课堂已经得到通化县多所中小学校的响应，并已经在大泉源满族朝鲜族乡大川学校、通化县实验小学、通化县英额布镇中学等多家学校开展。但也可以看出，受经济发展的影响，通化县满族撕纸和剪纸在旅游市场中扮演的角色依然很渺小，发展依然有陷入瓶颈期的可能性，现阶段亟须解决的还是生存问题。因此，单一发展“非遗”传承必然会存在许多未知的困难，而怎样促进“非遗”传承和乡村旅游协同发展，成为目前学术界进一步深入研究的热点问题。

四　通化县满族撕纸“非遗”传承融入乡村旅游中的困境分析

（一）资源整合能力不足，旅游产品单一且附加值低

综观整个通化县的乡村旅游消费市场，许多带有传统满族撕纸“非遗”传承特性的体验项目并没有在乡村旅游中得到充分体现，已经开发出的传统文旅产品种类也相对单一，产业链较短并且附加值低，更缺少独特性、典型性和代表性。通化县乡村旅游中满族撕纸“非遗”传承项目的发展形态主要包括展示性表演与沉浸式体验两种，现有项目开发主要集中在同类型项目上，并没有对满族撕纸“非遗”传承项目和其他“非遗”项目整合开发，涉及内容也不够丰富，游客互动体验较少，经常是“非遗”传承人辛苦展演、游客草草观看，这非常不利于满族撕纸的价值体现。究其根源，主要是当地乡村旅游起步较晚，且具有规模小、档次较低等问题，旅游者往往无法获得体验。尽管地方各级政府在游客体验活动中非常重视对以满族撕纸为代表的传统工艺的挖掘，但却未能发展出真正适销对路的地方特色乡村旅游体验项目，土生土长的满族撕纸“非遗”元素和乡村旅游发展的融合还不够密切，当地乡村旅游资源的优势还不能充分发挥，这就导致了通化县乡村旅游资源无法形成较强的文化感染力与吸引力。而怎样进一步发掘满族撕纸“非遗”元素的传承文化及其内涵，并将其融入乡村旅游的体验项目，应是当前业界需要深入思索的问题。

（二）“非遗”传承人缺失，人才存在断层

众所周知，相对于都市迅速发展的工业系统，乡村的劣势地位是较为明显的，在乡村依靠都市经济发展的模式下，城乡收入差距在进一步扩大，而城乡文化差距却在减小。据统计，通化县乡村常住居民家庭的大部分收入并不是单一的农作物收入，许多都是靠外出打工而获得，大部分当地乡村青壮年对满族撕纸缺乏基本的认知和认同。通化县乡村人口老龄化严重，不少乡村出现了衰败迹象，在外务工的人口增多和农村留守儿童、空巢老人数量的增加，都会影响满族撕纸的传承与发扬。目前，通化县很多地区的满族撕纸“非遗”传承工作仍以精神鼓励为主，而部分掌握技艺的“非遗”传承人也因为各方面因素，已无力再开展传承工作，这造成当地满族撕纸“非遗”传承人才出现断层。满族撕纸“非遗”传承的关键就在于培育一代代合格的传承人，但是年轻一代对于满族撕纸的认知度、参与性以及学习意愿都远远不及中老年，同时年轻一代更偏向在城市生活，致使满族撕纸“非遗”传承和保护面临危机、满族撕纸“非遗”传承的内生力量不足，难以促使满族撕纸在保护和传承中进行创造性转化。

（三）品牌缺乏吸引力，同质化较为明显

要发展乡村旅游经济，当地“非遗”文化特色商品是不可或缺的，这种商品既可以促进游客消费，又能成为展现地方形象的重要标志之一。但是，通化县现有的乡村旅游“非遗”文化特色商品面临产品特点和品牌化不突出、同质化现象严重的问题。据调查统计，游客对于乡村旅游“非遗”文化特色商品的关注，更多倾向于工艺品和饰品的购买方面，在商品的特色追求上更加注重其本身具有的“非遗”历史内容和内涵，以及产品的特色性能、设计造型、制造技术等。因此，很多游客选择乡村旅游“非遗”文化特色商品的目的多是馈赠亲友，或是自己收藏用来记录旅游经历。笔者在调查过程中，就游客在选择乡村旅游“非遗”文化特色商品时，对价格、品质、纪念性、款式、售后服务、实用性和便捷性等方面的偏好做了调查，统计数据表明，有76%的游客偏好于商品的价值、品质和纪念性，这些因素是决定游客是否选择该商品的主要因素，而商品款式、售后服务、实用性和便捷性等因素则是决定旅游

者是否选择该商品的次要因素。总体而言，通化县的乡村旅游“非遗”文化特色商品在生产设计方面还处在仿制状态，生产工艺也比较粗糙，地方特点和品牌化还够不突出。因此，在乡村旅游“非遗”文化特色商品的开发上，要与当地的满族撕纸“非遗”特质融合在一起，充分发掘满族撕纸“非遗”文化与现代文化接轨的契合点。目前的实际情况是“非遗”文化特色商品并不能充分地把满族撕纸“非遗”文化审美价值融入有型的工艺制品、装饰工艺品等载体，也没能形成具有当地民俗文化特点的通化县乡村旅游“非遗”文化特色商品。

五　通化县满族撕纸“非遗”传承与乡村旅游协同发展的动力机制

（一）以政府为主导，保障“非遗”传承与乡村旅游协同发展

党的十九大报告明确提出了实施乡村振兴战略的总要求，在乡村振兴中重点提到产业、人才、生态、文明、治理五要素。“非遗”是我国乡村传统文化的重要组成部分，发展乡村旅游更是推动乡村文化振兴的有效途径，地方政府的扶持将有力地促进和保障“非遗”和乡村旅游协同发展。目前，通化县乡村经济实力相对比较落后，旅游基础设施和社会服务设施并不健全，单纯靠市场机制很难在短时间内解决发展的不平衡和不充分问题，通化县的乡村旅游发展应在“乡村资源走不出去、外来资本也走不进来”的情况下，通过发挥当地政府作为“非遗”保护工作第一责任者的职能，利用宏观调控和主导作用，加大基础设施投入力度，提高游客迎接设施水平，借助地方优势资源和传统民俗文化优势进一步丰富旅游服务内涵和形式，为“非遗”传承与乡村旅游协同发展奠定坚实的基础。

（二）以资源为核心，助力“非遗”传承与乡村旅游协同发展

通化县隶属于吉林省通化市，地处吉林省东南部、长白山西南麓，东与白山市相邻，西与辽宁省的本溪市、抚顺市相邻，南与集安市相接，北与柳河市相邻。在我国悠久的历史中，各民族迁徙和交融，孕育了多样的民俗文化，也产

生了大量的非物质文化遗产，尤其是满族撕纸“非遗”文化，其植根于满族民俗文化中，不但本身带有非常浓厚的地方特点，同时具有较高的使用价值与审美价值，在东北区域经济和地域文化等方面扮演着很重要的角色。因此，整理和发掘满族撕纸“非遗”，不仅顺应我国当下提出的文化自信与“非遗”传承的时代背景，还有利于赋予乡村旅游更多的文化价值。随着乡村旅游不断发展，满族撕纸“非遗”文化还将逐步凸显重要的旅游价值，让人们可以在旅行过程中通过观赏和体验，更加深入地认识满族撕纸“非遗”文化以及其所体现的历史价值。

（三）以市场为抓手，推动“非遗”传承与乡村旅游协同发展

随着人们需求层次的逐步提升，文化旅游需求成为继城市观光旅游以后的新兴需求，是文旅融合的重要拉动力。随着我国经济的发展和休假机制的完善，人们的生活日益得到改善，人们也有了越来越多的休闲时间参加文化旅游活动，旅游中的趣味与互动程度也越来越变成大家关注的焦点。乡村旅游给游客提供了回忆乡愁和逃避都市快节奏生活的理想旅游场所，但互动程度不足、游览形式单一成为目前乡村旅游发展的瓶颈。通化县着力将满族撕纸和乡村旅游市场相结合，运用满族撕纸“非遗”传承文化丰富的内涵、多元的艺术表现形式，以及游娱结合方式，带给游客们难忘体验以及领悟传统文化的经历，满族撕纸与乡村旅游可以形成优势互补。

六　通化县满族撕纸“非遗”传承与乡村旅游协同发展的优化路径

通化县满族撕纸“非遗”传承的创意开发要融合乡村旅游的发展，从培育乡村技艺传承工匠到开发“非遗”文创产品，走出多元文化融合与当地产业跨界发展的新路线，把“非遗”品牌价值转变为经济效益，真正做到“非遗”传承的活态延续。

（一）培养满族撕纸“非遗”传承工匠

采取各种形式培训乡村技艺传承工匠，为乡村振兴第二、第三产业提供人

力资源，如培育满族撕纸乡村手工业者，通过成立“张杰名师工作室”和“张焰市级技能大师工作室”等“非遗”工作室，进一步传承满族撕纸技艺。引导高等院校、职业院校开展满族撕纸技艺传承人培育计划，在满族撕纸技艺人才的聚集地建立工作站，开展技术培训、示范带动和品牌培育等工作。通过深度发掘“非遗”文化内涵，对“非遗”文化嵌入式旅游项目进行开发；同时通过对“非遗”文化的保护和传承，开发更多的乡村旅游项目；除专业化的家庭和师徒传承之外，也可利用学校和社区进行传承，开展“非遗”学习班，建设“产、学、研”实习和实训基地。通过培训，带动社会各界提高对满族撕纸价值的认同，不仅有助于满族撕纸的保护，也有利于满族撕纸在现代的有续传承。

鼓励和引导满族撕纸“非遗”传承人创建地方民族特色企业，发展满族撕纸“非遗”传承的乡村特色手工业。人才是“非遗”文化旅游资源发展的关键保障，他们中不但包括“非遗”文化的传承人，还涵盖相关的从业人员及管理人员。满族撕纸“非遗”传承人具有独特的技能，在民间也具有较为坚实的民众基础，由满族撕纸“非遗”传承人亲自授艺，将会使游客在体验与沟通过程中感受到满族撕纸的无穷魅力，激发大家对满族撕纸的浓厚兴趣。应以馆藏形式将满族撕纸原生态的作品加以保护，保留其最原始的样貌，并采用文字介绍和说明的结合方式，提高人们对满族撕纸“非遗”价值的认知。

（二）将满族撕纸“非遗”元素植入乡村旅游产品

大力发展乡村旅游是助力乡村振兴的重大措施之一，而旅游者体验感与乡村旅游产品品质就变成了评价游客满意度的关键指标。非物质文化遗产具有商业与人文表征，是商业与人文相融合的文化产物。非物质文化遗产旅游价值的另一个关键方面，就是政府通过对非物质文化遗产的开发使其能创造就业机会、带动地方经济发展，这同时是政府推动非物质文化遗产向旅游产品转型的根本因素。针对当下乡村旅游景观同质化现象严重等问题，思考乡村旅游产品如何具备独特性是促进乡村旅游可持续发展的关键所在。

目前，将“非遗”元素植入通化县的乡村旅游产品是进一步突出当地乡村旅游产品的一个关键措施，同时是充分体现当地乡村民俗文化的重要举措。通化县可以通过挖掘民间传说、提炼神灵形象等方式加强满族撕纸“非遗”元素作为产品的视觉设计，并将其运用到旅行纪念币、日常生活产品以及文创类产品的外包装上，从而提升产品价值，进而将其延伸到当地乡村旅游产品的产业链中。同时，可提炼当地满族撕纸“非遗”元素，运用现代美学、设计手段将精神形象外化于乡村旅游产品中，进而产生真正意义上的地方“特产”。充分鼓励各类专业团队和专业人才深入通化县乡村，利用调查研究等手段发掘更多的满族撕纸“非遗”元素并对其进行应用，促使当地乡村振兴提质升级。

（三）将满族撕纸“非遗”元素融入景观空间

非物质文化遗产传承与乡村旅游协同发展要形成良好的互动，要注重静态呈现和活态传承并用。通化县可以在村庄景观设计中全面整合满族撕纸“非遗”元素，以达到满族撕纸“非遗”元素和村庄景观在自然环境中的完美结合，使慕名而来的游客在无形中被当地丰富的满族撕纸“非遗”文化所包围、被当地独特的满族撕纸“非遗”元素所吸引。在城乡基础设施建设中，要全面整合满族撕纸“非遗”元素。通化县应本着建设具有满族撕纸“非遗”元素、可辨识度高的基础设施的原则，对景区中的垃圾箱、公共厕所、建筑墙体、路灯、公共服务中心、风雨桥等基础设施加以改建，如在垃圾箱的整体造型设计、公共厕所的总体外观设计、乡村建筑的墙体设计、公共服务中心建筑外观设计上加入满族撕纸的创意设计元素。

通化县可以在充分解读史料的前提下整合相关传统文化场馆的建设，推进建设满族撕纸“非遗”传承的重要历史文化空间，并对荒废失修的古老房屋等加以修缮，重点建设如传统工艺传习室、民族传统艺术品陈列馆、村史馆、传统“非遗”艺术文化科普教育培训基地、传统民俗文化博物院等重要文化空间。同时，可以邀请当地有代表性的满族撕纸“非遗”传承人重现传统工艺品制造过程、传统工艺传习情景，给外地游客创造近距离接触“非遗”的好机会，让游客不但能够驻足观赏，还能够亲身感受。这样不但能够丰富通化县的景观特色，而且能够更好地传承、发扬中华优秀传统文化，并且能够为满族撕纸“非遗”产品创造完善的营销渠道、为游客营造良好的观光和购物环境、为当地“非遗”加工企业提供投资增值途径。

（四）运用现代科技手段打造乡村文化品牌

着力以现代科技手段打造通化县乡村文化品牌，发挥“互联网+”功能，尝试采用互联网直播、手机 App 等年轻人喜闻乐见的平台，让满族撕纸走近网民。以科技赋能建立满族撕纸的花样模型、技艺过程、颜料色彩等信息资料库，长期存储。同时，用电脑软件制造电子模型，并研发包含满族撕纸“非遗”元素的一系列文创产品，开展满族撕纸“非遗”传承的 App 开发、微视频拍摄、游戏等相关项目，通过 VR 等技术手段打造满族撕纸“非遗”传承娱乐观赏体验平台，使更多的游客加入互动，从而扩大文化的传播面积。在此基础上，通过设计满族撕纸“非遗”传承的文化 IP 和满族撕纸“非遗”传承的品牌形象，加强互联网推广传播，进一步开发衍生产品，赋能当地乡村旅游文化产业的蓬勃发展。

根据对满族撕纸“非遗”传承的市场消费状况调查研究结果，应用现代科学技术手段对市场情况进行研究分析，以防止盲目行事而造成囤货现象。满足年轻一代崇尚潮流、个性的消费需求，开展满族撕纸“非遗”传承文创产品创新设计比赛，吸引高校的学生加入产品设计，用新视野、新思路创造符合年轻一代审美观念的“非遗”传承文创产品，进一步丰富商品的类型，繁荣乡村旅游市场。

（五）多元化和多渠道跨界融合式发展

乡村旅游发展的受益主体复杂，易造成收益分配不均的问题，也会引发收益市场主体内部的利益冲突，进而影响乡村旅游的发展。合理的收益分配机制能够调节市场其他主体的投入程度，进而促进“非遗”保护工作的开展和乡村旅游发展成效的提升，形成多元化和多渠道的跨界融合式发展，更好地达到多方利益均衡的效果。因此，满族撕纸“非遗”传承要形成专业组织、文化公司、个体经销和广大爱好者兼顾发展、互为促进的新布局。学术团体可以和手工艺人、生产商等合作，对满族撕纸“非遗”传承的文化内涵重组解构，加以加工制造、宣传和营销，建立新的旅游文化产品产业链，从而实现双赢。同时，将满族撕纸和当地的饮食、文化、旅游企业等多种地方文化产业相互融合，与当地的草编、泥塑等传统技艺融为一体，进一步加强对满族撕纸“非遗”传承的跨界开发推广。加强宣传推广与传播，突出满族撕纸“非遗”传承的独特品牌，让更多人认识这种文化、感受满族撕纸“非遗”传承的文化内涵，从而带动当地的经济发展。

综上所述，在吉林省建设“一主六双”高质量发展和生态强省的战略方针下，进一步挖掘乡村“非遗”旅游资源、推进地方文化产业发展、激发社会基层群众创业热情，将有助于促进地方产业发展和文化产品创新。发掘满族撕纸“非遗”传承的历史价值，将其与乡村旅游协同发展，既能够增加乡村旅游项目的文化内涵和历史价值、助力乡村振兴，又能够弘扬和保护我国非物质文化遗产。

G.21
高句丽壁画的历史文化价值和旅游开发研究

李　爽*

摘　要： 高句丽壁画藏身于古墓里，是艺术瑰宝。本报告通过对高句丽壁画墓数量、分布、题材等的介绍，对高句丽壁画现状有整体上的认识和把握。高句丽壁画题材广泛、内容丰富、信息量大，是研究高句丽历史文化的物质载体，具有证史、补史、还原历史的文化价值。高句丽壁画作为高句丽文化遗产的重要组成部分蜚声中外，吸引着大批游客前来参观，带动了集安旅游业的发展。受外界和人为因素的影响，高句丽壁画受到不同程度的损坏，脱落和霉变等问题严重，文物保护工作者采用先进技术和科学方法对高句丽壁画做了大量的保护工作，解决了高句丽壁画存在的诸多问题，为保护高句丽壁画做出了巨大贡献。

关键词： 高句丽壁画　历史文化价值　旅游开发

在第28届世界遗产大会上，高句丽王城、王陵、贵族墓葬被评选为世界文化遗产，列入《世界遗产名录》，成为世界文化遗产的重点保护对象，彰显了高句丽文化遗产的重要价值。目前，已发现的高句丽古墓里留存很多壁画，这些壁画既是高句丽的艺术瑰宝，更是研究高句丽历史文化的资料宝库。

---

* 李爽，吉林省高句丽研究中心研究员，主要研究方向为东北史、高句丽史。

一 高句丽壁画的概况

高句丽壁画墓是高句丽遗迹的重要组成部分，一直是学界关注和研究的重点。关于高句丽壁画墓的数量，国内外学者的统计并不相同。出现这种差异的原因在于学者对高句丽壁画墓研究的时间不同，后来新发掘的高句丽壁画墓无法计算在内或者相关考古信息资料公开较晚、信息资料不全、信息来源错误也会影响学者对高句丽壁画墓数量的统计，还有因地域限制无法踏查、墓主人身份存在分歧等诸多因素都会造成统计的差异。截至 2016 年，高句丽壁画墓共计 126 座，其中中国境内 38 座，朝鲜境内 88 座，[①] 这是近年来高句丽壁画墓统计结果最全、数量最多的一次，本报告以此统计结果为准。高句丽政权已消亡千余年，却留下了 126 座珍贵的壁画墓，这些壁画栩栩如生地向世人传递着高句丽历史的诸多信息，具有不可低估的历史文化和艺术价值。

最早的高句丽壁画墓出现在 4 世纪，4~7 世纪，高句丽壁画墓不断涌现。高句丽壁画主要绘在墓室四壁和藻井上，内容丰富、题材多样。学者根据高句丽壁画内容将其分为三大类。一类是以社会生活风俗为主的壁画。这类壁画展现的多为贵族生前的生活，包括日常起居、舞乐百戏、聚会宴饮、出行、拜祭、狩猎、战争等。这些画面既有对现实生活的刻画、尊贵身份地位的彰显，又有对生活情趣的展现，通过这些画面能够比较直观地了解到高句丽社会生活状况和民风民俗。这一类典型的高句丽壁画墓有角觝墓、舞踊墓、通沟 12 号墓、麻线沟 1 号墓、长川 1 号墓、禹山 41 号墓。一类是以图案装饰为题材的壁画，主要有莲花纹、忍冬纹、王字云纹、环纹、菱形纹、火焰网纹、龟甲纹等，这些纹饰将高句丽墓室装饰得庄重华丽，纹饰的出现表明高句丽壁画样式发展的多元化。这一类典型的高句丽壁画墓有长川 2 号墓、环纹墓、山城下 332 号墓、山城下 983 号墓。一类是以四神为主题的壁画。四神主要指青龙、白虎、朱雀、玄武，四神作为天上的神灵，有着自己的方位，起着正四方的作用，壁画中四神都是严格按照方位进行绘制，即东青龙、西白虎、南朱雀、北玄武。这一类典型的高句丽壁画墓有四神墓、五盔坟 4 号墓、五盔坟 5 号墓、

① 郑京日：《玉桃里高句丽壁画墓研究》，博士学位论文，延边大学，2016，第 14 页。

真坡里1号墓、江西大墓、江西中墓。根据高句丽壁画题材内容的变化将其分为早、中、晚三个时期，高句丽早期壁画以社会风俗图为主；中期壁画则是社会风俗图与四神图并存，并向四神图过渡；晚期壁画以四神图为主，反映现实生活的题材越来越少，墓主更向往虚幻的神仙世界。值得一提的是，四神图早在汉朝建筑和墓葬中就已出现，而高句丽壁画在晚期时才较多展现四神题材，反映出高句丽文化和中原文化的密切关系。高句丽晚期壁画还出现了神话人物和日月星辰等题材，墓室上绘有神话传说、伎乐仙人、日月星辰等。壁画绘制方式也由原来的在墓室石壁的白灰上作画转变为直接绘在光滑的石壁上。高句丽壁画内容、题材及绘制方式的变化，反映了高句丽民族思想观念和墓葬文化的转变，这种变化又成为考证高句丽壁画墓分期与编年的重要依据。

二　高句丽壁画的历史文化价值

（一）高句丽壁画见证了高句丽的丧葬文化

高句丽人特别重视身后事。“男女已嫁娶，便稍作送终之衣。厚葬，金银财币，尽于送死，积石为封，列种松柏。”① “死者殡于屋内，经三年，择吉日而葬。居父母及夫之丧，服皆三年，兄弟三月。初终哭泣，葬则鼓舞作乐以送之。埋讫，悉取死者生时服玩车马置于墓侧，会葬者争取而去。”② 从文献记载看，高句丽男女结婚以后，便开始为终老做准备，着手准备丧葬礼服，时间非常早，文献里的“终衣”既包括死者本人要穿的寿衣，也包括送丧亲人的丧服。高句丽人在丧葬上毫不吝啬，将毕生积蓄等全部用于丧事。父母及丈夫的灵柩要在居所停放3年才安葬，兄弟姐妹则为3个月。由这些习俗可以看出高句丽对丧葬、厚葬的重视。高句丽壁画也证实了这一点。首先，高句丽壁画本身就是厚葬习俗的重要证明。其次，部分高句丽壁画极尽奢华，不仅有鎏金花饰点缀，而且动用宝石进行镶嵌，厚葬之风不言而喻。“集安五盔坟4号壁画墓、五盔坟5号壁画墓以及四神墓，在第一重抹角叠涩石侧正中所绘饕餮面和躬身回首之龙，都张嘴含一颗宝珠，至今还遗有镶嵌宝珠之石孔。在五盔坟5号墓壁画第二

① 陈寿：《三国志》卷30《魏书·东夷·高句丽传》，中华书局，1959，第844页。

② 魏征：《隋书》卷81《东夷·高丽传》，中华书局，1973，第1814~1815页。

重抹角石侧所绘的神农氏（即牛首人身像），双目为绿色宝石镶嵌，至今尚存。在墓室不同部位还有贴金痕迹。五盔坟 5 号墓过去称为‘四叶冢’，是因为该墓随葬有 4 个金叶而得名。”① 最后，高句丽古墓的数量惊人。迄今为止，仅集安一地就发现高句丽古墓万余座。实际上，集安高句丽古墓的数量要远远多于目前统计的数字。有的古墓早已被破坏，还有尚待发掘的古墓。正因为高句丽盛行厚葬之风，高句丽人对身后事都做最好的安排，高句丽才会出现数量庞大的古墓群，这些古墓的数量足以证明高句丽人对厚葬的重视。墓葬是当时社会历史民俗的写照，亦是高句丽丧葬文化最为直接的体现。壁画是高句丽墓的衍生品，它的出现证明高句丽贵族阶层对墓葬的要求越来越高，壁画展现了墓主人的文化品位、享乐需要、审美眼光，更是墓主人身份地位的象征。因此，高句丽墓壁画作为最为直接、典型的实物资料，体现了高句丽的丧葬礼仪文化，更是高句丽历史变迁和社会发展的见证。

（二）高句丽壁画是研究高句丽服饰最直观的图像资料

据考证，高句丽有 50 多座壁画墓绘有人物服饰，出场的人物众多。墓主人出行图、家居宴饮图、舞乐百戏图等所绘人物众多，如安岳 3 号墓出行图，回廊左壁和后壁都绘有人物，有 200 余人，纵队行列，浩浩荡荡，出行队伍蔚为壮观。“通过对壁画人物图像逐一梳理，确定对服饰状况记述比较清楚的个体，总共 996 人。”② 壁画上的人物因身份、阶层、职业不同，其服饰差别很大。壁画上身着各种服饰的人物成为高句丽服饰研究的模特，可以从人物图像上直接获取服饰的样式、颜色、类别、搭配、图案装饰等相关信息，与文献记载的抽象性相比，高句丽壁画更具有视觉冲击性、直观性、形象性。高句丽壁画可以弥补正史文献关于高句丽服饰记载的不足，如高句丽较为常见的莲花冠、笼冠、兜鍪、风帽、平巾帻等冠帽，在壁画中出现的频率相当高，但在正史文献中并未记载，因此壁画为高句丽帽饰的研究提供了材料支撑。高句丽服饰除了遮体避寒等基本保护功能外，还是时代潮流和审美变化的风向标，更是高句丽阶级及礼仪文化的具体体现。不同时期、不同题材的壁画为人们研究不

---

① 李殿福：《高句丽古墓壁画反映高句丽社会生活习俗的研究》，《北方文物》2001 年第 3 期，第 22 页。

② 郑春颖：《高句丽服饰研究》，中国社会科学出版社，2015，第 12 页。

同阶层、不同时段、不同区域的高句丽人着装情况提供了最具参考价值的资料。

（三）通过高句丽壁画上的狩猎图、战争场面可以考证高句丽军事方面的情况

高句丽有很多壁画墓绘有狩猎图，如舞踊墓、麻线沟 1 号墓、通沟 12 号墓、山城下 332 号墓、长川 1 号墓、马槽墓、三室墓、禹山下 41 号墓、王字墓、德兴里壁画墓、药水里壁画墓、玉桃里壁画墓、松竹里壁画墓、东岩里壁画墓、大安里 1 号墓、安岳 1 号墓、龛神塚、狩猎塚等。这些壁画墓里都绘有狩猎图，可见狩猎方式多样，有骑马射猎、步行猎、驾鹰猎、携犬猎、守株猎等，出现最多的狩猎方式是骑马射猎，由此可以推断，骑马射猎应该是高句丽人最常用的狩猎方式。狩猎场面的惊险刺激，在长川 1 号墓的狩猎图上展现得淋漓尽致，“这是由二十多人参加的一场大规模的山林逐猎，画面上赭色曲折条纹组成山峦，中间绘林木。山林之中，猎手们大显身手，一部分是向左驰逐的猎队，一部分是向右包抄的猎手，中间是惊慌逃遁的野兽。画面上虎奔猪逃，一对对野鹿惊恐万状，一只黑熊居然吓得躲进树洞。”① 猎手们将猎物团团围在中间，搭弓射杀，猎物左奔右突，打算冲出包围圈，整个画面惊险、刺激、形象而生动。从这幅壁画中可以看到，猎物主要有野猪、鹿、老虎、熊等。高句丽多大山深谷，水深林茂，野生动物种类繁多、繁殖能力强、数量众多。壁画中出现的猎物仅是高句丽实际狩猎活动中部分猎物的代表而已。狩猎是高句丽人的生活方式之一，通过猎取野生动物来满足日常生活需要，狩猎在高句丽人的经济生活中发挥了极其重要的作用。另外，狩猎常带有军事训练的性质，高句丽民族骁勇善战，“性凶急、喜寇钞”，一向重视军事发展。《三国史记》载：“高句丽常以春三月三日，会猎乐浪之丘，以所获猪鹿，祭天及山川神。至其日，王出猎，群臣及五部兵士皆从。”②《北史》载：“及春秋校猎，王亲临之。”③ “会猎”和“校猎”的性质大致相同，高句丽国王定时召集五

① 耿铁华：《高句丽考古研究》，吉林文史出版社，2004，第 236 页。

② 金富轼：《三国史记》卷 45《温达传》，孙文范等校勘，吉林文史出版社，2003，第 523~524 页。

③ 李延寿：《北史》卷 94《高丽传》，中华书局，1974，第 3116 页。

部军队进行围猎活动，起到军事训练的作用。高句丽军队的战术是机动性极强的骑马作战，而狩猎是训练骑马作战的有效方式。因此，这种校猎或会猎活动成为高句丽定期或不定期的军事训练。“国之大事，在祀与戎”，高句丽把祭祀与军事当成王国中的大事。高句丽通过狩猎活动能够同时完成两件大事，一是所获猎物，尤其以猪、鹿作为祭祀之牲，拜祭天神和山川神；二是训练高句丽军队骑马作战的能力。通过高句丽壁画狩猎图展示的内容与文献中记载的校猎及会猎活动相结合，二者相互印证，表明高句丽狩猎活动与高句丽的经济、军事息息相关，在高句丽占有重要的地位。

高句丽绘有战争场面的壁画并不多，主要有麻线沟 1 号墓、马槽墓、三室墓、长川 1 号墓、安岳 3 号墓、德兴里壁画墓。壁画内容主要包括攻城、骑马作战、斩杀战俘、军队出征等。

集安三室墓壁画就有一幅非常精彩的“攻城图”。画面左侧为威严的城垣，门楼角楼高耸，城内有高大的屋宇，人物隐约可见。城门外，两名身披铠甲的将军正在激战，战马交错之际，两名将军举刀刺向对手。角楼下两名士兵滚抱于地，打得难解难分。城墙上一名士兵正俯身窥视着城下的交战情况。从这个画面来看，城下交战的两名将军应是攻城和守城的将领，两名倒地打斗的士兵应该代表着双方交战的军队。城上瞭望放哨的士兵展现的是守城的军兵及后备力量，高大的城垣、门楼代表着完备的军事防御体系。高句丽的妙手丹青运用以一当万的绘制手法，将高句丽军队、军事战争及军事防备体系描绘得淋漓尽致，透露出诸多的军事信息，为深入研究高句丽军事和战争史提供了参考资料。

通过高句丽墓壁画还可以看到高句丽的兵器情况。在安岳 3 号墓的出行图中，“可确认的弓箭手为主人公左侧 4 人，右侧 1 人。但从画面中其他人物都是以主人公为中心左右对称的，可推定出主人右侧还有被白盖车遮挡的 3 名弓箭手。安岳 3 号墓的出行图在内容上似为出战图。”① 在这幅壁画中，将士手拿弓箭。弓箭是高句丽最著名的武器，“句丽别种依小水作国，因名之为小水貊，出好弓，所谓貊弓是也。”② 在高句丽，弓箭主要用于狩猎

① 郑京日：《高句丽“弓矢文化”初论：以建国神话和古墓壁画中的弓矢图为中心》，硕士学位论文，延边大学，2007，第 34~35 页。

② 陈寿：《三国志》卷 30《魏书·东夷·高句丽传》，中华书局，1959，第 844 页。

和战争。高句丽向来重视箭术，不仅高句丽始祖朱蒙以“善射”著称，高句丽历代国王乃至高句丽子弟皆擅长射术，习射是高句丽教育的必修课。高句丽壁画上多有拉弓射猎的场景。高句丽弓箭种类较多。“按照镞的形制，大体可分为七类，即铲形镞、蛇头形镞、阔叶形镞、翼形镞、长剑形镞、锥形镞、燕尾形镞。”① 这些镞的形制有些跟中原铸造的一样，有些是高句丽独有的铸造工艺。由此可以看出，高句丽弓箭技术相当强大。除了弓箭外，在高句丽壁画中还可见甲、弩、戟、矟、矛、铤等兵器。对此，高句丽文献也有记载：“兵器有甲弩弓箭戟矟矛铤。”② 兵器是高句丽战争必不可少的武器装备，文献记载和壁画图像相结合，二者相互补充，有助于人们对高句丽兵器的认识和深入研究。

高句丽文献对战俘是否被处死的情况并未记载，高句丽壁画恰恰有生动描述，在通沟 12 号墓北室左壁的壁画中，就有一幅斩杀俘虏图。壁画上绘着一个武士，身披铠甲、头戴兜鍪、足蹬钉履、威风凛凛，武士左脚踩着一柄利剑，右脚旁卧着一支长矛，左手牵着战马，右手高举宝刀奋力向面前跪着的战俘砍去。由画面可以看出，战俘战败后，丢下武器，向武士下跪投降，武士不为所动，举刀便杀。这幅壁画对于了解高句丽战争史是至关重要的。

高句丽壁画中，无论是狩猎图、出行图，还是战争场面图，马出镜的次数相当多，马成为狩猎和战争的重要工具。高句丽盛产果下马，“出三尺马，云本朱蒙所乘，马种即果下也”③。果下马是高句丽的良种马，其短小精悍，擅于登山，适合山林作战。高句丽法律还有专门保护马的条款：“杀牛马者，没身为奴婢。”④ 伤害牛马，处罚是相当严重的，由此可以看出马在高句丽的特殊地位。马槽墓、通沟 12 号墓、安岳 3 号墓、德兴里壁画墓等均绘有马厩图，尤以通沟 12 号墓的马厩图最为形象逼真，“通沟 12 号墓南室甬道右侧龛室绘有马厩图，厩舍十分精致，青瓦顶，起脊鸱尾，朱红梁柱。厩内横置黄色马槽，上拴红、黄、青马三匹，昂首并立，十分神骏。厩舍的屋檐、梁柱一直由

① 陈爽：《高句丽兵器研究》，硕士学位论文，吉林大学，2010，第 7~11 页。

② 令狐德棻：《周书》卷 49《高丽传》，中华书局，1971，第 885 页。

③ 魏收：《魏书》卷 100《高句丽传》，中华书局，1974，第 2215 页。

④ 刘昫：《旧唐书》卷 199 上《高丽传》，中华书局，1975，第 5320 页。

后壁延展绘至左壁，左壁上还绘有一具青色的马鞍鞯”①。这是壁画对马厩的描绘，立体还原了高句丽马厩的布局。三室墓攻城图壁画对战马的描述惟妙惟肖，战马身披铁甲，头戴面甲，脖子系缰绳，马耳间有缨饰，正扬蹄飞奔，缨饰随风飘荡。

高句丽壁画题材广泛、内容丰富、信息量大，能够反映不同历史时期高句丽人的思想面貌以及社会政治、经济、风俗、宗教、文化、军事等，是研究高句丽历史文化的物质载体，其原真性和现实性彰显了高句丽壁画的历史文化价值和历史地位。除此之外，通过高句丽壁画还可以研究高句丽的建筑、绘画、美术、舞蹈、天文等，这些领域的相关内容在高句丽文献中有的未见记载，有的仅是寥寥几语，单凭文献记载对其进行研究，难度系数较大。高句丽壁画的大量涌现，为这些领域的研究打开了一扇窗，成为学者进行研究的资料来源和重要支柱。近年来，国内外学者在这些领域取得了重大进展，高句丽壁画资料发挥了重要作用。所以，高句丽壁画是高句丽历史的活化石，其潜在的价值不可低估。

三　高句丽壁画的保护和旅游开发

高句丽壁画是高句丽留给世人的宝贵财富。高句丽匠人妙笔生花，创造了一幅幅多彩的历史长画卷，既有世事百态，亦有文化传承。壁画藏身于古墓里，美轮美奂、韵味悠长且寓意深远，吸引着大批游客前来参观。高句丽文化遗产中，相对于高句丽王城、王陵、贵族墓葬来说，高句丽壁画的保护难度系数是最大的。高句丽大多数古墓保存完好，但高句丽壁画却出现很多问题。

首先，高句丽壁画脱落问题比较严重。高句丽壁画的绘制方式分两种，一种是先在墓内石壁上刷白灰，在白灰上作画；另一种是直接在墓内石壁上绘画。在白灰上作画的壁画年代相对较早，属于早期和中期的壁画，多半为社会风俗画。在墓内石壁上绘画的壁画年代相对较晚，属于晚期的高句丽壁画，多

① 铁华、阿英：《从高句丽壁画中的战争题材，看高句丽军队与战争》，《北方文物》1987 年第 3 期，第 26 页。

为神灵图。在白灰上绘画的高句丽壁画数量是最多的。高句丽壁画年代久远，受诸多因素的影响，白灰的附着力越来越弱，就会出现脱落问题，有的壁画已完全脱落。集安下解放墓区 31 号墓，山城下 491、798、1020、1305、1405、1407、1408 号墓，禹山 3319 号墓，美人墓，折天井墓，长川 4 号墓，东大坡 365 号墓，万宝汀 709 号墓，麻线沟 1 号墓，朝鲜高山洞 15 号墓、和盛洞古墓、清溪洞 1 号墓、南京里 1 号墓等壁画剥落殆尽，损失严重。剥落下来的白灰片上，有些还可见残余的莲花、卷草、线条、纹饰等。高句丽壁画有的出现大面积剥落，脱落较严重的有集安龟甲墓、莲花墓、王字墓、马槽墓、禹山 41 号墓、万宝汀 1022 号墓、万宝汀 1368 号墓、散莲花墓，朝鲜水山里古墓、安岳 1 号墓、德花里 1 号墓、德花里 2 号墓、高山洞 10 号墓等。壁画的年代越早，脱落问题就越严重。目前，壁画保存较好或大部分完好的高句丽墓并不多，集安主要有舞踊墓、角觝墓、三室墓、环纹墓、四神墓、五盔坟 4 号墓、五盔坟 5 号墓、冉牟墓、长川 1 号墓、长川 2 号墓等，朝鲜主要有真坡里 1 号墓、真坡里 4 号墓、江西大墓、江西中墓、双楹墓、安岳 3 号墓、德兴里壁画墓、药水里壁画墓、龙冈大墓等。

其次，高句丽壁画褪色问题不容乐观。色彩是构成壁画的重要元素，也是构成壁画诸元素中最不稳定、最难以控制的变量，色彩出现问题直接影响壁画的整体效果。高句丽壁画有的就因褪色而变得模糊不清。即使保存较好的高句丽壁画也不可避免地出现褪色问题，如五盔坟 4 号墓、五盔坟 5 号墓、四神墓中保存较好的壁画也出现了不同程度的褪色，整体色彩暗淡许多，颜色大不如前。

除此之外，渗水、环境潮湿、墓体结构变形、霉菌等微生物的繁衍、颜料性能的减弱以及温度变化等诸多因素都对壁画造成了伤害。如何保持古墓内的温度和干湿度，如何防止雨水的渗透和地下水的上返，如何有效清除霉菌、防止霉菌和其他微生物的滋生，这些都是保护壁画亟须解决的问题。

我国非常重视高句丽壁画的保护工作，投入大量的人力、物力、财力，利用先进的科学技术，对高句丽壁画进行了积极的治理和维护，效果显著，为保护高句丽壁画文化遗产做出了巨大贡献。主要措施如下。

1. 集安高句丽壁画主要分布在洞沟古墓群，1961年国家将洞沟古墓群列为全国第一批重点文物保护单位

吉林省对高句丽文物进行了重点保护和管理，除了集安博物馆外，又设立了文物保管所和文物管理委员会，专门保护和管理高句丽出土文物及文化古迹。长川1号墓、长川2号墓及长川4号墓被列为吉林省重点文物保护单位。1975年，文物考古工作者再次对洞沟古墓群高句丽墓壁画进行临摹、补录、保护及维修工作。重点清除三室墓壁画上附着的霉菌等微生物，效果显著，壁画重新焕发艳丽的光彩。对于壁画出现裂缝等问题，采取化学灌浆、粘贴修护的方法，成功解决了壁画的脱落危机。2003年，集安对高句丽古墓又做了大量修护工作，包括古墓内外环境治理，墓室结构修缮，壁画支撑体、地仗层、颜料层修复及化学保护等。主要涉及的高句丽壁画墓有四神墓、五盔坟4号墓、五盔坟5号墓、冉牟墓、环纹墓、角觝墓、马槽墓、莲花墓、折天井墓、长川1号墓、长川2号墓、长川4号墓等。“2008年吉林省文物考古研究所再次对禹山下41号墓墓道进行清理。2014年对五盔坟5号墓、麻线沟1号壁画墓进行了修护。”①

2. 解决了高句丽壁画墓内干湿度和温度变化大的问题

在高句丽墓未发掘或被盗前，高句丽壁画变化不大，色彩亮丽如新，破损程度小，这得益于高句丽壁画一直隐藏在古墓深处，处于全封闭的状态，无光无风无尘透入，受外界影响小，墓内的干湿度、温度保持恒定不变。高句丽墓一旦被打开，壁画受到外界环境的影响非常大，强光的射入、风沙灰尘的侵袭、内外空气的流通，完全改变了高句丽墓内原有生态环境的平衡。“温度升高，对以白灰壁面为地仗的壁画影响非常大，使壁画地仗层与石壁脱离，造成空膨，严重时全部剥落。阴雨季节，墓内潮湿，使地仗吸水过多，饱和时，地仗层连同画面变成浆糊状。”② 为了解决这些问题，文物保护部门对集安高句丽壁画墓采取封闭墓门、延长墓道的办法，将角觝墓、舞踊墓、马槽墓、三室墓、四神墓等壁画墓的墓门全部封闭。如此一来，不仅保持了高句丽壁画墓内温度的恒定，而且避免了光照、风沙等外界环境的干扰。高句丽壁画墓还深受地上渗水的侵害。高句丽壁画墓除了小部分属于方坛积石墓和方坛阶梯石室墓外，大多数属于封土石室墓，长年累月，封土石室墓四周的水土流失严重，雨水透过缝隙大量渗入墓室，雨水浸润过的壁画会出现酥碱化，严重时便会脱

---

① 郑京日：《玉桃里高句丽壁画墓研究》，博士学位论文，延边大学，2016，第9页。

② 李殿福：《集安高句丽壁画的现状及保护研究》，全国首届高句丽学术研究会，吉林，1998，第284页。

落，雨水的流入还导致墓室内的湿度加大。为此，文物保护部门对高句丽封土石室墓的外围加土厚封，有效解决了古墓渗水的问题，并且在古墓周围植树种草，既美化了环境，又能起到防风固沙、减少水土流失的作用。为了防止人为破坏，文物保护部门还在高句丽壁画墓周围修筑围墙，如四神墓、五盔坟4号墓、五盔坟5号墓外围皆修筑了坚固的围墙。

3. 在文化层面上，通过录制影像资料和纸质出版的方式进行保存

一方面录制影像资料，完整保存高句丽壁画的原貌；另一方面对高句丽壁画进行清理、临摹、复刻、高清拍照，出版高句丽壁画图册，对高句丽壁画进行保存。中、日、朝、韩四国在这方面都做了相应的工作。目前，我国尚未出版专门的高句丽壁画图册，部分高句丽壁画图被收录在《中国美术全集》《中国墓室壁画全集》《中国出土壁画全集》等图册中。据悉，我国考古工作者和学者已对高句丽壁画图进行了广泛收集和精心整理，期待专门性的高句丽壁画图册能够早日问世。日本出版了一批珍贵的高句丽壁画图册，主要有《朝鲜古迹图谱》《高句丽时代之遗迹》《高句丽壁画古坟》《高句丽古墓壁画》《好太王碑与集安的壁画古墓》《高句丽文化展》等。朝鲜出版了一批高清画质的高句丽壁画图册，主要有《高句丽壁画》《高句丽古坟壁画》《朝鲜遗迹遗物图鉴》《朝鲜文化遗物图集成》等。韩国不仅影印了日本、朝鲜出版的高句丽壁画图册，而且还出版了高句丽壁画图和临摹图。

4. 游客只可远观

这一点主要针对开放的壁画墓。游客在游览时往往惊叹于壁画的精美，忍不住想要伸手触摸，感受一下壁画的魅力。为了避免游客有意或无意对壁画造成损坏，文物保护部门在壁画与游客之间设立围栏或者安装防护玻璃罩，有效隔开了人与壁画的距离，游客既可看到壁画展示的大千世界，在历史长河中恣意漫步，认识和了解高句丽文化，同时避免了对壁画的伤害。令人欣喜的是，高句丽文物工作者还采用地下廊道和数字视频相结合的技术，向公众展示高句丽墓壁画，游客无须进入墓室便可以看到现场直播的高句丽壁画，这种方法值得称赞。

5. 加强普及宣传

集安高句丽壁画墓主要做了以下三个方面的宣传。一是在高句丽壁画墓前设立解说牌，除了对景点内容的介绍外，还标明参观壁画墓的注意事项。二是

通过语音广播循环播放，提示游客参观壁画墓的注意事项。科学合理的宣传能够提高游客的自觉性，同时能提高游客满意度，给游客带来更好的旅游体验。三是发挥导游的示范和引导作用。在参观前，导游要向游客讲明参观壁画的具体要求，在参观过程中，导游将游客引到安全距离驻足，避免游客靠近壁画。墓道上的壁画更需要加强保护，由于墓道本身比较狭窄，设立护栏是不可能的，导游的提醒尤为必要，提醒游客不要用手去触摸、避免身体碰触到壁画，增强游客对高句丽壁画的保护意识，实现景区的有效管理，促进高句丽壁画文化遗产的保护。

6. 减少高句丽壁画墓的开放

截至 2021 年，集安能够开放的高句丽壁画墓有 6 座，即角觝墓、舞踊墓、冉牟墓、长川 1 号墓、五盔坟 4 号墓、五盔坟 5 号墓。出于对高句丽壁画保护的需要，集安仅开放五盔坟 5 号墓，其他的高句丽壁画墓已全部关闭。由于五盔坟 5 号墓的长期开放，其壁画颜色褪色不少，壁画的鲜亮度与早先关闭的五盔坟 4 号墓相比差距较大。为了保护五盔坟 5 号墓，集安已减少了五盔坟 5 号墓开放的次数。在游客人数、前后批次进入壁画墓的时间间隔、墓内逗留时间等方面都进行了限制。

7. 博物馆对高句丽壁画的保护

为了满足广大游客对高句丽壁画游览的需要，加大对高句丽历史文化的普及宣传力度，许多珍贵的高句丽壁画都被集安博物馆修复和保存。游客可以去博物馆观赏高句丽壁画，以弥补不能到现场观赏的遗憾。为了让游客更好地欣赏壁画的原貌，国内有些博物馆按比例复制和还原了壁画墓的地下墓室，以使游客有身临其境之感。目前，这种采用高科技复制、还原地下墓室的做法大受游客欢迎。为了使珍贵的高句丽壁画得到科学保护，文物保护工作者也可以借鉴国内其他博物馆的方法，运用先进的科学技术和方法，复制和还原高句丽壁画墓的全貌，让游客亲身体验到高句丽壁画所展现的民族特色。

高句丽壁画见证了高句丽民族辉煌的历史。关于高句丽壁画墓的旅游情况，本报告仅介绍集安高句丽壁画墓的旅游情况。21 世纪以来，我国已进入大众旅游的时代，旅游成为人们日常休闲度假的主要方式。人们的旅游观念也向多元化发展，不再满足于自然景观，更向往体验式的旅游或者具有历史情怀的人文景观，需求层次逐步提高，对历史文化知识的体验参观正成为新的旅游方式。世界文化遗产极具吸引力，不仅能满足游客休闲度假的需求，而且能增长见识、开阔眼界。集安高句丽壁画墓自 1985 年对外开放以来，一直吸引着中外学者和广大游客，参观者络绎不绝。高句丽王城、王陵、贵族墓葬申遗成功以后，高句丽历史广为人知，出现了“高句丽旅游热”，游客数量激增。高句丽壁画墓更是成为游客的打卡胜地。高句丽壁画古老而神秘，既有对现实社会大场景的重现，又有对理想世界的向往，魅力无限。游客都想目睹具有千年历史风韵的高句丽壁画，一饱眼福。据统计，从 2005 年开始，集安旅游人数呈现急剧增长的态势，2005 年接待游客达 40 万人；2006 年集安旅游人数增长到 80 万人；2009 年集安旅游人数突破 100 万人；2017 年集安旅游人数超过 195 万人；2018 年集安旅游人数达到 245 万人。高句丽世界文化遗产成为集安旅游的名片，促进了集安旅游业的飞跃式发展，2020 年初，集安高句丽文物古迹景区被正式列入国家 5A 级旅游景区，集安的知名度再度提升，有利于推动集安旅游业的发展。集安旅游业以高句丽历史文化遗产为依托，在保护好高句丽历史文化遗产的基础上，更要合理利用好、宣传好高句丽历史文化遗产，弘扬传承优秀的历史文化，这也是集安旅游名城的使命担当。

高句丽壁画是一场视觉盛宴，以其华美震撼人心；高句丽壁画是不可再生的历史资源，以其珍贵闻名于世。要始终把保护放在首位，让底蕴深厚、民族特色浓郁的高句丽壁画永远散发璀璨耀眼的光芒。保护好高句丽壁画历史文化遗产功在当代、利在千秋。

专 题 篇

Special Topics

G.22

共同富裕背景下吉林省旅游产业高质量发展研究

李 磊　曲天任　李金荣*

摘　要： 共同富裕和高质量发展是第二个百年奋斗目标新征程的重要任务，两者都不是一蹴而就的。本报告在研究共同富裕背景下吉林省旅游产业发展要求的基础上，提出吉林省旅游产业高质量发展的方向：从“有没有”转向“好不好”，从“不平衡和不充分”转向“均衡性和全面性”，从“小旅游格局”转向“大旅游格局”。提出共同富裕背景下吉林省旅游产业高质量发展的路径，价值旨归为人民至上；发展理念为创新、协调、绿色、开放、共享；动力因素为政策、科技、需求。

关键词： 共同富裕　高质量发展　旅游产业　吉林省

---

* 李磊，经济学博士，吉林财经大学马克思主义学院副教授，主要研究方向为旅游产业发展；曲天任，长春新区管委会审计局高级会计师，主要研究方向为企业管理；李金荣，长春科技学院文化旅游产业研究中心教授，主要研究方向为旅游市场营销。

一　共同富裕背景下吉林省旅游产业发展要求

共同富裕是广大人民群众的共同憧憬，体现了社会主义的核心要求，是中国式现代化建设成功与否的重要评判标准，其实现途径是中国社会各个方面的高质量发展。共同富裕和高质量发展是我国在向第二个百年奋斗目标迈进的主要任务，在新的征程上两者是紧密联系、环环相扣的。共同富裕和高质量发展相得益彰，高质量发展促进共同富裕的实现，共同富裕的实现是高质量发展的方向。同时，应该看到共同富裕的实现主要体现在物质富裕和精神富裕两个层次，是在高质量发展的过程中促进两者同频共振的共同富裕。高质量发展更是一个多维度的发展，涉及政治、经济、社会、文化、生态文明等层面，实现高质量发展要挣脱以往的粗放式增长方式，向创新、协调、绿色、开放、共享的路径提质增速。旅游产业具有综合性特点，各个地方在发展旅游产业的同时会带来多种乘数效应，包括经济效益、社会文化效益和生态环境效益等，可以说旅游产业的高质量发展在推进共同富裕的实现过程中也发挥着重要的作用。共同富裕的实现不是手到擒来的事情，它具有明显的动态性和过程性，本报告主要研究吉林省旅游产业发展在向第二个百年奋斗目标迈进的新征程上，如何准确把握共同富裕背景下旅游产业高质量发展的关键问题和发展动力，促进吉林省旅游产业进一步深化改革和高质量发展。

二　共同富裕背景下吉林省旅游产业高质量发展的方向

共同富裕和高质量发展不可能是一时一事就能够达成的，两者具有明显的阶段性，需要渐进式推进。在共同富裕背景下，吉林省旅游产业高质量发展需要结合地方实际、因势利导、取长补短，走出符合吉林省实际的旅游产业高质量发展之路。

（一）从“有没有”转向“好不好”

旅游产业高质量发展的直接目的是不断满足人民的个性化旅游需求、提供多样化的旅游产品，最终的目标是满足人民对美好生活向往的需求。吉林省旅游资源品类丰富、特色鲜明、具有深厚的地域文化底蕴，按照国家旅游资源的分类标准体系，吉林省旅游资源囊括了四大主类 14 个亚类 56 个基本类型，旅游资源的开发已经初具规模和影响。在“十四五”时期发展吉林省旅游产业已不再是“有没有”的问题，而是向“好不好”的方向深度开发旅游产品，旅游者更加关注旅游消费过程中的旅游品质、沉浸式体验、智能和信息化的旅游服务。这些旅游需求的新变化催生吉林省旅游产业供给和结构不断深化改革。因此，随着共同富裕的渐进式展开，以及旅游消费者的支付能力和意愿的提升、闲暇时间的富足、消费理念的升级，吉林省旅游产业在高质量发展的过程中，将不断提升旅游品质，逐步升级成为能够满足人民精神文化和休闲生活需要的、提升人民生活品质的幸福产业。

（二）从“不平衡和不充分”转向“均衡性和全面性”

从旅游产业区域发展角度来看，吉林省内各个地区和城乡之间旅游产业的发展存在很大的差异，主要体现在旅游资源开发程度、旅游产业发展规模和旅游产业效益溢出上。从旅游产业供给角度来看，以观光游览类旅游产品为主，高品质的休闲度假类产品紧缺，生态旅游、冰雪旅游、康养旅游等优势资源没有充分彰显。从旅游市场培育来看，吉林省旅游市场以国内为主，国际化程度较低。以上种种表明，吉林省旅游产业发展“不平衡和不充分”问题仍然突出，在这些关键领域，旅游产业深化改革任务仍然艰巨。因此，在实现共同富裕的道路上要明晰吉林省旅游产业发展的短板所在，聚焦不足，增强发展后劲，在新冠肺炎疫情防控常态化时期培育新的旅游经济增长点，增强创新能力，提升旅游产品的供给质量。从“均衡性和全面性”出发，在实现中国式现代化的新道路中，充分发挥制度优势，提高治理效能，使吉林省旅游产业发展朝更高质量、更高效率、更可持续的方向有序推进。

（三）从“小旅游格局”转向“大旅游格局”

旅游是综合性产业，在现代经济发展中，旅游产业已经远远超出了其原有的范畴，广泛涉及娱乐、餐饮、交通、文化、工业、商贸、建筑等产业，成为一种综合性的经济形态。吉林省旅游产业发展过程中有特色的单一景点（区）

很多，但是传统的以景点（区）为核心的运营模式不能提供有效的旅游供给，没有形成度假村、乡村、城镇之间的点、线、面的全面串联，旅游消费者仅仅表现为短期内的人口集聚，没有实现跨区域的、2天以上的旅游消费集聚。因此，在实现共同富裕的过程中，需要从“小旅游格局”转向“大旅游格局”，从对单一旅游景点（区）的建设管理扩大到对单一旅游景点（区）与旅游目的地的协同发展管理，大力推进全域旅游和“旅游+”发展模式。“大旅游格局”不是简单地将所有旅游产品进行叠加，而是从消费者对美好旅游需求的向往入手，通过理念转变、技术创新、产品升级、优化服务等多层次、多方位的融合，打造满足消费者对旅游全方位、全过程的高品质需求的旅游目的地。为此，在实现共同富裕的道路上，通过旅游产业的高质量发展，延长旅游产业的链条，通过“旅游+其他产业”的模式打造特色的工业旅游、乡村旅游、冰雪旅游、生态旅游、红色旅游、民俗旅游等，逐步完善旅游产业高质量发展新常态下的“大旅游”“大景区”的全域旅游发展路径，在“大旅游格局”的高质量发展中使吉林省旅游资源的生态价值、文化价值和经济价值得到充分发挥。

三　共同富裕背景下吉林省旅游产业高质量发展的路径

（一）价值旨归：人民至上

吉林省旅游产业要实现以共同富裕为背景的高质量发展，一个重要的价值导向就是实现人的全面发展、提高居民幸福感。旅游活动是国家经济发展水平提高的重要表现，新时代消费者对旅游产业的发展提出了更多的要求，新时代的旅游产业也担负着更好地让改革发展的伟大成果惠及全体人民的重任，以及增进民生福祉的责任。随着消费者对美好生活向往的需求不断增长，旅游体验方式更加偏向定制旅游、品质旅游、自驾房车游、康养旅游，从这一层次看，在旅游供给上要倒逼旅游企业和决策部门进行供给侧结构性改革，不断输出高质量旅游产品、努力加强全域型旅游目的地建设。通过迎合旅游消费需求，高质量提高旅游服务和产品的供给水平，通过发展全域旅游深度开发特色小镇、精品乡村、“网红”城市等，高质量打造主客共享场所，这样不仅满足了旅游消费者的互动体验需求，也能提升当地人民生活空间的品质，使旅游产业在高质量发展过程中真正成为“幸福产业”，使旅游资源的利用开发效益达到最大化。因此，发展旅游产业，可以给旅游者带来更高层次的精神愉悦，这种愉悦还可以“共享”式地惠及旅游目的地居民。基于旅游产业的这一特点，在共同富裕背景下，吉林省旅游产业高质量发展的价值旨归应该体现为从人的全面发展角度确立的人民至上，人民至上使得共同富裕和旅游产业高质量发展达到同向聚合。

（二）发展理念：创新、协调、绿色、开放、共享

在疫情防控常态化背景下，吉林省旅游产业要想保持经济韧性好、发展潜力足，成为吉林省转型升级振兴发展的关键产业，还需要深入贯彻新发展理念——创新、协调、绿色、开放、共享。创新驱动理念与资源驱动理念、资本驱动理念不同，它要求旅游企业或职能部门捕捉到旅游者需求的新变化，依靠创新将需求侧发力转为供给侧结构性改革，依靠创新增加旅游产品的附加值，将吉林省独特地域文化和旅游产业高质量发展有机融合；整体协调理念要求以全域旅游为核心，完成从单个旅游景点建设向全域旅游目的地建设的转型，避免旅游产业要素之间的不协调及产业效益来源单一，结合乡村振兴、城乡一体化建设、革命老区建设促进形成共享共建新态势；绿色发展理念是吉林省旅游产业高质量发展的重要体现，旅游产业并不是完全的无烟产业，从整体思维视角来看，旅游产业效益的获得需要依托生态和谐共生的大背景；对外开放程度是衡量旅游产业发展质量的标准，吉林省旅游产业高质量发展除了要关注国内旅游市场的大循环，更应关注国际旅游市场，通过国家共建“一带一路”促进国内国际两个市场在旅游资源、信息、人才之间的有序流动；通过共享理念创建旅游目的地的主客共享场所、改善旅游目的地公共设施、提升管理服务水平、美化城乡环境、加强社会治理能效，不但能满足旅游消费者的需求，同时对旅游目的地高质量增加旅游供给、改善当地民众人居环境具有双赢价值。

（三）动力因素：政策、科技、需求

在共同富裕背景下的吉林省旅游产业高质量发展是一个复杂的系统工程，

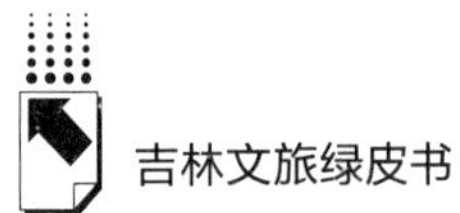

要在“十四五”时期持续保持吉林省旅游产业发展的活力，就需要动力因素来推动旅游产业系统的可持续发展。新时代中国社会的主要矛盾已发生变化，以观光旅游等为代表的物质浅层的旅游体验已经不能够满足大众旅游的需求，以个性化、多元化的休闲养生、智慧旅游、森林探险、冰雪旅游、生态旅游等为代表的精神深层的旅游产品成为旅游产业发展新的动力要素。消费者越来越追求高品质的旅游产品，吉林省旅游产业高质量发展的动力源于以下几点。

第一，借助国家政策的推动力。国家高质量发展战略包括有效拉动内需、区域均衡发展、乡村振兴等，为吉林省旅游产业高质量发展指明了方向。国家政策的扶持和旅游产业的高效融合性，让旅游产业在共同富裕的道路上担负起更多的责任，特别是在传播中国优秀文化、共建“一带一路”方面，为吉林省旅游产业高质量发展提供了政策的推动力。同时，被称为“幸福产业”的旅游产业，与“满足人民美好生活需要”相契合，在吉林省旅游产业供给侧结构性改革的过程中，依托吉林省城镇和乡村的旅游资源，建设更加生态宜居的休闲城市和街区、特色小镇、精品乡村、风情县城等，在完成主客共享场所的旅游目的地的建设中，既可以实现人民对美好生活的向往，又可以促进吉林省旅游产业高质量发展。

第二，发挥科技创新的引擎力。在全面建成小康社会后，我国各个产业进入了技术决定赛道的关键转轨期，这给旅游产业的发展带来较大的影响。互联网、人工智能、数字经济、新能源等不断进入旅游产业，催生旅游新业态的形成，迫使原有景区或公共基础设施进行改造升级，旅游资源从粗放式开发向集约式开发转变，这降低了对旅游资源的损耗和破坏。以技术创新为依托的“新基建”为智慧旅游的发展、交通便利度的提升、旅游要素的区域流动、旅游经济的循环提供了新机遇。为此，应充分发挥科技创新的引擎力，积极推动吉林省旅游新产品、新服务、新技术的发展，实现吉林省旅游产业高质量发展的奋斗目标。

第三，市场需求的支撑力。市场需求是各个产业可持续发展的支撑力。“十四五”时期，受城市化、智慧化、生态化、大交通等因素的影响，旅游市场需求从数量和质量两个方面都有很大变化。从数量上看，渐进式共同富裕的进一步发展，意味着“人人都有权利去旅游，人人都有能力去旅游”的大众旅游时代到来，大众旅游将会成为新时代人民群众的一种刚性需求，人民的出游以及由此带来的旅游消费增长是旅游产业发展的坚实基础。从质量上看，由于人均收入的提升和人民休闲时间的增多，人们对美好生活的向往不仅表现在物质方面，旅游者的精神层面即价值观也发生了改变。据调查，疫情让旅游者开始反思除追求物质以外的人生价值和意义、人与自然的和谐以及社会责任。这些会使旅游需求有较大的转变，旅游者开始从最初注重观光体验发展到注重沉浸式、品质化等个性化旅游体验。因此，在新发展阶段下，旅游市场需求会更具有活力，将成为吉林省旅游产业高质量发展的重要支撑力。

参考文献

韩喜平、刘岩：《实现以共同富裕为导向的高质量发展》，《山东社会科学》2022 年第 3 期。

李鹏、邓爱民：《旅游业高质量发展促进共同富裕的路径分析》，《社会科学家》2022 年第 2 期。

耿松涛、张鸿霞：《中国旅游业高质量发展：战略使命、动力要素和推进路径》，《宏观经济研究》2022 年第 1 期。

夏杰长、顾方哲：《习近平关于旅游业重要论述的理论内涵与实践指引》，《学习与探索》2020 年第 4 期。

妥艳媜、陈晔：《“十四五”时期我国国内旅游消费新趋势与促进战略》，《旅游学刊》2020 年第 6 期。

王学峰、张辉：《新时代旅游经济高质量发展的理论问题》，《旅游学刊》2022 年第 2 期。

余繁：《准确把握新时代旅游产业的基本特征和根本要求　主动担当起新时代推动旅游产业发展的新使命》，《旅游研究》2018 年第 2 期。

G.23
“后冬奥时代”吉林省滑雪场文化IP及专属性的研究

陈春生*

摘　要： “冬奥在北京，体验在吉林”，2022年北京冬奥会的成功举办为吉林省发展冰雪产业创造了千载难逢的机遇。本报告重点从“后冬奥时代”角度分析吉林省厚积薄发的冰雪产业基础和得天独厚的冰雪资源优势。以冰雪为引擎，打造吉林“粉雪”特色专属；以文化赋能，打造吉林冰雪差异化标签；以冰雪产业政策为导向，打造冰雪产业集群；以“丝路冰雪”为纽带，打造国际冰雪交流平台。全面提升吉林省冰雪产业硬设施和冰雪文化的软实力，在全国乃至全世界形成令世人向往的冰雪运动和冰雪旅游的新地标。

关键词： 滑雪场　差异化标签　专属性研究　吉林省

2022年北京冬奥会的成功举办，彰显了中国在国际舞台上的大国风范，中华文明与奥林匹克运动携手谱写了全人类团结、和平、友谊的篇章，同时向全世界展现了中华传统文化历史和深厚的冰雪文化积淀。冬奥会掀起的“冰雪热潮”，为吉林省冰雪产业的发展创造了前所未有的先机和广阔的空间。

---

* 陈春生，吉林省文化企业商会秘书长、高级政工师，辽宁大学、吉林外国语大学客座教授，主要研究方向为旅游经济。

一　吉林省冰雪产业发展背景

（一）我国冰雪产业的强势发展

纵观世界百年冰雪发展历史，我国冰雪产业历经萌芽期、停滞期、复苏期、发展期、强盛期，展现了我国冰雪产业从小到大、从弱到强的发展历程，特别是在近十几年的时间里，我国冰雪产业后来居上，实现“弯道超车”，跻身世界冰雪的前列。有数据表明，中国在“世界十大冰雪旅游目的地”国家排序中分列第 8 位。有研究显示，成功举办冬奥会次数越多的国家，其冰雪产业就越发达，国际影响力就越大，冰雪旅游吸引力就越强。自 2015 年成功申办冬奥会以来，中国已经成为世界冰雪的新聚焦点，无论是冰雪专业赛道、滑雪场总量还是冰雪装备制造业，在全国均呈现高增长、爆发式发展态势，冰雪经济总量和产业规模得到了快速提升，中国已经成为全球满足冰雪消费需求的最大市场。

（二）我国冰雪产业的规模效应

“后冬奥时代”，中国将进入冰雪产业黄金发展期，据《中国冰雪旅游发展报告（2022）》统计，全国冰雪旅游重资产投入总额已经达到 9900 亿元，滑雪场总数已经达到 1000 多座，冰雪产业实现从原来的单一规模扩张到提质扩容和内涵式发展的转变。全国呈现专业赛道及特色冰雪异彩纷呈的态势，初级赛道和中级赛道体验更能满足普通百姓趣味滑雪的需求。大众参与冰雪运动的热情高涨，据权威统计，截至 2022 年，我国参与冰雪运动的总人数已经突破 3.46 亿人，提前实现习近平总书记提出的“带动三亿人参与冰雪运动”的目标。① 未来滑雪、玩雪、戏雪、赏雪将成为人们常态化生活方式的必然选择。

① 《推动中国冰雪运动跨越式发展——写在“带动三亿人参与冰雪运动”目标达成之际》，中国政府网，2022 年 1 月 13 日，http：//www.gov.cn/xinwen/2022-01/13/content_5667966.htm。

（三）我国冰雪产业的拉动作用

未来的冰雪产业将成为我国国民经济发展的重要组成部分以及重要的支柱产业之一。文化和旅游融合发展，冰雪产业是文旅消费的新引擎。文化产业由于具有广泛的应用领域，其产业链的拉动作用更加明显。文化赋能冰雪产业，更多的是通过冰雪 IP 来展现特色冰雪的文化内涵。据了解，仅冬季滑雪项目，从服装器材、场地设施、人才培训、滑雪体验、表演比赛，到交通餐饮、“互联网+”等诸多方面，就占整个冬季体育项目 70%的市场份额，由此可见，冰雪产业链条有较大拉动作用，可孕育庞大的文旅消费市场和巨大的发展空间。

（四）我国冰雪重心东移的趋势

2022 年北京冬奥会向世界各国打开了魅力中国“冰雪之门”，敞开了东方神秘大国的博大胸襟。随着全球冰雪产业重心的东移，我国也迎来了发展战略的东移。国家推动东北老工业基地第二轮振兴，全面实施国内、国际经济双循环，统一国内大市场的决策部署，省会长春也规划东北中心城市的发展目标，这一切都预示着吉林省冰雪产业发展大势已经来临。面对新的“冰雪风口”和“冰雪蓝海”，未来冰雪产业的拓展空间不仅在国内市场，更大范围空间应该在国际市场。为此，要抓住冰雪发展趋势的“窗口期”和“黄金期”，促进国际冰雪文化交流与合作，满足人们日益增长的消费需求，推动我国冰雪经济全面发展。

二　吉林省冰雪产业的优势和影响力

（一）吉林省“粉雪”资源的唯一性

吉林省地处世界冰雪黄金纬度带，是世界三大粉雪基地之一，吉林省的长白山与阿尔卑斯山、落基山比肩，具备深度开发国际级滑雪场的潜力。有研究认为，“粉雪”和一般雪的最大区别是，“粉雪”捧在手里像捧着白色的面粉，雪板在上面滑起来有“唰唰”的声音，溅起来的雪浪像白砂糖一样，而且富有弹性。吉林省长白山地区降雪量大、积雪期长，山岭绵延、湖泽密布，更适合森林越野滑雪、高台翻转和滑雪极限运动。

（二）吉林省冰雪政策的引领性

近几年，吉林省冰雪产业发展势头迅猛，冰雪旅游位居全国第一梯队前列，形成了“中国冰雪产业发展看吉林”的市场认可局面，吉林省冰雪产业发展走在了东北、华北、西北、华东、华中、华南、西南等地区的前列，在全国成为不可撼动的“领头羊”。吉林省在冰雪产业的顶层设计上，先后出台了一系列支持冰雪产业发展的政策文件，率先在全国以省委、省政府的名义印发《关于做大做强冰雪产业的实施意见》，在全国第一个组织起草《吉林省滑雪场建设布局规划（2020—2025 年）》《吉林省冰雪产业高质量发展规划（2021—2035 年）》，成立全国冰雪旅游唯一的部级重点研究实验室；第一个发布《2022 中国冰雪经济发展指数报告》；第一个成立“吉林省冰雪产业标准化技术委员会”，建立具有引领全国意义的“冰雪产业质量标准体系”；在《吉林省文化和旅游发展“十四五”规划》中提出“打造万亿级冰雪经济”的目标，把冰雪产业站位提升到了前所未有的高度。省委、省政府集聚全省之力，发挥吉林省冰雪优势，发挥冰雪标准化的示范引领作用，助力冰雪产业高质量发展，推动吉林省冰雪产业进入高速度、规模化、产业化、标准化发展的新阶段。吉林省政策驱动冰雪产业发展路径明晰，从而带动了全国冰雪产业从单一滑雪运动到冰雪旅游和休闲度假的转型与升级。

（三）吉林省冰雪形态的丰富性

吉林省的东南部地区具备洁净的空气、适宜的温度及水汽充裕等条件，孕育了无与伦比的粉雪，形成了松花江畔魅力无限的“吉林雾凇”，还有特殊气候条件形成的“天然冰挂”。地处长白山天池脚下的万达和鲁能胜地滑雪场，雪质松散，积雪深度在 1 米以上，被誉为“港湾式滑雪场”，是许多滑雪者的钟爱之地。滑雪场地理位置得天独厚，拥有世界同纬度保存最完好的森林生态系统。冬天里日照充沛、风力较小，各式雪道穿越森林，设计犹如迷宫，让滑雪充满了神秘感，在此处更可观赏惊艳绝伦的长白山冬景。

（四）吉林省冰雪设施的专业性

吉林省已经建成 54 座滑雪场，雪道总数 347 条，雪道总长度 298 公里，雪道总面积1032公顷，其中，“万科松花湖”“吉林北大湖”“万达长白山”3个大型滑雪度假区在接待床位数量、缆车数量、雪道总面积和每年雪季滑雪人次上位列全国前三。吉林省也是参与2022年北京冬奥会保障工作的重要省份，长春市多家专业冰场进行了升级改造。吉林省滑冰馆是全国第一座人工制冷室外冰场，是可供冰球、花样滑冰、短道速滑训练和比赛的国际性标准场地。吉林省速滑馆是目前国内规模最大，功能最为齐全，设施、设备最为先进，具有一流水准的现代化速滑馆之一。2021年，吉林省滑冰馆、吉林省速滑馆、吉林体育馆、长春市滑冰馆、长春五环体育馆、长春富奥体育中心、长春北湖奥体中心被评为“冬季奥运项目训练基地”。到2025年，预计吉林省冰雪产业总规模将达到2500亿元，规划滑雪场数量有望突破100座。

（五）吉林省冰雪矩阵的排他性

国内主流媒介数据显示，主渠道、大流量、多口径对吉林冰雪的宣传推广和有效传播，使吉林“粉雪”深入人心，特别是在2022年北京冬奥会开幕前后，吉林冰雪旅游和滑雪的热度持续升温。抖音大数据显示，2022年以来，“滑雪”话题视频播放量达到197.8亿次，“滑冰”话题视频播放量达14.7亿次。根据巨量引擎抖音POI大数据对点赞、收藏、推荐等维度的综合指标分析，在“东北滑雪场种草榜”前10位中，吉林省的滑雪场占据六席，其中吉林市万科松花湖滑雪场和北大湖滑雪度假区分列前2位。在“东北滑雪场打卡榜”中，吉林省滑雪场占据五席，万科松花湖滑雪场、天定山滑雪场、北大湖滑雪度假区分列前3位。在打卡人群的年龄分布上，以31~40岁的人群居多。由此可见，吉林特色冰雪体验在全国的影响力与日俱增。

三　吉林省滑雪场文化标签及专属性

（一）吉林省滑雪场文化标签新动能

吉林省依托冰雪资源的“绝对优势”，冰雪产业规模的“发展优势”，冰雪效能指标的“增长优势”，通过文化赋能和专属性打造，拉动冰雪市场内需，延伸冰雪中下游产业链，促进冷资源生态链和价值链的转换，实现吉林省冰雪产能最大化，变资源禀赋为特色专属，变冰雪载体为文化赋能，变单季冰雪为四季运营，变单销产品为热销多销，变滑雪场为特卖场，实现资源变现、数据变现、流量变现、体验变现、产品变现的目标。吉林省应紧紧围绕“记住啥、了解啥、带走啥”创新吉林冰雪品牌，讲好吉林故事，立体打造吉林独有的冰雪 IP，提高人们对“印象吉林”冰雪文化的体验度，以及冰雪星级服务的口碑度，走出独具特色的内涵式发展之路。

（二）吉林省冰雪生态人文辨识度

吉林省位于世界欧亚大陆板块东部和我国东北地区中部，大自然形成的山川湖泊造就了白山黑水和一望无际的“北国风光”。由于吉林省地处高寒纬度带，冬季受西伯利亚和贝加尔湖寒湿气流的影响，常年平均积雪期长达 7 个月，长白山最长积雪期达 9 个月，是全国开展冰雪运动的绝佳场地。吉林省除有汉族以外，还拥有朝鲜族、满族、蒙古族、回族和锡伯族等 55 个少数民族。据 2021 年第七次全国人口普查统计，在吉林省 2400 万常住人口中，少数民族人口占比为 8. 5%左右。由此可见，吉林省少数民族与汉族相融共生、与冰雪酷寒相依相伴，根深蒂固的冰雪文化情怀铸就了东北人坚韧、刚烈、豪爽、果敢的性格与精神。东北人民的生活方式曾以渔猎冬捕和游牧驯养为主，早期的原始部落和氏族形态经过长期的疆域掠夺与演变过程，发展成东北少数民族三大族系，对中华文明的崛起产生了重大影响，点燃了挺进中原版图源远流长的薪火。各个历史时期的政治、经济、文化相互渗透、相互融合、不断碰撞，奠定了华夏文明和中华民族大融合的基础，形成了吉林省多民族唇齿相依及与冰雪为伴的史鉴。

（三）“冬奥大本营”吉林专属地

冬奥会竞技项目共有 7 个大项 15 个分项 109 个小项。吉林省的冰雪资源丰富，产业基础坚实，具备未来进行常态化，冰雪专业训练和冰雪项目普及的专属条件。未来，冰雪专业项目将更加注重对冰雪专业人才的培养，以及面向大众的非专业的“趣味玩雪”的发展，并满足大众参与冰雪运动的需求，在全国营造“吉林好雪专属”“吉林玩雪天堂”的文化氛围。吉林省鲜明的冰雪文化属性，是吉林省差异化发展的前提，一旦经过文化赋能，便如插上腾飞的翅膀，成为全国其他省份所不具有的必然选择。吉林省要高维度、高站位谋划“冰雪专属大盘”，把“冰雪蛋糕”做大，让吉林的冰雪美景“秀色可餐”。面对我国超14亿人的人口基数，随着冬季运动和竞技项目的普及，冰雪产业要顺应人们追求“时尚冰雪”的潮流，设计更多人们喜欢的产品。特别是经过新冠肺炎疫情的影响，人们更加注重体能和健康。人们观念和认知的改变，带来的是文旅消费由“软性需求”向“刚性需求”的转变，带来的是无限的市场潜力。冬奥中的滑雪、滑冰、冰球、冰壶、雪地摩托、雪橇、雪上汽车、高山滑雪、越野滑雪等项目，更适合落地吉林雪场，如能按照吉林不同雪场资源定位进行差异化竞技项目匹配，以及从非专业角度开发大众游玩体验项目，不但能够满足专业实训和竞赛的需求，同时能够培养大众的冰雪兴趣爱好，在潜移默化中普及冬奥项目，实现冰雪人才“要从娃娃抓起”的战略目标。基于这样的认识，吉林省要主动担负时代赋予的使命，多维度、多视角、多领域联动，做好全国冰雪资源要素的统筹，把吉林省冰雪格局放大。“吉林冰雪专属”不是概念和口号，而是品牌的力量。让吉林冰雪的体验度、口碑影响力、诱惑力深入人心，只要提到“冰雪”，就能成为人们选择吉林的共识，就能成为人们来吉林体验的理由，以及来了还想来的动力。打造吉林专属，首先要解决好消费者“凭什么来的问题”，“来了玩什么的问题”，以及“市场认可度的问题”，这些问题解决好了，吉林省就会成为吸引人们“眼球”的热点。“吉林冰雪专属”目标的实现，需要做好顶层规划，构建形成冰雪产业闭环的基础和要素资源配套，以及借鉴北京冬奥会的成功经验，建立吉林省政策、资金、市场、运营、服务与之相互支撑的运营体系，促进产能、产品、消费的良性循环，打造根植于吉林黑土地血脉的差异化标签。

四　吉林省滑雪场文化标签的形成

（一）冬奥会的助力作用

北京冬奥会最大的亮点，就是文化创意与高科技的完美呈现，吉林省最大的收获就是“冬奥在北京，体验在吉林”的世界影响力。北京冬奥会的成功举办，给世人留下最为宝贵的文化财富就是“中国印记”和“吉林印记”，特别是开闭幕式“新奇特”的精彩瞬间，令世人惊叹叫绝。冬奥会吉祥物“冰墩墩”和“雪容融”，包括北京、张家口崇礼冬奥村及场馆等文化标签的命名，无不体现中国文化的博大精深，引起广泛的关注和共鸣。“文化印记”的感染力和感召力，是形成能量共振和实现商业价值的重要前提。滑雪场文化标签不是孤立存在的，它与所在地域文化息息相关，可依托吉林省冰雪产业空间布局，调整优化滑雪场结构，发挥以省会长春为核心的区域带动和辐射作用，以文化引领冰雪特色，以特色带动冰雪产业。北京冬奥会留下了宝贵的文化遗产，也为吉林省滑雪场文化赋能，并提供了成功的借鉴。滑雪场的功能定位是差异化开展冰雪运动。随着“冬奥冰雪风暴”的来袭，滑雪场要围绕主导项目设计若干关联板块，打造多销快销产品，无论是属地文化还是外来文化，都要赋予滑雪场文化标签特定的功能、特定的玩法、特定的创意、特定的消费。把滑雪场文化基因提炼成文化精品，并根植于本土文化血脉中，吸取其地域文化的精华，做足吸引“眼球”的工作，形成有价值的能量转换，一定会产生无穷的魅力。滑雪场的特色专属功能，必将成为吉林省冰雪经济可持续发展的动力源泉。

（二）滑雪场融入地域文化标签

吉林省地域名片和地域产品不但已经成为中国品牌，而且已经成为世界品牌。把吉林省速滑馆命名为“三金王馆”，寓意长春籍短道速滑名将周洋连创三届冬奥会金牌纪录，是吉林的骄傲，这样的命名既励志，又能引导追星族们崇拜真正的英雄，树立正确的“三观”。把中国一汽红旗轿车融入滑雪场，更能体现吉林省文化大 IP。以“莲花山滑雪场”为例，利用地势形态，设计“雪莲花”造型雪道，形成莲花山滑雪场地标名片。开发“雪莲花”“雪莲公主”“雪莲梦幻世界”“雪莲花冰啤”“雪莲仙白干”“雪莲圣泉”等一系列文创品牌及产品。

（三）滑雪场融入民俗文化标签

在滑雪场民俗文化标签的塑造方面，要抢救性地挖掘老祖宗传承下来的冰雪文化遗产，特别是朝鲜族、满族、蒙古族具有强大生命力的“玩法”，以及既新鲜又独特的民族冰雪器具，要在传承的基础上大胆创新。吉林省是多民族省份，地理位置决定“一方水土养一方人”，一年四季有半年多与冰雪相伴，形成了独特的民族冰雪文化，如踩高跷、做冰灯、抽冰猴、埋在冰里的“年猪肉”“粘豆包”，还有东北人最喜欢吃的“冰糖葫芦”等民俗文化，以及从原始时期流传下来的雪上交通工具“马爬犁”、林海雪原的滑雪板和雪橇等，都可以成为滑雪场附属经营项目，以此丰富经营业态，扩大销售营收面，控制盈亏平衡点，促进滑雪场长效稳定发展。还有吉林省几大少数民族千姿百态玩雪、戏雪的习俗，各有异曲同工之妙。滑雪场不是专业大比拼赛道，其比拼的结果是千篇一律的同质化，缺少品牌特色，没有文化内涵，恶性竞争导致普遍亏损。为此，未来滑雪场更大的群体是参与民俗冰雪体验的大众。开发吉林省民族冰雪运动，既能满足大众玩雪、戏雪的需求，又能促进滑雪场差异化发展。

（四）滑雪场融入文创标签

滑雪场在文创产品开发上，一定要根植于吉林这片沃土，避免进入“远来的和尚会念经”的误区。国内有些滑雪场迫于单季运营亏损的压力，照抄照搬欧洲滑雪场四季运营模式，其结果是“水土不服”，最后以失败而告终。吉林省的滑雪场要想在冰雪文化创意上把文章做好，就要与时俱进，跳出固有思维模式，通过实践与创新，打好家乡牌，这将会产生与众不同的效果。文化创意标签的融入，能很好地解决游客“凭什么来的问题”。为了提升北大湖滑雪场的国际影响力，在北大湖建设四季运营的“冬奥大满贯体验馆”，利用吉林 8 亿年形成的松花玉，以及特有的黑陶、紫砂、硅藻泥等本土资源，为选手设立雕像，开发一系列文创产品，活态表达他们的奋斗史，在吉林留下他们光彩夺目的瞬间。塑造“冬奥冰雪八大金刚”景观，制造“冬奥英雄里程碑”等，并以“冬奥英雄”为依托，促进国际冰雪互动与交流，不断提升中国吉林地域文化的软实力。

（五）滑雪场融入品牌产品标签

滑雪场文化标签的综合效应，需要借势、借力，确定吉林省冰雪发展总基调和“一盘棋”的指导思想。科学谋划滑雪场产业布局，注重滑雪场差异化结构调整，在定位“一销”产品的基础上，创意设计“二销”“三销”产品，无限延伸冰雪中下游产业链，将文化创意输出更多地体现在产品包装上。以通化万峰滑雪度假区为例，通化万峰滑雪度假区通过创新性提炼及创造性转化的方式，发展特色冰雪文化产业。万峰滑雪场始建于 1959 年，是新中国第一座高山滑雪场和第一个专业滑雪比赛的举办地，素有“中国滑雪冠军摇篮”的美誉。第六届吉林国际冰雪产业博览会开幕式在这里举行，这里也是吉林省第一个被命名的省级冰雪产业示范园区，在全国滑雪场中具有举足轻重的地位，并具备举办国家级体育赛事的基础条件和能力。依托万峰滑雪场的品牌优势，通化有充分的理由打造“中国冰雪第一城”的新地标。在文化标签设计上，一定要借助通化驰名中外的品牌，讲好通化故事，例如，以“冰凌花”“雪芙蓉”“浪漫玫瑰谷”“四方山上走红运”“东北窗花馆”来命名，体现通化冰雪文化的多样性。滑雪场差异化发展，需要特色提炼。首先要增强吉林冰雪文化自信，在寻根溯源的基础上，实现冰雪文化遗产再现、冰雪艺术再植和冰雪文化再生，总结推广滑雪场创新发展经验和模式。比如，创意策划吉林大型冰雪交响音乐会《冰雪唱给世界听》，突破交响乐传统演绎和小众欣赏形式，利用配乐长诗、VR/AR 全息投影技术，把舞台留给冰舞、轮滑和冰上杂技演员，突出乐池指挥和首席演奏者现场与观众的互动效应，呈现“大美长白山”的无穷魅力。

（六）滑雪场融入地标特色标签

长白山是世界三大粉雪基地之一，每年慕名而来的滑雪爱好者络绎不绝，历年滑雪人数连创新高。长白山又被誉为神山和圣山，在文化历史挖掘上，现存活态传承至今的“萨满文化”发祥于长白山，萨满文化是中国的文化遗产，也是世界的文化遗产。长白山已成为国际品牌和世界旅游目的地。滑雪场文化标签要与属地文化相融共存，特别是根植长白山的火山文化、萨满文化、民俗文化、木帮文化、人参文化、温泉文化等，为滑雪场提供了丰富的文化标签，同时为突破滑雪场单季运营的瓶颈提供了强有力的文化支撑。在长白山漫长的雪季，冰雪项目开发的单一和不足，造成四季运营中“二旺、三平、七淡”的现象。如果能很好地弥补四季运营短板，变劣势为优势，构筑四季常态化发展空间，其开发潜力不可小觑。比如，在滑雪场打造以“长白山粉雪故里”为主题的文化标签，将“中国萨满文化传承基地”融入其中，再现“萨满文化图腾符号”，配套开发岩陶、雪萨时尚服饰等一系列文创产品。长白山被誉为“世界物种基因库”，可以在此打造“粉雪故里小镇”品牌及系列产品，如“北纬 41°干红”“北纬 42°香米”“北纬 43°冽泉”等延伸产品。还可以根据长白山神话传说，策划“秘境长白山”逃脱体验项目。利用长白山“长相守，白头到老”策划爱情主题项目，打造冰雪目的地婚礼，拉动与之相配套的业态发展。利用温泉康养“冰火二重天，药食乃同源”，打造全国唯一的“天池圣冰，火山圣泉”体验馆项目。在滑雪场举办“以冰论道，以雪乐道”粉雪有约长白山世界冰雪论坛，开展“长白山冰雪森林马拉松”“元宇宙探秘新发现”等主题活动。这些都能成为滑雪场四季运营的体验项目。

（七）滑雪场融入饮食文化标签

滑雪场通过地域文化的延展，为游客提供更丰富的体验空间。游客在做旅游攻略的过程中，都在寻找能获得更多愉悦感受的体验项目。游客旅行体验离不开“吃住行游娱购”六大要素，而能满足游客心理需求的除了玩好外，就是吃好。因此，地域特色小吃、名吃、老店，无疑成为游客最大的关注点，只要吸引游客的“味蕾”，一切问题都会迎刃而解。比如，完善松原“查干湖冬捕”“查干湖全鱼宴”“冰上房车垂钓”，蒙古族的“乌拉毛都过大年”“金三江满蒙文化渔猎港”等冰上项目，还可以把“向海飞鹅”生态链引入一望无际的查干湖和嫩江湾湿地和滑雪度假区，形成吉林省一道亮丽的风景线。在长白山滑雪度假区，重点做好“特色、专属、融合、体验、舒适”五位一体的闭环设计，坚持以人为本的理念。

（八）滑雪场融入红色文化标签

整合红色旅游资源，构建红色旅游经典产品、红色旅游主题产品、红色旅游融合产品、红色旅游演艺产品等四大产品体系。推广东北抗联、解放战争、工业遗产、时代楷模等红色品牌。这为滑雪场植入红色文化标签提供了极为丰富的素材。总结四平战役纪念馆、四保临江战役烈士陵园、磐石抗联遗址、通化杨靖宇干部学院、长春电影制片厂遗址、七道江会议纪念馆、大荒沟抗日根据地遗址等特色鲜明的基地景点的开发经验，滑雪场可以按照当地所拥有的“红色印记”讲好红色故事，设计真实的“重走抗联冰雪路”“冰雪密营体验”等运营项目,去点燃“冬天里的一把火”，促进红色指向消费。1956 年第一辆国产解放牌汽车 CA10 驶下装配线，长春成为新中国汽车工业的摇篮；长春电影制片厂是新中国电影事业的摇篮；凭借拼搏奉献、艰苦奋斗精神，吉林成为中国人民航空事业的摇篮；还有李四光、王大珩、蒋筑英、黄大年等一大批时代骄子，筑起了共和国的脊梁，成为吉林的骄傲。可以在滑雪场利用现代高科技手段，采用虚拟现实和沉浸式演出的形式，还原吉林的历史，再现吉林曾经的精彩，让游客参与跌宕起伏的情景，不仅体验到滑雪冲浪的刺激，更能受到冰雪红色文化的熏陶。

五 吉林省滑雪场文化矩阵的拉动效应

（一）吉林省冰雪产业的地缘效应

吉林省拥有 1438.7 公里的边境线，北接黑龙江，南邻辽宁，西接内蒙古，东与俄罗斯接壤，东南与朝鲜隔江相望，与日本海最近处距离仅为 15 公里，在延边朝鲜族自治州珲春还能“一眼望三国”，构成了毗邻东北亚地区几何中心地带，为吉林省与东北亚国家开展冰雪文化交流合作创造了天然的地缘优势。吉林省在“十四五”时期将全面实施“一主六双”发展战略，推动鸭绿江经济带建设，促进区域内联动和协调发展，不仅能助力吉林省产业空间布局的完善，也能发挥吉林省冰雪旅游资源优势。吉林省在与周边国家边境贸易、边境旅游比较活跃的基础上，站高放远谋划“冰雪丝路”建设，扩大吉林省滑雪场文化矩阵的影响力，吸引东北亚国家跨境冰雪项目，这具有非常重要的意义。

（二）吉林冰雪产业的经济效应

吉林省具有非常重要的战略地位，致力于特色冰雪文化的打造，谋划“冰雪丝路”的开发建设，在冰雪经济发展提速增效方面发挥了非常重要的作用。发挥内地冰雪的辐射效应，搭建国际“冰雪丝路”经济合作平台，谋划建立国家间部际工作协调机制，设立国家“冰雪丝路”研究中心，组织编制《冰雪丝路发展纲要》，打造“冰雪丝路”文化带，构建以冰雪旅游、冰雪运动、冰雪文化、冰雪装备制造为核心，以冰雪科技、冰雪人才、冰雪商贸等相关产业为支撑的全产业链体系，使冰雪文化成为传播中国最强音、讲好中国文化故事的重要载体。

（三）吉林省冰雪产业的集群效应

谋划吉林省冰雪产业集群发展，要紧密围绕文化产业“一核引领、一极带动、一区协同、三带辐射”的空间布局，强化吉林省冰雪文化、冰雪旅游、冰雪装备“三驾马车”的作用，构筑吸引全国冰雪要素资源的平台。打造引领全国冰雪“第一岛链”的产业集群，延伸冰雪产业“第二、第三岛链”，促进冰雪大数据、冰雪智慧旅游、冰雪科技创新、冰雪物流的发展，以及文创产品、旅游商品的深度开发。拓展吉林省冰雪发展战略视野，扩大冰雪规模，促进形成辐射全国的冰雪总部经济。吉林省赋能冰雪产业升级，规划以长春经济圈为核心的布局，充分发挥长春区位优势及其引擎作用，将长春打造为冰雪产业集群框架制高点，拓展战略视野、形成辐射效应。以长白山文化产业增长极为带动极，通过对长白山文化体系进行创新性提炼及创造性转化，发展长白山特色文化产业，培育文化产业新的增长点，打造长白山文化 IP，带动全省冰雪产业创新发展。助力实施吉林省文化产业链建设工程、冰雪特色文化产业带打造工程、红旗汽车文化产业链培育工程、松花石文化产业开发工程、吉林三宝文化产业链培育工程等文化赋能乡村振兴的产业重点工程。通过有效发挥文化产业项目的聚合带动作用，激发冰雪产业上下游发展活力，形成全链条、全覆盖的冰雪产业集群化发展模式。

G.24
"后冬奥时代"吉林省冰雪旅游消费需求与行为影响研究

李　倓*

摘　要：　为考察"后冬奥时代"吉林省冰雪旅游消费需求与行为影响，本报告基于对吉林省居民参与冰雪旅游消费的调查展开研究，研究发现，消费者对吉林省冰雪旅游兴趣较高，总体来看满意度较高，存在强烈的文化价值需求。当前，吉林省冰雪旅游还面临诸多挑战。应统一布局合理规划，立足自身优势向差异化发展延伸，大力培养高素质专业人才，打造独具特色的冰雪品牌，强化冰雪旅游文化内涵，促进居民冰雪旅游消费，助力吉林省冰雪旅游健康发展。

关键词：　冰雪旅游　消费需求　吉林省

2022年北京冬奥会、冬残奥会推动了我国冰雪产业的飞跃式发展。当前，冰雪产业正逐步成为带动中国经济发展的新增长点。吉林省地处世界冰雪黄金纬度带，拥有得天独厚的冰雪资源。2021～2022年雪季，吉林省冰雪产品关注度、销售额均居全国冰雪市场榜首，该区域各方面工作均具有代表性和指向性。因此，本报告通过对"后冬奥时代"吉林省居民参与冰雪旅游消费的调查，从需求侧探究居民消费需求与行为影响，旨在为促进吉林省居民冰雪旅游消费提供一定依据和决策参考，助力吉林省冰雪旅游健康发展。

---

* 李倓，吉林省社会科学院马克思主义研究所助理研究员，主要研究方向为西方哲学、区域经济。

一　吉林省冰雪旅游发展现状

近些年，吉林省先后出台了《关于做大做强冰雪产业的实施意见》《冰雪产业高质量发展规划（2021—2035 年）》，努力将吉林建设成为冰雪产业大省、冰雪旅游强省和世界级冰雪旅游目的地。2022 年 1 月 5 日，中国旅游研究院发布《中国冰雪旅游发展报告（2022）》，该报告指出，我国正在从冰雪旅游体验阶段进入冰雪旅游刚性生活需求阶段。作为中国冰雪旅游热门目的地，吉林省的冰雪产业竞争力、号召力、影响力不断增强。2022 年春节期间，在旅游消费升级、北京冬奥会、冰雪出境旅游回流等供需两方面刺激下，尽管受到新冠肺炎疫情影响，吉林省冰雪旅游市场情况也明显好于全国。

（一）冰雪资源丰富

吉林省地处世界冰雪黄金纬度带，是世界三大粉雪基地之一，与欧洲阿尔卑斯山脉和北美的落基山脉齐名，处于全国冰雪资源优良级梯队。吉林省有得天独厚的冰雪资源，降雪期长、雪量充沛、雪质优良，域内山岭绵延、林海苍莽。俯瞰吉林冰雪版图，在区域上呈现“东雪西冰”产业格局，东部是堪称粉雪资源富矿的长白山雪经济区，西部是以松原查干湖、白城莫莫格等由冬捕文化连线的冰经济区，中部是由拥有数量众多的雪场和冰场的长吉两市组合的冰雪双能经济区。吉林东部的长白山与中部的吉林市、长春市是名副其实的“雪世界”。依托自然禀赋，吉林省深度规划冰雪资源与产业融合，不断完善设施条件。吉林省已拥有各类滑雪场 54 家；雪道 279 条，总长度 330.7 千米，日最大承载量可达 10 万人次。其中，万科松花湖、长白山国际度假区、吉林北大湖滑雪度假区接待量稳居全国前列，[①] 吉林市北山四季越野滑雪场是中国继芬兰、瑞典和德国之后建设的世界上第 4 家可以实现四季全天候滑雪的越野滑雪场。吉林省冰雪供给不断丰富，深受省内外游客喜爱。近年来，吉林省充分发挥“冰天雪地”资源优势，开展了一系列冰雪节事活动。2021 年冰雪季，

① 王有军：《“冷资源”变“热产业”吉林冰雪经济厚积薄发》，《中国经济时报》2022 年 2 月 11 日，第 A04 版。

吉林省举办各类赛事活动 300 多项（次），带动超过 1000 万人参与冰雪运动。长春冰雪节等冰雪活动带动了周边冰雪旅游消费，“中国银行”吉林国际高山/单板滑雪挑战赛、“冰雪丝路杯”精英滑雪积分赛等诸多品牌赛事落户吉林，获得了业界和社会的广泛关注与好评。吉林省以“冬奥在北京，体验在吉林”为契机，沿着习近平总书记指引的方向，把新发展理念融入冰雪产业发展全过程，推动冰雪经济高质量发展，不断优化粉雪这一独特资源，在差异化发展中寻求新动力，努力造就中外滑雪旅游钟情之地。

（二）冰雪旅游渐热

2022 年北京冬奥会顺利举行，乘着这场盛会的东风，吉林省各地冰雪活动热度攀升。据文化和旅游部数据中心统计，2022 年春节假期，吉林省接待国内游客 934. 14 万人次，同比增长 13. 9%；实现国内旅游收入 83. 85 亿元，同比增长 12. 4%。春节假期，冬奥氛围促进大众滑雪热度飙升。吉林省几大滑雪场客流量创历史新高，成为新的潮流打卡地。闻名世界的国际冰雪赛事承办地北大湖滑雪度假区热度居首，春节后更是迎来了小高峰；吉林市万科松花湖度假区滑雪场成为冰雪旅游热门地，接待游客人次与上年同期相比增长 72%；长白山万达国际度假区滑雪场火热开放，接待游客人次比上年增长了 351%。吉林省冰雪旅游休闲项目受到广大市民的欢迎，白山市主打长白山牌和山区传统文化牌，春节假期接待游客 19. 71 万人次，同比增长 52. 1%，实现旅游收入 3. 7 亿元，比上年同期增长近 4 倍；“中国雾凇仙境第一村”吉林市乌拉街满族镇韩屯村，是雾凇奇景的绝佳观赏地，每年都吸引大批游客前来观赏。以松原查干湖为代表的渔猎文化奇观是吉林冰雪旅游的重要组成部分，特色品牌“冰湖腾鱼”久负盛名。截至 2022 年 2 月，查干湖景区累计接待游客 13. 85 万人次，实现旅游综合收入 1. 2 亿元；捕鱼量达 350 万斤，同比增长 10%，销售收入有望达到 3500 万元。长春市不断推进冰雪旅游多样化发展，国家 5A 级景区长春净月潭是长春市内项目最多的冰雪娱乐场，内有滑雪场、冰雪娱乐场、鹿苑等。莲花山滑雪场连续 3 年建设冰雪新世界，前来游玩的游客络绎不绝。

（三）冰雪产业趋旺

近些年，吉林省提前谋划布局“后冬奥时代”产业发展，出台了《吉林省冰雪产业高质量发展规划（2021—2035 年）》等一系列支持冰雪产业发展的政策文件，推动了全国冰雪产业从单一滑雪到休闲度假的升级发展，冰雪产业特别是冰雪旅游位居全国第一梯队前列，获得了“中国冰雪产业发展看吉林”的市场认可。作为传统的冰雪大省，吉林省积极构建现代化冰雪产业体系，探索冰雪产业发展的实践模式，完整、准确、全面贯彻新发展理念，大力培育新业态、新模式。抢抓奥运机遇，实施“冰雪+”战略，使运动魅力与自然之美相结合，借助“冰雪+旅游”“冰雪+休闲”“冰雪+赛事”“冰雪+文化”“冰雪+教育”等，为相关产业不断注入新活力，衍生线上线下互动、私人定制、“发烧友”俱乐部等新生旅游消费业态，实现冰雪产业发展与经济社会发展同频共振。目前，长白山、查干湖、松花湖等冰雪景区结合消费需求，融合多元冰雪业态，挖掘“吃住行游购娱”全要素，向世界级冰雪目的地不断迈进。吉林省整合优化冰雪资源，举办丰富的节庆活动：连续举办 6 届国际冰雪产业博览会，并举办长春净月潭瓦萨国际滑雪节、查干湖冬捕节、吉林雾凇节、长白山粉雪节等享誉国内外的冰雪活动，不仅积攒了人气，更增强了消费黏性。[①] 2022 年 2 月 20 日，北京冬奥会完美收官。这场冬季盛宴激发了人们对于冰雪运动、冰雪旅游的空前热情，“后冬奥时代”将是冰雪产业黄金发展期。

二 “后冬奥时代”吉林省冰雪旅游消费需求分析

为深入探究吉林省冰雪旅游需求与行为影响，课题组设计了“吉林省冰雪旅游消费需求与动机调查”问卷，通过网络平台，面向省内外冰雪旅游消费者发放电子问卷，调查时间为 2022 年 5 月 7~10 日，总计回收问卷 217 份，剔除无效问卷 0 份，保留有效问卷 217 份，回收问卷有效率为 100%。

（一）冰雪旅游消费者基本属性分析

在冰雪旅游消费者基本属性上，从性别来看，男性占 49. 31%，女性占 50. 69%。从年龄来看，吉林省冰雪旅游呈现“年轻化”趋势，在冰雪消费人群中，“80 后”、“90 后”和“00 后”人群占近 80%，其中，18 岁及以下人群

① 李己平：《吉林打造万亿级冰雪经济》，《经济日报》2022 年 2 月 15 日，第 8 版。

占 1.84%，19~30 岁人群占 24.88%，31~40 岁人群占 53.46%，41~50 岁人群占 7.37%，51~60 岁人群占 7.37%，61 岁及以上人群占 5.07%。从学历来看，吉林省冰雪旅游消费人群整体受教育水平较高，其中，高中及以下学历人群占 9.68%，专科学历人群占 8.29%，本科学历人群占 41.47%，研究生及以上学历人群占 40.55%。从职业来看，以政府机关/党群组织/事业单位人员居多，占 45.62%；其次是普通职员（办公室/写字楼工作人员）、在校学生和企业管理者（包括基层及中高层管理者），分别占 10.14%、9.68%和 7.37%。从月收入来看，吉林省冰雪旅游消费者在收入水平分布上相对平均，其中，月收入在 3000 元及以下的占 19.35%，月收入在 3001~5000 元的占 35.94%，月收入在 5001~8000 元的占 21.20%，月收入在 8001~10000 元的占 9.22%，月收入在 10001 元及以上的占 14.29%（见表 1）。

表 1　吉林省冰雪旅游消费者基本属性分析

单位：%

变量	描述性统计	所占百分比
性别	男	49.31
	女	50.69
年龄	18 岁及以下	1.84
	19~30 岁	24.88
	31~40 岁	53.46
	41~50 岁	7.37
	51~60 岁	7.37
	61 岁及以上	5.07
学历	高中及以下	9.68
	专科	8.29
	本科	41.47
	研究生及以上	40.55
职业	在校学生	9.68
	政府机关/党群组织/事业单位人员	45.62
	企业管理者(包括基层及中高层管理者)	7.37
	普通职员(办公室/写字楼工作人员)	10.14
	专业人员(如医生/律师/文体/记者/老师等)	5.53
	普通工人(如工厂工人/体力劳动者等)	1.38

续表

变量	描述性统计	所占百分比
职业	商业服务职工(如销售人员/商店职员/服务员等)	0.92
	个体经营者/承包商	5.07
	自由职业者	4.61
	农林牧渔劳动者	0.46
	退休人员	5.99
	暂无职业	3.23
月收入	3000 元及以下	19.35
	3001~5000 元	35.94
	5001~8000 元	21.20
	8001~10000 元	9.22
	10001 元及以上	14.29

（二）旅游消费行为特征分析

本报告主要从吉林省冰雪旅游的首选目的地、旅游次数、游玩时间、人均花费、出游方式、信息获取渠道几方面研究吉林省冰雪旅游消费行为特征。通过调查结果可知，在吉林省冰雪旅游的首选目的地上，有 61.29%的受访者选择了长春。在旅游次数上，有 67.74%的受访者近两年平均参与冰雪旅游的次数为 0~1 次。吉林省冰雪旅游市场结构呈现小区域、短途、轻旅游的特点，从游玩时间上看，67.28%的受访者在冰雪旅游目的地的游玩时间为 1 天以内。在冰雪旅游的人均花费上，多数受访者倾向于低消费，有 46.54%的受访者选择人均花费 500 元及以下。在出游方式上，大多数受访者选择家庭出游，占比为 65.44%（见表 2）。关于获取冰雪旅游信息的渠道，75.12%的受访者选择了互联网（见图 1）。

表 2　吉林省冰雪旅游消费行为特征

单位：%

变量	描述性统计	所占百分比
首选目的地	长春	61.29
	吉林	11.06
	延吉	0.92

续表

变量	描述性统计	所占百分比
首选目的地	长白山	24.88
	松原	0.46
	其他	1.38
旅游次数	0~1次	67.74
	2次	19.82
	3次及以上	12.44
游玩时间	1天以内	67.28
	2~3天	27.65
	3天及以上	5.07
人均花费	500元及以下	46.54
	501~1000元	28.57
	1001~2000元	11.06
	2001~3000元	7.37
	3001~5000元	4.15
	5001元及以上	2.30
出游方式	家庭出游	65.44
	单位出游	2.76
	朋友出游	27.65
	个人出游	2.76
	情侣出游	1.38

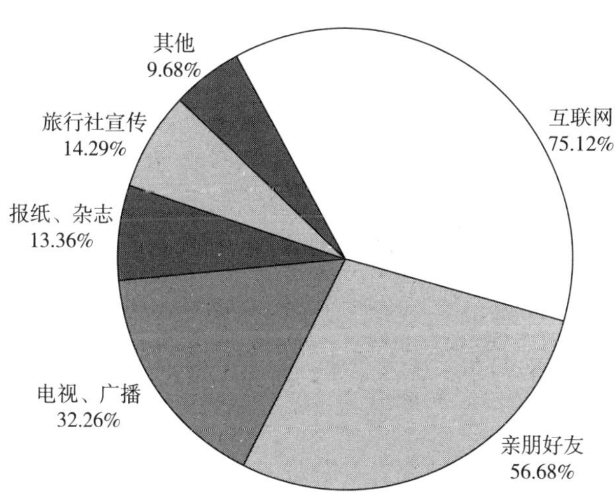

图1　冰雪旅游信息获取渠道（多选）

（三）吉林省冰雪旅游消费需求分析

1. 冰雪旅游消费意愿情况

2022 年北京冬奥会的成功举办，激发了中国消费者对冰雪旅游的热情，从此次调查结果来看，消费者对吉林省冰雪旅游兴趣较高，在对吉林省冰雪旅游的兴趣程度上，有 51. 61%的受访者表示感兴趣，有 42. 86%的受访者表示一般，只有 5. 53%的受访者表示不感兴趣（见图 2）。从消费者感兴趣的吉林省冰雪旅游项目调查结果来看，冰雪观光和滑雪休闲度假成为新趋势，观光类（观赏冰雕雪塑、冰雪赛事、冬泳表演等）最受欢迎，占 64. 52%；对运动休闲类（单板滑雪、双板滑雪、高山滑雪、滑冰、跳台滑雪、雪地足球等）比较感兴趣的受访者占 54. 84%，对度假类（冰雪温泉、冰屋雪屋、雪景餐厅等）比较感兴趣的受访者占 53. 00%，对游乐类（雪圈、雪地摩托、冰滑梯、冰爬犁、冰壶、冰上自行车、冰上高尔夫等）比较感兴趣的受访者占 48. 85%（见图 3）。关于参加吉林省冰雪旅游活动最为关心的内容，调查显示，吉林省冰雪旅游消费者最看重的是餐饮条件与特色饮食、交通条件、滑雪场硬件设施，分别占比 60. 83%、57. 14%、56. 22%（见图 4）。

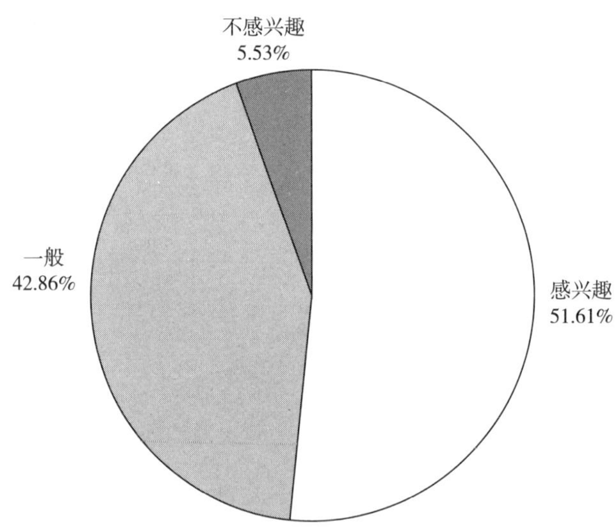

图 2　您对冰雪旅游是否感兴趣

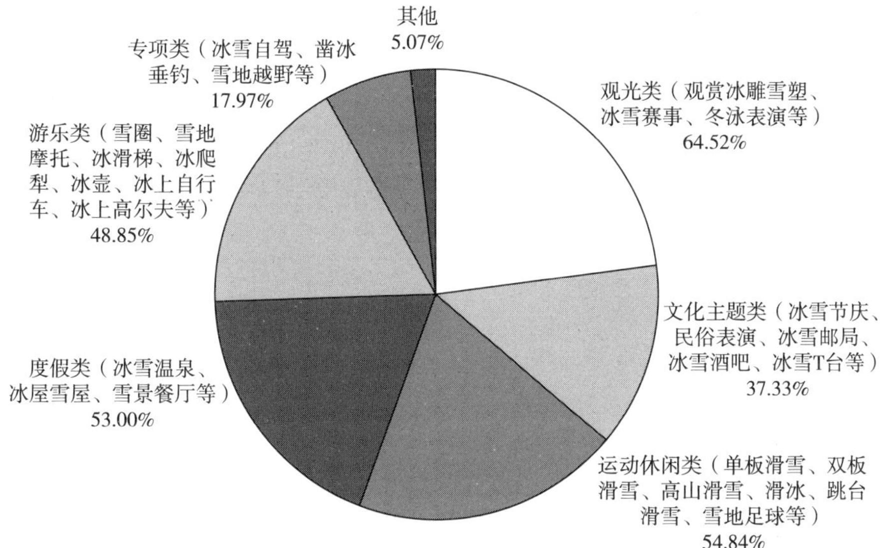

图3　您对吉林省哪些冰雪旅游项目比较感兴趣（多选）

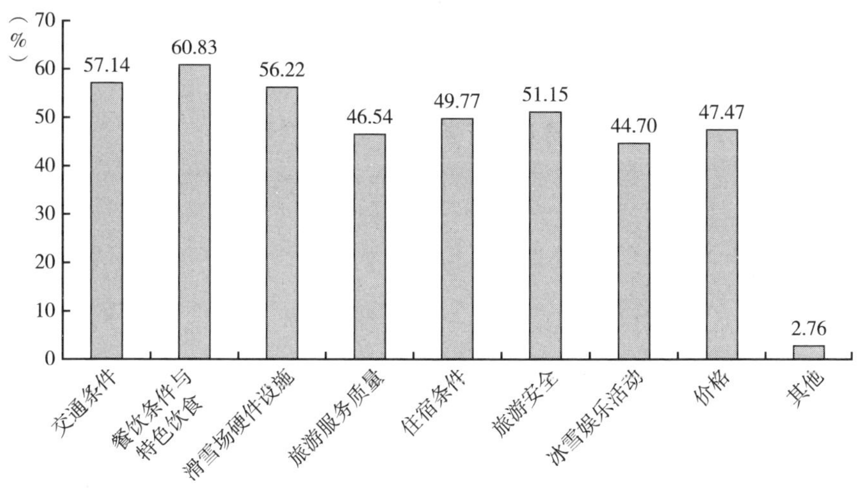

图4　您参加吉林省冰雪旅游活动最为关心的内容（多选）

2. 冰雪旅游消费动机调查

关于参加吉林省冰雪旅游的消费动机，吉林省冰雪旅游消费者更看重北国风光和冰雪文化的魅力，其中，选择领略北方冰雪自然风光的受访者占

54.84%；选择参加冰雪节、感受冰雪文化的受访者占 42.40%；选择休憩与疗养身体的受访者占 33.64%；选择爱好冰雪体育运动的受访者占 29.95%（见图 5）。从冰雪消费的影响因素来看，消费者在享受冰雪旅游带来的快乐的同时，最关心的还是客观因素，其中，有 58.06%的受访者选择了时间紧张，有 41.47%的受访者选择了出行不便，有 38.25%的受访者选择了资金不足，有 37.33%的受访者选择了气候寒冷（见图 6）。

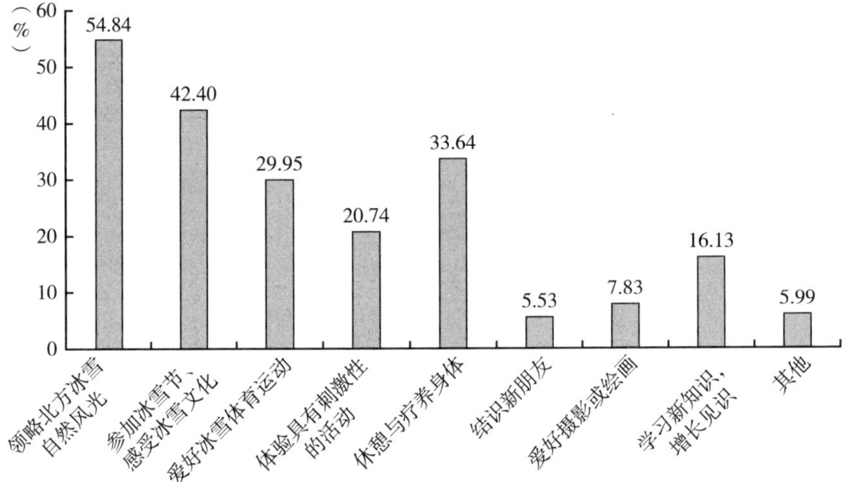

图 5　您参加冰雪旅游的消费动机（多选）

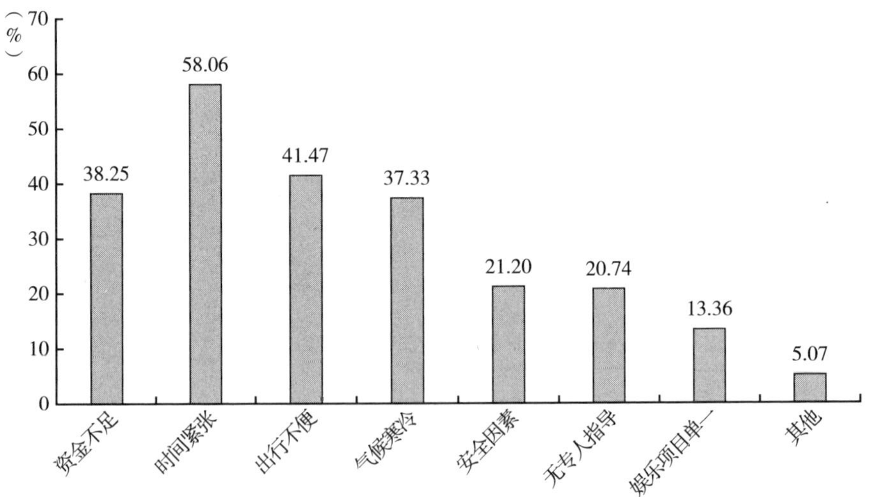

图 6　冰雪消费的影响因素（多选）

3. 冰雪旅游消费满意度情况

在对吉林省冰雪旅游设施、服务及品牌宣传的满意度调查上，总体来看满意度较高，其中，表示满意的受访者占 50.69%，表示一般的受访者占 45.62%，表示不满意的受访者占 3.69%。调查数据显示，消费者认为吉林省冰雪旅游仍存在一定不足，有 42.40%的受访者认为品牌效应弱，有 35.48%的受访者认为基础设施不完善，有 34.56%的受访者认为娱乐项目少，有 34.10%的受访者认为交通不畅，有 33.18%的受访者认为个性化体验缺失（见图 7）。

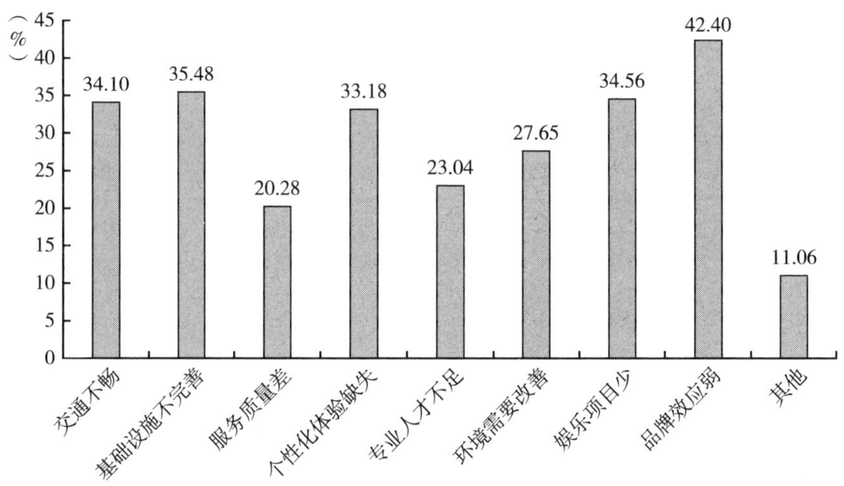

图 7　吉林省冰雪旅游存在的不足（多选）

4. 冰雪旅游消费价值需求

消费价值需求是影响冰雪旅游消费行为的重要因素。调查结果显示，消费者存在强烈的文化价值需求，其中，希望感受独特的冰雪文化的受访者占 72.35%，希望感受当地浓厚的民俗风情的受访者占 54.84%，希望满足多样化的精神文化需求的受访者占 53.46%。对消费者而言，冰雪旅游是一个寓教于乐的过程，希望增强保护冰雪资源的意识、体验或学习滑雪技能、学习有关冰雪的历史知识的受访者较多，分别占 58.53%、58.53%、48.39%。从此次调查结果来看，绝大部分消费者希望从冰雪旅游中获得情感价值，超过八成（81.11%）的消费者希望通过冰雪旅游获得愉悦的心情，超过七成（74.19%）的消费者希望缓解压力和焦虑。关于冰雪旅游的认知价值，

75.12%的受访者希望增强强身健体意识，56.68%的受访者希望增长见识拓宽视野，54.38%的受访者希望提升冰雪体育技能。在消费者的认知中，冰雪旅游也应该具有观光价值，领略独特的冰雪自然风光是吸引消费者的一大因素，该类选项占81.57%；欣赏冰雕雪塑等人文艺术、感受冰雪民俗表演中的传统文化能让消费者身临其境地感受冰雪文化的魅力，分别占54.84%，48.85%。从冰雪旅游的体验价值来看，70.05%的消费者希望旅游能为身心健康带来益处，61.29%的消费者希望增加冰雪旅游行程的趣味性，54.38%的消费者希望置身冰雪风光中并拍摄冰雪风景，47.93%的消费者希望感受雪上运动带来的乐趣（见表3）。

表3　吉林省冰雪旅游消费价值需求

单位：%

变量	描述性统计	所占百分比
文化价值	感受独特的冰雪文化	72.35
	感受当地浓厚的民俗风情	54.84
	旅游文化欣赏品味得到提升	41.01
	满足多样化的精神文化需求	53.46
	其他	3.23
教学价值	增强保护冰雪资源的意识	58.53
	学习有关冰雪的历史知识	48.39
	了解或学习冰雕的制作	32.72
	体验或学习滑雪技能	58.53
	其他	3.69
情感价值	获得愉悦的心情	81.11
	缓解压力和焦虑	74.19
	拓宽人际关系	22.58
	陶冶情操	38.71
	其他	3.69
认知价值	增强强身健体意识	75.12
	增长见识拓宽视野	56.68
	提升冰雪体育技能	54.38
	加深对冰雪文化的了解	43.32
	其他	3.69

续表

变量	描述性统计	所占百分比
观光价值	领略独特的冰雪自然风光	81.57
	欣赏冰雕雪塑等人文艺术	54.84
	感受冰雪民俗表演中的传统文化	48.85
	通过冰雪文创作品丰富游客体验	48.85
	其他	4.61
体验价值	旅游为身心健康带来益处	70.05
	置身冰雪风光中并拍摄冰雪风景	54.38
	增加冰雪旅游行程的趣味性	61.29
	购买或选择更加丰富的冰雪产品	28.11
	感受雪上运动带来的乐趣	47.93
	其他	2.30

三 "后冬奥时代"吉林省冰雪旅游产业发展面临的挑战

（一）国内外资源优势趋同竞争激烈

冰雪资源具有普遍性和类似性。面对冰雪文化历史悠久的北欧国家，世界著名冰雪旅游胜地东北亚国家和地区，拥有利好政策和区位优势的北京市、河北省等，特别是老牌旅游胜地黑、辽的南北夹击，吉林省要想保持强劲的发展势头，必须直面巨大的竞争压力。从国际角度来看，法国的库尔切维尔、加拿大的惠斯勒、奥地利的基茨比厄尔、科罗拉多州的韦尔、日本的新雪谷等均是全球顶级的滑雪胜地，深受冰雪旅游爱好者的喜爱。在知名度上，吉林省与这些地区相比还存在较大差距。另外，吉林省地处东北亚地理中心位置，毗邻俄罗斯、日本、韩国等国际冰雪旅游强国，这些国家的冰雪产业起步早，已具有较大规模，设施和服务体系等也相对完善，占据了相当一部分高端国际冰雪旅游市场，相比之下吉林省处于劣势。从国内角度来看，随着全国旅游经济的发展，国内已有多个省份提出发展冰雪旅游。其中，东北地区仍保持绝对优势，但东北三省同质化竞争问题突出。黑龙江省作为冰雪产业的领军者，冰雪资源丰富，冰雪文化氛围浓厚，知名度高，是我国冰雪旅游、冰雪文化、冰雪运动第一大省，始终走在我国冰雪经济发展前列。而辽宁省有着比吉林省更优良的地域和气候环境。华北地区同样获得不少消费者青睐，热度最高的有内蒙古呼伦贝尔大草原、河北崇礼的太舞滑雪小镇。华中地区和西北地区因为湖北神农架国际滑雪场、河南银基冰雪世界、新疆丝绸之路国际滑雪场等景区，冰雪旅游热度有所增长。南方地区利用先进科学技术进一步增加冰雪场地设施供给，积极开发室内滑雪设施及四季仿真滑雪场所。这些地区都会分散吉林省冰雪旅游的游客量，国内冰雪旅游竞争已进入白热化阶段。

（二）总体发展缺乏合理规划与统筹安排

目前，吉林省冰雪旅游的发展仍处于起步阶段，各方面发展尚未完善，相关部门对旅游开发缺少科学合理的统筹安排，对冰雪旅游产品的建设缺乏系统规划，导致没能产生相应的市场知名度和号召力。吉林省在冰雪旅游开发和经营中，各类资源还未形成合力，没能精细地分析市场需求，出现了盲目跟进、无序建设、小而弱、散而乱等问题，导致重复开发和资源浪费。吉林省旅游开发缺少统筹安排，各地区优势互补、区域协同发展机制尚未形成，这不利于吉林省冰雪旅游的整体发展。个别企业未能充分结合自身的实际情况确立发展目标、开发项目，受利益的驱使盲目跟风，生搬硬套国外的操作模式，导致旅游项目、旅游产品雷同，具有特色的代表性旅游项目较少，使景区缺少吸引力。景区对冰雪旅游文化的理解不够全面，冰雪旅游建设缺乏整体性，有的景区确立了主题，但在具体的项目设计上却没有将主题体现出来，给冰雪旅游产业的整体形象造成了严重损害，使冰雪旅游产业的长期发展受到了影响，缺少核心竞争力。

（三）冰雪旅游品牌效应不够突出

吉林省冰雪旅游品牌建设不够，游客认知度不高。除“吉林的雪”深植人心外，省内很多冰雪旅游景区的品牌知名度、品质认知度、品牌联想度仍需大力提升。吉林省主要通过冰雪品牌的发展带动周边冰雪旅游产业的发展。长春着力打造“都市冰雪”品牌形象，形成“感受冰雪自然”和“体验冰雪生活”的双延伸，但在建设雪道方面技术不太成熟，产品较为单一，还有进一步开发的空间。吉林雾凇被誉为“中国四大气象奇观”之一，但其形成需要非常难得的自然条件，包括温度、湿度、风力等多种要素，这些不确定因素降低了游客的旅游满足感。白山市将“长白山之冬”作为打造冰雪品牌、提升旅游目的地形象的有效载体，但目前其对冰雪旅游的开发还不够全面。查干湖渔产资源丰富，查干湖冬捕的知名度较高，但产品供给不丰富、生态脆弱，许多系统工程还未完成，影响了查干湖知名度的全面提升。除此之外，吉林省冰雪旅游相关配套服务还需进一步完善，一些旅游细节缺乏足够的人文关怀，在宣传推广上缺乏创新，导致吉林省冰雪旅游品牌效应不够突出。

（四）冰雪旅游专业人才保障不足

2022 年北京冬奥会和冬残奥会的成功举办，让“冰雪热”持续升温，除冰雪运动项目和赛事之外，还有“冰雪+旅游”“冰雪+服务”“冰雪+制造”等多种复合模式和消费需求，让吉林省冰雪人才市场持续紧俏。2021 年我国冰雪人才需求达到增长高峰，规模同比增加 57%，“专业人才紧缺”已成为吉林省冰雪体育运动面临的一大问题，吉林省在运动技术、运动防护与保障、场馆运营等多个方面均处于专业人才紧缺状态。吉林省对专业人才的需求不仅体现在数量上，更体现在质量上。冰雪人才培训周期较长、专业要求较高，以压雪师为例，驾龄超过 2000 小时，才算一名专业技能过硬的压雪师。由于我国冰雪产业起步较晚，吉林省冰雪人才专业技术水平短时间内无法得到全面提升，面对专业人才紧缺的情况，企业只能暂时降低准入门槛，导致从业人员服务意识不足、素质普遍较低。吉林省尚未建立完善的创新型人才培养体系，对人才投资的重视程度不够，产业创新能力较弱。同时，受季节和地域的制约，冰雪人才的工作连续性较差、结构不合理。

（五）冰雪旅游产品缺乏创新

我国冰雪旅游产品以观光型和度假型为主，均为资源消耗型产品。随着经济不断发展，相对单一的产品结构不能满足消费者个性化的市场需求。面对市场需求的变化，吉林省加大投入力度进行多样化开发，推出了特色民俗村、冰室冰屋住宿、冰室火锅等多种形式的旅游产品，但创新程度有限，旅游产品附加值不够，缺少新颖的专项旅游产品和参与体验式旅游产品，产品可替代性较强。吉林省内各地冰雪旅游产品重合的问题也较为严重，产品组合特色不明显，综合式配套旅游产品非常缺乏，雷同与模仿现象较多，严重制约了冰雪旅游的可持续发展，不利于吉林省冰雪旅游产业的价值再造。在冰雪旅游产品开发的过程中，未能将“科技冬奥”的理念贯穿产品的开发与设计，现代科技含量较低，智能技术场景应用与体验布局均较弱。吉林省冰雪旅游项目的多元化和精品度仍存在较大的进步空间，需不断拓展产业的技术、文化、地域边界，从而创造更高的经济效益和环境效益。

四 “后冬奥时代”吉林省冰雪旅游产业发展路径

“后冬奥时代”，吉林省应深入贯彻习近平总书记关于发展寒地冰雪经济的重要指示精神，[①] 顺应居民消费趋势，提前谋划“后冬奥时代”产业发展，进一步发挥冰雪优势，促进冰雪旅游产业融合发展，使冰雪旅游产业走出一条具有吉林特色的高质量发展之路。

（一）统一布局合理规划

吉林省应优先统一部署冰雪旅游产业，合理规划，形成最优的产业发展布局。打造以长春市、长白山、吉林市为主体的冰雪旅游竞技和体验场地。重点建设“两个大区”，以长白山冰雪旅游度假区和吉林市冰雪运动为重点，开发环长白山、长吉图以及延边冰雪温泉休闲娱乐度假集聚带，打造世界级的高山极限滑雪挑战地。将长白山打造成综合性冰雪旅游度假胜地，根据万达等集团的重点开发项目构建相对应的“滑雪+温泉”特色旅游度假综合体，实现优势互补，确保相关产业实现有效融合。最大限度地利用雾凇这一特有的资源，使长白山、北大湖、万科松花湖旅游度假区等得到转型升级。将长春建设成一个集吃喝玩乐于一体的综合冰雪旅游产业区。西部主要守好查干湖这块金字招牌，做强查干湖冬捕冰雪渔猎旅游品牌，凸显传承千年的非遗文化特色，筑牢生态屏障。进一步有针对性地打造长春国信南山、吉林神农庄园、延边“温泉+医疗+康体”等综合项目，打造温泉品牌和冰雪体育品牌。以数字赋能冰

① 《瞭望·治国理政纪事丨冰天雪地淘金记》，“新闻客户端”百家号，2022年1月4日，https://baijiahao.baidu.com/s?id=1721012821835597398&wfr=spider&for=pc。

雪旅游产业高质量发展，把握市场的客观需求，政府对产业进行合理监管，形成良性的循环竞争，推动各类资源要素快速流动，延伸冰雪产业链条。

（二）立足自身优势向差异化发展延伸

吉林省要不断融合自身文化资源、市场资源、管理资源等，形成差异化、多元化的竞争优势，以此吸引消费者。将“冷资源”转化成“热经济”，将资源优势转化成产业优势，除了单一的竞赛型冰雪旅游项目，还需要对冰雪消费人群特性和需求进行深度调研。通过分析冰雪旅游客群的特征，在延续以往冰雪景观艺术性、观赏性的同时，顺应大众多样化、个性化消费需求，增加冰雪互动体验，打造如娱乐型、亲子型等的个性化精品项目，挖掘消费潜力。融合科技手段，利用虚拟现实技术有效筹划和建设雾凇体验馆，破解冰雪旅游品牌发展困境。创新旅游消费场景，使冰雪演艺和娱乐项目充分融合，拓展游客群体。打破“一季养四季”的尴尬局面，设计非雪季项目并加以推广，避免同质化竞争，最大限度地构建“滑冰玩雪”四季体验产品体系。满足冰雪旅游者“新、奇、特”的需求，加快促进“冰雪旅游+”模式的发展，增加冰雪旅游优质产品供给，推动冰雪旅游与相关产业融合，保障优质服务配套，尽快形成复合式冰雪旅游产业服务体系。

（三）大力培养高素质专业人才

吉林省应重视人才队伍建设，充分调动高级人才培养机制，以智能化科技引领产业创新。5G、氢能出行、智能车联网、VR 等应用在 2022 年北京冬奥会上的高新技术正在高速发展，未来冰雪产业和旅游产业想要实现转型升级，需要大量高素质专业人才的支撑。特别是智能车联网、人工智能、5G 等领域，亟须聚集一批高端人才。吉林省应进一步完善高端人才引进政策，构建冰雪人才体系，细化人才认定标准，加大科技创新投入力度，打造智慧冰雪旅游项目，使产学研融合真正落到实处。由文旅部门牵头，加强景区与高校合作，针对吉林省冰雪旅游培养具备旅游知识和文化创意的创新型、复合型人才。可吸引冰雪旅游爱好者投身冰雪文化产业建设中，实现消费者和行业人才的双重聚集。做好冰雪旅游专业人才引进工作，政府部门应提高人才引进待遇，为人才提供住房补贴和生活补贴；各旅游企业应构建有吸引力的人才晋升机制，为吉

林省冰雪旅游提供强有力的人才支撑，保障冰雪旅游产业发展的有序性和可持续性，实现聚人才、惠人才、固人才。

（四）打造独具特色的冰雪品牌

吉林省应深度放大“冬奥在北京，体验在吉林”效应，充分利用优质冰雪资源，精心设计、勇于创新，打好“冰雪旅游牌”。在对“雾凇”“北大湖滑雪”“长白山滑雪”等现有品牌的经营中，应注重对徒步、登山、露营等特色、新兴旅游产品的开发，维护冰雪旅游品牌口碑，为游客提供高质量的服务，提高游客体验感，使游客乐于重复消费，提高吉林省冰雪旅游品牌知名度。吉林省应加大力度普及冰雪运动，激发本地居民参与冰雪运动的热情，营造浓厚的冰雪旅游氛围。切实增强居民的品牌意识、赛事意识，充分挖掘吉林省传统体育、民族体育等文化资源，努力打造优质冰雪盛会，依靠冰雪运动赛事宣传扩大品牌影响力，带领全民尽享冰雪运动魅力，继而促进冰雪旅游产业消费升级。在宣传上，充分运用新媒体运营，以线上线下多种形式进行有效推广，对外宣传推介吉林冰雪旅游。要掌握数字营销模式，通过流量带动产业发展，提升用户黏度。以国内游客为重点宣传对象，加大对北上广深等一线城市的宣传力度，吸引冰雪旅游消费的主力军赴吉旅游，努力形成持续稳定的“冰雪人口”。同时，要注重与俄罗斯、日本、韩国等东北亚国家和地区建立合作交流机制，深入挖掘东北亚冬季旅游发展新思路、新动能，打造具有世界影响力的冰雪旅游品牌，提升吉林省冰雪旅游的品牌竞争力。

（五）强化冰雪旅游文化内涵

吉林省具有多民族历史文化资源和自然冰雪资源的双重优势，应把握当前文化产业蓬勃发展的历史机遇，促进冰雪资源与民俗、美食、节庆等文化资源融合发展，打造具有吉林特色的冰雪文化旅游产品。吉林省应对冰雪旅游充分注入丰富的民俗文化特色，更新传统产品开发理念，研发具有民族特色的冰雪文化旅游项目，如鱼跃龙门雕塑、满族嬉冰活动等。每逢中国传统佳节，可在省内多地开展“迎冬奥·庆新春”“玩冰嬉雪闹元宵”等冰雪节庆活动，以此带动冰雪旅游产业发展。设计冰雪文化创意产品，根据中俄双方特色冰雪文化培育多元文化载体。冰雪运动项目具有可重复消费、产业链长等特点，保护与发展冰雪体育文化是吉林省地域特色文化可持续发展的重要保障。在地域体育文化建设上，应采取体验与观赏并重的发展模式，结合现代文明创新，提升冰雪体育文化的作用力与感染力。提升冰雪文化创意产品的科技含量，借助现代高科技，以“文化创意”和“科技创新”为核心，深度打造冰雪旅游IP，提升文创产品竞争力。要结合不断变化的产品需求，有效整合各类资源，将传统文化资源优势转化为产业优势。

参考文献

胡良平、骆秉全、张晚萌:《2022冬奥会背景下北京区域居民参与冰雪运动消费调查》,《地理科学》2021年第12期。

兰延超、孙宇:《吉林省冰雪体育旅游发展路径探析》,《新长征》(党建版)2022年第1期。

姚震寰、纪明辉:《吉林省发展冰雪旅游的优势、机遇及对策》,《税务与经济》2020年第4期。

G.25

吉林省红色旅游资源调查与开发研究

冯志佰　董兴莹　田　恬*

摘　要： 本报告以吉林省红色旅游资源为研究对象，对全省红色旅游资源进行总体评价。调查结果显示，吉林省红色旅游资源储量丰富、平均品质较高，但存在开发利用深度不够、标准化程度低等问题，导致红色旅游资源优势未转化为经济优势和产业优势。应深入挖掘红色文化内涵，对红色旅游资源科学保护、合理开发，构建区域联动机制，促进红色旅游成为吉林省旅游业新板块。

关键词： 红色旅游　资源调查　开发策略　吉林省

吉林省是东北抗日联军创建地、东北解放战争发起地、抗美援朝后援地、新中国汽车工业的摇篮、新中国电影事业的摇篮、中国人民航空事业的摇篮，她的光辉历程，承载着中国共产党人的初心和使命。“红色旅游”是指以中国共产党领导人民在革命战争时期形成的纪念地、标志物为载体，以其所承载的革命历史、事迹和精神为内涵，组织接待旅游者开展缅怀学习、参观游览的主题性旅游活动。

红色旅游资源是开展红色旅游的载体，是发展红色旅游的基础。吉林省红色旅游资源云集，经过多年发展，形成了东北抗联、解放战争、抗美援朝、工业遗产、新时代精神、警示教育六类主题产品，这些产品发展前景广阔。吉林省红色底蕴深厚，红色旅游资源遍布全省。但各地资源分布相对分散，资源数量不清，导致红色旅游资源的保护工作不到位，不利于进一步开发。因此，开

* 冯志佰，长春师范大学副教授，主要研究方向为旅游经济；董兴莹，长春师范大学硕士研究生，主要研究方向为旅游经济；田恬，长春师范大学硕士研究生，主要研究方向为旅游经济。

展全省红色旅游资源的普查工作是十分必要的。将各市州及县（区、市）红色旅游资源梳理清晰有助于资源的保护和开发，可为吉林省红色旅游发展提供重要参考。

一　调查的组织

（一）调查方法

采用初步调查和实地调查两种方法。初步调查即根据全国红色旅游规划三期纲要确定红色旅游资源，参照网络、文献和已公布名录对吉林省红色旅游资源进行去重统计。实地调查即汇总去重统计后的红色旅游资源，对界定不清晰以及新发现的红色旅游资源进行实地调查。

（二）分析、评价方法

根据国家标准《旅游资源分类、调查与评价》（GB/T　18972—2017）进行资源单体的分级、类别等定性与定量评价，分析全省红色旅游资源的类别、等级、丰富度、主题、密度、聚集程度和覆盖情况等，进行概括性评价总结。

按照行政区划，将吉林省划分为 11 个地区，对每个地区内红色旅游资源的类型、等级、主题等指标进一步分析，与全省做比较，得出各地差异化发展的资源基础情况，因地制宜，提出保护利用建议。

（三）数据处理

将采集的信息录入“吉林省红色旅游资源数据库”，基于该数据库进行资源数据空间可视化表达，对全省红色旅游资源分布、聚集程度、覆盖区域、交通便利程度进行分析。

二　吉林省红色资源及红色旅游发展状况

（一）吉林省红色历史脉络

吉林省有着光荣的革命历史。从旧民主主义革命时期至今，在每个重要的历史阶段中，都有吉林人民不怕牺牲、奋勇向前的身影。“龙虎石刻”“东西炮台”“延吉边务督办公署旧址”“魁星楼”“林伯渠等民主革命先驱活动旧址”等共同见证了吉林人民抵御列强侵略、维护领土主权完整的民主革命斗争和英雄业绩。1926 年 9 月，吉林省首个党组织（中共长春支部）成立，对革命运动的发展具有深远意义。马骏、张锦春等早期在吉林省活动的共产党员在吉林大地上点燃了革命的星星之火。

吉林省是抗日战争、解放战争等重要战役的发生地，东北抗日联军在此成立，涌现杨靖宇、魏拯民等可歌可泣的抗联英雄。“三下江南四保临江”“四战四平”等战役为重大战略进攻、反攻积蓄力量，为新中国成立奠定基础。吉林省也是抗美援朝后援地，吉林人民同仇敌忾、保家卫国，为国内经济建设和社会改革赢得了相对稳定的和平环境。

新中国汽车工业从吉林省起步。1956 年 7 月 13 日，第一辆国产汽车解放牌卡车在一汽下线，结束了中国不能生产汽车的历史，吉林省是中国汽车工业的摇篮。长春是吉林省乃至全国工业、影视业发展的起点。长春是新中国第一辆汽车、第一部电影、第一列铁路客车、第一辆有轨电车的诞生地，同时是建国初期最大的轮式拖拉机生产基地。吉林的红色记忆镌刻在代表新中国脊梁的工业遗产上。

随着改革开放和社会主义现代化建设新时期、中国特色社会主义新时代的接连到来，人民思想逐渐解放，我国科研、医疗、卫生、航天等领域迅猛发展。长光卫星为我国航天事业添砖加瓦，黄大年、郑德荣、齐殿云等为祖国发展做出巨大贡献的人才和他们所代表的新时代精神，时刻激励着奋斗在各行各业的中华儿女。

（二）吉林省红色旅游发展现状

2017 年底，红色产品第一次进入吉林省旅游市场。2019 年，吉林省公布了《吉林省革命旧址名录（第一批）》《吉林省东北抗联旧址名录（第一批）》《吉林省馆藏珍贵革命文物名录》。在此基础上，吉林省启动编制了《吉林省革命文物保护利用规划纲要》和《吉林省东北抗联文物保护专项规划》。2021 年 3 月，吉林省文化和旅游厅成立革命文物处。目前，吉林省红色旅游经典景区体系已经基本形成。长春市东北沦陷史陈列馆、长春电影制片厂等7家景区入选全国A级红色旅游经典景区名录。初步构建了中国共产党在吉林一条主线，东满与南满两个特色根据地，抗日战争、解放战争、社会主义建设三大历史集群，以杨靖宇干部学院、四平战役纪念馆、靖宇青少年教育基地、红石砬子教育基地、马村抗日根据地、老黑河遗址、东北沦陷史陈列馆为核心的七大教育组团，以及十大抗联核心片区的吉林特色革命文物保护利用格局。

吉林省现拥有红色旅游主题线路、红色旅游区域线路、红色旅游融合线路三大类红色旅游经典线路30条、16个全国红色经典景点、269处革命旧址、133处抗联旧址以及6000余件/套馆藏革命文物。

三 吉林省红色旅游资源总体评价

吉林省红色旅游资源专项调查覆盖全省范围内11个地区（包括长春市、吉林市、四平市、辽源市、白山市、通化市、白城市、松原市、延边朝鲜族自治州、长白山管委会和梅河口市）的所有乡镇和街道，依据国家标准《旅游资源分类、调查与评价》（GB/T 18972—2017）对收集的吉林省红色旅游资源进行分类分级评价。

（一）资源丰度分类

1. 类型丰度

红色旅游资源的性质决定红色旅游资源以人文旅游资源为主。调查结果显示，吉林省红色旅游资源分属3个主类、5个亚类、22个基本类型（见表1）。

表1 吉林省红色旅游资源分类

主类	亚类	基本类型
E 建筑与设施	EA 人文景观综合体	EAA 社会与商贸活动场所
F 历史遗迹	EB 实用建筑与核心设施	EAB 军事设施与古战场
H 人文活动	EC 景观与小品建筑	EAC 教学科研实验场所
	FA 物质类文化遗存	EAD 建设工程与生产地

续表

主类	亚类	基本类型
	HA 人事活动记录	EAE 文化活动场所
		EAF 康体游乐休闲度假地
		EAH 交通运输场站
		EAI 纪念地与纪念活动场所
		EBA 特色街区
		EBB 特性屋舍
		EBD 独立场、所
		EBG 堤坝段落
		EBI 洞窟
		EBJ 陵墓
		ECA 形象标志物
		ECC 亭、台、楼、阁
		ECE 雕塑
		ECI 塔形建筑
		ECL 水井
		FAA 建筑遗迹
		HAA 地方人物
		HAB 地方事件

2. 储量丰度

依据国家标准《旅游资源分类、调查与评价》（GB/T 18972—2017），吉林省红色旅游资源主类储量分布如下：三大主类中，建筑与设施占比最大，人文活动占比最小（见图 1）。因此，吉林省应注重对人文活动类红色旅游资源的挖掘。

（二）资源品质比较

1. 资源等级分布

依据国家标准《旅游资源分类、调查与评价》（GB/T 18972—2017）将吉林省红色旅游资源进行分级评价。吉林省红色旅游资源以一级、三级为主，

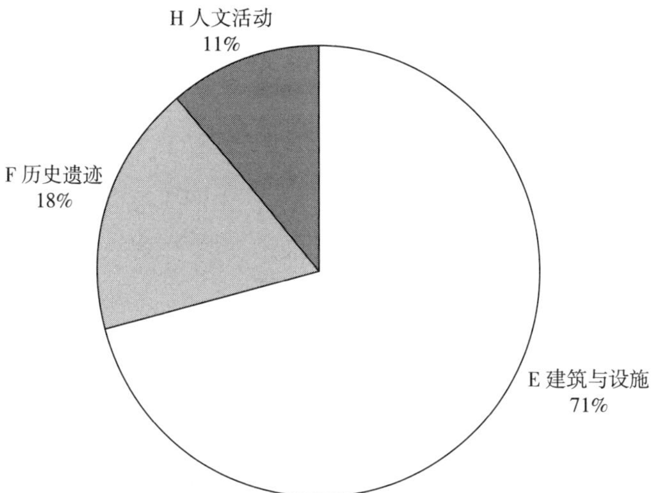

图 1　吉林省红色旅游资源主类储量分布

二级、四级、五级略少（见图 2）。吉林省仍应加强优良级红色旅游资源的评价、认定工作。

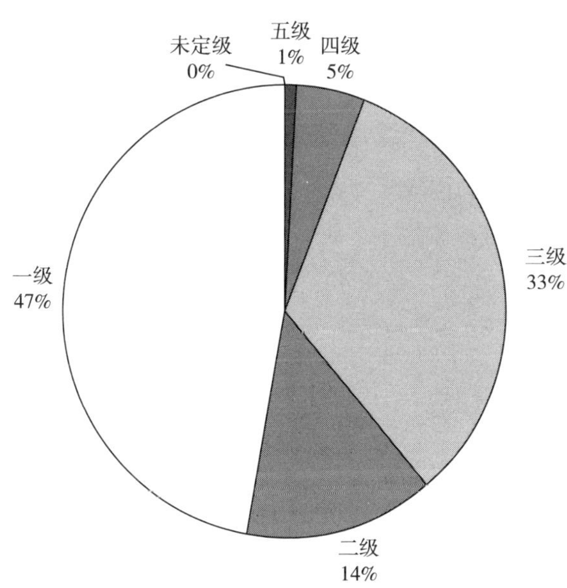

图 2　吉林省红色旅游资源等级分布

2. 资源平均品质分及分类差异

旅游资源平均品质分是将各等级旅游资源的单体数量分别乘以 10（五级）、7（四级）、5（三级）、3（二级）、1（一级），再将其总和除以各等级旅游资源的单体总数。吉林省红色旅游资源的平均品质分为 2.985，但不同类型红色旅游资源的平均品质分存在差异。由图 3 可以看出，按平均品质分排列，人文活动排在第 1 位，历史遗迹排在第 2 位，建筑与设施排在第 3 位。

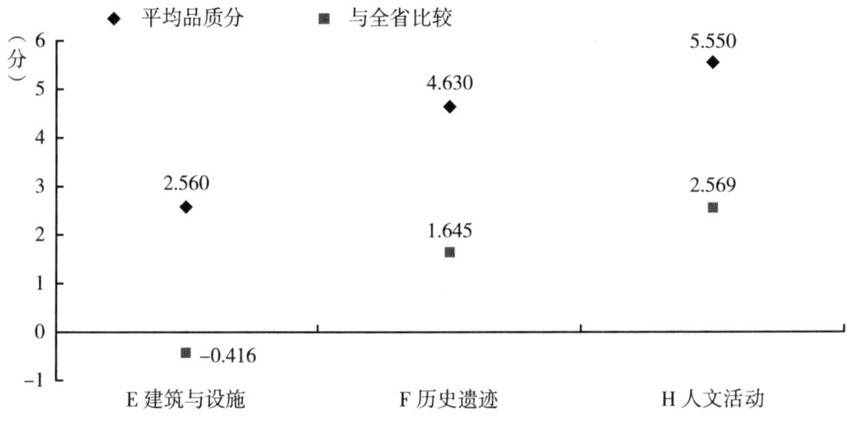

图 3 吉林省红色旅游资源品质分比较

3. 优良级资源的分类构成

在全省红色旅游资源单体中，属于优良级红色旅游资源的单体有 605 个，占所有单体总量的 38.88%（见图 4）。由此说明吉林省优良级红色旅游资源较多，极具开发价值。

（三）资源主题构成

1. 主题及其构成

为分析吉林省红色旅游内容特点和品牌潜力，根据吉林省红色旅游的内容和主题品牌，将吉林省红色旅游主题划分为抗日战争、抗美援朝、解放战争、工业遗产、警示教育、烈士纪念设施、时代精神和其他 8 个类型。

调查结果显示，烈士纪念设施主题为吉林省红色旅游资源优势主题，占

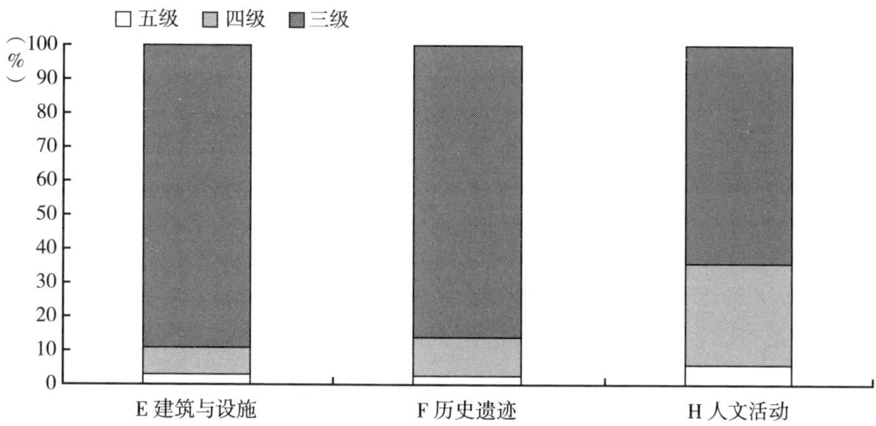

图 4　吉林省优良级红色旅游资源分类分级结构

48%；抗日战争主题红色旅游资源占 21%；工业遗产主题红色旅游资源占 10%；其余主题红色旅游资源相对较少，各占比不足 10%。

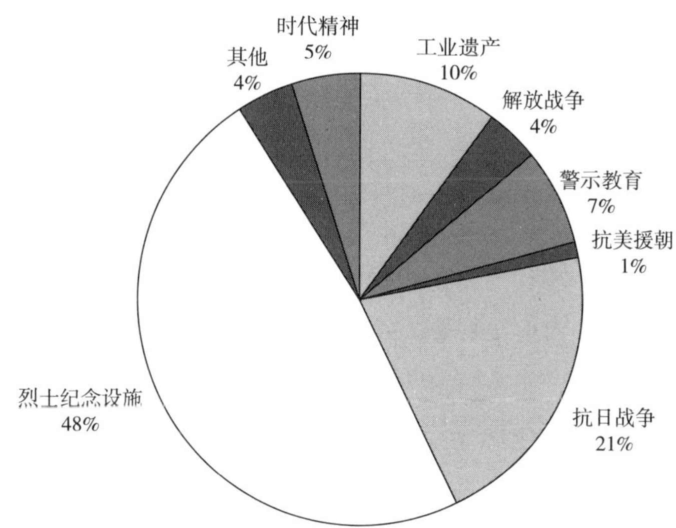

图 5　吉林省红色旅游资源主题分布

注：烈士纪念设施为混合型主题，包括烈士墓、陵园和独立存在的烈士纪念碑，小部分不能明确归类主题的红色旅游资源被划分为其他主题。

2. 优良级资源主题及其构成

调查结果显示，吉林省优良级红色旅游资源以抗日战争主题居多，分布在吉林省东南部，占35.54%；其余主题优良级红色旅游资源零星分布于全省各地。其中，解放战争主题优良级红色旅游资源占8.43%；抗美援朝主题优良级红色旅游资源占1.65%；工业遗产主题优良级红色旅游资源占7.77%；警示教育主题优良级红色旅游资源占14.88%；时代精神主题优良级红色旅游资源占10.91%；烈士纪念设施主题优良级红色旅游资源占14.05%；其他主题优良级红色旅游资源占6.78%。

3. 资源平均品质分与主题差异

吉林省红色旅游资源的平均品质分为2.985，但不同主题旅游资源的平均品质分存在差异（见图6）。

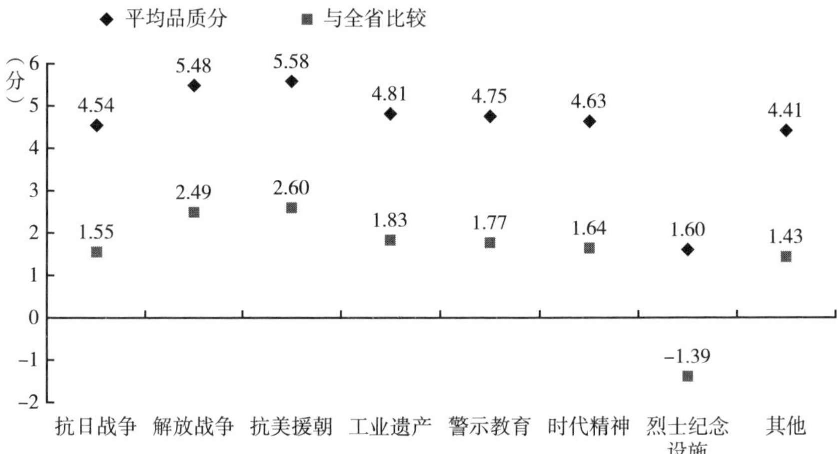

图6 吉林省红色旅游资源品质分主题比较

（四）实体类红色旅游资源分布

在吉林省红色旅游资源的3个主类中，建筑与设施和历史遗迹两大类为实体类红色旅游资源。

1. 实体类资源时间分布及构成

按照红色历史脉络将实体类红色旅游资源建设或发生时间分为3段，分别是1840~1919年、1920~1949年、1950年至今。其中1840~1919年占3%；1920~1949年占31%；1950年至今占66%（见图7）。

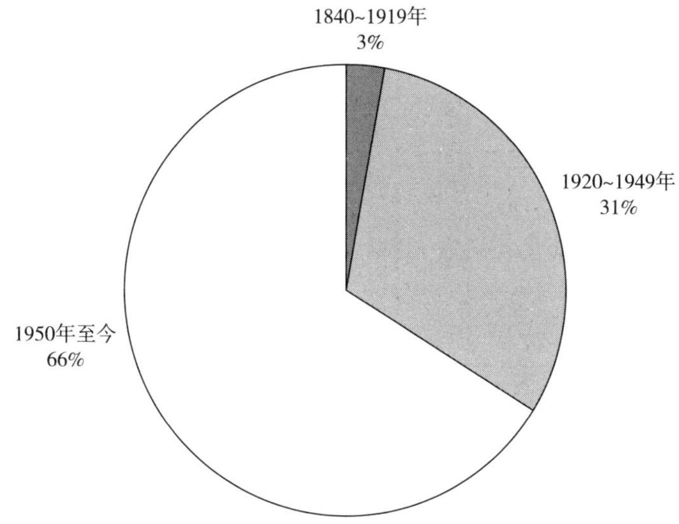

图 7　吉林省实体类红色旅游资源时间分布

2. 实体类资源数量的地区分布

吉林省 11 个地区中，延边朝鲜族自治州、通化市、长春市实体类红色旅游资源数量占据前三。其中，延边朝鲜族自治州红色旅游资源总量约占吉林省的 1/2，由此可见，应将延边朝鲜族自治州作为吉林省红色旅游重点区域进行打造，深入挖掘其内涵和历史价值，开发具有民族特色和红色文化底蕴的旅游产品。

优良级红色旅游资源集中分布在吉林省东南部，在白山市江源区、浑江区和通化市东昌区的分布尤为密集。因此，应着重提升东南部优良级红色旅游资源的外界知名度，构建区域联动机制，实现多区呼应、联动发展。

3. 实体类资源单体地区类型构成

在全省范围内，各地实体类红色旅游资源类型均以建筑与设施为主，3 个亚类中，人文景观综合体和景观与小品建筑单体广泛分布于延边朝鲜族自治州，实用建筑与核心设施单体多位于通化市（见图 8）。

4. 实体类资源单体地区等级构成

延边朝鲜族自治州是吉林省实体类红色旅游资源单体和优良级实体类红色旅游资源单体最多的地区，这说明延边朝鲜族自治州红色旅游资源不仅数量多，而且品质高。

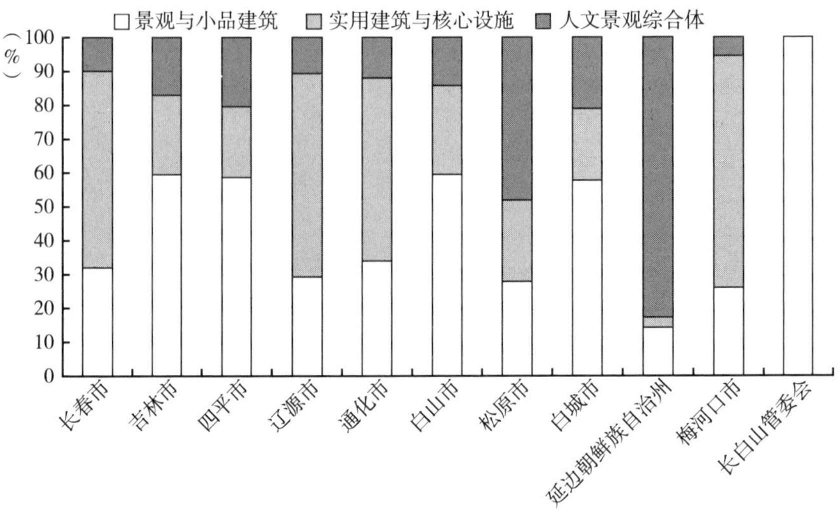

图 8 吉林省实体类红色旅游资源类型地区分布

5. 实体类资源丰度

延边朝鲜族自治州实体类红色旅游资源总储量居吉林省首位，其次是吉林市（见图 9）。

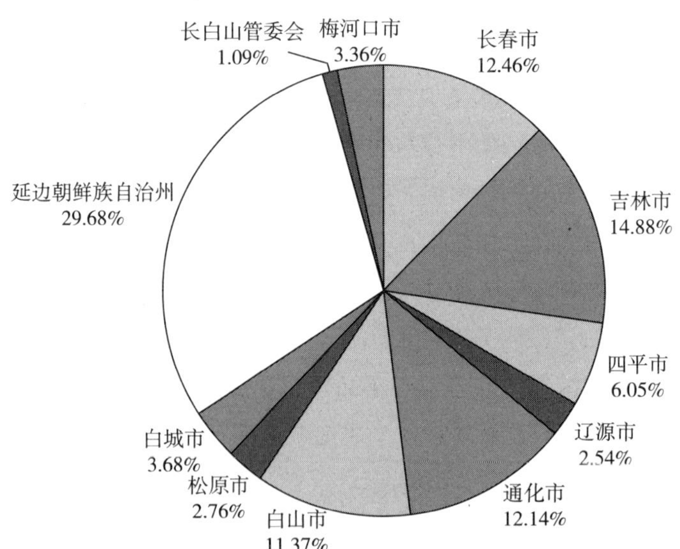

图 9 吉林省实体类红色旅游资源总储量地区分布

从图 10 可以看出，全省的优良级实体类红色旅游资源主要集中在吉林省中部、东部地区，在长春市、吉林市、通化市、白山市和延边朝鲜族自治州较为集中。

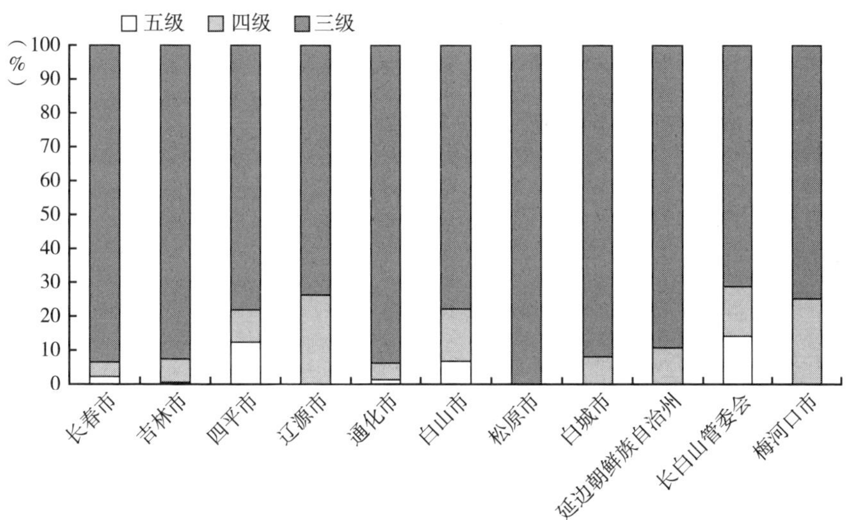

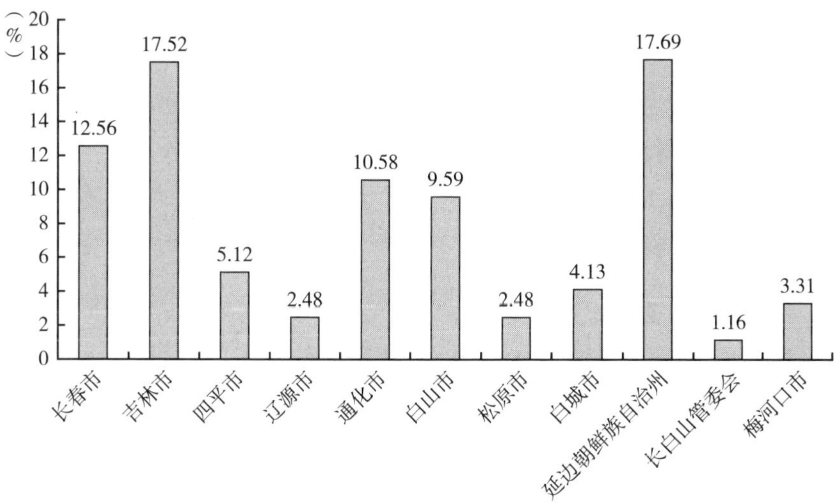

图 10　吉林省优良级实体类红色旅游资源总量比较

（五）总体评价

根据上述对吉林省红色旅游资源调查数据分析得出，吉林省红色旅游资源具有储量丰富、品质优异、分布广泛等特点。

1. 资源储量丰富，资源类型以建筑与设施为主

吉林省红色旅游资源单体丰度和储量丰度都很高，拥有 3 个主类、5 个亚类、22 个基本类型。资源类型以建筑与设施为主。

2. 资源平均品质高，优良级资源多，开发潜力大

吉林省优良级红色旅游资源单体占所有单体总量的 38.88%。五级单体与四级单体成为吉林省红色旅游发展的有力支撑，为吉林省打造高质量红色旅游产品、红色旅游精品、红色旅游品牌提供有力的资源保障。

3. 分布呈大分散、小集中格局，特色明显

吉林省各市州均有较为丰富的红色旅游资源，资源分布较分散，但各区域内资源相对集中，区域间差异显著。在资源数量、储量、优良级与五级资源比重上，长春市、吉林市、四平市、通化市、白山市在全省范围内优势显著，但其他城市也有亮点。延边朝鲜族自治州红色旅游资源数量较多，松原市、白城市、辽源市的红色旅游资源独特，但数量较少。

四　吉林省红色旅游资源开发策略

（一）开发保护面临的问题

1. 保护利用重视程度不足

吉林省对红色旅游资源保护利用的总投资规模不足，大多数红色旅游资源常年维持现状，品牌意识亟待增强。省内红色旅游资源相对丰富的市州，县（区、市）间缺乏交流，本省与周边省份的相关合作较少，未构建起区域联动发展机制。

2. 开发利用深度不够

吉林省红色旅游资源的开发利用存在相关部门多头管理、基础设施建设滞后、配套设施不完善、资源开发形式单一、规模小层次低、产业链条不完善、衍生产品不丰富等问题，部分红色旅游景区同质化现象严重、缺乏创新，仍停留在简单的观摩展品阶段，未充分挖掘红色旅游资源的底蕴内涵，红色旅游体验类项目、红色旅游文创商品匮乏，红色旅游资源优势并未转化为经济优势和产业优势。

3. 宣传力度不大

吉林省生态环境优良，诸多红色旅游资源与人文、自然环境资源相互融合、相得益彰，但未得到大力宣传，重要红色旅游资源在外界的知名度不高，这与丰富的红色旅游资源本身严重不符。

4. 标准化程度低

已有红色旅游景区内讲解员对红色文化的理解不够深入，部分讲解词不规范。

（二）开发策略和建议

当前，随着我国经济的持续快速发展和人民群众生活水平的不断提高，吉林省红色旅游正面临十分有利的发展机遇。虽然红色旅游景区在对红色旅游资源的深度开发与利用方面还存在种种问题并面临一系列挑战，但是吉林省红色旅游资源具有明显潜力。面对难得的历史机遇和发展契机，必须进一步解放思想、更新观念，更好地适应形势发展的要求，立足吉林省丰富的资源优势和人民群众日益增长的需求，在强化管理、服务创新、充分挖掘旅游市场巨大潜力上实现新的突破，大力发展红色旅游，积极扩大吉林省红色旅游经营规模，努力缩小与其他地区的差距。因此，应善于抓住机会，将吉林省红色旅游做大做强。

1. 加强红色旅游资源深入挖掘和科学保护

（1）常态化开展红色旅游资源统计与定级工作

将红色旅游资源的统计与定级工作常态化、日常化，发现一处、认定一处、保护一处、利用一处，定期开展红色旅游资源调查，每10年开展一次红色旅游资源普查。加强对革命文物和革命文献档案史料、口述资料的调查征集，开展革命文物及资料的定级建档工作。不分批次，将意义重大、保存完整、有代表性的资源及时确定为文物保护单位，并及时开展红色旅游资源转化工作。

（2）坚持红色旅游资源整体规划与环境协调

重点将具有较高历史价值的红色旅游资源列入全省红色旅游发展规划。进一步注重红色旅游资源的周边环境整治和开发利用，对有红色旅游资源的乡村，要在乡村振兴部署上充分挖掘乡村红色遗存，保持乡土特色。对红色旅游资源丰富的乡镇、村庄给予政策、资金、项目扶持，统筹规划红色旅游资源的保护利用，促进红色旅游与乡村旅游融合发展。

（3）加强濒危红色旅游资源抢救性保护

对红色旅游资源实施分类保护，落实属地管理责任，开展红色旅游资源现状巡查和安全评估工作。以解决维修资金为抓手，督促当地政府落实主体责任，采用以县级财政为主体、以市级财政为补充的方式筹措资金。

2. 提升红色旅游资源活化利用水平

（1）提升红色旅游发展质量

创新红色旅游投入机制，主动向上争取各级红色旅游发展资金，引导社会资金积极参与。积极引进在旅游开发建设和运营管理领域经验丰富且规模较大的企业参与红色旅游景区的开发建设和运营管理，提高运营效益，培育专业人才，提升服务质量。加强区域红色旅游合作，推进周边红色旅游资源整合。推进红色旅游景区标准化建设，提升景区建设水平和服务质量，充分利用5G、VR/AR等现代科技。加大对红色旅游专业人才的培训力度，推动红色旅游服务向专业化、规范化和人性化发展，通过一系列的举措，配齐配强旅游人才队伍，开发旅游管理经验模式，不断提升红色旅游服务质量。

（2）打造文旅融合发展示范区

以磐石、和龙、通化等革命文物保护利用区县为重点，突出特色、整体规划，打造文旅融合发展示范区，发起成立东北抗联片区红色旅游营销宣传推广联盟，通过线上线下双渠道进行区域旅游营销，打造区域红色旅游新品牌。围绕红色旅游合作愿景、项目、意义等方面，定期举办红色旅游合作高峰论坛。实施红色旅游创客行动计划，开发影视、动漫、演艺、歌曲、文创等红色创意产品。举办一系列红色主题活动，丰富红色旅游业态，打造一批具有示范性、带动性和影响力的红色旅游品牌。

（3）创作推出一批红色文化艺术精品

以红色遗址遗迹、重大历史事件、重要党史人物为主题，策划创作一批讴歌党、讴歌祖国、讴歌人民、讴歌英雄的红色戏剧、歌曲、影视作品。

3. 加大红色旅游资源宣传教育力度

（1）全方位宣传红色旅游资源

充分利用吉林省旅游宣传新媒体矩阵，整合各类媒体资源强化红色旅游资源立体化宣传，开辟红色旅游资源宣传栏目。重视新技术、新媒体运用，利用微信、抖音等新媒体手段，增强红色旅游资源宣传的现代化、个性化、趣味性、互动性，将新媒体平台打造成红色旅游资源宣传的前沿阵地。

（2）推动红色旅游资源进校园

吉林省各地分布着大量的革命遗址、纪念设施等红色旅游资源。应用好吉林省红色旅游资源，建设一批红色爱国主义教育基地，让中小学校每学期开展一次“红色寻踪”研学之旅。统筹全省红色旅游资源，开发一批精品课程和特色研学路线。

参考文献

吉林省文化和旅游厅编《吉林省红色旅游资源调查与规划》，2022。

孙诗航：《东北抗日文化遗产评价及廊道构建研究》，硕士学位论文，延边大学，2019。

李梦琪、雪连：《东北三省红色旅游资源整合发展探析》，《旅游纵览》2021 年第 23 期。

谭娜、万金城、程振强：《红色文化资源、旅游吸引与地区经济发展》，《中国软科学》2022 年第 1 期。

韩洪泉：《红色文化资源的利用与开发——以长征文化为例》，《中国纪念馆研究》2020 年第 2 期。

张佳慧、郭咏嘉、梁志文：《基于 SWOT 分析的吉林省红色旅游发展策略研究》，《旅游与摄影》2021 年第 20 期。

李洪龙：《乡村振兴战略背景下乡村红色旅游资源开发与应用研究——以吉林省相关实践为例》，《旅游纵览》2022 年第 5 期。

G.26

乡村振兴背景下吉林省民宿发展研究

姜乃源*

摘　要： 民宿的出现，改变了人们习以为常的外出住宿方式，在乡村振兴背景下，吉林省民宿发展依托得天独厚的自然资源和独具特色的民俗文化，朝高质量、全产业链方向前进。本报告基于吉林省民宿发展现状和相关理论基础，以吉林省为研究对象，以调查研究、资料收集为基础，通过线上、线下多种渠道进行调研，依托吉林省政府网、POI、携程、同程、小红书、抖音平台及手机 App 搜索数据对样本进行统计分析、发放调查问卷并对数据进行说明及处理。研究结果表明，吉林省旅游资源吸引力较强，民宿发展具有一定潜力；吉林省拥有丙级资质的乡村民宿较少，民宿主要分布在各个城市或乡村，形式多种多样，但大多数民宿还处于发展阶段；受新冠肺炎疫情影响，民宿主要处于调整恢复期；由于游客旅游偏好不同，对不同地区的民宿需求不同，吉林、通化、延边、长春民宿数量较多、发展较好，白城、辽源民宿数量较少、规模较小、发展空间较大。

关键词： 乡村振兴　乡村民宿　旅游体验　吉林省

住宿作为旅行六要素之一，在人们出行体验中起到重要作用。近年来，随着人们出行方式、旅游体验的丰富，人们的外出住宿方式趋向多样化，民宿成

---

* 姜乃源，白城师范学院旅游与地理科学学院讲师，主要研究方向为乡村旅游经济。

为更多人的选择。研究乡村民宿的发展有助于推动乡村地区旅游经济的发展，对助力乡村振兴具有重要意义。

一　吉林省乡村民宿的发展背景

2018 年 1 月 2 日，中共中央、国务院发布《关于实施乡村振兴战略的意见》，提出构建农村一二三产业融合发展体系，其中，乡村民宿被列入乡村旅游精品工程。《国家乡村振兴战略规划（2018—2022 年）》提出，发展壮大乡村产业，鼓励和培育新业态、新模式，繁荣乡村文化，为乡村民宿的发展提供了有力的政策支持。2021 年 6 月，《关于推进乡村旅游高质量发展实施意见》（以下简称《意见》）正式出台，《意见》明确指出，促进吉林省乡村旅游“全面升级”，积极盘活农村闲置宅基地，发展精品民宿、共享农庄、康体养老、农家乐等业态，预计实施“十百千万”工程，打造 100 家精品民宿，培养 1 万名乡村旅游经营管理、创意设计、文化传承、市场营销等方面的人才。2021 年 11 月，《吉林省文化和旅游发展“十四五”规划》正式发布，提出持续加强乡村旅游等新业态的高质量发展，再一次强调了乡村旅游的高质量发展。吉林省农村人口为 1279 万人，2021 年脱贫群众人均收入 12079 元，吉林省住宿和餐饮业增加值为 189.08 亿元，增长 14.7%，人民消费水平逐渐上涨，全年旅游收入 3279.04 亿元，国内旅游收入上涨 29.4%，国际旅游收入下降 32%，说明受疫情等诸多因素影响，国内旅游需求增多，更多消费者选择在国内旅游。2022 年吉林省《政府工作报告》强调，2021 年启动实施乡村建设行动。出台 12 项专项行动方案，创建示范村 1022 个，打造美丽庭院、干净人家 20 万户。提出 2022 年大力发展生态旅游、恢复消费升级等重要的指导性意见，这为乡村振兴背景下的吉林省民宿发展提供了有力支持。

民宿的发展历史由来已久，西方大饭店出现之前，旅行者一般在当地居民家里下榻并支付一定的金额，由此产生了 Bed and Breakfast（B&B），曾经一度被英国等国家作为标识挂在民宿外面。欧洲、美国等采用了不同的单词来描述民宿，如“Paradors”“Gasthaus”“Shukukos”“Boarding House”“Tourist Home”等，日本的“Minshuku”是“民宿”的音译由来。19 世纪 80 年代以来，国外学者对民宿进行了不同角度的研究，Asbullah 从乡村民宿

与酒店管理的角度进行了分析；Koss 从消费、体验等几个方面进行了研究；Farthing 从旅游体验方面进行研究，提出发展民宿需要三种角色的配合。国外其他学者也从乡村民宿的发展、消费行为等方面进行了研究。随着国内民宿逐渐增多，学者们对国内民宿的发展也进行了不同角度的分析，主要有理论分析和实践分析、对民宿的建筑、地区民宿以及民宿经济的分析等：闫晓萍从法律政策方面进行研究，提出完善民宿经营机制，促进民宿产业健康平稳发展；杜艳葶、霍立分析了民宿的概念与法律界定，强调规范民宿经营管理，并提出有序发展的建议。李泽芬等从生态文化旅游视角对我国民宿发展进行了研究，主要围绕民宿特色、生态资源、融合发展进行研究，提供了有效的建议。2018~2022 年，对“文旅融合+民宿”的旅游研究也逐年增多，陈文玉等从文旅融合发展机制、地区文旅结合民宿的情况、“文旅融合+民宿”高质量发展等方面进行了研究。也有学者对国内外、区域间进行了比较研究，注重国内外的比较研究以及海峡两岸民宿发展的比较研究。陈沫、齐岩波、刘海霞对台湾和大陆的民宿发展进行了对比研究，提出了可行性的建议；赵云鹏、李玉萍对国内外民宿设计进行了比较研究；张玉秀、王珏、陈棠对台湾和海南乡村旅游发展进行比较研究，提出产业融合、多元发展的对策建议。对于吉林省民宿发展的研究主要集中在 2017 年后，主要围绕民宿发展评价、开发可行性、发展规划和设计、冰雪旅游背景下的民宿进行研究，李嘉新从双重视角对吉林乡村民宿发展进行调查研究，从质量、政策、人才、效率等方面提出策略；李天骄、吴翠玲对吉林省乡村旅游背景下的民宿发展进行研究，从规划、空间提升、人文活动体验等方面提出了有效的建议；董舫、王春辉从民宿开发可行性、景观鉴赏营造两个方向进行了研究；韦利坤从地域上比较分析了东北地区民宿市场现状和竞争力，提出了发展东北民宿的建议。

近年来，吉林省大力发展乡村旅游，聚焦乡村旅游高质量发展、乡村冰雪旅游、生态旅游、边境旅游、康养旅游，注重全域开发、全季挖潜、全链融合，重视“三亿人参与冰雪运动”和“三亿潜在避暑人群”两个“三亿人”市场，推动冰雪产业和避暑休闲产业双业并举，“温暖相约·冬季到吉林来玩雪”和“清爽吉林·22℃的夏天”双品牌构建。吉林省主要自然资源、人文资源、体验旅游等旅游内容集中在乡村，这为乡村民宿的发展提供了优良的条件，同时为吉林省乡村民宿旅游高质量发展提供了研究意义。在理论意义上，当前学界对民宿发展研究成果不多，缺少一定理论框架，针对吉林省民宿发展的研究成果较少，因此本报告尝试在理论分析的基础上，在乡村振兴背景下分析吉林省民宿发展现状，深入分析吉林省民宿发展的条件，进一步夯实吉林省民宿发展理论基础，丰富相关研究领域的成果，希望能够提供一些参考。

二　乡村振兴背景下吉林省民宿发展现状

（一）吉林省民宿发展条件分析

吉林省下辖 9 个地级行政区，其中包括 8 个地级市，1 个自然州；共有 21 个市辖区、20 个县级市、16 个县、3 个自治县，合计 60 个县级区划；共有 954 个乡级区划，现拥有 19 间丙级民宿及 435 家未评级民宿。

1. 政策条件

2021 年，吉林省政府颁布《吉林省文化和旅游发展“十四五”规划》（以下简称《规划》）。《规划》阐述了“十四五”时期吉林省文化和旅游发展的指导思想，提出“建设旅游强省、冰雪经济强省成效显著，为建设文化强省远景目标奠定基础”的发展目标和重点领域的量化指标。在旅游产业方面，从构筑双循环旅游新格局入手，持续提升避暑休闲游、乡村旅游、红色旅游、工业旅游等新产品新业态供给质量，不断激发行业整体创新发展活力，有效推进保护生态和发展生态旅游相得益彰。在冰雪产业方面，科学优化拓展产业发展空间，积极打造全链式现代化产业体系，大力发展冰雪主题文旅项目和具有市场引领力的冰雪品牌产品，推动冰雪旅游、冰雪运动、冰雪文化、冰雪装备等向高质量、高端化发展。吉林省政府及国家的大力支持为吉林省民宿旅游发展奠定了基础。

2. 资源条件

（1）自然旅游资源分析

吉林省位于东北地区中部，是东北地区腹地、东北亚地理几何中心，自然气候条件具有典型东北地区特征。地形地貌形态多种多样，地形以中低山区、

平原地区、草甸、湖泊、湿地、沙地等为主，地貌有火山地貌、侵蚀剥蚀地貌、冲击地貌和冲积平原。属于温带大陆性季风气候，四季分明。生态环境多种多样，省内拥有各类自然保护区 54 个，吉林市、四平市、白城市、延边朝鲜族自治州被列入国家生态文明先进示范区名单，白城市为首批海绵城市建设试点城市之一。省内森林旅游资源丰富多样，森林覆盖率为 44.2%；草地旅游资源总面积 69 万公顷；湿地旅游资源丰富，面积达 172.8 万公顷；河流、湖泊面积达 26.55 万公顷；野生动植物资源种类丰富，达 445 种。吉林省拥有丰富的冰雪旅游资源，位于世界黄金冰雪旅游带，冬季平均气温为-11℃，资源与气候具有“西冰”“中城”“东雪”的空间分布特点。吉林省现拥有室内外滑雪场 46 座，其中包括国际顶级滑雪场，体量足够容纳旅游者进行冬季旅游活动。

（2）人文旅游资源分析

吉林省拥有悠久的历史，曾经有肃慎、秽貊、东胡三大部落系统，后经历了不同时代变迁，逐渐形成了现在的吉林省。吉林省有丰富的红色旅游资源，是抗日战争的主要阵地；省内非物质文化遗产达 389 项，包括了 2 项联合国人类非物质文化遗产、44 项国家级非物质文化遗产及 343 项省级非物质文化遗产；省内曲艺百花齐放，包括二人转、榆树东北大鼓、吉剧、黄龙戏、评剧等形式；节庆活动种类繁多，包括旅游节、文化节、商贸农事节与会展、体育节等，其中典型的有雾凇冰雪节、中国长春电影节、汽博会等。

依托国家对吉林省民宿发展的政策支持、得天独厚的自然旅游资源和独具特色的人文旅游资源，乡村振兴背景下的吉林省民宿发展拥有了良好的政策、环境发展基础。以市场为导向、以需求为前提，为乡村民宿的发展以及实现乡村振兴的目标提供了先决条件。

（二）吉林省民宿发展现状

吉林省积极响应乡村振兴战略、实现“三农”的目标，积极发展民宿产业，近几年取得了一定成效。乡村振兴背景下的吉林省民宿发展有以下特点：民宿基础数量多，乡村民宿形式多种多样，具有丙级资质的民宿数量较少，距离建立 100 间精品民宿的目标较远。

目前，根据《旅游民宿基本要求与评价》的民宿评定标准，吉林省具有丙级资质的民宿共16家，分别分布在8个市州，其中，吉林市、延边朝鲜族自治州、通化市的民宿数量相对较多（见表1），但总体来说，具有资质的民宿数量较少，一方面由于旅游民宿评定工作起步较晚，一方面由于吉林省民宿还处于蓬勃发展阶段。

表1 具有资质的吉林省民宿分布情况统计

单位：间

序号	城市名称	数量	评定等级
1	长春市	1	丙级
2	吉林市	4	丙级
3	延边朝鲜族自治州	3	丙级
4	白山市	1	丙级
5	通化市	3	丙级
6	松原市	1	丙级
7	辽源市	0	丙级
8	四平市	1	丙级
9	白城市	0	丙级
10	梅河口市	2	丙级

资料来源：吉林省人民政府网站。

对民宿进行实地走访、查阅资料、运用App查找及利用POI进行搜索，查询到吉林省记录在册的民宿企业共435家，其中长春市93家、通化市131家、延边朝鲜族自治州84家、吉林市34家、白山市43家、松原市20家、四平市18家、辽源市10家、白城市2家。从民宿建立时间来看，吉林省民宿于2017年开始增多，于2020年达到高峰，从公司规模来看，注册资本在1万~100万元。按照类型可分为个体工商户、有限责任公司、农民专业合作经济组织、个体独资企业、股份有限公司、有限责任公司国有企业及未登记企业（见表2）。截至2021年，吉林省民宿发展势头强劲，各市州都拥有可以接纳一定旅游者的民宿，民宿种类比较丰富，以住宿为主要营业方式，同时有餐饮、农业活动、采摘、休憩、民宿风情等旅游体验项目。民宿分布地区以城市周边及乡村为主，这为短距离旅游提供了便利条件。

表 2　吉林省民宿企业类型统计

序号	公司类型	数量(间)
1	个体工商户	249
2	有限责任公司	136
3	农民专业合作经济组织	22
4	个人独资企业	8
5	有限责任公司国有企业	2
6	股份有限公司	2
7	未登记企业	16

资料来源：规划云 POI 搜索工具。

三　吉林省民宿消费需求分析

乡村振兴背景下，吉林省民宿消费需求不断增加，为了进一步了解吉林省民宿发展情况，根据吉林省旅游事业“十四五”规划发展目标，借鉴其他地区民宿成功经验，设计调查问卷，从消费者角度调研。自问卷发布以来，共回收 848 份有效问卷，根据调查结果从消费者构成、价格、环境、体验等方面进行分析。从调查结果来看，旅游者对目的地吸引力、交通距离、乡村民宿的卫生条件、自然环境、设施环境要求较高。

（一）调查样本基本情况

调查对象主要是乡村民宿消费者及潜在消费者。调查对象年龄区间为 18~72 岁，年龄差距 48 岁，20~35 岁受访者占比最高，占样本总量的 53.30%；女性居多，共 612 人，占样本总量的 72.17%。从收入构成上分析，由于问卷受访者年龄结构及身份的差异，收入不稳定的较多，共 392 人，占 46.23%；其次为 2000 元以下，共 185 人，占 21.82%；收入为 2000~5000 元的，共 119 人，占 14.03%；收入为 5001~10000 元的，共 103 人，占 12.15%；收入为 10001 元及以上的，共 49 人，占 5.78%。由以上数据可以看出，消费者消费能力受到职业、年龄、收入等因素影响，收入不稳定及收入为 2000 元以下的占比较高。从职业构成上分析，公务员、事业单位及企业工作人员共 199 人，占25.12%；学生共574人，占67.69%；自由职业者共61人，占7.19%；退休人员共14人，占1.65%（见表3）。

表3 调查样本基本情况

单位：人，%

变量	基本特征	人数	百分比
年龄	20岁以下	276	32.55
	20~35岁	452	53.30
	36~50岁	84	9.90
	51岁及以上	36	4.25
性别	男	236	27.83
	女	612	72.17
收入	2000元以下	185	21.82
	2000~5000元	119	14.03
	5001~10000元	103	12.15
	10001元及以上	49	5.78
	收入不稳定	392	46.23
职业	公务员、事业单位及企业工作人员	199	25.12
	学生	574	67.69
	自由职业者	61	7.19
	退休人员	14	1.65

（二）乡村振兴背景下民宿消费分析

1. 了解渠道分析

随着“互联网+”时代的到来，消费者不仅通过广告、电视渠道获取民宿信息，也会通过多种多样的渠道了解每个地区的民宿。问卷设计11个渠道的选项供受访者进行多项选择，分别是旅游书籍宣传册、电视媒体、报刊、旅行公众号、携程、飞猪、同程、Airbnb、抖音、小红书、他人介绍，得出的结果为通过抖音、旅行公众号、携程、小红书了解乡村民宿的人数及占比均较高，其次为电视媒体、旅游书籍宣传册及他人介绍，报刊、飞猪、同程及Airbnb占比较低（见图1）。但总体来说，通过网络媒体渠道获知的占比较高。由于受访者年龄结构及现代信息来源渠道的改变，消费者可以通过线上查询及参考其他有经验的消费者或探店博主了解旅行攻略、入住体会，能够更加方便地提前预知民宿地点及周边具体情况，了解更多相关线路及活动；同时，他人介绍作为一个良好的信息渠道也不容忽视，口碑效应能够为吉林省民宿带来更多消费者。

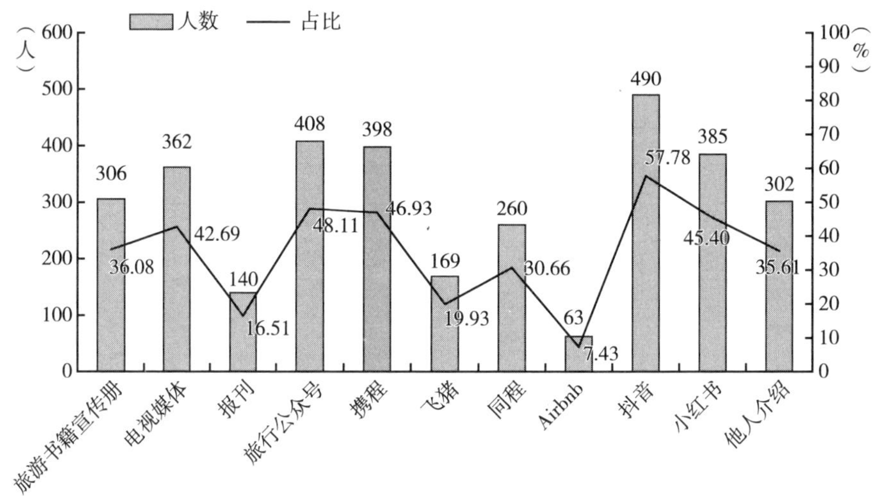

图1　民宿了解渠道占比

2. 需求价格分析

价格因素是影响游客前往吉林省时是否选择民宿居住的重要因素之一，有别于星级饭店，未登记的民宿在价格上缺少相关部门管理，价格的不稳定因素较多。为了更加了解消费者的接受能力，让受访者对价格区间进行选择，设置200元以下、200~500元、501~800元、801~1000元及1001元及以上5个选项，根据问卷调查结果，能够接受价格为200~500元的受访者最多，共413人，占48.70%；其次为200元以下，共352人，占41.51%；能够接受民宿价格为501~800元的消费者共60人，占7.08%；能够接受民宿价格为801~1000元、1001元及以上的消费者较少，共占2.71%（见图2）。由此可见，民宿应在一定价格条件下提升质量，在消费者能够接受的合理价格范围内，注重打造精品的服务、提供高质量的服务体验，为消费者带来不同体验，促进民宿经济发展，推进乡村振兴。

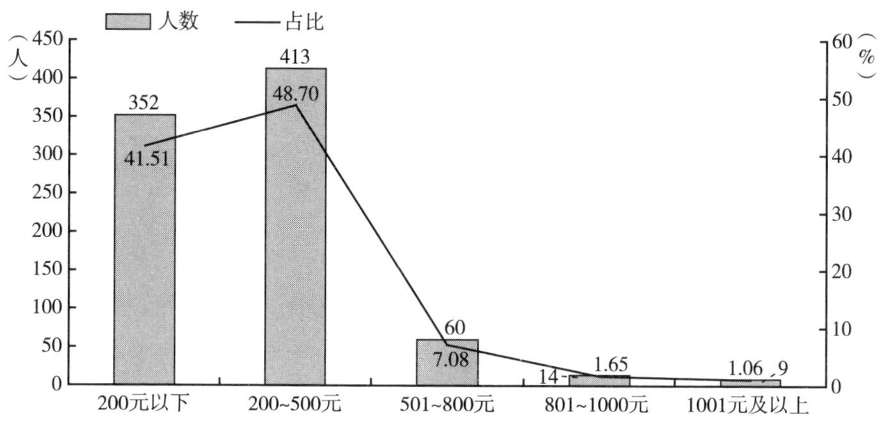

图 2　需求价格分析

3. 出行方式分析

在问卷中设置了出游时间、出行交通、路程、是否结伴同行 4 个题目进行分析，旨在了解出游时间与出游方式的关系，同时了解出行习惯。将出游时间与出游方式进行交叉分析。从出游时间上来看，法定假日、寒暑假、周末的出游时间比较集中；在出游方式上出现两个峰值，即火车及自驾（见图 3），说明近年来火车提速及自驾游的兴起提升了人们到达目的地的速度，火车、自驾成为更多旅游者的选择。

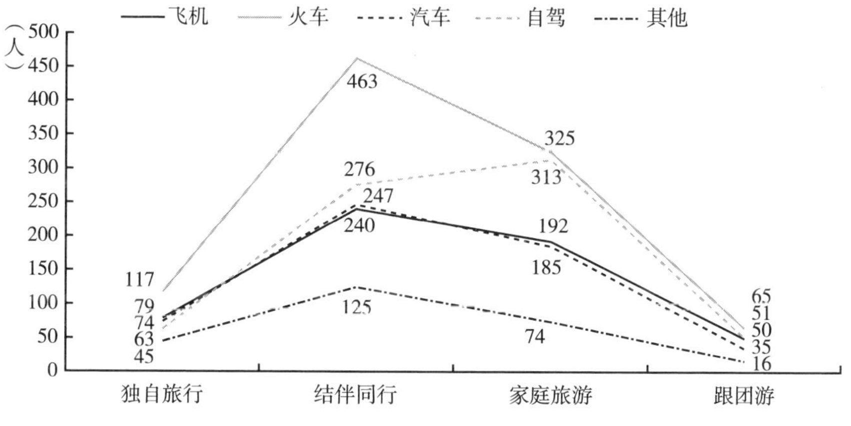

图 3　出游时间及出游方式关系

对抵达景区时间及旅行习惯偏好进行分析，旅游者能够接受的抵达景区时间为30分钟至1小时，其余依次为1~2小时、30分钟以内、2小时以上；在旅行习惯偏好分析中，基于抵达景区时间，人们更偏好于结伴同行和家庭旅游，偏好跟团旅游的较少（见图3、图4）。在乡村民宿发展中，旅行社组团方式的效益没有其他方式明显。同时，应更加注重短距离、自驾游，选择在假日推出相关节庆活动吸引旅游者，设计家庭房、标准房、单人间等多种形式的民宿房型，以及更具地区特色的主题民宿。

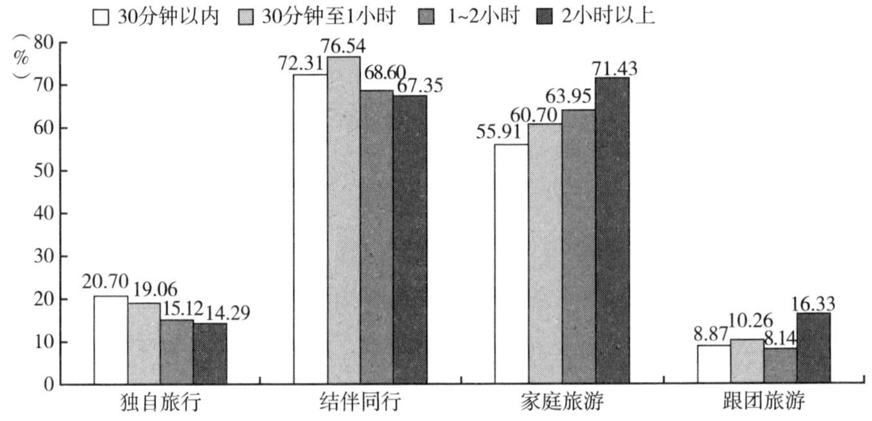

图4 抵达景区时间及旅行习惯偏好

4. 住宿环境及住宿设施偏好分析

对住宿环境及住宿设施偏好进行分析，有助于民宿经营者更新民宿内的设施。根据问卷调查结果，受访者对于安全、干净整洁、热水、空调、Wi-Fi及电脑的需求较大，其中，选择安全、干净整洁的受访者占比较高，说明好的基础设施是消费者选择民宿的最基本原因，在此基础上，提供热水、舒适的环境也是消费者选择民宿的主要原因；民宿经营者在房间布局及房间设施设备方面应有必要的规划，在带给消费者安全感的同时为其提供优质的环境。

5. 住宿体验分析

为受访者住宿体验分析设置了3个问题，分别为有无吉林省民宿入住经验，在哪里及感受，其中后两题为前一道题的关联题。住过吉林省民宿的受访者数量与没有住过的数量基本持平，入住者主要集中在长春、吉林、白城、松

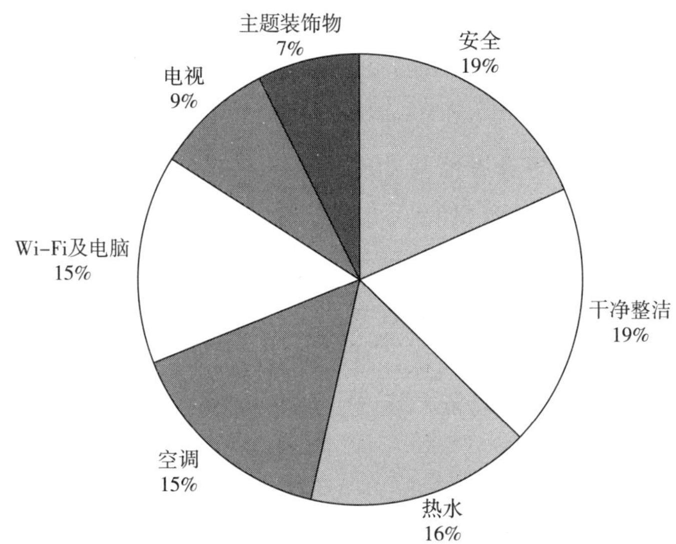

图 5　住宿环境及住宿设施偏好分析

原几个地区，选择"满足个性需求，体验当地特色"及"价格低，临时住宿"的受访者较多（见图 6）。由数据可以得出，吉林省在民宿发展上需要加大宣传力度，吸引更多的游客前往民宿进行体验，在旅游感受方面应更加注重深挖地区特色，根据不同的区域开发西部渔猎、中部民俗、东部白山黑水、朝鲜族

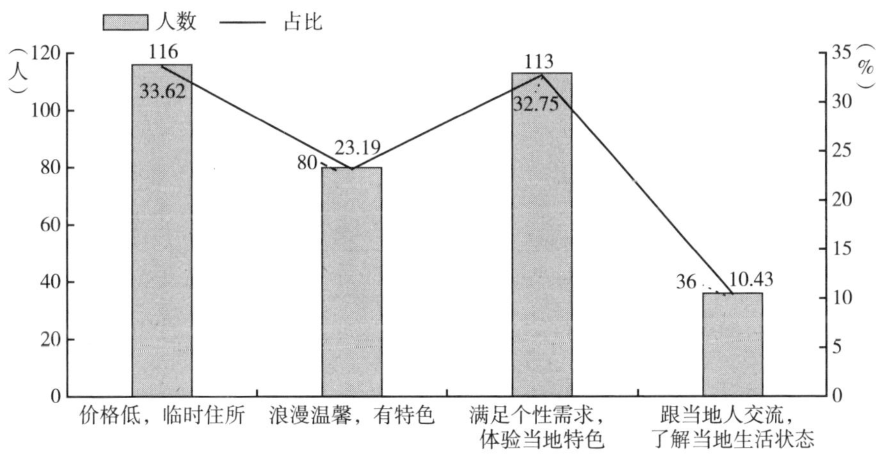

图 6　受访者住宿体验分析

风情民俗等特色民宿发展项目，同时注重综合体的打造，让游客参与一系列的旅游体验活动，在增加体验度的同时吸引更多的游客。

6. 发展空间分析

在受访者对未来吉林省民宿发展的期待方面，从旅游吸引力、民宿类型、服务提升 3 个方面进行调查。其中，旅游者会选择民宿的原因主要有自然吸引、民风民情、设施及卫生、美食吸引等几个方面，这些方面分布平均，说明吉林省综合的吸引力较强、吸引因素较多。在旅游者未来的期待方面，自然体验民宿（如观星、制作特色产品等）和民俗体验民宿（如体验蒙古族风情等）占比较高，分别为 69. 93%和 56. 84%（见图 7），其他因素如农业、运动、牧业、工艺品吸引也占有一定的比重，说明在未来发展乡村民宿时，应关注多形态、全行业、全产业链的发展，增加旅游吸引力，带动地方经济发展。生态环境、特色文化、交通条件、服务设施、服务规范、宣传力度等都是受访者对服务质量提升的建议（见图 8），说明吉林省在未来发展乡村民宿时还有一定进步空间，不仅要注重生态环境，同时要提升服务设施质量。

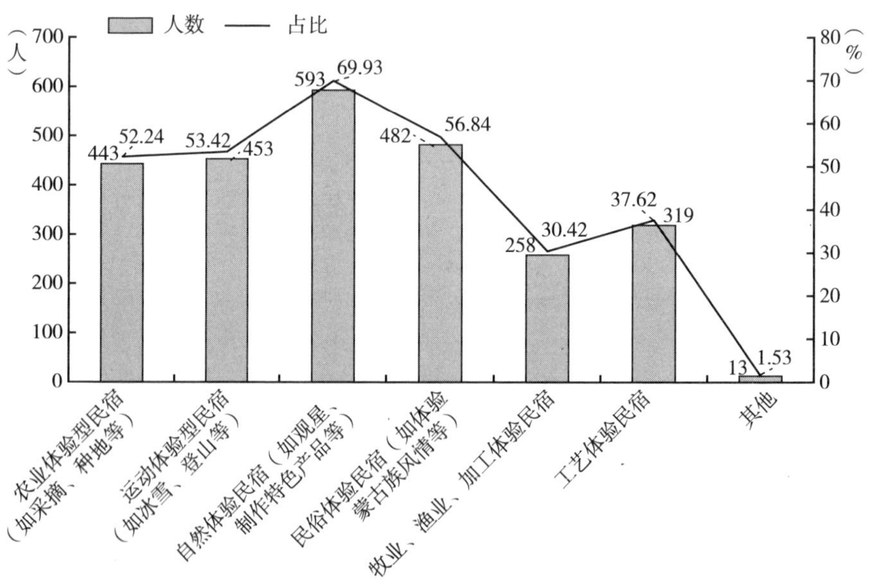

图 7　受访者对未来吉林省民宿发展的期待

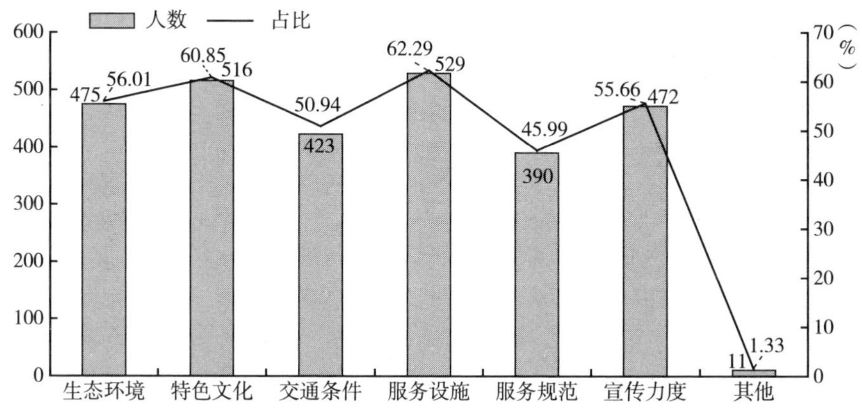

图 8　受访者对服务质量提升的建议

四　乡村振兴背景下吉林省民宿旅游发展建议

（一）加强政策引领，促进地区民宿产业平衡发展

截至 2021 年底，国家针对乡村振兴、地区经济扶持出台了相关的政策文件，重点围绕一二三产业融合发展、在乡村建设中注重一村一品、塑造乡村新风貌、基础设计提档升级、注重生态文明建设等多方面进行政策扶持，居民在看到机遇后积极开展建设民宿的工作，部分地区民宿产品出现同质化现象。由于《旅游民宿基本要求与评价》推行时间较短，许多民宿业主不够了解评定内容，在打造客房时出现了较多的相似产品，没能体现自身特色；民宿业主中大部分都是同一村的原住户，在房屋设计风格、房间装饰等硬件设备、提供服务、商品选择等方面相似，缺乏个性与特点，与本土文化特色的融合度不够。根据调查问卷数据分析，消费者以中青年为主，呈现消费需求多样化的发展趋势。消费升级给民宿带来新挑战和新机遇，吉林省应加强对精品民宿发展的激励和督导，设置精品民宿发展专项资金，简化审批手续，加快手续办理进度，确保项目顺利进行，为民宿产业健康快速发展创造条件，同时合理设计规划，发挥政府的引领、招商、合作、推广作用，增强省内各民宿的吸引力。

目前，长春市、吉林市、延边朝鲜族自治州、通化市4个市州的民宿发展势头较好、质量较高，具有更多的丙级民宿，以吉林市为例，吉林市有4家丙级民宿，且围绕地域和主题特色建设，在拉动乡镇经济、打造精品民宿中起到了引领示范作用；延边朝鲜族自治州、通化市、长春市依托当地民族特色和地域优势，围绕美丽乡村建设、农场建设开发了6家丙级民宿，带动了乡村民宿经济发展，同时促进了周边产业链的融合发展。长春市周边具有代表性的乡村民宿也不断增多，2020年以来，评定了多家市级民宿，以庄园、美丽乡村、度假村为吸引力，为城市周围消费者提供了多样化的选择。其他地区如白城市、辽源市等地的民宿虽然有一定数量，但均为未评定等级的民宿，在数量、质量、结构、供给、产业融合等方面较弱，发展潜力较大，政府应引导差异化民宿建设，实现一村一品的发展目标。

（二）吸引周边游客，增强民宿竞争力

在打造美丽乡村与实施乡村振兴战略的背景下，全国各地乡村打造民宿的步伐加快，东部、中部、西部地区呈现不同的发展特色，在此背景下，吉林省内游客在选择以休闲体验为目的的出游时，更倾向选择与在地环境、风俗习惯、旅游体验不同的民宿，这对发展当地民宿经济是一份挑战。根据受访者调查问卷数据，旅游者更希望出游时以火车、自驾的方式在30分钟以内、30分钟至1小时抵达目的地，这对城市周边乡村民宿的发展提出了要求，旅游者对距离的要求得到满足，将会提升其旅游体验感。在对游客偏好的调查问卷中，吉林省的自然环境、民俗环境对游客吸引力较大，在打造精品民宿时，应注重以上因素，同时利用气候条件优势，打造冰雪民宿、避暑民宿等不同主题的精品民宿；按照民宿的体验类型，发展以采摘体验为主的农业体验民宿，以滑雪、滑冰、登山为主的运动体验民宿，以生态资源为主的自然体验民宿，以朝鲜族、蒙古族风情为主的民俗体验民宿，以渔猎为主的牧业、渔业、加工体验民宿，以年画制作为主的工艺体验民宿。统筹周边乡村旅游，推出冬季复合型冰雪旅游基地和夏季避暑休闲度假胜地，强化“景区带村”“由村促宿”的辐射作用。

（三）深挖地方特色，建设高质量精品民宿

乡村振兴要求产业融合发展、高质量发展，民宿作为高品质产业，要实现差异化发展，就需要有针对性地开展深层次文化内涵发掘与精品塑造，所以民宿业主首先要做好市场调查，在广泛调查的基础上，根据自身的实际状况找准市场定位。唯有找准市场定位，才能进行差异化的产品开发，迎合市场发展的个性化要求，进而找准主体，形成个性化产业和品牌价值。围绕“一村一特点、一家庭一主题”，凸显商品的个体特征，防止对同质化商品的反复开发。发展乡村住宿经济，既要体现生活美感、彰显商品创新性、发扬乡土文化，又要带给游客“望得见绿、看得见水、记得住乡愁”的优质旅行感受。

根据吉林省“十四五”发展规划、《吉林省文化和旅游发展“十四五”规划》等规划要求，民宿实行点、线、面状介入型规划，实施本土性的发展方案，根据相关设施的合理设置，以进行最少最自然的人为干扰，从而减少对耕地资源的浪费与破坏，如打造“文化+民宿”，建设延边朝鲜族的土窖辣白菜文化体验区、金达莱传统艺术园，宣传吉林省前郭县所蒙古族传统马头琴音乐文化特色；积极发展“节庆+民宿”活动，推广延边朝鲜族老人节、荡秋千等传统民俗活动；积极探索“民俗+民宿”，将满族东海女真的野神祭、爬犁等民俗活动融入民宿旅游体验活动。全方位、高质量打造100间精品民宿。

（四）以需求为导向，提供专属特色化服务

调查报告显示，受访者对服务质量、卫生条件、美食、交通吸引的偏好较大，在打造乡村民宿的过程中应更加注重提供优质的软件、硬件设施及服务。目前，吉林省民宿发展尚在起步阶段，在打造过程中应注重消费者的需求，抓住市场机遇，构建专属的服务机制，对标行业标准，提供更优质的服务，实现全方位、深层次、高标准的民宿发展目标，使民宿在市场竞争中立于不败之地。

（五）发挥现代科技引领作用，打造民宿专属形象 IP

根据调查报告结果分析，虽然通过线上了解民宿的方式占比较高，但民宿

发展中的技术革新问题仍有待解决，对比星级酒店，民宿建设中缺乏相关高新科技的应用，应在民宿建设中融入人工智能、VR 导览、智能停车、垃圾处理器等现代科技项目，提升消费者的整体体验；通过发挥科技引领作用，打造民宿专属形象 IP。同时，增加线上宣传渠道，利用“名人效应”，流行宣传媒介如探店、博主体验，以及视频、图片、软文发表等新型的传播方式，有效发挥“粉丝效应”，进一步提升民宿的社会影响力。民宿业主可以利用自身朋友圈等媒介发布相关资讯，并发布民宿趣事，以情感营销激发消费者前往目的地的兴趣，通过自身经历引领消费，树立良好形象，扩大民宿品牌的影响力。

参考文献

《〈乡村振兴战略规划（2018—2022 年）〉（附全文）》，中商情报网，2018 年 9 月 27 日，https：//www.askci.com/news/chanye/20180927/0923071132939.shtml? from=timeline。

《吉林省人民政府关于推进乡村旅游高质量发展的实施意见》，群众新闻网，2021 年 6 月 28 日，https：//www.sxdaily.com.cn/2021-06/28/content_9112717.html。

《吉林省 2021 年国民经济和社会发展统计公报》，吉林省统计局网站，2022 年 6 月 2 日，http：//tjj.jl.gov.cn/tjsj/tjgb/ndgb/202206/t20220602_8466591.html。

《吉林省人民政府办公厅关于印发吉林省文化和旅游发展“十四五”规划的通知》，吉林白城工业园区网站，2022 年 6 月 2 日，http：//jlbcgyyq.jlbc.gov.cn/xxgk/zcfg/ssfg/202111/t20211117_916470.html。

邓定宪：《基于 OTA 点评的民宿服务质量研究——以丽江为例》，《经济论坛》2017 年第 9 期。

Dernoila，“Farmrourismin Europe，” *Tourism Management* 3（1983）.

张月雯等：《乡村旅游发展研究综述》，《现代化农业》2019 年第 12 期。

单瑞：《发展精品民宿　开辟乡村振兴新路径》，《华兴时报》2022 年 4 月 15 日。

过聚荣主编《中国旅游民宿发展报告（2019）》，社会科学文献出版社，2020。

刘可新：《长白山旅游市场的调查与思考》，《通化师范学院学报》2007 年第 6 期。

张秋惠、杨絮飞：《吉林省生态旅游开发的对策研究》，《吉林师范大学学报》（自然科学版）2006 年第 2 期。

G.27

数字化跃迁下的吉林省乡村旅游热度识别与成因分析

杨 佳　王雪川 *

摘　要： 本报告以吉林省为例，通过周内分布偏度指数、地理集中指数、趋势面分析、核密度分析等方法对吉林省乡村旅游经营单位进行热度测评，并以县域为单元解析冷热格局的演化趋势。研究结果显示，在时间上，乡村旅游作为吉林省旅游版图的重要组成部分，近年来网络热度呈不断上升趋势，具有明显的季节分布规律，新冠肺炎疫情的阶段性偶发使乡村旅游具有明显的脆弱性。在空间上，吉林省乡村旅游热度总体上呈"U"形变化趋势，即"东高西低，南高北低"，且南北方向的分异特征更为明显。在结构上，呈现"单核—多核"的演化过程和"中部—东部—西部"的扩散趋势。在游客情感上，游客对吉林省乡村旅游满意度虽不断上升，但总体满意度不高，高度积极情绪占比较低，高度消极情绪占比较高。在影响因素上，交通条件、资源禀赋占主导，生态环境和产业基础影响程度逐渐增强，经济发展水平影响程度逐渐减弱。

关键词： 乡村旅游　热度识别　大数据　吉林省

"十四五"时期是巩固脱贫攻坚成果、有效衔接乡村振兴的重要节点。乡村振兴的关键在于产业振兴，而乡村旅游则成为乡村产业振兴的重要路径之

* 杨佳，白城师范学院旅游与地理科学学院高级经济师，主要研究方向为乡村旅游；王雪川，长春金融高等专科学校讲师，主要研究方向为人才培养。

一。受国家政策、经济形势、社会环境、出游动机等因素影响，出游半径短、人均消费低、生态环境好的乡村旅游在逆境中仍保持高位增长，为农业转型、乡村整洁、农民增收提供了多元化的发展路径。因此，乡村旅游不仅成为政府决策部门关注的重点，也成为国内外学者、旅游企业研究的热点话题。本报告主要以吉林省省域范围内 4A、5A 级乡村旅游经营单位作为研究样本，利用网络数据对其在 2016~2021 年的乡村旅游热度进行测评，并对其影响因素和形成机制进行分析，以期为政府决策部门和学术理论研究提供一定参考。

一 研究方法与数据来源

吉林省地处东北亚地理中心位置，东部长白山地区林海茫茫，中部松辽平原沃野千里，西部草原湿地泡沼密布，生态基底良好，乡村资源富集，为发展乡村旅游提供了有利基础。截至 2021 年末，吉林省共有乡村旅游企业 2000 余家，其中 A 级以上乡村旅游经营单位 509 家，乡村旅游重点村镇 128 家，旅游等级民宿 16 家。吉林省乡村旅游人数超过 5000 万人次，占全省旅游业接待总人数的近 30%，实现乡村旅游收入超过 300 亿元，乡村旅游人数和收入均超过 2019 年同期水平。乡村旅游已经逐渐从旅游业的边缘走向核心，成为吉林省乡村振兴的重要途径和重要抓手，扩大农民就业、促进农民增收的内在动能，以及支撑文旅产业发展的重要增长极。以吉林省作为研究案例，通过对大数据的深度挖掘与分析实证探讨乡村旅游的发展规律及其影响因素，可以更好地从需求侧的角度激活乡村旅游的潜在消费需求，形成要素完善、链条完整的乡村旅游产业生态，为乡村旅游的未来发展提供科学指导。

（一）数据来源与处理

本报告所需要的数据主要源于以下 3 个方面：第一，搜索引擎数据，主要来自百度搜索指数，用于吉林省乡村旅游年度、月度、小长假等总体变化趋势分析；第二，OTA（在线旅游代理）平台数据，主要来自新浪微博，通过 API 接口调用数据，用于进行高等级乡村旅游经营单位热度测评及乡村旅游词和游客情感分析；第三，统计数据，主要来自吉林省文化和旅游厅官方网站和各地统计年鉴，以及国民经济和社会发展统计公报。

1. 样本的选择与可视化

吉林省 A 级乡村旅游经营单位评定工作于 2011 年开展，最能体现乡村旅游数据的典型性和代表性，因此本报告以吉林省文化和旅游厅公布的 2021 年末全省 A 级乡村旅游经营单位为研究样本，通过百度开放平台 MapLocation 拾取经纬度坐标，以县域为单元，通过 ArcGIS 10.7 软件形成乡村旅游经营单位的可视化表达。

2. 数据采集与处理

一是通过 Python 软件抓取百度指数数据，获取 2016~2021 年吉林省乡村旅游网络数据，分析吉林省乡村旅游年度、月度总体发展趋势，并通过周内分布偏度指数对“清明”“五一”“端午”“十一”小长假进行重点分析。二是通过新浪微博获取 2016~2021 年 4A 级以上乡村旅游经营单位的微博评论数、转发数及点赞数，通过构建乡村旅游热度测评模型，对吉林省乡村旅游热度进行测评；通过趋势面分析和核密度分析，得到乡村旅游经营单位时空演化格局；通过冷热点分析识别各县域单元冷热点演化情况。三是构建乡村旅游景点热度影响因素指标体系，通过地理探测器探析各因素对乡村旅游热度的影响力及成因解析。

（二）研究方法

1. 网络热度总体趋势分析

（1）周内分布偏度指数

周内分布偏度指数（G）可以很好地测量吉林省乡村旅游网络热度在微时间尺度的集中分布特征。计算公式如下。

$$G = 100 \times \frac{2}{n}\left(\sum_{i=1}^{n} iX_i - \frac{n+1}{2}\right)$$

公式中，X_i 为第 i 日网络热度占小长假全部网络热度的比重，n 为小长假的总天数，i 为网络热度从大到小的排列序号。G 在理论上的取值范围是［-600/7，600/7］，若 $G<0$，说明网络热度更多地集中在小长假的前期；若 $G>0$，说明网络热度更多地集中在小长假的后期；若 $G=0$，则说明网络热度在黄金周内对称分布。

（2）地理集中指数

地理集中指数是衡量研究对象集中程度的一个重要指标，被学者广泛应用于旅游客源地的空间分布特征分析。计算公式如下。

$$M = 100 \times \sqrt{\sum_{i=1}^{n} \left(\frac{X_i}{T}\right)^2}$$

公式中，M 为地理集中指数，X_i 为第 i 个市州乡村旅游经营单位的数量，T 为全省乡村旅游经营单位的总数，n 为市州总数。通常来说，M 的取值范围为 0~100，M 值越大，说明乡村旅游经营单位的空间分布越集中；M 值越小，说明乡村旅游经营单位的空间分布越分散。

2. 乡村旅游经营单位热度测评

通常景点热度测评主要围绕大都市的高等级景区或度假区，以百度指数为搜索平台。但是，乡村旅游经营单位无论是在数量上还是规模上都较小，尤其是吉林省的 A 级乡村旅游经营单位，很难通过百度指数、携程、去哪儿、大众点评等平台进行客观、全面的信息搜索。因此，本报告在相关研究的基础上，以新浪微博数据为基础，构建了吉林省乡村旅游经营单位热度测评模型，测度公式如下。

$$H_i = L_i \sum (w_1 r_i + w_2 P_j)$$

公式中，H_i 为第 i 个乡村旅游经营单位的热度值；L_i 为乡村旅游经营单位等级；r_i 为第 i 个乡村旅游经营单位在新浪微博所呈现的现实热度，用评论数、转发数表达；P_j 为第 j 个乡村旅游经营单位在网站所呈现的潜在热度，用点赞数表达；w_1 和 w_2 分别为对应的权重，考虑到现实热度的实际影响效应远大于潜在热度，取 w_1 为 0.7、w_2 为 0.3。

3. 乡村旅游经营时空演化分析

（1）趋势面分析

趋势面分析通过全局多项式将空间采样点数值用数学函数拟合，将二维空间的采样点数据转换成三维可视化平滑曲线，展示地理要素在空间上的变化趋势。本报告利用趋势面分析展现吉林省乡村旅游热度的空间分异趋势。设 z_i（x_i，y_i）为第 i 个地理要素的真实观测值，T_i（x_i，y_i）为趋势面拟合值，则有如下计算公式。

$$z_i(x_i, y_i) = T_i(x_i, y_i) + \varepsilon_i$$

公式中，(x_i，y_i) 为地理坐标；ε_i 为残差，即真实值与拟合值的偏差。

（2）核密度分析

核密度分析在数据分布上不受任何假定条件的限制，是一种从数据样本本身出发研究数据分布特征的方法，它具有表达直观、概念简洁和易于计算的优点，因而成为空间分析中运用最为广泛的非参估计方法之一。计算公式如下。

$$f(s) = \sum_{i=1}^{n} \frac{k}{\pi r^2}\left(\frac{d_{is}}{r}\right)$$

公式中，$f(s)$ 是位置 s 的密度；n 为样本数（个）；d_{is}是点 i 到 s 的距离；k 为 d_{is}与 r 比值的核函数；r 为带宽。要注意的是，带宽 r 的选择会对估算结果产生较大影响，需根据现实情况选择不同带宽进行比较，直至得到与现实情况较吻合的核密度曲面。

二 吉林省乡村旅游热度识别与分析

（一）时间特征分析

以百度指数数据库为平台，分别搜索“旅游”“乡村旅游”“城市旅游”3个关键词，区域范围设定为吉林省，查询时间设定为2016年1月至2022年5月。通过检索统计分析发现，“乡村旅游”的搜索量持续高于“城市旅游”，且随着时间的不断变化，“乡村旅游”的搜索指数占旅游业搜索指数的比重不断提高，乡村旅游作为一种新的旅游业态，其网络关注度不断升高。从人群属性上看，年龄在20~29岁的乡村旅游游客占近60%，占有绝对优势；女性比男性更关注乡村旅游，女性游客占64.11%，男性游客占35.89%（见图1）；

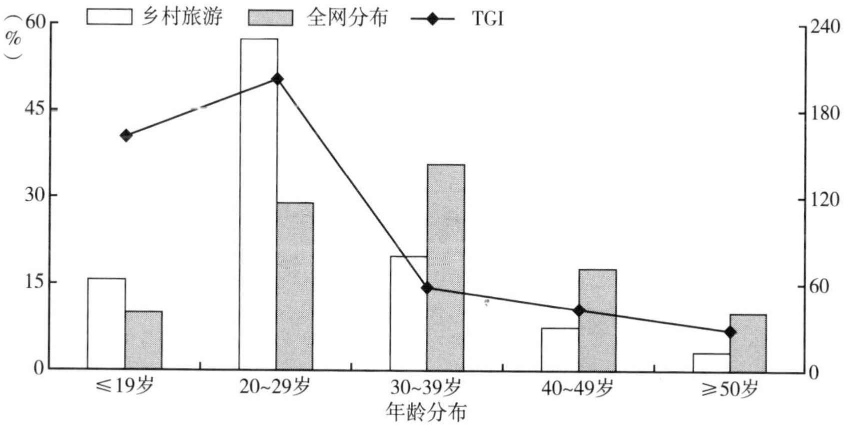

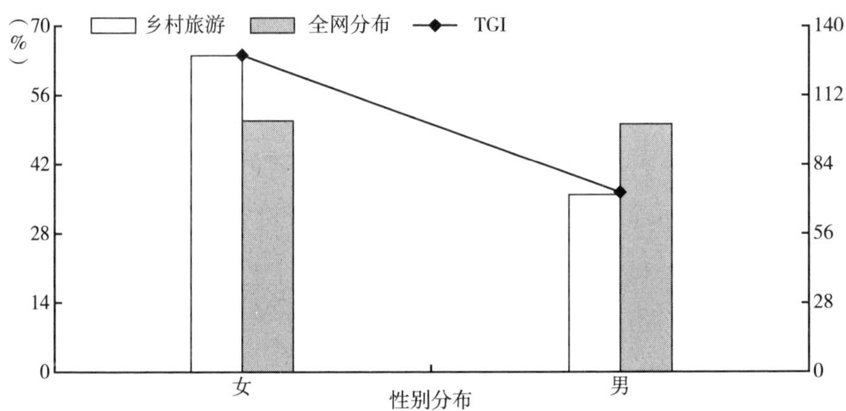

图 1　乡村旅游人群属性分析

资料来源：百度指数数据库。

青年群体更关注新业态旅游产品。

1. 年度变化趋势分析

2016 年以来，吉林省将乡村旅游作为旅游版图的重要组成部分。通过分析吉林省 2016~2021 年乡村旅游网络关注度，得到 2016~2021 年乡村旅游网络关注度年度变化趋势（见图 2）。从 2016 年起，吉林省乡村旅游网络关注度

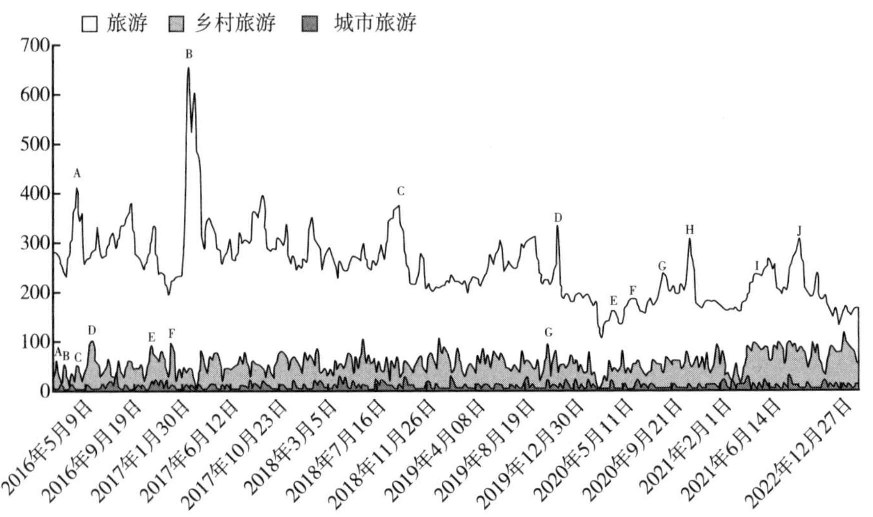

图 2　2016~2021 年乡村旅游网络关注度年度变化趋势

资料来源：百度指数数据库。

总体呈上升态势，受新冠肺炎疫情影响，在 2020 年呈现明显的下降趋势，但 2021 年呈现典型的反弹复苏趋势，吉林省乡村旅游网络关注度直线上升。通过对 PC 端和移动端的数据对比分析发现，PC 端的搜索指数总体上高于移动端（见图 3）。一方面，受游客出行意愿增强和都市居民工作压力增大的影响，以出行半径短、人均消费低、气候环境好等为特色的乡村旅游已经逐渐成为游客周末休闲和节假日度假的选择之一；另一方面，吉林省各级政府大力实施脱贫攻坚、乡村振兴等一系列举措，将乡村旅游作为重要的突破路径之一，改善了乡村旅游的基础设施，提高了交通出行的便利性和可达性，打造了多元化的乡村旅游产品和业态形式，丰富了出行方式和乡村旅游线路，为乡村旅游提供了广阔的市场空间。

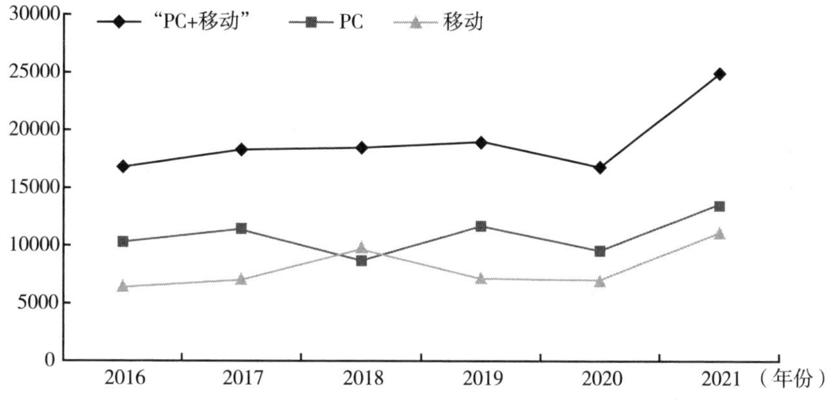

图 3　2016~2021 年吉林省乡村旅游搜索指数年度变化趋势

资料来源：百度指数数据库。

2. 月度变化趋势分析

从月度变化趋势看，在 2016~2021 年，吉林省乡村旅游网络搜索指数呈现从“单波峰”向“双波峰”变化的趋势，在 2016~2017 年乡村旅游发展初期阶段，主要表现为 7~9 月关注度显著上升，10 月后开始下降，呈现“单波峰”特征；2018~2020 年在“五一”“十一”小长假前后呈现明显的“双波峰”特征，各年份乡村旅游搜索指数低值均出现在 1 月（见图 4）。2021 年，吉林省委、省政府对乡村旅游高度关注，召开全省乡村旅游发展大会，发布关于促进乡村旅游高质量发展的一系列政策和措施，乡村旅游的搜索指数明显上升。2019 年

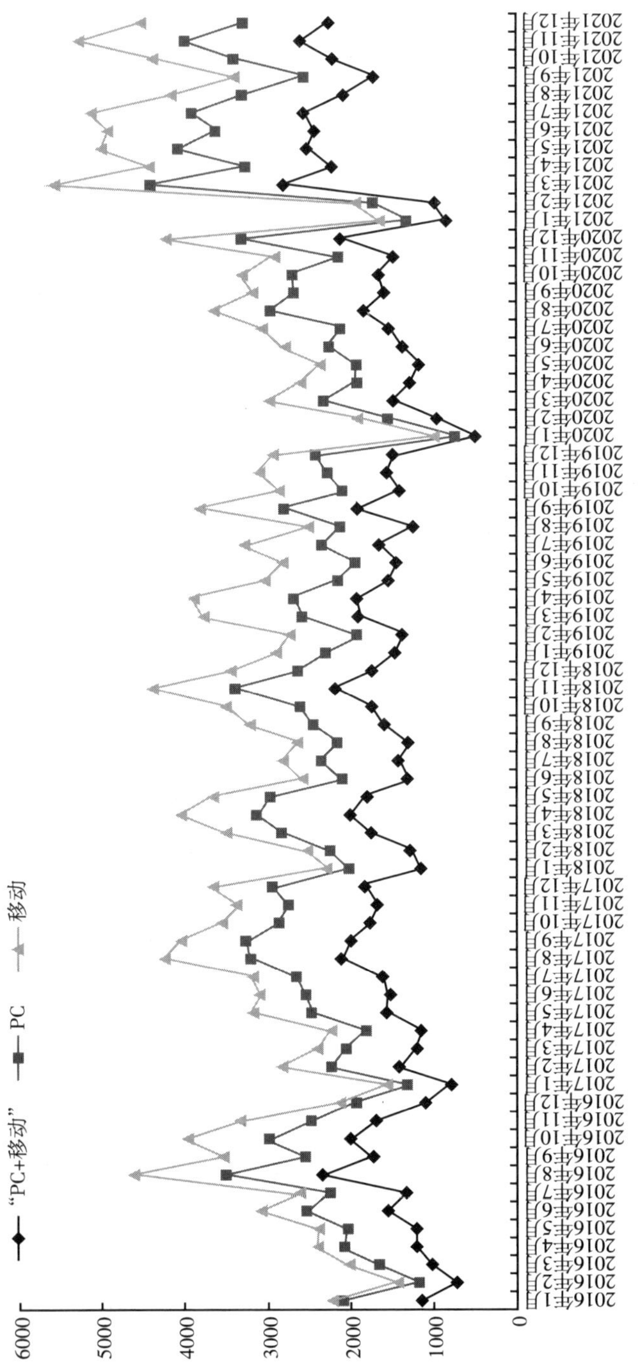

图4 2016~2021年吉林省乡村旅游搜索指数月度变化趋势

资料来源：百度指数数据库。

12 月至 2020 年 2 月以及 2021 年 1~3 月出现两个低点，这也恰与我国新冠肺炎疫情的阶段性发生导致的旅游业停摆相吻合。

3. 节假日特征分析

通常，小长假是乡村旅游的高峰时段。在此基础上，本报告统计了 2016~2021 年“清明”“五一”“端午”“十一”4 个小长假期间的日均网络关注度。受到网络关注度前兆效应及游客倾向调休的双重影响，本报告将小长假节前和节后 2 天同时纳入统计范围。研究发现，2016~2021 年小长假期间，吉林省乡村旅游网络关注度的变化程度在总体上保持一致，即在小长假开始前 2~3 天保持较高的网络关注度，随后呈现逐渐下降趋势并保持在一个相对稳定的状态。作为出行高峰的“五一”“十一”小长假，其网络关注度明显高于“清明”“端午”小长假，呈现明显的倒“S”形趋势，即随着日期变化关注度逐渐下降并回归平稳状态（见图 5），说明人们在小长假前期的出行准备比较充分。

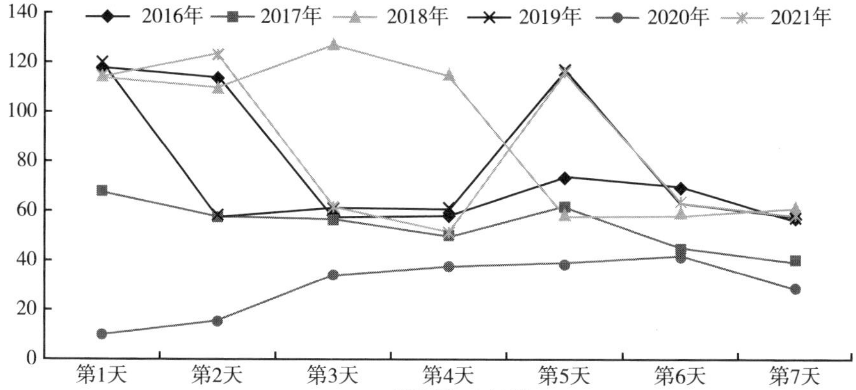

a.“清明”小长假

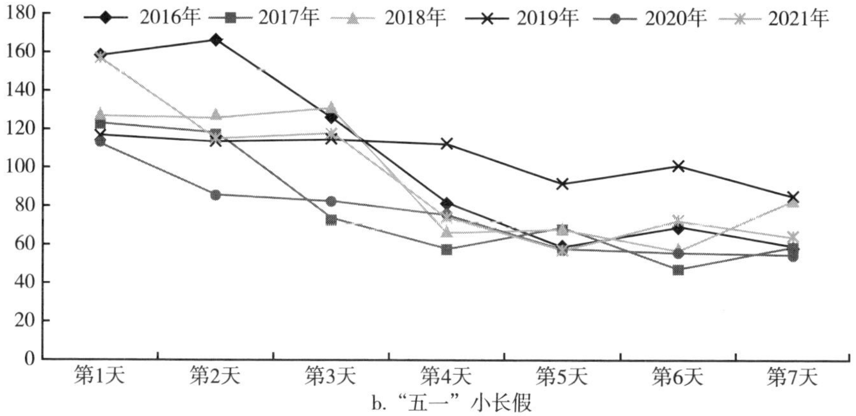

b.“五一”小长假

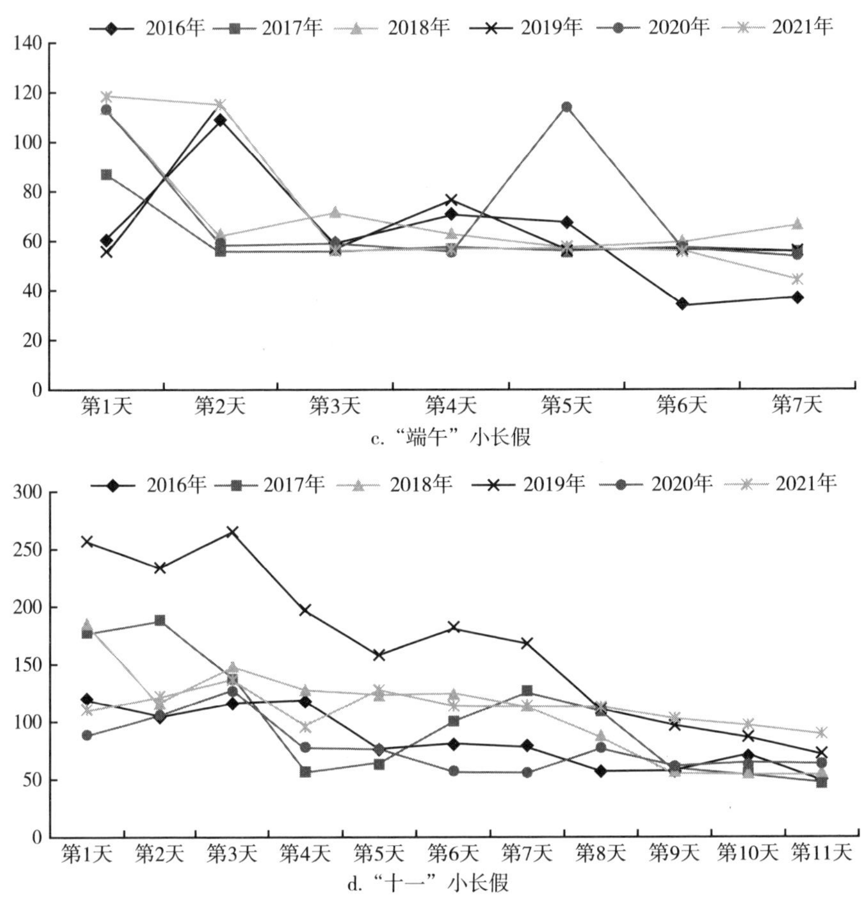

图 5　2016~2021 年吉林省乡村旅游网络关注度节假日变化趋势

资料来源：百度指数数据库。

因 2020 年"清明"小长假正值我国疫情防控时期，旅游业处于停摆状态，为更好地研究小长假期间的乡村旅游变化情况，本报告选取"端午""十一"小长假进行研究。分析结果表明，"端午"小长假期间 G 指数分布规律性不明显，2016 年、2020 年和 2021 年网络关注度集中在小长假后期；2017 和 2019 年网络关注度表现为对称分布；而 2018 年则集中在小长假前期，说明对于 3 天的假期，人们在出行上更倾向于临时决策而非提前决策。2016~2021 年，不同于"端午"小长假，"十一"小长假期间 G 值均小于 0（见表 1），表明网络关注度普遍集中在小长假前期，且总体上呈年度递增趋势，即人们在“十一”小长假出行时更倾向于提前决策。

表 1　2016~2021 年“端午”及“十一”小长假周内分布偏度指数 G 分析结果

	2016 年	2017 年	2018 年	2019 年	2020 年	2021 年
“端午”小长假	3. 741	0	-5. 201	0	16. 023	0. 766
“十一”小长假	-14. 481	-2. 709	-13. 108	-16. 445	-11. 923	-3. 013

资料来源：百度指数数据库。

（二）空间特征分析

1. 总体空间特征

通过对吉林省全域乡村旅游经营单位的可视化表达发现，从空间分布上看，乡村旅游经营单位总体上呈“大分散、小集中”状态（见图 6）；从数量上看，中部和东部数量多，西部数量少，东部地区乡村旅游经营单位的数量是西部地区数量的近 3 倍；从等级规模上看，呈现明显的“纺锤体”结构，即高等级（4A、5A 级）和低等级数量较少，中间等级数量相对较多，吉林省高等级乡村旅游经营单位数量较少，不到全省 A 级乡村旅游经营单位总数的 20%；从空间分布上看，多数 A 级乡村旅游经营单位分布在主要交通干线及主城区周边，或毗邻高等级景区（度假区）。

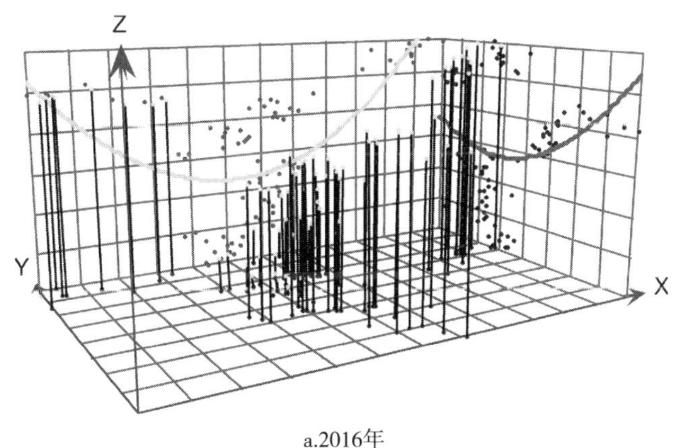

a.2016年

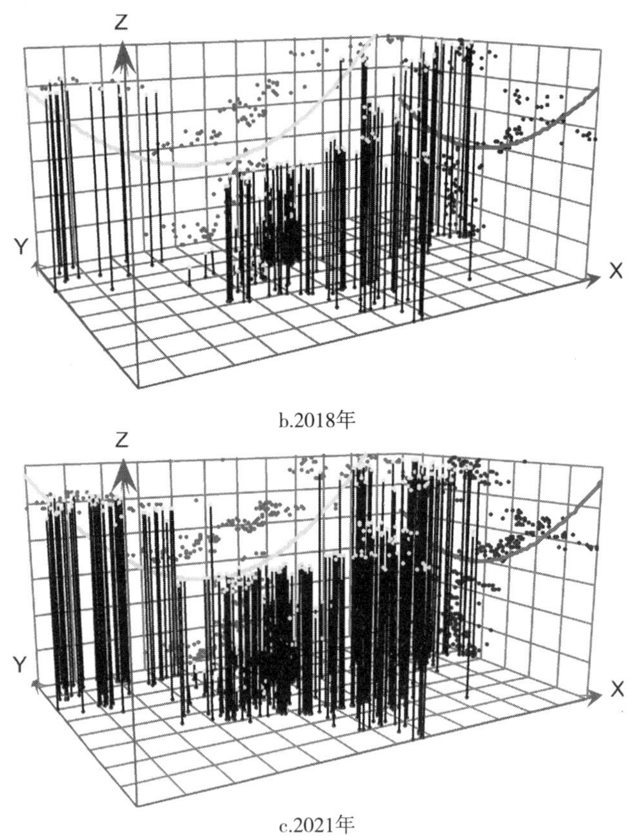

b.2018年

c.2021年

图 6　2016~2021 年吉林省乡村旅游热度空间趋势面拟合

2. 地理集中指数分布

通过地理集中指数衡量乡村旅游经营单位在吉林省各地区的分布情况，分析结果表明，2016~2021 年吉林省乡村旅游地理集中指数在总体上呈波动增加趋势，从 2016 年的 19. 014 上升到 2021 年的 21. 496，均值为 20. 936。2019 年前多小于均值，2020 年和 2021 年大于均值（见表 2），表明随时间的变化，吉林省乡村旅游经营单位在空间上逐渐呈现集聚趋势。

表 2　2016~2021 年吉林省乡村旅游地理集中指数分析结果

	2016 年	2017 年	2018 年	2019 年	2020 年	2021 年
地理集中指数(M)	19. 014	21. 917	19. 248	19. 049	24. 891	21. 496

资料来源：百度指数数据库。

3. 空间趋势演化

趋势面分析即根据空间抽样的数据，拟合一个数学曲面来反映空间分布的总体变化情况。通过 ArcGIS 10.7 对 2016~2021 年吉林省乡村旅游网络关注度进行拟合分析，以此研究乡村旅游冷热格局的演化机制。研究结果表明，2016~2021 年，吉林省乡村旅游热度总体上呈“U”形变化趋势，即“东高西低，南高北低”，趋势面过渡较为陡峭，东西方向的陡峭程度高于南北方向，表明乡村旅游热度在南北方向的分异特征更为明显。有研究表明，乡村旅游热度是影响乡村旅游经营单位核心竞争力的关键因素之一，其空间趋势演化与乡村旅游资源禀赋和特征、乡村旅游市场价值、地区经济发展水平等多种因素配置高度一致。

4. 空间结构演化

空间趋势分析主要反映了吉林省乡村旅游热度的空间分布趋势，为进一步探索乡村旅游经营单位在空间上的集聚情况及空间结构演化特征，对 2016~2021 年吉林省乡村旅游经营单位进行核密度分析，研究结果显示了以下信息。

一是空间分布特征层级性明显。2016~2021 年，吉林省乡村旅游热度呈现明显的“单核—多核”的演化过程。2016 年，乡村旅游热点区主要集聚在长春周边的都市近郊区域，出现了以简单的农家乐、度假山庄为主要形式的乡村旅游产品；2018 年，乡村旅游热度逐渐扩散至东南部地区，吉林、通化、延边等地区乡村旅游热度集聚性显著，逐步出现了民俗文化、康养度假、休闲娱乐等多元化产品；2021 年，乡村旅游呈现了更为集中的集聚性特征，长春、吉林、辽源、四平等中部地区呈明显集聚态势，西部地区以白城为代表，逐渐开始形成集聚态势。

二是空间扩散趋势扩张性突出。从扩散趋势上看，吉林省乡村旅游热度呈现“中部—东部—西部”的扩散趋势。一方面，受地区经济水平、道路交通条件、基础设施配备情况的影响，以长春、吉林等地区为代表的中部地区先期基础条件较好，为乡村旅游的发展提供了巨大的市场潜力；另一方面，吉林省“一主六双”高质量发展战略的实施和各级政府政策的倾斜，在一定程度上也影响了吉林省乡村旅游热度的扩散趋势。

5. 县域格局演化

县域是乡村旅游发展的重要载体，为进一步研究县域单元内吉林省乡村旅游冷热格局的演化趋势，通过热点分析方法和 Jenks 的“自然间断点分级法”，将吉林省域范围内 60 个县域单位从高到低分成 4 类，进而生成乡村旅游冷热格局演化图。研究结果显示了以下信息。

一是冷热格局演化趋势。2016~2021 年，从数量上看，吉林省乡村旅游热点地区不断增多，从 2016 年的 1 个增加到 2021 年的 3 个；次热点地区从 2016 年的 4 个增加到 2021 年的 13 个，占全省县域数量的 21.67%。相反，冷点地区数量逐渐减少，冷点地区从 2016 年的 31 个迅速降到 2021 年的 18 个，数量占比由 51.67%下降到 30.00%。从空间上看，2016 年热点地区主要集中在吉林市丰满区和长春市周边县域，随着时间的推移，热点区逐渐向东、南两个方向移动，延边朝鲜族自治州和通化市逐渐成为乡村旅游热点区域。2021 年，乡村旅游热点地区进一步向城市周边扩散，乡村旅游集聚状态更加明显，长春市、吉林市两地占据了吉林省乡村旅游的半壁江山。

二是县域单元演化趋势。从县域单元的分布上看，一是多数经济发展水平较高的县域单位的乡村旅游发展热度也逐渐提高，如长春市的九台区、双阳区，吉林市的蛟河市、舒兰市，延边朝鲜族自治州的敦化市等，均从 2016 年的冷点地区上升为 2021 年的次热点地区；二是交通通达性成为乡村旅游冷热转换的重要因素之一，多数次热点地区及次冷点地区集中在各市州中心城区周边的县域单元，而冷点地区多数集中在各市州的外围单元。相比而言，吉林省西部的白城、松原两地区县域单位冷点地区较多，而东部地区的冷点地区较少。

（三）游客情感分析

基于百度搜索和新浪微博，以“乡村旅游”“农家乐”为关键词，将地域范围设置为吉林省，对乡村旅游的文本内容、发布时间、评论数、转发数、点赞数、发布链接等进行提取、加工与数据分析，时间跨度为 2016 年 1 月 1 日至 2021 年 12 月 31 日，共抓取数据 10713 条，通过数据清洗，剔除重复数据和无效数据，共保留有效数据 9873 条。

1. 关键词词云分析

通过 Python3.8 软件对文本内容进行分词操作，并选取排名前六十的高频词汇，根据热点词汇形成吉林省乡村旅游词云分析（见图 8）。结果显示，吉林省乡村旅游热点词汇基本分为三个层级。第一层级的关键词以“乡村”“旅游”“政策”等为主，说明近年来，吉林省乡村旅游政策的制定与推出为乡村旅游的发展提供了重要的基础保障，以 2021 年 6 月吉林省政府印发的《关于推进乡村旅游高质量发展的实施意见》为例，该意见中关于民宿证件的办理，土地、资金、人才等关键问题的解决为全省乃至东北地区的乡村旅游发展提供了重要的经验借鉴。第二个层级的关键词以“重点村”“振兴”“文化”“特色”等为主，说明通过重点村建设、文化赋能、特色挖掘等方式，吉林省乡村旅游已经走出了一条属于自己的独特道路，乡村旅游已经成为全面推动乡村振兴的重要抓手。第三个层级以“疫情”“科技”“升级”等为主，在未来一段时间内，乡村旅游仍面临与“疫”共存的关键问题，因此在后续的乡村旅游建设过程中，要充分运用科技元素，通过“旅游+”和“+旅游”，打造多元化的乡村旅游产品，实现吉林省乡村旅游的高质量发展。

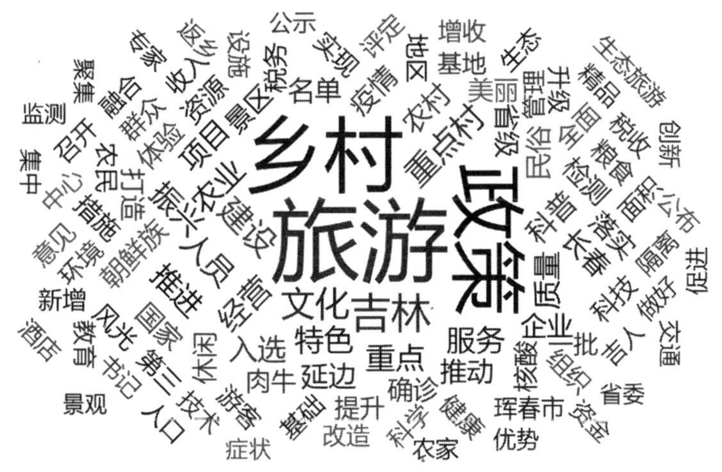

图 8　2010~2021 年吉林省乡村旅游词云分析

2. 游客情感分析

数字化时代下，旅游在线评论既是网络口碑传播的重要途径，也是游客选择旅游目的地的主要影响因素。因此，如何将碎片化的用户评论信息进行情感化表达逐渐成为学术界的研究热点之一。本报告主要通过数据获取与处理、自然语言处理、属性词对比分析、情感倾向分析等对2016~2021年4A、5A级乡村旅游经营单位的在线评论进行游客情感倾向化表达。结果显示以下信息。

一是吉林省乡村旅游游客满意度总体不高，有较大提升空间。从总体趋势上看，虽然在对重点乡村旅游经营单位的统计中显示游客的积极情绪不断上升，但是表达明显积极情绪的游客仍不足35%，表达高度积极情绪的游客不足5%，且随着时间的推移没有出现明显的增长趋势。在消极情绪的表达中，表达高度消极的游客随着时间的变化呈现明显的下降趋势，说明随着乡村旅游市场机制的不断完善，消极情绪在游客评论中有所缓解。

二是2016~2021年，吉林省乡村旅游游客满意度不断提升。2016年，乡村旅游处于发展初级阶段，游客参与乡村旅游过程中表现的中性情绪较多，占比接近60%，积极情绪和消极情绪占比均较低，说明乡村旅游在当时是一种新业态产品，游客在体验过程中并没有表现出明显的好恶；2018年，随着乡村旅游的不断发展，游客在乡村旅游体验过程中的积极情绪和消极情绪均有不同程度增加，中性情绪明显下降；2021年，疫情防控使得跨省游、出境游等旅游形式受到影响，乡村旅游逐渐成为旅游业的主要业态，游客满意度不断提升。2016~2021年吉林省乡村旅游游客情感分析见表3。

表3　2016~2021年吉林省乡村旅游游客情感分析

单位：%

年份	积极情绪			中性情绪	消极情绪		
2016年	24.93			57.42	17.65		
	一般	中度	高度		一般	中度	高度
	16.90	5.32	2.71		13.91	0.47	2.43
2018年	31.87			45.04	23.09		
	一般	中度	高度		一般	中度	高度
	20.79	9.78	3.40		16.85	0.27	3.67
2021年	33.97			45.24	20.79		
	一般	中度	高度		一般	中度	高度
	24.81	5.34	1.72		19.66	0.19	2.10

三　吉林省乡村旅游热度成因解析

从前文分析中可知，乡村旅游的发展、乡村旅游经营单位的空间分布主要受地区经济发展水平、道路交通可达性、资源禀赋等多种因素的影响。综合相关研究成果，同时考虑吉林省乡村旅游的实际发展阶段和数据的可获得性，本报告从生态环境、经济发展、资源禀赋、配套设施、产业基础方面选取5个指标（见表4），以此探讨分析乡村旅游经营单位热度空间差异的影响因素。

表4　吉林省乡村旅游热度成因指标体系

影响因素	指标选取	指标释义
生态环境	平均气温	气候条件已经成为影响旅游需求的重要因素，考虑到数据的可获取性，本报告选取平均气温来表征生态环境对乡村旅游热度的影响
经济发展	人均GDP	人均GDP是衡量一个地区经济发展的重要指标，可以用于表征经济发展水平对吉林省乡村旅游的影响
资源禀赋	A级旅游景区数量	乡村旅游资源集聚性是乡村旅游发展的重要因素，A级景区数量在一定程度上反映了区域资源的富集程度，因此本报告采用A级景区数量表征资源禀赋的重要指标
配套设施	公路里程数	交通条件直接影响乡村旅游的可达性和可进入性，进而影响乡村旅游经营单位的游客接待人数和收入，故本报告选取公路里程数来表征交通对乡村旅游的影响
产业基础	第三产业占GDP的比重	吉林省各县级部门均未将旅游收入和旅游人数纳入统计数据，旅游业已经成为第三产业的重要组成部分，本报告用第三产业占GDP的比重来间接反映乡村旅游在县域经济中的作用

以2016年、2021年各县域单元的乡村旅游热度为因变量，以平均气温、人均GDP、A级旅游景区数量、公路里程数、第三产业占GDP的比重为自变量，通过GeoDetector软件进行地理探测分析，得出如下结果（见表5）。

表 5　2016 年和 2021 年吉林省乡村旅游热度影响因子 P-value 值

	平均气温	人均 GDP	A 级旅游景区数量	公路里程数	第三产业占 GDP 的比重
2016 年	0. 221	0. 806 *	0. 614 *	0. 950 *	0. 561 *
2021 年	0. 579 *	0. 681 *	0. 856 *	0. 947 *	0. 969 *

注：* 表示影响因子在 0. 05 置信水平上显著。

（一）生态环境

生态环境的变化使吉林省乡村旅游热度的影响值从 2016 年的 0. 221 上升到 2021 年的 0. 579，2016 年没有通过显著性检验，表明在乡村旅游发展的初级阶段，人们并没有过多关注生态环境对于乡村旅游的影响，而随着习近平生态文明思想和吉林省生态强省战略的提出，人们的生态意识也逐渐增强，优良的生态环境已经成为游客选择乡村旅游目的地的核心因素。

（二）经济发展

经济发展水平的影响值从 2016 年的 0. 806 下降到 2021 年的 0. 681，均通过了显著性检验，但呈逐步减弱趋势。一方面说明经济发展水平是影响乡村旅游发展的重要条件，经济发展水平越高的地区，其乡村旅游发展速度越快，这一点与前文分析的结论相符；另一方面说明当经济发展达到一定水平后，居民收入的增加对乡村旅游已经不再起决定性作用，人们更加追求多样化的旅游。

（三）资源禀赋

吉林省乡村旅游集聚性明显，根据对全省乡村旅游经营单位的空间分布调查统计，多数乡村旅游经营单位 20 公里范围内均有高等级景区或度假区，从影响程度看，资源禀赋对乡村旅游热度的影响程度呈现不断增强的趋势，表明旅游资源越丰富的地区，其乡村旅游基础越好，对游客的吸引力也越大。比如，吉林市的丰满区依托朱雀山国家森林公园的周末登山运动，在 2016~2021 年自发形成了近百家乡村旅游农家乐，目前已经成为吉林省乡村旅游经营单位最多的县域单元。

（四）配套设施

本报告以交通条件作为衡量配套设施的重要指标，结果显示，2016~2021年，交通可达性对乡村旅游具有重要且显著的影响，影响值均在0.9以上。2022年5月，吉林省交通运输厅、吉林省文化和旅游厅联合发布《关于进一步促进道路客运与旅游融合发展的通知》，提出要更好地发挥全省冰雪、生态、红色、乡村等资源优势创新交旅融合新产品，积极探索在重点景区内建设客运站点，打通游客出行“最后一公里”，推动道路客运行业与旅游业深度融合发展。

（五）产业基础

旅游业已经成为吉林省多数县级地区第三产业的重要组成部分，研究结果显示，产业基础对于乡村旅游的影响值从2016年的0.561上升到2021年的0.969，其影响程度逐渐增强。要实现乡村旅游高质量发展，就必须全面推进产品创新和产业转型升级，提高乡村旅游产品的附加值，延伸乡村旅游产业链，促进乡村旅游与第一、第二、第三产业融合发展。

四　吉林省乡村旅游发展的对策建议

（一）政府引导，强化政策供给

乡村旅游作为全面推进乡村振兴的重要抓手，为农业增效、农民增收、乡村致富提供了新的发展路径。虽然在宏观政策上，吉林省为乡村旅游企业提供了良好的经营环境，但是乡村旅游用地供给保障、乡村旅游金融支持、乡村旅游人才保障等方面的政策仍然不足，乡村旅游用地与村庄规划和县域国土空间规划无法有效衔接，导致乡村旅游项目无法落地；乡村旅游型村庄资源变资产、农民变股民等创新金融机制不够完善；专业化旅游人才无法长期深耕乡村进行服务，旅游返乡创业人员不足等现象仍然较为突出。这些都需要在未来阶段的乡村旅游发展中给予政策的专项引导和支持。尤其在新冠肺炎疫情和宏观整体经济形势的波动性影响下，以中小微企业为代表的多数乡村旅游经营单位抗风险能力弱的特征更加突出，也就更加需要各级政府在政策上给予扶持，高质量推动吉林省乡村旅游平稳健康发展。

（二）因地制宜，深化文旅融合

乡村旅游的本质和核心是其乡村性，即“乡愁”氛围的营造，因此地域性十分突出。当城市居民在物质社会中日渐疲惫，乡村旅游便成为人们疗养心灵的重要途径。乡村旅游的开发要充分结合地方资源、交通、区位等实际情况，以游客需求为导向，对周边山水林田湖草沙等元素进行提炼，避免简单的复制与同质化竞争。同时，要进一步深入挖掘吉林本地文化符号，提升文化内涵，将吉林文化通过当地的节庆活动、旅游项目等表现出来，通过场景化和活态化的展示方式，让游客真正融入乡村旅游的氛围，寻找儿时的记忆。要深化东北民俗文化、森林康养文化、红色文化、渔猎文化、草原文化内涵，打造丰富多样的旅游产品，促进农业与旅游、冰雪与旅游、康养与旅游等不同业态深度融合，实现第一、第二、第三产业协同发展，将乡村旅游变成一种生活方式。

（三）提质升级，培育多元业态

随着乡村旅游空间结构的多核化演变，吉林省乡村旅游的产品类型也出现了多元化的发展趋势，从最初的以农家乐为代表的单一餐饮型产品转向集餐饮美食、住宿体验、休闲娱乐、民俗文化等于一体的综合型产品。大众旅游时代的到来，使得人们更加追求个性化的旅游消费，元宇宙、虚拟旅游、场景体验等多种模式逐渐进入人们的视野，为新时期乡村旅游的发展提供了更多可能。要提升乡村旅游品质，从吃、住、行、游、购、娱等旅游六要素全方位实现乡村旅游从低级向高级的转变，推动要素从一体化向独立化发展。要加强科技赋能，灵活运用“互联网+”模式，全面创新乡村旅游的发展模式、生产方式和消费行为，将信息化融入乡村旅游发展，通过大数据的监测更好地为乡村旅游提供服务。要加强产业融合，更加注重需求侧改革，推动产业模式从“旅游+”逐步转向“+旅游”，推动农业、林业、教育、文化、康养等不同产业与乡村旅游的融合发展。

（四）拓展渠道，强化品牌营销

从2016~2021年的大数据文本内容上看，与国内浙江、四川、贵州等乡村旅游发达的省份相比，吉林省乡村旅游的网络文本数量仍然较少，3A级及以下乡村旅游经营单位的网络文本发文量及评论数严重不足，部分4A级及以上乡村旅游经营单位网络宣传渠道也不畅通，乡村旅游经营单位通过网络大数据平台进行宣传与推广的意识与其他省份相比还不够强。在后续乡村旅游的建设中，要推动数字化与乡村旅游产业融合发展，通过数字化赋能乡村旅游景区设施、宣传推广、运营服务等各个环节，实现数字化乡村旅游传播。要重视游客对乡村旅游的舆情反馈，进一步提升乡村旅游目的地的口碑，深化乡村旅游产品在游客心目中的良好形象。要加强对数字化文创产品的开发，尤其是在旅游出行面临不确定性增加的情况下，推动乡村旅游景区、乡村旅游博物馆等开发线上数字化体验产品，推动乡村旅游品牌价值链的延伸，为乡村振兴赋能。要拓宽多元化宣传渠道，通过抖音、快手、小红书、B站等新媒体平台打造乡村旅游立体化营销模式，开启乡村旅游数字化营销推广新时代。

（五）注重口碑，提升服务质量

服务质量是乡村旅游树立良好口碑的关键。乡村旅游具有消费和生产同步产生的特征，使得游客通常对自己认可和具有良好市场口碑的乡村旅游经营单位更加具有忠诚度。因此，提升服务质量对吉林省乡村旅游的发展至关重要。要定期开展乡村旅游从业人员培训，对乡村导游讲解员、乡村技术人员、“带货”直播员、乡村管理人员等进行专业培训，使乡村旅游服务规范化、标准化，提高乡村旅游服务人员和管理人员的职业道德水平和专业素质。要完善乡村旅游经营单位企业管理制度，对企业安全、疫情防控、生产监管、游客游览等方面加强管理，提升全省乡村旅游服务经营管理水平。要建立服务监管机制，政府和协会要加强对乡村旅游服务人员的监督管理，通过开展乡村旅游精品点、乡村旅游重点村、乡村旅游经营单位服务质量等级划分与评定等工作，强化对吉林省乡村旅游的监督和管理，确保乡村旅游健康可持续发展。

参考文献

荣慧芳、陶卓民:《基于网络数据的乡村旅游热点识别及成因分析——以江苏省为例》,《自然资源学报》2020 年第 12 期。

何小芊、刘宇、吴发明:《基于百度指数的温泉旅游网络关注度时空特征研究》,《地域研究与开发》2017 年第 1 期。

刘泽华等:《短期旅游流时间分布对区域旅游空间结构的响应——以云南省黄金周旅游客流为例》,《地理学报》2010 年第 12 期。

张梦、杨颖、叶作亮:《酒店网络评论内容特征对消费者购买意愿的影响——基于时间距离和社会距离情景的实验研究》,《旅游学刊》2012 年第 11 期。

王劲峰、徐成东:《地理探测器:原理与展望》,《地理学报》2017 年第 1 期。

S 基本子库

UB DATABASE

中国社会发展数据库（下设 12 个专题子库）

紧扣人口、政治、外交、法律、教育、医疗卫生、资源环境等 12 个社会发展领域的前沿和热点，全面整合专业著作、智库报告、学术资讯、调研数据等类型资源，帮助用户追踪中国社会发展动态、研究社会发展战略与政策、了解社会热点问题、分析社会发展趋势。

中国经济发展数据库（下设 12 专题子库）

内容涵盖宏观经济、产业经济、工业经济、农业经济、财政金融、房地产经济、城市经济、商业贸易等12个重点经济领域，为把握经济运行态势、洞察经济发展规律、研判经济发展趋势、进行经济调控决策提供参考和依据。

中国行业发展数据库（下设 17 个专题子库）

以中国国民经济行业分类为依据，覆盖金融业、旅游业、交通运输业、能源矿产业、制造业等 100 多个行业，跟踪分析国民经济相关行业市场运行状况和政策导向，汇集行业发展前沿资讯，为投资、从业及各种经济决策提供理论支撑和实践指导。

中国区域发展数据库（下设 4 个专题子库）

对中国特定区域内的经济、社会、文化等领域现状与发展情况进行深度分析和预测，涉及省级行政区、城市群、城市、农村等不同维度，研究层级至县及县以下行政区，为学者研究地方经济社会宏观态势、经验模式、发展案例提供支撑，为地方政府决策提供参考。

中国文化传媒数据库（下设 18 个专题子库）

内容覆盖文化产业、新闻传播、电影娱乐、文学艺术、群众文化、图书情报等 18 个重点研究领域，聚焦文化传媒领域发展前沿、热点话题、行业实践，服务用户的教学科研、文化投资、企业规划等需要。

世界经济与国际关系数据库（下设 6 个专题子库）

整合世界经济、国际政治、世界文化与科技、全球性问题、国际组织与国际法、区域研究 6 大领域研究成果，对世界经济形势、国际形势进行连续性深度分析，对年度热点问题进行专题解读，为研判全球发展趋势提供事实和数据支持。

法律声明